JEAN-PIERRE
DOYON

WWW. FREE -
AV. COM

D0829240

PC Poche

HTML 4 XML

www.microapp.com

Copyright   © 1999 Data Becker GmbH   © 1999 Micro Application
                 Merowingerstr. 30   20-22, rue des Petits-Hôtels
                 40223 Düsseldorf   75010 PARIS

                 1re Edition - Novembre 99

Auteur   Ralph STEYER
Traduction   Céline STOLL et Bertrand HUBERT

ISBN : 2-7429-1672-5
Réf DB : 441598

FRANCE - MICRO APPLICATION
20,22 rue des Petits-Hôtels
75010 PARIS
Tél. : (01) 53 34 20 20 - Fax : (01) 53 24 20 00
http://www.microapp.com
Support technique :
Tél. : (01) 53 34 20 46 - Fax : (01) 53 34 20 00
E-mail : info-ma@microapp.com

BELGIQUE - EASY COMPUTING
Chaussée d'Alsemberg, 610
1180 BRUXELLES
Tél. : (02) 346 52 52 - Fax : (02) 346 01 20
http://www.easycomputing.com

CANADA - MICROAPPLICATION Inc.
1650 Boulevard Lionel-Bertrand
BOISBRIAND (QUÉBEC) - J7H 1N7
Tél. : (450) 434-4350 - Fax : (450) 434-5634
http://www.microapplication.ca

SUISSE - HELVEDIF SA
19, Chemin du Champ des Filles
CH-1228 PLAN LES OUATES
Tél. : (022) 884 18 08 - Fax. : (022) 884 18 04
http://www.helvedif.ch

MAROC - CONCORDE DISTRIBUTION
8, rue Jalal Eddine Essayouti - Rés. "Le Nil"
Quartier Racine - CASABLANCA
Tél. : 239 36 65 - Fax : 239 28 45

ALGÉRIE - AL-YOUMN (Media Sud)
Bât. 23, N° 25 cité des 1 200 Logements
El khroub W/CONSTANTINE
Tél. - Fax : (04) 96 18 69
e-mail : al-youmn@aristote-centre.com

ILE DE LA RÉUNION -
ISYCOM SA SAUVEUR CACOUB
130 Ruelle Virapin
97440 SAINT ANDRE - ILE DE LA RÉUNION
Tél. : 02 62 58 41 00 - Fax : 02 62 58 42 00
Tél. : 01 48 78 12 47 - Fax : 01 40 82 92 34

AVANT-PROPOS

La collection *PC Poche* fournit des connaissances essentielles sur un sujet donné sans jamais s'éloigner de leur application pratique. Les volumes de la collection sont basés sur une structure identique :

- Les puces introduisent une énumération ou des solutions alternatives.

1. La numération accompagne chaque étape d'une technique.

 Astuce
propose conseils et trucs pratiques.

 Attention
met l'accent sur un point important, souvent d'ordre technique, qu'il ne faut négliger à aucun prix.

 Remarque
il s'agit d'informations supplémentaires relatives au sujet traité.

 Lexique
donne la définition d'un terme technique rencontré dans le texte.

Le premier chapitre des *PC Poche* constitue une entrée en matière condensée qui vous permettra d'être rapidement productif avant de perfectionner vos connaissances dans les chapitres suivants.

Afin de faciliter la compréhension des techniques décrites, nous avons adopté les conventions typographiques suivantes :

- **GRAS** : menu, commande, boîte de dialogue, onglet, bouton.
- *Italique* : rubrique, zone de texte, liste déroulante, case à cocher.
- `Courier` : instruction, listing, adresse Internet, texte à saisir.

 Retrouvez tous les fichiers exemple de l'ouvrage sur la zone *Téléchargement* du site Micro Application : `www.microapp.com`.

Chapitre 1

Guide Express : Votre page Web en 10 minutes

Bienvenue dans le "PC Poche HTML 4". Avant de vous présenter les détails de ce langage fascinant, ce chapitre a pour vocation de vous faciliter l'entrée en matière et bien sûr d'aiguiser aussi votre curiosité sur le contenu de cette édition de poche. Son but est de vous ouvrir la voie la plus rapide et la plus sûre pour créer une page Web simple. La satisfaction que vous en retirerez sera sans doute votre meilleure motivation, vous constaterez en effet combien HTML est facile. Nous remettons aux chapitres suivants la théorie détaillée et les explications approfondies.

1.1 Programmes nécessaires

Nous parlerons des programmes dont vous avez besoin dans un instant, mais voici d'abord une brève explication du terme HTML (HyperText Markup Language) qui une extension du langage SGML (Structured Generalized Markup Language). HTML est un langage de description de documents (ou de formatage de documents). Il est souvent considéré comme un langage de programmation, ce qui n'est pas tout à fait correct, car il décrit les structures logiques d'un document et ne permet pas de créer de véritables programmes.

Une structure de documents logique comporte des renvois, mais aussi des chapitres, des sous-chapitres, des sections, des éléments linguistiques pour formater du texte, pour représenter des tableaux, etc.

Pour donner à un fichier HTML une portée dépassant les limites du texte pur, cette description du document doit être interprétée ; pour cela, vous avez besoin d'un logiciel de navigation ou *browser*. C'est lui qui affiche les différents objets à l'écran en fonction de leur signification.

Un fichier HTML se compose de texte ASCII, donc de texte pur, ce qui le rend indépendant de la plate-forme. Votre page Web peut donc s'afficher sur un PC, une station de travail Sun, un Macintosh, un ordinateur UNIX ou n'importe quel autre ordinateur connecté à l'Internet. Pour s'imposer dans un univers aussi hétérogène que ce dernier, c'est une condition *sine qua non*. Seuls dépendent du système le programme d'interprétation des fichiers HTML (le browser) et le programme avec lequel vous créez les pages Web sur votre ordinateur (un éditeur ASCII tout à fait ordinaire). Voyons d'un peu plus près ce qu'il en est.

Allez-y ! Lancez à présent ces deux programmes pour créer (l'éditeur ASCII) et vérifier (le browser) votre page.

Remarque

Des logiciels appropriés existent pour chaque système d'exploitation

Notre système de référence sera ici Windows 95/98, ce qui n'est en aucun cas être une restriction, étant donné que HTML est multi-plates-formes. Utilisez simplement les programmes disponibles pour votre système d'exploitation. Il existe des navigateurs et des éditeurs ASCII pour la quasi-totalité des systèmes.

Lancez d'abord l'éditeur de texte toujours présent dans Windows 95/98 :

1. Cliquez sur le bouton **Démarrer** ;

2. Pointez la souris sur **Programmes** ;

3. Choisissez le groupe de programmes **Accessoires** ;

4. Cliquez sur **Bloc-notes**.

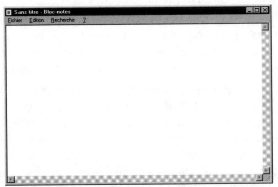

▲ **Fig. 1.1** : *Fenêtre de l'éditeur de texte livré avec Windows 95*

L'étape suivante consiste à lancer le logiciel de navigation. Les deux représentants les plus connus de cette famille de logiciels sont Netscape Navigator (ou Communicator, depuis le lancement de la nouvelle suite logicielle) et Microsoft Internet Explorer. Vous pouvez toutefois utiliser n'importe quel autre browser, si possible relativement récent. Le lancement de ce programme dépendant fortement de vos choix d'installation ainsi que de la structure de votre menu **Démarrer**, nous ne pouvons ici qu'indiquer les étapes générales à suivre. Normalement, vous devriez trouver votre navigateur en procédant comme suit :

1. Cliquez de nouveau sur le bouton **Démarrer** ;

2. Positionnez le pointeur de la souris sur **Programmes** ;

3. Choisissez le dossier dans lequel se trouve votre navigateur. Vous allez peut-être devoir chercher un peu. Internet Explorer se trouve souvent dans le dossier **Accessoires/Outils Internet**. Netscape Navigator est souvent dans un dossier du même nom ;

4. Cliquez sur l'icône du navigateur.

Tous les programmes nécessaires pour notre première rencontre avec HTML sont maintenant prêts.

1.2 Ossature et contenu de la page HTML

Nous pouvons à présent créer la structure de base de notre première page Web. Nous devons au préalable, hélas, parler un peu de théorie pour bien comprendre les étapes et commandes qui vont suivre.

Les commandes HTML sont appelées des instructions. De part sa structure, le langage HTML ressemble à la programmation batch sous DOS. Les instructions sont créées sous forme d'un fichier batch en texte clair. Le source ne contient ni sauts ni boucles, mais les possibilité de présentation sont nombreuses, par exemple formatage du texte, fond d'écran, listes, tableaux, insertion d'images. Ce fichier batch (l'hypertexte) est transmis en ligne ou chargé à partir d'un support local. Lors de l'exécution, le navigateur de l'internaute traduit le texte en clair.

Toutes les instructions HTML sont codées dans des "tags", délimités par des crochets (le signe inférieur et supérieur à). La structure d'un tag HTML est toujours la même :

- `<xyz>`

On distingue cependant les tags d'ouverture et de fermeture. Les tags de fermeture sont toujours identiques aux tags d'ouverture, mais comportent une barre oblique (/) après le signe <. Le tag de fermeture correspondant au tag d'ouverture ci-dessus est donc

- `</xyz>`

Exemples :

- `<i>...</i>`
- `<BR>...</BR>`
- `<h6>...</h6>`

Cependant, toutes les instructions ne nécessitent pas de tags de fermeture. Nous indiquerons ceux qui les requièrent.

Les majuscules ou minuscules dans les instructions n'ont aucune importance. `<h4>` est équivalent à `<H4>`. Il n'est pas non plus indispensable de respecter la casse d'un tag d'ouverture dans un tag de fermeture, mais vous risquez de perdre en lisibilité si vous mélangez tout.

Une explication supplémentaire s'impose quant à la première instruction d'une page Web. Pour être précis, il faut définir HTML comme étant la déclaration publique DTD du SGML (HTML.DTD). DTD est l'acronyme de "Document Type Definition", ce qui veut dire définition de type de document et contient toutes les particularités qu'un document peut avoir concernant sa structure et sa présentation. L'information DTD pour un type de document peut être enregistrée dans un fichier séparé (avec l'extension .dtd) ou bien figurer directement dans le fichier texte. On fait une distinction entre les fichiers DTD stockés sur l'ordinateur local (avec le mot clé SYSTEM) et les fichiers DTD publics (mot clé PUBLIC), disponibles à tous sur l'Internet. Une telle instruction se présente par exemple le la manière suivante :

Commande	Standard HTML
<!DOCTYPE HTML PUBLIC " - //IETF//DTD HTML Level1//EN">	HTML 1.0
<!DOCTYPE HTML PUBLIC " - //IETF//DTD HTML//EN">	HTML 2.0
<!DOCTYPE HTML PUBLIC " - //IETF//DTD HTML 3.0//EN">	HTML 3.0
<!DOCTYPE HTML PUBLIC " - //W3C//DTD HTML 3.2//EN">	HTML 3.2

Tab. 1.1 : Instructions DOCTYPE pour les versions antérieures de HTML

Pour la version 4.0, tapez dans la première ligne du Bloc-notes :

```
<!DOCTYPE HTML PUBLIC "-//W3C//DTD HTML 4.0//EN">
```

Dans la ligne suivante, entrez

```
<HTML>
```

pour marquer le véritable début de votre page Web.

Après l'instruction HTML d'introduction, une page Web contient généralement une partie "header" (en-tête) dans laquelle sont résumées des informations générales. Tapez

```
<HEAD>
```

dans la ligne suivante.

L'information la plus importante de l'en-tête est le titre de la page qui est indiqué par les tags <TITLE> et </TITLE>. Donc, dans la ligne suivante, saisissez

```
<TITLE> </TITLE>
```

Un en-tête s'ouvre avec <head> et se ferme avec </head>. Tapez donc

```
</HEAD>
```

dans la ligne suivante.

Les véritables données qu'un browser affiche dans sa fenêtre se trouvent dans le "body" (corps), signalé par les tags **<BODY>** ... **</BODY>**. Le corps est constitué du texte avec ses titres, liens, références vers des images, etc. destiné à l'utilisateur. Au début de cette partie, vous pouvez intégrer des instructions supplémentaires définissant couleurs et images de fond. La ligne suivante doit par conséquent contenir

```
<BODY>
```

Ce tag nécessitant un tag de fermeture, nous allons tout de suite noter

```
</BODY>
```

dans la ligne suivante.

La dernière entrée est le tag de fermeture pour l'ensemble de la page Web :

```
</HTML>
```

En résumé, voici à quoi ressemble la structure de base complète d'un fichier HTML (notez que pour des raisons de lisibilité nous avons saisi les instructions en minuscules) :

```
<!DOCTYPE HTML PUBLIC "...">
<html>
<head>
<title>Titre de la page</title>
</head>
<body>
Titres, texte, liens, images, etc.
</body>
</html>
```

Votre document doit contenir les instructions suivantes :

```
<!DOCTYPE HTML PUBLIC "-//W3C//DTD HTML 4.0//EN">
<html>
<head>
<title> </title>
</head>
```

```
<body>
</body>
</html>
```

C'est la structure de base que nous allons remplir par la suite. Mais avant toute chose, sauvegardez-la. Vous économiserez beaucoup de temps en utilisant ce fichier comme modèle dans les exemples suivants.

Enregistrez le fichier dans votre dossier de travail sous le nom "Structure.html". Si vous utilisez Windows 3.x ou un autre système d'exploitation 16 bits, n'oubliez pas de respecter les conventions de noms de fichier de ces systèmes (au maximum 8 caractères avant le point et trois après). Dans ce cas, appelez votre fichier "Structur.htm".

L'extension est primordiale. Comme nous l'avons mentionné plus haut, chaque page Web devrait théoriquement commencer par une instruction DOCTYPE indiquant la version HTML utilisée. Mais ce tag est facultatif, car dans le World Wide Web, l'extension HTML ou HTM d'un fichier ASCII suffit à elle seule pour que la plupart des navigateurs l'identifient comme une page Web. La majorité ignorent même l'instruction DOCTYPE, autrement dit, elle n'a pas d'incidence sur la manière dont la page s'affichera dans le browser. Par contre, si le fichier ASCII est doté d'une extension différente, il ne sera pas considéré comme une page Web. Un certain laisser-aller s'est donc répandu sur le Web et la plupart des documents HTML ne contiennent pas d'instruction DOCTYPE. Toutefois, pour être strictement conforme à la définition du langage SGML, un fichier HTML doit toujours être précédé par un tag DOCTYPE.

Le contenu

Notre page Web est à présent prête à fonctionner, du moins sur le plan "technique", car sans véritable contenu elle n'a pas de raison d'être.

Pour conserver notre modèle tel quel, enregistrez le fichier sous un autre nom, par exemple "PageWeb1.html" (respectivement "PageW1.htm").

Nous allons maintenant insérer le contenu en commençant par le haut.
Entre les tags <TITLE> et </TITLE>, écrivez la chaîne de caractères
"Bienvenue". La ligne doit ressembler à ceci :

```
<TITLE>Bienvenue</TITLE>
```

Dans la partie BODY, vous pouvez entrer n'importe quel texte, par
exemple :

```
<BODY>
Bonjour ! Bienvenue sur ma page d'accueil. C'est un grand honneur
pour moi de
vous rencontrer. Je m'appelle Hugo Guenard. J'ai 712 ans et ma
famille est
originaire des hauts plateaux du Caucase.
</BODY>
```

Visualiser la page Web

Enregistrez le fichier. Vous pouvez à présent vérifier comment la page
s'affiche dans un browser. Procédez comme suit :

Dans le menu **Fichier** de votre navigateur, choisissez la commande
d'ouverture de fichier. Cette commande n'est pas la même dans tous les
browsers. Dans le dernier version de Netscape Navigator, elle s'appelle
Consulter une page. Dans la boîte de dialogue suivante, cliquez sur
Choisir le fichier.

◀ Fig. 1.2 :
*Quel fichier
voulez-vous
consulter ?*

Dans la boîte de dialogue standard d'ouverture de fichier, sélectionnez
votre première page Web :

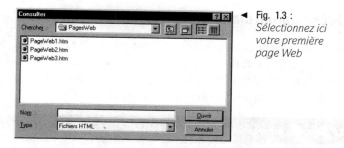

◄ Fig. 1.3 :
*Sélectionnez ici
votre première
page Web*

Une fois le fichier chargé, le navigateur devrait afficher ceci :

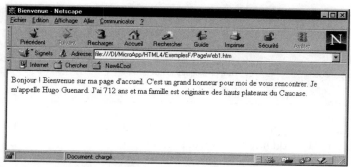

▲ Fig. 1.4 : *Votre première page Web affichée par Navigator 4.0*

Vous pouvez également charger une page Web en indiquant le chemin du fichier HTML dans la zone d'adresse du navigateur. Celui-ci peut être une URL (nous en reparlerons) ou un chemin d'accès ordinaire.

Un moyen encore plus rapide d'ouvrir un fichier HTML dans votre navigateur par défaut consiste à double-cliquer sur son icône dans le Poste de travail ou l'Explorateur de Windows 95. Normalement (si vous avez effectué une installation standard de Windows 95), le navigateur par défaut démarre et affiche le fichier en question, ce qui évite un lancement préalable du logiciel.

1.3   Présentation claire grâce aux titres

Pour créer un texte clair et bien structuré, il est conseillé d'utiliser les différents types de titres. Ils définissent différentes tailles de caractères pour le texte qu'ils encadrent. Nous allons à présent introduire plus de lisibilité à l'aide des six types de titres que nous propose HTML :

Tab. 1.2 : Tags des différents niveaux de titres HTML	
Type de titres	Description
<H1> ... </H1>	Titre de premier niveau
<H2> ... </H2>	Titre de deuxième niveau
<H3> ... </H3>	Titre de troisième niveau
<H4> ... </H4>	Titre de quatrième niveau
<H5> ... </H5>	Titre de cinquième niveau
<H6> ... </H6>	Titre de sixième niveau

Le texte inséré entre le tag d'ouverture et le tag de fermeture s'affiche en tant que titre du niveau indiqué. Exemple :

```
<H1> Titre de premier niveau </H1>
<H2> Titre de deuxième niveau </H2>
<H3> Titre de troisième niveau </H3>
<H4> Titre de quatrième niveau </H4>
<H5> Titre de cinquième niveau </H5>
<H6> Titre de sixième niveau </H6>
```

H1 est le plus grand et H6 le plus petit.

Ajoutons deux titres à notre page d'accueil. Écrivez le texte suivant dans le body avant le texte qui y figure déjà :

```
<H2>Ma page d'accueil</H2>
<H3>Bonjour !</H3>
```

Le premier titre est nouveau, alors que pour le deuxième titre nous avons simplement placé le texte de la première phrase entre les tags de titre. Enregistrez votre page sous "PageWeb1_2.html" ("PageW1_2.htm"). Ensuite, visualisez-la en ouvrant ce fichier dans le navigateur comme décrit plus haut.

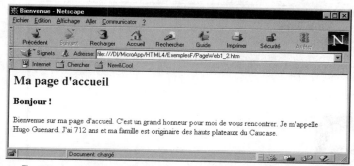

▲ Fig. 1.5 : *Les textes mis en titre permettent de structurer un document*

1.4   Insertion d'images

Les titres c'est bien, mais les images c'est encore mieux ! Avec HTML, il est facile d'insérer des images (et bien plus encore, nous y viendrons plus tard) dans une page Web. Les formats graphiques autorisés sont GIF et JPEG.

Nous allons utiliser un fichier nommé "rjsfoto.gif" pour notre premier exemple ; il doit être placé dans le même dossier que le fichier HTML. Vous pouvez bien entendu choisir tout autre fichier graphique au format autorisé. Sous le texte dans le body, inscrivez ces lignes :

```
<h5>C'est moi</h5>
<img src="rjsfoto.gif" height=200>
```

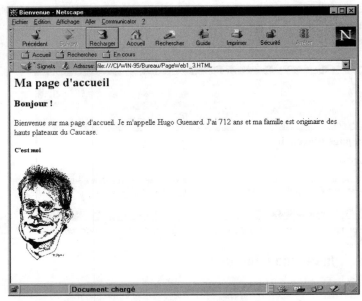

▲ Fig. 1.6 : *Exemple d'une page Web avec une image incorporée*

Votre page Web complète devrait maintenant ressembler à ceci :

```
<HTML>
<HEAD>
<TITLE>Bienvenue</TITLE>
</HEAD>
<BODY>
<H2>Ma page d'accueil</H2>
<H3>Bonjour !</H3>
Bienvenue sur ma page d'accueil.
Je m'appelle Hugo Guenard. J'ai 712 ans et ma famille est
originaire des hauts
plateaux du Caucase.
<H5>C'est moi</H5>
<IMG SRC="rjsfoto.gif" HEIGHT=200>
</BODY>
</HTML>
```

Ce sera tout pour le moment. Je pense que vous conviendrez qu'il n'est vraiment pas difficile de créer une page Web simple, mais avec de l'allure néanmoins !

Si les mots de tableaux, liens hypertexte, feuilles de style, applets Java, etc. vous viennent à l'esprit, tant mieux ! Cela prouve que vous êtes impatient d'avancer dans ce livre. Mais avant cela, nous devons voir un dernier point.

1.5   Affichage dans différents navigateurs

Même en étant tout à fait certain de n'avoir fait aucune erreur, il est possible que votre page Web ne se présente pas comme dans les illustrations de l'ouvrage. Ceci est peut être dû au navigateur employé. Conservez à l'esprit que HTML n'est pas un langage exact de description de pages, mais un langage relatif de description de documents, dont les options de formatage ne définissent pas l'apparence d'une page Web avec précision. En effet, HTML attribue simplement au texte, ou à tout autre objet, un certain type et une certaine position, mais l'interprétation concrète revient au logiciel de navigation. Il est par conséquent impossible de prédire comment le résultat se présentera dans tel ou tel navigateur si l'on ne dispose pas du programme pour le vérifier.

Si vous vous tenez au courant des dernières péripéties de la guerre commerciale que se livrent les éditeurs de logiciels (essentiellement Microsoft contre le reste du monde), vous comprenez sans doute pourquoi des fichiers HTML s'affichent différemment dans différents browsers.

Une autre raison provient des versions logicielles successives. Nous en reparlerons plus en détail. Pour illustrer ces propos, regardons pour l'instant simplement notre première page Web dans différents navigateurs. Pour une page simple comme la nôtre, si les différences ne sont pas énormes, elles sont tout de même notables.

Par exemple, le fond d'écran par défaut n'a pas la même couleur dans Netscape Navigator 3.0 :

▲ Fig. 1.7 : *Netscape Navigator 3.0*

Internet Explorer 3.0 affiche lui aussi un arrière-plan gris.

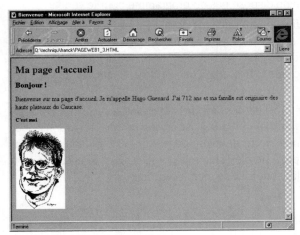

▲ Fig. 1.8 : *Internet Explorer 3.0*

Dans la version 5.0 d'Internet Explorer, l'interprétation des instructions standard ressemble à celle de Navigator 4.0 : le fond d'écran est également blanc.

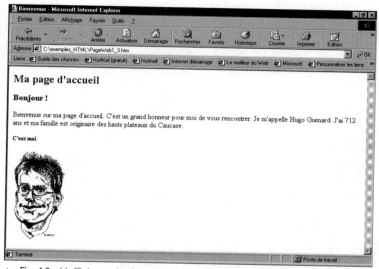

▲ **Fig. 1.9** : *L'affichage des instructions standard dans Internet Explorer 4.0 ressemble à celui de Netscape 4.0*

Comme vous le voyez, le langage HTML laisse une large place à l'interprétation et peut entraîner des résultats complètement différents.

Chapitre 2

Qu'est-ce que HTML ?

Passons à présent aux notions fondamentales du HTML. Vous vous demandez sans doute ce qu'est, dans le fond, HTML. Nous allons donc résumer les informations déjà fournies dans notre visite guidée et les approfondir.

HTML (HyperText Markup Language) est un développement du langage SGML (Structured Generalized Markup Language) défini par la norme ISO 8779:1986. Il s'agit d'un langage de description de documents (ou de formatage de documents) ; ce n'est pas un langage de programmation dans le sens strict du terme, car il décrit simplement les structures logiques d'un document et ne permet pas de créer un programme. C'est pourquoi les pages Web n'apparaissent pas de la même façon homogène d'un navigateur à l'autre.

Les éléments d'une structure logique d'un document sont les textes, titres et images, comme vous l'avez vu dans les exemples du chapitre précédent. Mais en font également partie les liens, chapitres, sous-chapitres, sections, listes, tableaux, feuilles de style, éléments multimédias (son, vidéo, etc.). Par exemple, l'insertion d'éléments multimédias consiste en liens vers des fichiers graphiques ou multimédias. Le programme de navigation doit lancer des modules logiciels appropriés et l'ordinateur doit être équipé du matériel adéquat (par exemple une carte son pour lire les fichiers son). L'intégration d'une fonction de courrier électronique est une propriété importante de pages HTML.

Vous avez déjà vu que les fichiers HTML sont composés de texte ASCII, c'est-à-dire de texte pur, ce qui assure l'indépendance des pages Web par rapport à la plate-forme. Les programmes utilisés pour interpréter les fichiers HTML (les navigateurs ou browsers) sont, quant à eux, dépendants du système d'exploitation.

Nous avons également vu que HTML se définit comme la déclaration publique DTD de SGML (HTML.DTD).

Le SGML remonte à 1969, année où IBM a mis sur pied un projet pour réaliser un standard d'interchangeabilité de documents. Il est aujourd'hui utilisé par de nombreuses grandes sociétés et institutions pour l'échange international de données. Fondé sur les mêmes principes, HTML se concentre quant à lui essentiellement sur les fonctions d'hypertexte. En règle générale, il suffit qu'un document SGML contienne une déclaration publique (PUBLIC) HTML.DTD sous forme d'instruction SGML DOCTYPE.

2.1 Première étape : HTML 1.0

Le World Wide Web Consortium (W3C) basé à Genève, lui-même issu de la World Wide Web Organisation (W3O), est depuis toujours l'instigatrice de la norme HTML et de ce réseau mondial que l'on appelle le Web ou, en français, la Toile. À l'adresse http://www.w3.org, le serveur de cette organisation propose des informations générales concernant le réseau et les développements en cours.

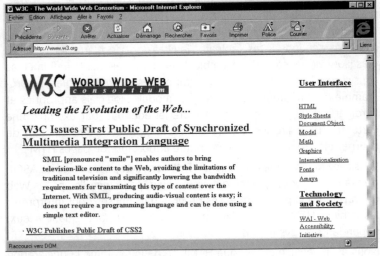

▲ Fig. 2.1 : *Page d'accueil du W3C*

Le World Wide Web

HTML (et donc le WWW) apparut dans l'univers Internet en 1991 à Genève sur les ordinateurs du CERN (Centre Européen de la Recherche Nucléaire), mais les premières applications du HTML remontent à l'année précédente.

Dans sa première version, HTML 1.0 était un langage très simple mais indépendant, donc capable de s'exécuter sur pratiquement tous les ordinateurs, dont la grande diversité des systèmes d'exploitation fait de l'Internet une mosaïque hétérogène. Le W3C, spécialement créé pour ce projet, présenta HTML qui ne permettait de créer qu'un système "hypertextuel" capable de contenir, outre du simple texte et des graphiques, des liens hypertexte, donc des renvois à d'autres documents. Elle prévoyait déjà la définition d'éléments de structuration comme les titres, listes et chapitres, mais la présentation exacte était l'affaire du logiciel de navigation.

2.2 Deuxième étape : HTML 2.0

Le véritable essor de l'Internet commença avec le browser Mosaic, le premier à offrir une interface utilisateur graphique. Son succès immédiat imposa HTML qui, en intégrant certaines des particularités dont avait été doté Mosaic, évolua vers une version 2.0.

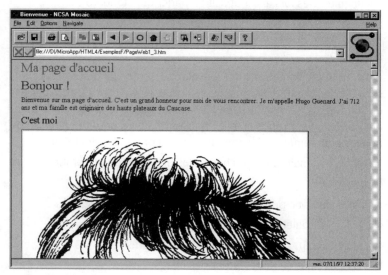

▲ Fig. 2.2 : *Mosaic : le classique des browsers graphiques*

Bien qu'une réaction rapide aux développements de l'Internet et particulièrement aux extensions Mosaic eût été salutaire, le standard HTML
2.0 n'a pu être adopté qu'en septembre 1995. Cette longue attente
entre les versions 1.0 et 2.0 ainsi que la lourdeur du WWW (par rapport
à l'incroyable dynamisme de l'Internet) ont permis la formation de
"dialectes" spécifiques aux browsers dont l'harmonisation se fait toujours attendre. Déjà, le standard 2.0 n'était qu'un plus petit dénomina-
teur commun, même s'il permettait bon nombre de possibilités de mise
en page, comme les éléments de structure externes au document
comme les en-têtes, les lignes de titre, les différents niveaux de titres,
mais aussi liens hypertexte, mises en relief, instructions permettant une
insertion flexible de graphiques, de tableaux, de listes et de formulaires.

2.3 Troisième étape : HTML 3.x

La dénomination 3.x sous-entend plusieurs versions 3. Peu après la
version 2.0, le standard 3.0 a été adopté par le W3C sans jamais faire
l'unanimité. Dès lors, il est abusif de parler de "standard".

Ce n'est qu'à l'occasion de la cinquième conférence WWW du 6 au 8 mai
1996 à Paris que le W3C présenta une version réellement standard,
HTML 3.2.

Cette nouvelle mouture a été développée en collaboration avec des
sociétés comme IBM, Microsoft, Netscape, Novell, SoftQuad, Spyglass
et Sun Microsystems. Certaines des instructions de la version 2.0 ont
été partiellement reprises telles quelles, d'autres ont été enrichies de
nouveaux paramètres. Le nom de code du projet 3.2 était Wilbur.

HTML 3.2 prenait enfin en charge des éléments que la pratique avait
déjà répandus :

- Tableaux avec présentation structurée des éléments ;
- Tailles et couleurs des polices ;
- Mise en exposant ou en indice de caractères ;
- Agencement de texte autour des images ;
- Images cliquables sans communication avec le serveur ;

■ Insertion d'applets Java et de JavaScripts.

Cependant les membres du W3C n'ont pas pu s'accorder sur certains éléments pourtant très répandus. Ainsi, le standard 3.2 n'autorise toujours pas les frames, que Netscape Navigator affiche depuis longtemps, ni l'agencement des fenêtres, les langages de scripts (pas de prise en charge directe), les formulaires élargis, la notation de signes mathématiques ou les différences d'affichage dues au matériel. L'instruction graphique FIG du HTML 3.0 n'a pas été conservée. La version 3.2 a même été allégée de quelques instructions dont était dotée la précédente. Il ne faut pas forcément prendre ça pour un inconvénient. Au contraire, la suppression de nombreux éléments du HTML 3.0, qui faisaient parfois redondance, rend la version 3.2 beaucoup plus accessible.

2.4 Nouveautés de HTML 4.0

Ce chapitre s'adresse principalement aux lecteurs connaissant déjà HTML. Dans un premier temps, les néophytes peuvent l'ignorer pour y revenir plus tard. Mais de toutes les façons, nous verrons les différents points au cours des explications sur les capacités du HTML.

HTML 4.0 réserve beaucoup de bonnes surprises à la communauté des internautes. Alors que les nouveaux standards du W3C ne nous ont pas habitués à des développements révolutionnaires, la version 4.0 semble faire une heureuse exception.

Outre de nouveaux éléments et extensions, quelques anciens tags et attributs ont été déclarés dépassés.

Les principales modifications concernent les domaines suivants :

Performances indépendantes des plates-formes

Le nouveau standard s'enrichit de puissantes possibilités dans le cadre de l'indépendance aux plates-formes. Celles-ci incluent notamment différentes résolutions, des attributs de couleurs, des possibilités de saisie et d'affichage plus flexibles (par exemple naviguer à l'aide des touches), des commandes vocales et des informations sonores. Les objectifs majeurs du consortium étaient une meilleure accessibilité au Web par les handicapés physiques ainsi qu'une meilleure intégration du matériel au HTML. Le nouveau standard ne limite plus le Web au seul navigateur, il vise l'intégration des différents matériels de sortie de l'utilisateur.

Internationalisation

L'autre aspect important du nouveau HTML est "l'internationalisation" selon le standard ISO/IEC:10646 ou 118N. Les limites du standard utilisé jusqu'à présent (8895-1) ne sont donc plus valables. Il est par exemple possible désormais d'utiliser les accents du français. Selon ce nouveau standard, l'internationalisation ne dépend plus de la prise en charge de ces caractères par le système d'exploitation.

L'affichage de caractères spéciaux et d'accents spécifiques aux langues s'effectue par des "entités" (*entities*) consistant en une suite de nombres ou de caractères placée après l'esperluette (&).

Nouveau concept de tableaux

HTML 4.0 contiendra une série de nouveaux éléments et extensions pour la création de tableaux. Ils servent principalement à introduire plus de clarté. Le nouveau concept de tableaux se fonde essentiellement sur le standard RFC1942.

En outre, HTML permet désormais d'aligner des chaînes de caractères sur certains caractères, par exemple sur la virgule.

Exemple :

```
<COL width="3" align="char" char=",">
```

Labels actifs dans les champs de formulaire

HTML 4.0 contiendra une série de nouveaux éléments et des extensions pour les formulaires. Eux aussi rendent les documents plus clairs, mais l'un des objectifs était l'adaptation plus poussée au standard Windows SAA concernant les fonctions d'utilisation.

Les labels actifs ou hiérarchisés dans les champs de formulaires font partie des nouvelles fonctions.

Des possibilités de regroupement et de différenciation de zones de formulaire ont été introduites avec la faculté d'associer des éléments INPUT à diverses informations supplémentaires.

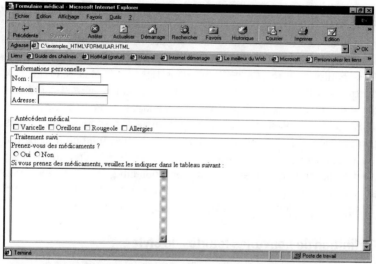

▲ Fig. 2.3 : *Exemple de formulaire avec des labels et différentes sections encadrées*

De nombreux nouveaux attributs facilitent la manipulation de formulaires.

L'adaptation au standard SAA (c'est-à-dire l'ergonomie de Windows) n'était pas très avancée. Il n'était pas encore possible d'atteindre des zones de saisie par un raccourci clavier. C'est maintenant chose faite.

Extension du tag OBJECT

L'un des mots qui revenaient le plus souvent était sans doute "Dynamic HTML".

Dans l'ancien standard, il n'existait que trois tags permettant d'insérer des objets dans des pages Web :

■ le tag APPLET pour les applets Java ;
■ le tag OBJECT pour les contrôles ActiveX ;
■ le tag IMG pour afficher des images.

Les deux premiers étaient strictement associés avec leurs "éléments maison" respectifs. L'élément IMG, par sa limitation aux seules images, semble un peu dépassé. Bien que permettant l'insertion d'images GIF animées, il n'était qu'une solution de fortune.

C'est pourquoi le tag OBJECT, qui dans HTML 3.2 était restreint aux contrôles ActiveX, s'est considérablement étendu. Il permet à présent d'insérer tous types d'objets comme les images, séquences vidéos, les sons ou des applications spécifiques comme les applets Java. À ces compétences il faut ajouter l'affichage de formules mathématiques qui avait été annoncé, mais jamais réalisé dans HTML 3.2. En principe, cela rendra superflus quelques tags utilisés pour intégrer des images, des applets, etc. Au lieu d'avoir une ribambelle de tags, le tag OBJECT suffira. Toutefois, les navigateurs reconnaîtront toujours les anciens tags.

Définition de nouvelles feuilles de style

HTML 4.0 prévoit l'utilisation de feuilles de style (*style sheets*) qui définiront la présentation d'un document Web. Le but est d'atteindre une meilleure séparation entre la structure et la mise en page. Comme pour l'extension du tag OBJECT, certains éléments comme le tag FONT deviennent ainsi inutiles.

▲ Fig. 2.4 : *Exemple d'utilisation d'une ébauche de feuille de style pour la mise en page*

Les feuilles de style font également partie du concept du HTML dynamique. Elles permettent le positionnement au pixel près à l'aide des coordonnées x, y et z. Un concepteur de pages Web a ainsi le contrôle total sur l'emplacement des éléments sur une page.

La propriété "Position" permet un positionnement relatif ou absolu.

Impression intelligente

L'impression facilitée de pages Web est une autre des caractéristiques des feuilles de style. Alors que la page était envoyée à l'imprimante sans contrôle préalable (il n'était pas rare de trouver des sauts de pages au milieu du texte ou une seule ligne par page), nous pouvons maintenant marquer des sauts de page ou indiquer un autre document à imprimer.

Par ailleurs, il devient possible de diriger la sortie sur d'autres types de médias. Ainsi sont prévus, en plus de l'impression sur papier (*Print*), le braille (*Braille*), les sons (*Speech*), l'écran (*Screen*) et le projecteur (*Projection*).

Pages Web dynamiques avec extension des possibilités de script

La version 4.0 intègre quelques nouveaux mots clés indispensables pour l'exécution de fonctions simples. Des fonctions de script, jusqu'ici l'apanage de JavaScript, deviennent partie intégrante du HTML (par exemple `onload`, `onmouseover`, `onclick`, etc.).

En ce qui concerne l'utilisation de scripts, le nouveau HTML a considérablement élargi les conditions de leur intégration. Et ceci indépendamment du langage utilisé, que se soit JavaScript, VBScript, Tcl ou Perl.

Affichage alternatif

Comme pour les frames et les images, il existe désormais la possibilité de prévoir du texte ou des graphismes à place de scripts pour ceux qui ne peuvent ou ne veulent pas les recevoir : l'élément NOSCRIPT. C'est le fil conducteur de tout HTML. Si le browser d'un utilisateur ne reconnaît pas une certaine propriété ou qu'il ne veut pas l'utiliser, les informations lui parviennent sous une autre forme, par exemple une alternative textuelle aux images, pratique pour les navigateurs en mode texte.

Officialisation des frames

Grâce à leurs derniers navigateurs, les internautes assidus connaissaient déjà les frames (division de la fenêtre du navigateur en plusieurs zones d'affichage indépendantes) et les considéraient peut-être déjà comme définitives, alors qu'elles n'étaient *pas encore officialisées*. Ce qui sera dorénavant le cas avec HTML 4.0.

2.5 Sources d'informations sur HTML 4.0 et Dynamic HTML

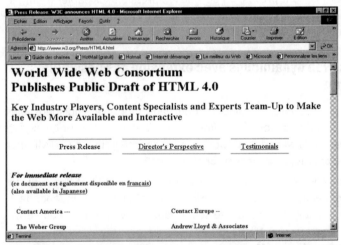

▲ Fig. 2.5 : *Document présentant le "brouillon" du nouveau standard HTML 4.0*

En plus de la page d'accueil de W3C à l'adresse http://www.w3c.org/, vous trouverez d'autres informations sur HTML 4.0 et Dynamic HTML sur le site : http://developer.netscape.com/library/documentation/communicator/dynhtml/index.htm

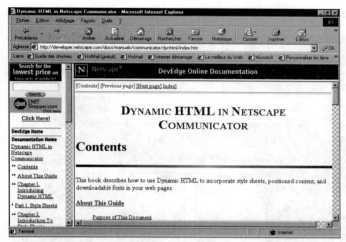

▲ **Fig. 2.6** : *Voici la vision de Netscape sur HTML dynamique*

Bien entendu, Microsoft a aussi son point de vue sur le Dynamic HTML, qu'il expose à l'adresse http://www.microsoft.com/workshop/prog/ aplatfrm/dynhtml.htm

▲ **Fig. 2.7** : *Dynamic HTML selon Microsoft*

Une dernière source sur HTML dynamique : http://www.dhtmlzone.com.

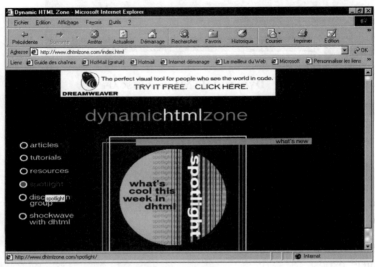

▲ Fig. **2.8** : *Autres informations sur Dynamic HTML d'après Macromedia*

2.6   Tolérance aux pannes

HTML est un langage extrêmement tolérant aux pannes. Peut-être même le plus tolérant du monde informatique car cette caractéristique est l'un des principes fondateurs du HTML.

Il est vrai que les outils de développement HTML, comme les éditeurs, sont programmés de sorte qu'ils obligent l'utilisateur à utiliser une syntaxe correcte. Soit en corrigeant les erreurs, soit en les éliminant dès le départ, grâce à des menus et des boutons qui évitent de saisir le code directement. Les programmes pour lire des documents HTML doivent eux aussi être le plus tolérants possibles aux pannes de façon à pouvoir afficher même des documents contenant des erreurs syntaxiques.

Tant qu'un browser trouve des instructions correctes, il les exécute et les affiche. Des instructions erronées ou incomplètes sont simplement ignorées. Certains vont même jusqu'à afficher des documents HTML sans ossature (ce qui est en principe obligatoire). Le navigateur affiche tout texte qui n'est pas ignoré en tant que syntaxe erronée. L'extension HTML ou HTM suffit à elle seule pour définir un document HTML.

Ce principe est la condition sine qua non pour que, malgré l'introduction incessante de nouvelles extensions HTML sur l'Internet, les browsers plus anciens ne "plantent" pas lorsqu'ils chargent des pages contenant de telles nouveautés. Ils ignorent tout simplement ce qu'ils ne connaissent pas, le reste s'affiche normalement. La compatibilité descendante des documents HTML est donc toujours assurée, même si parfois des informations importantes qui ne sont pas affichées se perdent.

2.7   HTML au centre du Web

Pour clore ce chapitre nous allons avancer cette phrase : "HTML est le centre du Web". On peut bien sûr la remettre en question, car avec l'apparition de Java ou JavaScript, le vieux HTML semble avoir perdu de l'importance. Mais de nombreux arguments remettent le rôle du HTML à la place qui lui convient :

- HTML est l'épine dorsale du World Wide Web : une partie importante du Web est encore composée de HTML et ceci ne changera pas du jour au lendemain ;

- Java et JavaScript ne sont pas des concurrents du HTML mais d'excellents outils permettant de réaliser des tâches difficiles voire impossibles en HTML. Ceci dit, il demeure la structure de base de l'Internet. VRML est une extension performante pour les mondes virtuels, mais pas une solution de remplacement de l'hypertexte. Les lettres restent elles aussi des documents texte et non pas des images. Même des langages et technologies dépendant de la plateforme comme VBScript et ActiveX utilisent HTML pour s'enraciner sur le Web ;

- Il existe aujourd'hui un grand nombre de browsers et divers éditeurs HTML et les programmes de traitement de texte et de PAO les plus connus s'accompagnent de filtres HTML. Si presque chaque utilisateur dispose d'un navigateur Internet, tous ne maîtrisent pas les nouvelles technologies. Ceux qui se servent encore d'anciennes versions ont peu de chance de visionner correctement des sites "truffés" d'applets Java ou de contrôles ActiveX ;

■ Par principe, l'affichage d'images (notamment en 3D) demande beaucoup de ressources, autant de l'ordinateur que du système d'exploitation. Les documents HTML peuvent en revanche se visualiser et même s'écrire sur des ordinateurs beaucoup moins puissants ;

■ Ces nouveaux éléments sont souvent très volumineux, contrairement aux fichiers HTML, du moins ceux qui ne s'encombrent pas de graphiques inutiles. Pour les animations, les éléments 3D doivent d'abord être transférés, ce qui prend beaucoup de temps, à moins qu'ils soient déjà installés sur la machine locale. Mais dans ce cas c'est au détriment de l'espace disque ;

■ HTML contient un nombre suffisant d'instructions portant sur des effets visuels intéressants ;

■ Dernier point non négligeable : ce langage est petit et relativement facile à apprendre. Les concepteurs de pages Web disposent de toute une liste d'outils de publication HTML faciles à utiliser et souvent gratuits. Même si les nouveaux langages de script ne sont pas non plus très compliqués, le rapport résultat/degré de complexité penche sans conteste en faveur du HTML. Vous n'avez donc pas besoin de suivre un cours intensif en C++ pour éprouver rapidement de grandes satisfactions ;

Comme vous le voyez, HTML est dans tous les cas une base solide pour toutes les activités du Web.

Chapitre 3

Edition
de documents HTML

Outre quelques outils sur lesquels nous reviendrons, la publication de documents HTML impose certaines conditions matérielles et logicielles.

Conseil

N'habite plus à l'adresse indiquée...

En raison du fantastique dynamisme du réseau des réseaux, les adresses Internet que nous mentionnons dans nos ouvrages peuvent avoir été sujettes à modification. S'il vous arrive ainsi de rencontrer une adresse obsolète, essayez les autres lorsqu'il y en a plusieurs, sinon faites appel à un moteur de recherche.

3.1 Configurations matérielles et logicielles

Le matériel

Contrairement à beaucoup d'autres domaines de la micro-informatique, les conditions matérielles pour se lancer à la conquête de l'Internet sont relativement modestes, tant pour naviguer que pour créer des pages HTML. Évidemment, dès que l'on passe à Java ou à des langages 3D, les exigences matérielles augmentent. Les valeurs indiquées ici sont des valeurs minimales, mais le surcroît de puissance n'est pas un défaut, seuls un ordinateur et un dispositif pour la transmission de données sont indispensables.

Matériel pour le transfert de données

Pour transmettre des données par le réseau, il faut un modem 28800 bauds minimum, un abonnement RNIS (Numéris) ou un accès de type câble accompagnés de leur carte respective. Si en théorie un modem plus lent peut suffire pour l'Internet, le Web requiert au moins 28800 bds. Par ailleurs, les modems plus lents sont pratiquement introuvables. Si vous en avez un, conservez-le précieusement, ce sera bientôt une pièce de collection.

Remarque

Un baud équivaut à un bit par seconde

On confond souvent le baud avec la notion de "bit par seconde" (bps), ce qui n'est pas tout à fait correct. Toutefois comme cette assimilation est passée dans le langage courant, nous n'allons pas compliquer les choses inutilement.

Les modems avec un taux de transmission de 56000 bds sont ce qu'il y a de mieux actuellement. Une ligne RNIS n'est pas superflue même si elle est moins avantageuse que ce que l'on pourrait croire, en raison du taux maximal de transmission d'environ 64000 bds. La situation est différente dans certains réseaux commerciaux ou avec une connexion directe : ici, une connexion RNIS apporte un avantage considérable. Le câble permet lui d'atteindre des débits de l'ordre de 768000 bps en émission. Un bon choix.

L'ordinateur

L'ordinateur peut être simple car sur l'Internet l'essentiel de la charge de travail incombe aux serveurs et aux lignes de transmission. Malgré la tendance à transférer certaines tâches au PC, il reste encore peu sollicité pour les pages HTML pures. En principe et même si cela paraît incroyable, un vieux 386 pourrait suffire. Toutefois, la limite inférieure parmi les ordinateurs en cours est un Pentium II avec 32 Mo de mémoire vive, notamment si vous souhaitez utiliser une interface graphique comme Windows 98. Bien entendu, vous pouvez également choisir un ordinateur non-PC de même puissance (les Macintosh jouissent par exemple d'une grande popularité).

Le choix du système d'exploitation est décisif quant à l'exigence minimum de l'équipement matériel. Windows 98 se révèle ainsi très gourmand en ressources matérielles. Malgré les affirmations de Microsoft, qui donne des valeurs minimales similaires à celles que nous venons d'indiquer, il s'avère dans la pratique impossible de le faire fonctionner avec aussi peu de moyens. Pour travailler confortablement, Windows 98 exige au moins un Pentium assez rapide (à partir de 90Mhz) et 32 Mo de RAM. Windows NT s'impose de plus en plus comme l'alternative professionnelle de Windows 98. La limite inférieure réaliste est alors un processeur Pentium 166 avec 64 Mo.

Si vous prévoyez d'utiliser d'autres techniques que HTML pour publier sur l'Internet (Java, VRML, etc.), n'économisez pas sur le processeur ni sur la mémoire vive. Un Pentium doté de 32 Mo n'est pas un luxe. L'expérience montre que les anciens modèles de Pentium avec 16 Mo sont visiblement dépassés pour surfer dans les volumineux mondes virtuels écrits en VRML 2.0. Même remarque en ce qui concerne l'utilisation d'outils d'édition HTML WYSIWYG.

Par ailleurs, la nouvelle génération de browsers devient aussi très gourmande. Les applets Java fonctionnent en revanche assez bien sur un ordinateur de base, malgré ce que peuvent en dire certaines rumeurs. Une des caractéristiques de Java est justement d'être petit et compact. D'ailleurs, l'un de ses objectifs initiaux était de faciliter le développement de logiciels s'exécutant de manière autonome sur des petits postes (à partir de 4 Mo de RAM), voire dans des cafetières électriques ou des magnétoscopes. Selon les affirmations de Sun, l'interpréteur de base et le support des classes se contentent de 40 Ko de RAM. Des bibliothèques standard supplémentaires nécessitent 175 Ko supplémentaires. Ces 215 Ko requis sont bien inférieurs à toutes les exigences d'un langage ou d'un environnement de programmation similaire.

Si vous avez l'intention de télécharger des programmes et un gros volume de données, votre disque dur doit bien entendu être à la hauteur (les tailles actuellement sur le marché varient entre 4 Go et 20 Go). En revanche, cette taille n'a aucune importance pour la navigation pure sur le réseau. Cette caractéristique a entre autres motivé un nouveau développement dans le domaine du matériel pour l'Internet.

Le Net-PC

Nous n'allons pas passer sous silence cette invention relativement récente qu'est le Net-PC ou NC (Network Computer). Comme son nom l'indique, il s'agit d'un PC spécialement conçu pour l'Internet.

Le concept prévoit une mémoire vive moyenne et un processeur rapide, mais aucun support de sauvegarde permanent (lecteur de disquettes, disque dur, dévideur de bande, etc.). Le système d'exploitation est un minimal. Un tel appareil n'est utilisable qu'en ligne, c'est-à-dire connecté à l'Internet. Ses détracteurs le voient comme la résurrection du "terminal bête et méchant" qui nous vient de la préhistoire informatique.

L'avantage de ce concept est que le programme dont on a besoin est téléchargé. L'utilisateur ne dépense donc plus son argent dans des programmes onéreux et de plus il dispose toujours de la dernière version.

Comme il est dépourvu de gros système d'exploitation, son utilisation devrait être simplifiée. Par exemple, en l'absence de support de sauvegarde, il n'aura plus besoin de commandes destinées à la gestion des données. Cela permet de réduire la taille de la mémoire (et donc les coûts). En effet, comparé à Windows 98 qui occupe à lui seul une bonne partie de 32 Mo de RAM, un NC se contente de 8 Mo de mémoire.

Les points faibles d'un NC ne sont cependant pas négligeables. Il n'est pas utilisable sans un abonnement en ligne (payant). L'absence de support de sauvegarde oblige l'utilisateur à stocker ses données sur le serveur du provider et à les télécharger avec le programme correspondant en cas de besoin. Imaginez que pour rédiger en vitesse un simple courrier, vous deviez d'abord vous connecter au fournisseur puis télécharger un gros programme de traitement de texte avec les vitesses de transfert de l'Internet que l'on connaît. Le problème de la protection des données peut également constituer un inconvénient : tout le monde ne va pas apprécier d'enregistrer ses données personnelles sur un ordinateur distant et de les faire transiter par des lignes publiques.

Les logiciels

Le système d'exploitation

Quel est le système d'exploitation idéal pour utiliser l'Internet et créer des documents HTML ? Pour les propriétaires de Macintosh, la question ne se pose pas, contrairement aux utilisateurs de PC. En fait, tous les systèmes d'exploitation sont appropriés. Même l'ancêtre de tous, le

DOS, pourrait théoriquement suffire, mais dans la pratique il n'est plus guère utilisable pour plusieurs raisons qui sont aussi valables, avec certaines restrictions, pour tous les systèmes orientés texte :

- La plupart des nouveaux programmes pour l'Internet (navigateur, numéroteur, client FTP, etc.) ne fonctionnent que dans des environnements graphiques ;

- L'utilisation de programmes Internet est compliquée sous DOS (et sous les systèmes similaires), car elle nécessite la saisie directe au clavier de commandes complexes (par ex. les commandes AT) ;

- En règle générale, le DOS n'utilise que la mémoire conventionnelle ;

- Le DOS n'est pas multitâche, sans doute son point faible le plus important.

Tous les autres systèmes graphiques, que ce soit UNIX et ses dérivés, OS/2, Windows 3.x, 95, 98 ou NT sont possibles - chacun ayant ses défauts et ses qualités.

Les logiciels de connexion

Pour vous connecter à l'Internet, vous avez besoin d'un programme spécifique vous permettant d'appeler le réseau. L'appel se fait par téléphone, il faut donc composer un numéro - c'est pourquoi le logiciel s'appelle numéroteur (en anglais *dialer*).

En général, ce sera un numéroteur PPP ou SLIP, fourni par votre provider. Normalement, vous n'avez pas à vous occuper de cette question. Lors de l'installation des logiciels fournis, tous les programmes, pilotes et bibliothèques sont copiés sur votre disque dur et, il faut l'espérer, les paramétrages effectués par une routine d'installation.

3.2 Outils de développement HTML

Vous disposez à présent d'un ordinateur, d'un système d'exploitation et éventuellement de programmes de connexion. Il ne vous manque plus que les outils pour développer et visionner des documents HTML. Vous avez le choix entre deux approches : d'une part créer des pages HTML dans des éditeurs de texte ASCII et d'autre part avec WebOffice (filtres et convertisseurs), des éditeurs ou assistants HTML.

Éditeurs de texte

HTML étant exclusivement composé de texte, un document peut être écrit dans tout éditeur de texte ou programme de traitement de texte. Bien entendu, cette méthode suppose une bonne maîtrise du langage HTML. L'éditeur fourni avec Windows est largement suffisant, mais vous pouvez bien sûr utiliser d'autres variantes.

Un concepteur de pages Web n'a aujourd'hui (presque) plus besoin de maîtriser la syntaxe du HTML. Il existe en effet d'innombrables programmes d'assistance à la création, voire capables d'écrire des pages entières automatiquement. Les utilitaires HTML peuvent se classer en trois catégories.

WebOffice

Une approche assez simple de la création de pages Web consiste à utiliser des filtres (ou convertisseurs) qui traduisent directement en HTML un document écrit avec un traitement de texte comme Word. Il existe aujourd'hui en shareware ou en freeware des filtres pour presque tous les types de fichiers. N'attendez cependant pas trop de la part d'outils aussi rudimentaires. Il faut souvent mettre la main à la pâte car ils ne connaissent qu'une infime partie de la version HTML courante. Les programmes additionnels (Add-ins) sont une espèce particulière de filtres qui viennent s'ajouter aux programmes les plus connus. Il peut également s'agir de macros. Ces filtres s'intègrent sur demande à votre application standard à l'aide de la technologie Add-in et créent un document HTML lors de l'exportation d'un fichier. Dans la version 2000 de Word, la création de documents HTML est entièrement intégrée.

Éditeurs HTML

Contrairement aux filtres, les éditeurs HTML ne convertissent pas des documents existants, mais facilitent la création directe à l'aide de diverses fonctions intégrées. Un éditeur HTML se doit d'être intuitif. Les éditeurs "intelligents" épargnent à l'auteur un grand nombre de manipulations. Les modèles haut de gamme soulignent visuellement les structures de syntaxe HTML, reconnaissent les éléments incorrects, voire empêchent leur saisie et facilitent l'insertion des caractères spéciaux (nous y reviendrons ultérieurement).

L'une des principales qualités des éditeurs HTML est leur fonctionnalité WYSIWYG(What You See Is What You Get) qui permet d'avoir un aperçu de ce que sera la page une fois publiée. Il ne faut toutefois pas oublier que HTML n'est pas un langage de description de pages exact, mais un langage de description de documents relatif dont les options de mise en page ne définissent pas avec exactitude la présentation d'une page Web. Les instructions HTML n'attribuent à un texte qu'un type et une position qu'il revient au browser d'interpréter. On ne peut donc pas savoir à quoi ressemblera le résultat dans un navigateur que l'on ne possède pas.

Assistants

Un assistant HTML est un programme qui, comme son nom l'indique, assiste pas-à-pas l'utilisateur dans la création d'une page Web. Sur le plan de l'ergonomie, les mêmes restrictions s'appliquent aux assistants qu'aux éditeurs HTML.

Que choisir ?

Il existe une réponse toute simple : chez les initiés, les éditeurs de texte sont les favoris ! Les concepteurs professionnels de pages HTML qui maîtrisent ce langage utilisent rarement les filtres, éditeurs et assistants. Un produit professionnel et ergonomique peut à la rigueur venir épauler l'éditeur de texte pour les manipulations fastidieuses. Outre le confort des menus et des barres d'outils, il dispose de macros, de modèles et assistants d'aide à la création. Les éditeurs ASCII sont malgré tout considérés comme le principal outil de travail pour plusieurs raisons :

La réduction à quelques fonctions de mise en page et macros des éditeurs rudimentaires conduit le plus souvent à des pages Web identiques et sans imagination.

De nombreuses possibilités des versions HTML les plus récentes ne sont pas exploitées par les utilitaires et il faut donc retoucher à la main. Même si certains éditeurs HTML professionnels sont capables de traduire correctement les caractères spéciaux et de reconnaître les standards les plus récents ainsi que les "dialectes" spécifiques à certains navigateurs, il n'en reste pas moins qu'ils n'intègrent pas toutes les nouveautés parues après leur sortie. La comparaison avec les virus et les programmes antivirus s'impose...

Paradoxalement, la fonctionnalité WYSIWYG peut être un inconvénient si elle suggère une fausse image du résultat (ce qui n'est pas rare) et oriente le programmeur HTML dans une mauvaise direction.

De plus, on perd souvent beaucoup de temps à naviguer entre les nombreux menus et sous-menus, contrairement à la saisie dans un éditeur de texte. C'est pourquoi l'outil de prédilection des "pros" reste un éditeur ASCII simple et rapide.

Pour les néophytes en revanche, ou pour se libérer des tâches répétitives, ces utilitaires constituent une aide efficace, notamment pour obtenir rapidement des premiers résultats. Un débutant peut prendre comme base une page Web créée avec un assistant ou un éditeur HTML pour s'exercer et l'améliorer pas à pas dans un éditeur de texte.

Nous allons vous présenter quelques utilitaires très répandus de publication Web.

Web Publisher

Convertisseur commercial universel.

HTML Transit

Convertit en HTML la plupart des formats de traitement de texte, à l'aide de modèles paramétrables.

WebExpert 3.0

Programme français idéal pour les débutants. L'éditeur fait également office de navigateur, ce qui vous permet de visionner le résultat sans changer de programme. L'affichage et la modification manuelle du code source HTML sont par ailleurs possibles. L'ensemble constitue un outil simple et bien conçu pour vous permettre d'élaborer un site Web complet. Vous en trouverez une version d'essai à l'adresse suivante : `http://www.visic.com/webexpert/index.html`.

HotDog

Dans le domaine des produits en shareware peu coûteux, les éditeurs HTML se bousculent. Parmi les plus connus, citons Webber (idéal pour les néophytes), Web Media Publisher dont la particularité est le remplacement d'URL dans une série de documents), Icontext Spider (affichage original des documents : une fenêtre contient la structure logique d'un document HTML, une autre le texte et les graphiques) et, bien sûr, HotDog (dont la fonction Upload permet de charger automatiquement un document sur un hôte). En raison de ces multiples fonctions, il est actuellement le favori des "webmaniaques" et il obtient régulièrement de bonnes notes dans les tests. Cet éditeur WYSIWYG prend en charge de nombreuses spécialités Netscape ou Microsoft. Il permet de créer des frames, des tableaux, des images cliquables et de les regarder dans une fenêtre de prévisualisation. Vous pouvez afficher le source et "l'aspect Web" d'une page en même temps, ce qui permet de voir tout de suite les conséquences qu'entraîne une modification du code. Il prend en charge ActiveX et contient en outre des fonctions fort utiles telles que la correction orthographique ou la conversion dans les deux sens des fichiers GIF et JPEG. Vous pouvez vous le procurer sur le Net à l'adresse suivante : `http://www.sausage.com`

PageMill et PageSpinner

Deux éditeurs de qualité pour le MacIntosh. PageMill d'Adobe est l'un des rares véritables éditeurs WYSIWYG (avec les restrictions habituelles).

WebEdit

Existe en deux versions : la version professionnelle se distingue de la version standard essentiellement par sa gestion de projets et une interface de programmation des Add-ins. L'éditeur de WebEdit affiche le source d'une page. Les tags s'insèrent par des menus ou raccourcis clavier à l'emplacement du curseur. Pour la vérification, le programme peut ouvrir une fenêtre supplémentaire qu'il actualise automatiquement ou à la demande. L'un des meilleurs aspects de WebEdit est la diversité des fonctions dans le domaine des caractères spéciaux (notamment les accents) et des langues étrangères ainsi que l'insertion à la souris de tags et de formules mathématiques. De surcroît, il comprend également un correcteur orthographique. La fonction Easy Links permet l'intégration confortable d'autres fichiers HTML, textes ou fichiers WAV. Source Internet : `http://www.nesbitt.com`

FrontPage

La version allégée du logiciel FrontPage 2000 de Microsoft, FrontPage Express, est livrée gratuitement avec le navigateur 'Internet Explorer 5.0. La version la plus récente est disponible sur le site : `http://www.microsoft.com`.

▲ Fig. 3.1 : *Bienvenue dans FrontPage Express !*

Plus qu'un simple éditeur HTML, FrontPage 2000 se présente comme une solution complète destinée à la création, à la gestion et à la maintenance d'un site Web sur Internet ou dans un intranet. Comme un serveur Web, il contient un éditeur de pages et un utilitaire d'administration (l'Explorateur FrontPage) ainsi que divers outils et assistants.

La version 2000 de FrontPage maîtrise le standard HTML 4.0 et fait du DHTML une de ses spécialités. Des scripts prêts à l'emploi, à l'image des applets Java, sont fournis par Microsoft. Réaliser des effets de Roll-Over et de mise en page dynamique, mettre en place un menu défilant, tout cela devient un jeu d'enfant. Vous serez en outre enthousiasmé par la présence de composants divers, tels les compteurs d'accès et les formulaires de recherche.

Vous pouvez également conférer un élan de dynamisme à vos pages. Ainsi, vous pouvez faire en sorte que certaines parties évoluent selon l'heure ou la date par exemple.

Autres fonctions notables : la prise en charge du glisser-déplacer, de très nombreux modèles, la reconnaissance de la plupart des formats de fichiers d'Office ainsi qu'un correcteur orthographique et syntaxique.

La création des tableaux est également beaucoup plus souple : vous pouvez modifier leur présentation sans la moindre restriction.

L'Explorateur FrontPage est capable d'afficher les pages d'un projet Web de plusieurs façons. Par défaut, l'affichage se fait dans le mode Dossiers.

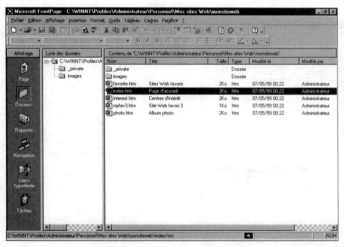

▲ Fig. 3.2 : *Affichage en mode Dossiers*

Vous pouvez également afficher les liens qui relient les différentes pages.

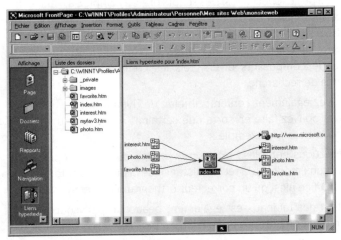

▲ **Fig. 3.3** : *Affichage en mode Liens hypertexte*

Le bouton **Navigation** de la barre *Affichage* permet de présenter un site de façon hiérarchique.

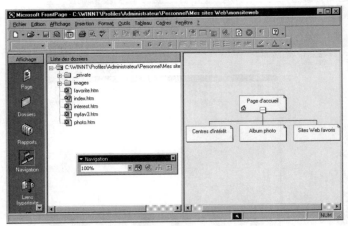

▲ **Fig. 3.4** : *Affichage en mode Navigation*

Le mode Thèmes est probablement la partie la plus innovante de FrontPage. Vous pouvez choisir à l'aide de la souris une des nombreuses présentations proposées et la remodeler à votre convenance grâce à diverses possibilités de paramétrage. Cela concerne les images d'arrière-plan et tout particulièrement l'intégration des fonctionnalités du HTML dynamique (options *Couleurs vives* et *Graphismes animés*).

▲ Fig. 3.5 : *Affichage en mode Thèmes*

FrontPage est par ailleurs doté d'un mode Tâches qui montre l'état des liens hypertextes.

Fervents défenseurs du HTML, réjouissez-vous ! FrontPage vous laisse la possibilité de modifier le code source HTML de vos documents.

Mais les éditeurs HTML les plus récents ne se bornent pas à fournir des fonctionnalités étendues à l'édition HTML. C'est dorénavant vers le domaine de la publication que votre attention doit se tourner. Frontpage propose un outil qui facilite grandement la tâche des nouveaux venus : l'Assistant de création de site Web. Ce dernier met en place un répertoire sur votre disque dur spécifiquement dédié à votre site Web. Il crée de façon automatique les pages de départ. Il ne vous reste alors plus qu'à les modifier !

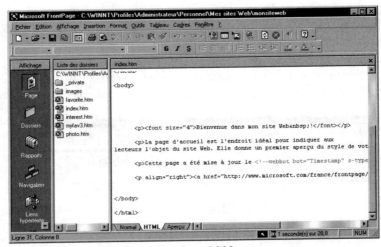

▲ **Fig. 3.6** : *Fenêtre de l'éditeur FrontPage 2000*

DreamWeaver

Cet éditeur HTML est en passe de s'imposer dans le milieu professionnel. Véritable logiciel à tout faire, il vous accompagne tout au long de la
phase de création, de maintenance et de publication de vos sites Web.
Rares sont les logiciels qui peuvent se targuer d'êtres aussi riches. Une
véritable révolution à lui tout seul !

Une version d'évaluation anglaise est téléchargeable sur le site de
Macromedia : `www.macromedia.fr` (voir fig. 3.7). Vous pouvez également y acheter la version française.

Bien qu'il soit entièrement WYSIWYG, la fonctionnalité de Roundtrip
HTML lui permet de présenter le code HTML de la page en même temps
que son édition. Vous pouvez donc intervenir en temps réel sur l'édition.
En outre, le concepteur a davantage de contrôle sur le code qu'il génère.
Celui-ci a gagné en lisibilité et en intelligibilité, par comparaison à ce
qu'offre la concurrence (voir fig. 3.8).

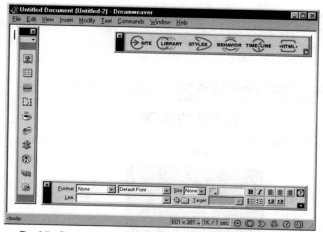

▲ Fig. 3.7 : *DreamWeaver, destiné aux professionnels, mais accessible à tous*

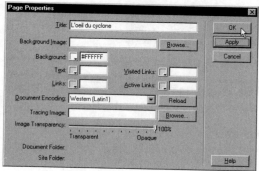

▲ Fig. 3.8 : *Un code HTML toujours accessible*

Pour offrir une présentation digne des meilleurs magazines papiers sur le Web, DreamWeaver fait la part belle aux calques. Ces derniers permettent de positionner, au pixel près, textes et images. Réaliser un page sur plusieurs colonnes devient dès lors d'une simplicité affligeante. Notez que DreamWeaver transforme spontanément ces calques en tableaux pour les navigateurs qui n'exploitent pas ces fonctionnalités. Il est compatible avec HTML 4.0 (standard qu'il met au centre de sa conception), mais conserve de très nombreuses possibilités pour permettre une compatibilité sans faille : c'est à cet égard le seul éditeur capable de générer du code pour plusieurs navigateurs. Vous êtes ainsi sûr de ne frustrer aucun désireux de consulter vos créations.

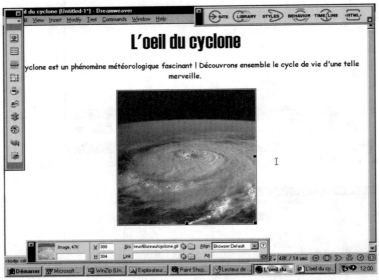

▲ Fig. 3.9 : *Un usage intensif des calques facilite la mise en page*

Côté maintenance, DreamWeaver a mis en place le concept de bibliothèque de contenu répétitif. Une fois créées, elles sont utilisables à l'infini dans vos pages Web, comme des éléments préfabriqués.

Lorsque vous modifiez votre bibliothèque, toutes les pages contenant un des objets modifiés seront mises à jour automatiquement, sans nécessiter d'intervention explicite de votre part. Un excellent moyen de mettre rapidement un site à jour (voir fig. 3.10).

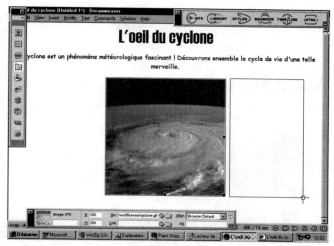

▲ Fig. 3.10 : *Les bibliothèques permettent d'assurer l'homogénéité d'un site*

Hormis son client FTP intégré, et son afficheur de carte du site, il se manifeste également comme un véritable prodige en Dynamic HTML. De nombreux comportements sont proposés par défaut et l'éditeur de scénarios d'animations vous permet de laisser libre cours à votre imagination. Si votre souhait est de créer des éléments animés qui traverseront vos pages sur un rythme endiablé, DreamWeaver se fera un plaisir de vous seconder !

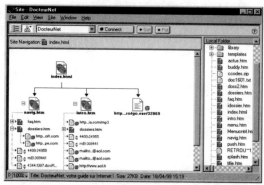

▲ Fig. 3.11 : *Un aperçu accessible de la structure de votre site Web*

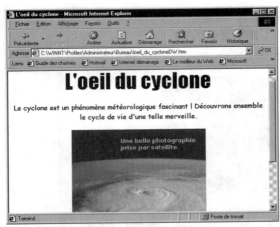

▲ Fig. 3.12 : *Le complice idéal pour tout développement en DHTML*

Éditeurs HTML inclus dans les suites de navigation Internet

Certains navigateurs sont passés de simples plates-formes de surf à de véritables suites logicielles permettant toutes les applications Internet et parfois même la gestion locale de fichiers. Netscape Communicator est doté d'un bon éditeur WYSIWYG : Composer.

▲ Fig. 3.13 : *Édition d'un nouveau document avec Netscape Composer 4*

Lorsque vous ouvrez un fichier HTML existant, il s'affiche non pas dans le navigateur, mais dans une nouvelle fenêtre de Composer en mode WYSIWYG. Les différentes fenêtres s'exécutent de façon autonome et peuvent être fermées individuellement.

Un utilitaire HTML intégré dans un navigateur offre l'avantage de connaître l'intégralité des tags pris en charge par celui-ci.

La réaction de la concurrence ne s'est pas fait attendre. C'est ainsi que Microsoft propose dorénavant un éditeur de bonne facture : FrontPage Express. Version allégée de FrontPage 2000 (présenté précédemment) il n'en reste pas moins terriblement efficace. Nous aborderons au chapitre 10 l'utilisation de ces 3 éditeurs.

Chapitre 4

Le navigateur, élément indispensable

On vous demande parfois, mais peut-être vous posez-vous vous-même la question : pour surfer sur le Web ou créer des pages Web, à quoi sert un navigateur ? Nous allons répondre par d'autres questions.

Pourquoi avez-vous besoin d'un programme de traitement de texte (comme Word) pour lire ou modifier des fichiers texte (au format DOC) ? Vous pouvez aussi bien l'ouvrir et le changer dans un simple éditeur de texte.

Pourquoi avez-vous besoin d'un programme graphique (comme Paint) pour regarder ou modifier une image (au format BMP) ? Vous pouvez aussi bien l'ouvrir et la travailler dans un éditeur de texte.

Pourquoi avez-vous besoin d'un lecteur multimédia (par exemple un programme MIDI) pour écouter et modifier des fichiers son ? Vous pouvez aussi bien l'ouvrir dans un éditeur ASCII.

Vous voyez sans doute où je veux en venir. Chaque fichier a besoin d'un programme spécifique pour être bien interprété, sinon le contenu reste dépourvu de sens. Comme le HTML est un langage de description de documents qui décrit simplement les structures logiques d'un document et qu'un fichier HTML ne contient que du texte ASCII, ce texte pur doit être interprété par un programme approprié pour en afficher correctement le contenu. Ce programme d'interprétation s'appelle navigateur Web (ou browser).

Les navigateurs modernes sont capables d'exploiter, outre les pages Web, d'autres services Internet comme le FTP, Gopher, le mail ou les newsgroups. Lorsque l'utilisateur entre un tel service Internet dans la zone d'adresse du browser, le bloc de données reçu est traité selon le service demandé.

Le principe du programme en texte pur et de l'interpréteur est connu depuis longtemps dans le monde de l'informatique. Le Basic était fondé sur le même concept. Dans la pratique, le navigateur doit être installé sur l'ordinateur local et les documents HTML sont téléchargés sur le réseau.

Dès que les premiers paquets de données arrivent sur le poste local, le programme de navigation commence à les interpréter. Il exécute les commandes intégrées dans les instructions HTML. Il peut s'agir d'afficher un texte, une image ou de lire un fichier son.

Les grands avantages du principe de l'interpréteur sont :

- Les quantités de données à transmettre sont relativement petites ;
- Les données sont indépendantes de la plate-forme.

Mais ce concept a aussi des inconvénients :

- L'utilisateur a toujours besoin d'un interpréteur en local, dans notre cas un browser. Il est vrai que l'on peut toujours ouvrir un document dans un éditeur de texte ASCII, mais toutes les instructions HTML le rendent difficilement lisible et interprétable ;
- Pour les applications en temps d'exécution (animations, calculs, etc.), les langages interprétés sont loin d'être aussi performants que le code compilé (des programmes déjà traduits en code exécutable) ;
- Dans le meilleur des cas, les programmes Internet connaissent la syntaxe HTML en cours à la date où ils ont été écrits ;
- Chaque norme HTML a toujours été accompagnée d'éléments spécifiques aux navigateurs. Si une page Web contient de tels éléments et qu'un visiteur la charge avec un autre programme, il n'obtiendra pas un affichage correct ;
- Même lorsqu'une page ne contient que des instructions standard, il peut arriver que les browsers l'interprètent différemment ;
- Un autre défaut relatif au principe d'interprétation du HTML résulte de l'indépendance vis-à-vis de la plate-forme. Finalement, c'est aussi une des raisons pour laquelle les comités de normalisation ont autant de mal à introduire de nouveaux éléments et à les établir comme standards. Le HTML doit prendre en compte l'ensemble des systèmes d'exploitation et des architectures matérielles. Cela réduit le choix d'éléments par ailleurs très utilisés par les systèmes d'exploitation graphiques. En se rapprochant du standard SAA, HTML 4.0 a fait un grand pas dans ce domaine.

4.1 Présentation succincte des principaux navigateurs

Retenons tout d'abord que pour les surfeurs passionnés, il est primordial, pour les raisons évoquées ci-dessus, de posséder un navigateur compatible avec les versions les plus récentes du langage.

Il n'est jamais inutile d'avoir plusieurs navigateurs, que ce soient des programmes concurrents ou bien différentes versions du même programme :

- Partant du fait que les pages s'affichent différemment selon les browsers, un créateur de page Web consciencieux teste ses œuvres avec plusieurs programmes et notamment les vieilles versions, car tous les internautes ne suivent pas le rythme soutenu des nouveautés. Alors n'hésitez pas à en essayer plusieurs. À côté des classiques, les plus marginaux ont eux aussi des choses intéressantes à offrir. Surtout si l'on peut les essayer gratuitement.

- Les nouvelles versions ne sont pas forcément meilleures que les anciennes - au contraire. Les versions bêta et les premières versions finales sont souvent truffées de bogues - et plus le paquet est volumineux, plus il y en a. Si les nouveaux programmes sont indispensables pour tester des pages et pour utiliser les derniers développements HTML, les anciennes versions sont souvent meilleures pour surfer sur le Web. Dans la première phase d'un nouveau standard HTML, il n'y a guère de pages Web qui l'utilisent. Il n'est pas possible de modifier plus de 50 millions de pages en quelques semaines ni en quelques mois. La majorité ne sera probablement jamais mise à jour, ce n'est donc pas la peine d'essuyer les plâtres d'un programme bogué pour la visite de quelques pages nouvelles. Vous pouvez également lancer deux ou plusieurs navigateurs en même temps. Lorsque vous arrivez sur une page contenant de nouveaux éléments, il suffit de la recharger dans le browser le plus récent. Une autre raison pèse en faveur des anciennes versions : elles sont le plus souvent moins volumineuses, donc plus faciles à utiliser et généralement plus rapides. Enfin, l'utilisation prolongée d'un programme permet de le maîtriser parfaitement.

■ Certains nouveaux programmes de navigation requièrent un matériel informatique qui n'est pas encore à la portée de tous.

Comme pour les systèmes d'exploitation, le marché des navigateurs a longtemps été dominé par un seul programme. Windows est aux systèmes d'exploitations ce que Netscape Navigator a longtemps été aux browsers. Presque 90 % des internautes l'utilisaient dans ses différentes versions. La situation a changé avec l'effort gigantesque (autant technique que commercial) de Microsoft. Internet Explorer, sa famille de navigateurs, reprend beaucoup de clients à Netscape. La rivalité est vive, une fois c'est Netscape qui parvient à capter toute l'attention par une innovation remarquable, l'autre fois c'est Microsoft.

Netscape Communicator 4

Dans la nouvelle version de Netscape Navigator l'interface utilisateur a sensiblement évolué. Selon les affirmations de son fabricant, l'interface et l'utilisation sont devenues beaucoup plus intelligentes et conviviales. Pour les utilisateurs des versions précédentes, cela signifie qu'ils auront pas mal de choses nouvelles à apprendre.

Outre l'affichage de pages Web, nous retiendrons les applications suivantes :

■ Prise en charge d'opérations de recherche sur le WWW. Netscape Navigator permet d'accéder aux informations et applications réseau les plus diverses dans un intranet d'entreprise ou sur l'Internet. Vous pouvez interroger de nombreuses sources d'informations, du dernier site Web jusqu'à la base de données des stocks de votre société.

■ Envoi et réception de courrier électronique. Netscape Messenger permet de rédiger des mails sur une base en HTML avec insertion d'images par exemple.

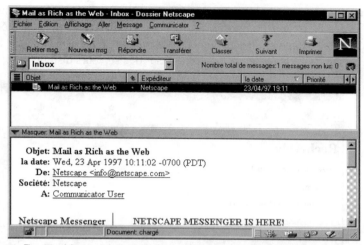

▲ Fig. 4.1 : *Messenger, le module de gestion du courrier électronique*

■ Accès aux forums de discussion (newsgroups).

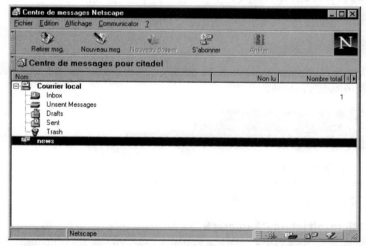

▲ Fig. 4.2 : *Le programme de consultation des newsgroups Collabra*

■ Rédaction et modification de pages Web avec l'éditeur HTML intégré Netscape Composer. Sa fonction WYSIWYG permet de créer
assez facilement des documents Web dynamiques et de les publier,
soit dans des réseaux locaux, soit sur des serveurs distants.

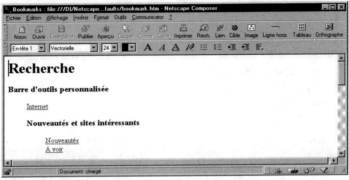

▲ Fig. 4.3 : *L'éditeur HTML intégré à Communicator*

Où se procurer Netscape ?

Vous pouvez vous le procurer sur Internet sur le serveur FTP :

    ftp.netscape.com

ou directement sur la page d'accueil de Netscape Corporation aux
adresses suivantes :

    http://www.netscape.com
    http://www.netscape.com/fr/
    http://merchant-int.netscape.com/FRANCE/

Le téléchargement et l'utilisation des versions 4 et supérieures de
Navigator sont gratuits, concurrence oblige, quelle qu'en soit l'utilisation (personnelle ou professionnelle).

Microsoft Internet Explorer 5

La version 5 de Microsoft Internet Explorer est également disponible. Elle
prend une longueur d'avance considérable sur Netscape Navigator. Priorité a été donnée à l'ergonomie mais surtout à la navigation hors-ligne.

Internet Explorer offre une quantité de fonctions très puissantes :

- Il peut automatiquement compléter la saisie dans la zone d'adresse lorsque vous commencez à taper une URL connue ;

- La nouvelle barre de recherche intégrée permet de trouver plus rapidement les pages Web. Dès que la liste des résultats apparaît, vous pouvez cliquer sur un lien hypertexte pour afficher la page dans le volet droit de l'écran, alors que les résultats de la recherche restent affichés dans le volet gauche ;

- Le programme vous aide à revenir rapidement à des pages Web fréquemment visitées : il suffit de les marquer lors d'une visite en les plaçant dans vos **Favoris** .

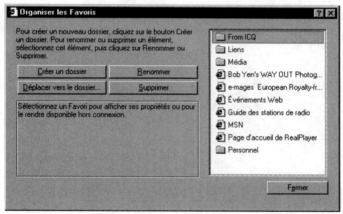

▲ **Fig. 4.4** : *Options de gestion des pages favorites dans IE 5*

- Explorer est capable de synchroniser vos pages Web préférées, afin d'en consulter systématiquement la version la plus récente hors-ligne. Cela se fait sous forme d'abonnements dont le contenu peut être mis à jour automatiquement aussi souvent que vous le souhaitez.

- Une autre fonctionnalité est la fonction de filtre d'occultation de certains contenus. Les filtres fonctionnent selon le concept défini par l'organisme indépendant Platform for Internet Content Selection (PICS) comme standard industriel. Celui qui juge certains contenus obscènes ou insultants peut désormais s'en protéger grâce à ces filtres qui sont sans conteste très efficaces pour protéger les enfants.

■ Explorer propose également de nombreuses fonctions de sécurité protégeant l'ordinateur de fichiers et de programmes potentiellement nuisibles et limitant les informations divulguées par votre ordinateur.

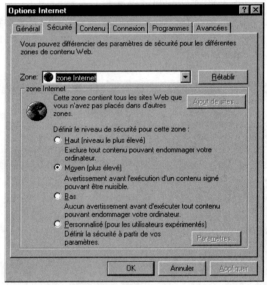

▲ Fig. 4.5 : *Configurez ici les paramètres de sécurité*

■ Le shopping online est un sujet brûlant sur Internet. Microsoft propose à cet effet Wallet, un outil pour enregistrer des informations confidentielles comme le numéro de carte de crédit et l'adresse de livraison. Il permet également d'accéder à des pages Web en passant par des serveurs sécurisés.

■ Explorer contient des modules de mail, de news et de téléphonie permettant de communiquer par Internet. L'équivalent de Netscape Messenger s'appelle Outlook Express, une version allégée de Outlook 2000. Il sert aussi à la lecture des news. Les conférences audio et vidéo sont assurées par Netmeeting.

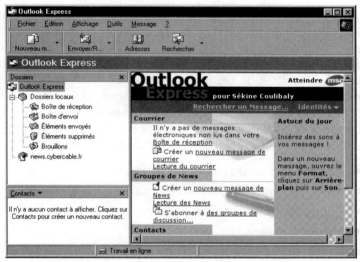

▲ **Fig. 4.6** : *Fenêtre d'application d'Outlook Express*

■ Microsoft offre également son éditeur WYSIWYG pour créer des pages Web. FrontPage Express, une version allégée de Front-Page 2000, entre dans l'arène face à Netscape Composer.

Internet Explorer intervient profondément dans le système d'exploitation lors de son installation. L'objectif de Microsoft étant d'imbriquer étroitement le système d'exploitation et les applications locales avec l'Internet, Internet Explorer a dorénavant remplacé l'Explorateur de Windows (et encore plus Netscape Navigator). C'est ce que l'on appelle la loi du plus fort.

Où se procurer Internet Explorer ?

Vous trouverez Internet Explorer sur le site Web de Microsoft à l'adresse : `http://www.microsoft.com/france/defaut.asp`

4.2 Représentations HTML dans les navigateurs Netscape et Internet Explorer

Depuis toujours, les deux navigateurs les plus présents sur le Web ont, pour chacune de leur version, des particularités spécifiques que l'on peut exploiter lorsque l'on développe des pages Web spécialement pour eux. Les surfeurs seront encore longtemps nombreux à utiliser des versions obsolètes de ces navigateurs. Même les versions 3.x sont encore en service. Les ingénieurs des éditeurs de logiciels planent souvent dans les hautes sphères de la high-tech et n'ont plus aucun contact avec les utilisateurs. Or dans les petites et moyennes entreprises, la tendance est à l'économie. Les raisons sont évidentes :

- On ne change jamais une équipe qui gagne ;
- Coûts d'acquisition de nouveaux logiciels ;
- Apprentissage d'un nouveau programme ;
- Frais de formation ;
- Contretemps provoqués par le changement ;
- Utilisation de l'ancien système d'exploitation par habitude, méfiance ou matériel insuffisant pour un système d'exploitation 32 bits ;
- Matériel insuffisant pour les nouveaux browsers (pensez seulement aux 16 Mo de RAM pour Communicator).

Il y a encore bien d'autres raisons pour lesquelles les surfeurs ne veulent pas lâcher leurs vieux navigateurs qui sont pourtant promis à l'obsolescence.

Chapitre 5

Fondements généraux du HTML

Nous avons vu précédemment que HTML repose sur le langage exact et très restrictif SGML, mais qu'il est lui-même un langage de description extrêmement tolérant aux erreurs. Les documents HTML fournissent des résultats utilisables là où des documents ou applications écrits dans d'autres langages provoqueraient une erreur voire l'arrêt du programme. C'est le principe de la "tolérance aux pannes" dont nous avons déjà vu les grandes lignes.

Mais cette caractéristique n'empêche pas qu'il existe également en HTML une structure de base et certaines règles fondamentales. Si cette tolérance vous met certes à l'abri de plantages intempestifs et d'erreurs d'exécution, le visiteur n'aura pas en revanche accès au contenu d'une page, ce qui n'est certainement pas le but recherché. Avant de poursuivre, commençons par clarifier certains termes que vous avez rencontrer dans l'introduction : les instructions et les tags.

5.1 Ossature d'un document HTML

Une page HTML est toujours délimitée par l'instruction <html> de début et </html> de fin. Cette règle existe depuis la première version ; ces deux instructions constituent donc toujours, indépendamment de la version, la structure externe d'une page :

```
<HTML>
...autres instructions HTML...
</HTML>
```

Les commentaires

Avant cette structure externe, vous ne pouvez insérez que des commentaires. Ils sont ignorés par les navigateurs et ne s'affichent pas à l'écran.

Les marques de commentaire se composent d'un point d'exclamation suivie de deux tirets au début et deux tirets à la fin du tag. Tout texte entouré de ce tag est considéré comme un commentaire par le browser. Un commentaire peut s'étendre sur plusieurs lignes et, bien sûr, figurer également au milieu d'une page HTML. Un tag de commentaire doit lui aussi être placé entre crochets, ce qui donne donc `<!-- ... -->`

Exemple :

```
<!--Generated by RJS -- Last updated : August 29, 1997 -->
```

Vous pouvez bien entendu ajouter un commentaire à n'importe quel endroit d'une page HTML afin de rendre les codes plus compréhensibles. Il est conseillé d'en user abondamment, ne serait-ce que pour faciliter les tâches de mise à jour. De nombreux éditeurs HTML et utilitaires similaires ajoutent automatiquement divers commentaires dans une page Web. Les commentaires constituent en outre une belle occasion pour y caser des informations de copyright ou de la publicité, car le texte source de chaque page Web peut être lu en texte clair.

Les commentaires permettent aussi l'insertion d'éléments de scripts.

La structure de base d'une page HTML se divise par ailleurs en deux parties :

1. L'en-tête (*header*)

2. Le corps (*body*)

L'en-tête

Aussitôt après l'instruction d'introduction, on trouve généralement un en-tête résumant les informations générales de la page.

Le titre

L'une des informations les plus importantes de l'en-tête est le titre. Chaque page Web devrait en être dotée. Il est rédigé entre les tags `<title>` et `</title>` et doit être le plus pertinent possible, mais pas trop long (50 caractères maximums).

Dans le navigateur, le titre apparaît dans la barre de titre de la fenêtre, souvent aussi dans une barre d'état séparée. C'est le nom que le programme donnera au signet ou lorsqu'il affiche la liste des pages déjà visitées (historique). Les lecteurs hors ligne et de nombreux utilitaires de gestion de pages Web ont besoin des informations de la ligne de titre. De nombreux services de recherche (notamment les plus simples ou plus anciens) élaborent leurs bases de données à partir du titre des fichiers HTML.

Un en-tête commence par le tag <head> et se termine avec </head>.

Voici une structure d'en-tête simple :

```
<HEAD>
<title>Titre</title>
</HEAD>
```

L'en-tête peut également contenir des fichiers son ou de grandes images qui seront lus lors du chargement de la page. Mais n'oubliez pas que la longueur du chargement des gros fichiers décourage plus d'un, surtout chez ceux qui surfent un peu au hasard. Si vous jugez indispensable d'insérer des graphiques volumineux, placez-les dans la partie suivante (le corps) ou, mieux encore, dans les pages suivantes. Ainsi, seuls les visiteurs vraiment intéressés iront les voir.

Nous étudierons les autres tags autorisés dans un en-tête dans la partie traitant des effets spéciaux.

Le corps

Comme expliqué dans le premier chapitre, tapez dans la première ligne de votre document Bloc-notes :

```
<!DOCTYPE HTML PUBLIC "-//W3C//DTD HTML 4.0//EN">
```

Mais ce tag est facultatif, car dans le World Wide Web, l'extension HTML ou HTM d'un fichier ASCII suffit à elle seule pour que la plupart des navigateurs l'identifient comme une page Web. La majorité ignorent même l'instruction DOCTYPE, autrement dit, elle n'a pas d'incidence sur la manière dont la page s'affichera dans le browser.

Toutefois, pour être strictement conforme à la définition du langage SGML, un fichier HTML doit toujours être précédé par un tag DOCTYPE, même s'il faut bien avouer que sur le Web peu de documents HTML envoient une attribution DTD.

La structure complète d'un fichier HTML ordinaire se présente toujours de la façon suivante :

```
<!DOCTYPE HTML PUBLIC "...">
<!--Commentaire-->
<HTML>
...<HEAD>
......<title>Titre de la page</title>
...</HEAD>
...<BODY>
......Titres, texte, liens, images, etc.
...</BODY>
</HTML>
```

Conseil

Enregistrez le fichier ci-dessus en tant que modèle

Vous gagnerez un temps précieux si vous prenez la peine d'enregistrer cette structure dans un fichier. Surtout si vous n'utilisez pas d'éditeurs HTML qui, eux, la créent automatiquement.

5.2 Conventions de programmation

Il n'existe pas de véritables règles pour écrire du "bon" HTML, car ce langage est en perpétuelle évolution. De plus, les navigateurs Web sont constamment mis à jour et interprètent très différemment les tags. Il existe tout de même quelques conventions de style qui, si elles sont respectées, facilitent énormément le travail de maintenance d'un site et sont de nature à épargner les problèmes.

■ De nombreuses structures HTML (par exemple l'en-tête, les titres ou l'ensemble de la page) nécessitent obligatoirement un tag d'ouverture et un tag de fermeture (un peu comme une structure "BEGIN...END" en Pascal ou une construction {...} en C). En HTML, un tag d'ouverture contient une instruction et un tag de fermeture la même instruction précédée d'une barre oblique, par exemple <i> ... </i>. Si vous oubliez le tag de fermeture, le document peut malgré cela s'afficher correctement. Mais des modifications ultérieures risquent de provoquer des réactions inattendues.

- Évitez d'écrire pour un seul navigateur, car la plupart possèdent quelques tags qui leur sont spécifiques ou reconnus seulement de quelques programmes qui s'en inspirent. De nombreux professionnels refusent catégoriquement d'utiliser ces tags propriétaires (par exemple l'effet MARQUEE d'Internet Explorer ou le tag BLINK de Netscape Navigator). Votre public potentiel sera de fait plus large si vous travaillez indépendamment des browsers. De plus, la plupart des spécificités des navigateurs peuvent être programmées à l'aide de langages de script ou même de simples GIF animés. Si malgré tout vous écrivez en fonction d'un navigateur spécifique, il est de bon ton d'insérer une phrase informant que les pages sont optimisées pour tel ou tel programme. Cet avertissement devra bien entendu être écrit en HTML standard...

- Cette dernière remarque peut se transposer aux éléments de mise en page en général et fait partie des principes de base du nouveau HTML (je pense par exemple au tag NOFRAMES). Plus le navigateur d'un internaute est ancien, moins il connaît d'éléments stylistiques : tableaux, frames, feuilles de style et même de simples graphiques. La liste des tags potentiellement non reconnus est longue. Bien sûr, vous pouvez toujours dire que ceux qui veulent admirer votre page Web n'ont qu'à s'équiper pour cela. Mais souvent le surfeur ne vous a rien demandé et c'est vous qui voulez vous présenter. Il est évident que plus vous prendrez en compte les surfeurs "à la traîne", plus votre public sera grand. Sur le Web aussi, le client est roi et la voie médiane s'avère la meilleure. Écrivez par exemple des fichiers HTML basés sur des tags très simples, mais contenant eux-mêmes des tags supplémentaires permettant des effets spéciaux. L'utilisateur qui chargera ces fichiers dans un navigateur incompatible ne profitera certes pas de tout, mais il verra au moins une page Web correcte et avec des informations complètes. Au premier rang desquelles doit se trouver une indication des techniques utilisées qui s'affichera dans les programmes incompatibles (nous reviendrons sur ce point dans la description des tags). Une autre solution consiste à créer une page d'accueil très sobre (en HTML 2.0 ou maximum 3.2) avec des liens accompagnés de commentaires vers des pages plus riches en effets multimédias.

■ Les éléments HTML peuvent s'imbriquer, c'est-à-dire qu'entre un tag d'ouverture et un tag de fermeture, vous pouvez insérer autant d'autres instructions que vous voulez. C'est d'ailleurs la structure de base d'une page dont la totalité est entourée des tags <html> et </html> dans lesquels les autres instructions sont imbriquées. Mais attention, il faut ici respecter impérativement l'ordre des instructions ! Lorsqu'une paire de tags doit en contenir d'autres, celles-ci doivent y figurer au complet et les tags de fermeture doivent suivre l'ordre inverse des tags d'ouverture. L'exemple suivant illustre deux imbrications, une correcte et une incorrecte :

Faux :

```
<i><h4>Cette imbrication est incorrecte.
Les tags de fermeture ne sont pas dans le bon
ordre.</i></h4>
```

Correct :

```
<i><h4>Cette imbrication est correcte.
Les tags de fermeture sont dans le bon ordre.</h4></i>
```

■ Certaines instructions ne nécessitent pas de tag de fermeture (par exemple les tags de paragraphe <br> ou <p>. De plus, certains navigateurs, comme Netscape Navigator, disposent d'algorithmes relativement élaborés pour afficher des fichiers HTML conformément aux tags qu'ils contiennent (mot clé : tolérance aux erreurs). Pour Navigator et certains autres browsers, il suffit souvent d'indiquer simplement le tag d'ouverture, par exemple <dl> sans le tag de fermeture </dl>. Mais tous les browsers ne sont pas aussi tolérants et la plupart provoqueront des erreurs.

■ Comme dans tout source d'un langage de programmation, il est également conseillé en HTML de compléter le code par des lignes vides et des commentaires afin d'améliorer la lisibilité. Vous pouvez y intégrer des informations qui ne seront pas affichées à l'écran mais ont tout de même un certain intérêt. Gardez toujours à l'esprit que n'importe quelle page Web peut être affichée en texte pur par un éditeur de texte.

■ Répartissez les informations sur plusieurs pages. Présentez autant que possible tout le contenu de façon à ce qu'il rentre sur une page d'écran. Pensez aussi aux basses résolutions d'écran. Il arrive parfois que ce soit irréalisable ; dans ce cas, une page d'accueil avec une table des matières ou un index permet au visiteur de s'orienter plus facilement et lui évite de perdre du temps à charger des informations qui ne le concernent pas (celui qui est intéressé par votre offre peut suivre les liens vers d'autres pages, éventuellement plus longues). Il est donc important que la première page ne soit pas trop longue. Pour les sites Web composés de plusieurs pages, choisissez un nom pertinent pour la page d'accueil ; sur le Web, elles s'appellent généralement "Homepage.htm(l)", "Index.htm(l)" ou "Welcome.htm(l)". De nombreux serveurs Web savent que ces fichiers constituent la racine du site.

■ Utilisez les effets graphiques et multimédias avec modération. Tout ce qui est faisable n'est pas forcément approprié. Vous aurez beau intégrer tous les effets spéciaux et les animations que vous voudrez, rares seront ceux que vous parviendrez à impressionner. La plupart les auront déjà vus et seront d'autant plus déçus par une attente inutile. Les derniers sondages révèlent que la majorité des internautes passe moins de 10 secondes devant l'affichage d'une page. La qualité est préférée à la quantité. Un seul tableau accroché au mur se remarque bien mieux qu'une douzaine.

■ Évitez le plus possible les culs-de-sac. Chaque page Web devrait contenir des liens hypertexte pour continuer à surfer, soit vers d'autres pages du même site, soit vers des pages externes intéressantes ("mes sites préférés"), ou au moins pour retourner à la page d'accueil (et de là repartir vers d'autres sites).

■ Utilisez le plus possible des liens locaux à l'intérieur d'un fichier HTML. Nous parlerons de cette technique un peu plus loin. Ces liens facilitent la navigation à l'intérieur d'un site et le visiteur arrive rapidement au sujet qui l'intéresse.

■ Jusqu'à une résolution de 800x600, veillez à ce que la marge droite de la page soit visible dans la fenêtre du navigateur. Sinon l'utilisateur doit la faire défiler horizontalement. Le browser se charge normalement d'adapter la page à la taille de sa fenêtre, mais certains attributs de tags peuvent l'en empêcher. Le positionnement au pixel près avec les nouveaux éléments de HTML 4.0 est également risqué. Ne le faites que si vous le devez. Diverses études montrent que l'internaute n'aime pas être obligé de faire défiler une page, encore moins horizontalement que verticalement. Vous perdez alors une partie du contenu de votre page.

■ Lorsque vous choisissez les couleurs, veillez toujours à ce qu'il y ait assez de contraste entre le premier plan et l'arrière-plan ainsi que dans les images de fond.

■ Prévoyez suffisamment de possibilités pour naviguer dans votre site Web. Si vous proposez des liens de la page A vers les pages B, C et D, ces dernières devraient aussi contenir un lien pour revenir à la page A. Le bouton **Précédent** ou l'historique d'un navigateur ne sont que des pis-aller.

5.3   Liens locaux et universels

Les liens hypertexte (hyperliens) sont les éléments probablement les plus importants du HTML. Un lien s'insère dans une page Web sous forme de texte (le plus souvent souligné et/ou en couleur) ou d'un autre élément HTML (par exemple un graphique). Les utilisateurs cliquent sur les liens pour aller à une nouvelle adresse, pour charger un programme sur leur ordinateur ou envoyer un message électronique à l'adresse correspondante. Ce que l'on appelle familièrement "surfer sur le Web" ne serait pas possible sans liens hypertexte. Sans eux, l'Internet ne serait pas ce qu'il est aujourd'hui. Et surtout, il ne serait jamais devenu le principal média d'un public aussi large. Les liens appartiennent d'ailleurs à la catégorie des références qui comprend aussi l'insertion de graphiques, les images cliquables, les ressources internes du navigateur, les éléments multimédias, les applets Java ou les fichiers plug-ins.

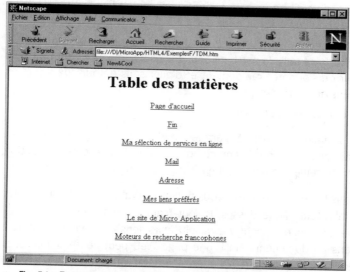

▲ Fig. 5.1 : *Exemple de page d'accueil ne comportant que des liens*

Les liens peuvent, selon le contexte, mener à différents passages à l'intérieur d'une même page HTML (les liens locaux et les ancres), mais aussi vers d'autres pages abritées soit sur le même ordinateur (dans un même dossier ou non), soit sur n'importe quel serveur dans le monde.

Structure de base d'un lien

Un lien s'insère dans un fichier avec l'instruction suivante :

```
<a "type"="nom">Texte du lien</a>
```

Nous allons bien entendu décrire plus en détail les différentes parties de cette structure. On distingue plusieurs types de liens et la syntaxe exacte résulte de cette distinction.

Liens locaux vers une même page

Ce type de liens permet de se déplacer à l'intérieur d'un fichier HTML. Il est possible d'insérer, à un endroit quelconque d'un fichier HTML, un lien vers un autre endroit quelconque dans ce même fichier.

Cette procédure est vivement conseillée dans des documents HTML d'une certaine taille (à partir de deux pages d'écran) pour permettre au visiteur de s'orienter rapidement et d'aller sans détour aux sujets ou aux liens qui l'intéressent.

Deux étapes sont nécessaires :

1. La première consiste à marquer l'endroit vers lequel les liens vont pointer. Bien évidemment, ce point doit avoir une seule appellation et une seule son adresse. En HTML ces endroits s'appellent ancres.

2. Dans la deuxième étape, vous posez les renvois (liens) qui, lorsque l'utilisateur clique dessus, le font "sauter" vers l'ancre. Contrairement à l'ancre, il peut y avoir plusieurs liens vers le même endroit dans un document. Ainsi, une page Web peut contenir plusieurs renvois vers la table des matières, le début ou la fin de la page.

Nous avons donc besoin de deux instructions HTML :

- une instruction pour définir la cible d'un lien (l'ancre) ;
- une autre pour placer un lien vers une ancre.

Définir une ancre

Placez le curseur à l'endroit du document où vous voulez insérer l'ancre. La définition d'une ancre commence toujours par <a name= suivi d'un nom unique dans ce fichier.

```
<a name=[nom]>
```

Les noms ne doivent pas être trop longs et ne doivent pas contenir d'espaces. Les accents sont interdits. Évitez également les autres caractères spéciaux, à l'exception peut-être du soulignement (_). Placez le nom de l'ancre entre guillemets. Fermez le tag d'ouverture avec >.

Écrivez à présent le texte vers lequel le lien devra pointer. Il est vrai que le navigateur affiche une ancre dans la barre d'état (comme tout autre lien), mais sans description explicite, cet affichage est aléatoire. Vous n'êtes pas obligé d'ajouter de texte, mais il est indispensable pour faire apparaître l'ancre dans la fenêtre du navigateur.

Après le texte vient le tag de fermeture </a>.

Exemple :

```
<a name="ancre1">Ceci est une ancre</a>
```

Associer un lien à une ancre

Une fois définie, vous pouvez utiliser l'ancre comme adresse cible dans un lien. Allez à l'endroit de la page HTML où doit apparaître ce lien.

Un renvoi local commence toujours par <a href=, suivi du nom de la cible. Placez le nom de l'ancre entre guillemets, faites-le précéder du signe dièse (#), faites le suivre du signe >.

```
<a href=[nom]>
```

Entrez ensuite le texte signalant à l'utilisateur qu'il a ici la possibilité de "sauter" ailleurs dans la page. Si ce texte n'est pas non plus une obligation syntaxique, il est nécessaire à l'internaute pour s'orienter. Après le texte, écrivez le tag de fermeture </a>.

Voici un exemple de lien local :

```
<a href="#ancre1">Ceci est un lien local vers l'ancre de
l'exemple ci-dessus</a>
```

Regardons le résultat final :

```
<!-- Generated by RJS Last Updated : Sep 24, 1997 -->
<HTML>
<HEAD>
<a name="Debut"><strong><font size=7><center><font
color=red><title>Titre</title></font></center></font>
</strong></a>
</HEAD>
```

```
<BODY>
<center><h1>Exemples de liens</h1></center>
<body bgcolor=#CCFFCF>
<a name="ancre1">Ceci est une ancre</a>
<br>Ceci est du texte qui sert simplement à séparer l'ancre du
lien.
<br>
<a href="#ancre1">Ceci est un lien local vers l'ancre.</a>
<br>
Voici encore du texte
<br>
<a href="#ancre1">Ceci est un autre lien vers la même
ancre.</a>
</BODY>
</HTML>
```

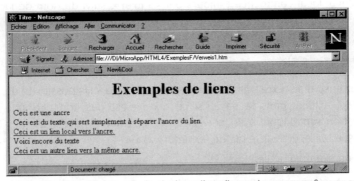

▲ Fig. 5.2 : *Page Web munie de plusieurs liens (locaux) vers une même ancre*

Vous pouvez référencer une image à la place du texte entre <a
href=...> et </a>. Dans ce cas, c'est l'image qui représente le lien
hypertexte. La plupart des navigateurs entourent le graphique d'un
encadrement pour signaler qu'il s'agit d'un lien, mais vous pouvez
désactiver cette fonction. L'utilisation d'images est également possible
dans les structures de liens suivantes. Nous y reviendrons plus en détail
dans les sections sur les liens graphiques.

Liens locaux vers différentes pages d'un même ordinateur

Il est assez facile de créer des liens entre des fichiers HTML hébergés sur le même serveur.

On référence ici le plus souvent non pas une ancre, mais le fichier tout entier. Ceci pour diverses raisons : par exemple, vous ne connaissez pas forcément la structure du fichier cible si vous n'en êtes pas l'auteur ou si vous voulez obliger le lecteur à ne pas passer outre certaines informations du fichier cible (droits d'auteur, publicité, menu, etc.). Mais rien ne vous empêche de pointer vers une ancre dans un autre fichier.

Les liens vers des fichiers différents se divisent en deux catégories selon l'emplacement des fichiers source et cible.

Lien vers un fichier situé dans le même dossier

1. Le lien commence comme un renvoi à l'intérieur d'un fichier par `<a href=`.

2. Après le signe =, écrivez le nom du fichier cible. Il doit également être entre guillemets.

3. Après le nom de la cible, le tag d'ouverture se termine par >.

4. Suit le texte signalant l'existence d'un lien à l'utilisateur (et que la plupart des navigateurs affichent dans une couleur différente et/ou souligné) et le tag de fermeture `</a>`.

Exemple d'un lien vers un autre fichier se trouvant dans le même dossier :

```
<a href="fichier.htm">Ceci est un lien vers un fichier du même
dossier sans référence à une ancre spécifique.</a>
```

Si vous voulez renvoyer vers une ancre dans un autre fichier (qui doit évidemment être défini dans le fichier en question), votre lien se présente somme ceci :

```
<a href="fichier.htm#ancre1">Ceci est un lien vers un fichier
du même dossier
```

```
avec référence à une ancre
spécifique dans le fichier cible."</a>
```

Lien (relatif) vers un fichier situé dans un autre dossier

Dans un lien relatif pointant vers un fichier se trouvant dans un autre dossier (mais toujours sur le même ordinateur), le renvoi se formule toujours du point de vue du fichier qui contient le lien. C'est la même façon de procéder que pour la notation d'un chemin d'accès d'un fichier sous DOS.

L'avantage des chemins d'accès relatifs est que vous pouvez déplacer des structures de dossiers entières (sur le même ordinateur ou non) sans modifier la structure des liens qui lie les fichiers concernés. Par exemple, avant d'expédier un site Web qui s'étend sur plusieurs dossiers, vous n'avez pas besoin de vous occuper des emplacements absolus des différents fichiers. Cette structure est toujours préférable lorsqu'un site se compose de plusieurs pages réparties dans différents dossiers.

1. Le lien commence comme d'habitude avec <a href=.

2. Après le signe =, indiquez le chemin d'accès relatif et le nom du fichier vers lequel vous voulez renvoyer. Le chemin et le nom du fichier doivent être placés entre guillemets.

3. Après le nom de la cible, fermez le tag d'ouverture avec >.

Attention

Gare aux barres obliques en HTML !

Cet avertissement s'adresse en particulier aux fervents utilisateurs du DOS : dans les chemins, les noms de dossier sont séparés par des barres obliques normales (/) et non inverses (\).

Le type d'ordinateur n'a aucune importance. Après le tag d'ouverture, écrivez comme d'habitude le texte du lien et placez le tag de fermeture </a>.

Vous pouvez bien sûr aussi renvoyer à un fichier qui se trouve plusieurs niveaux de dossiers au-dessus. Le DOS nous sert encore une fois d'exemple. Ainsi, le chemin .../.../.../.../ renvoie toujours vers un fichier qui se trouve quatre niveaux plus hauts dans l'arborescence.

Exemple d'un lien vers un autre fichier dans un dossier relatif :

```
<a href=".../[chemin]/fichier.htm">Ceci est un lien local vers un
fichier dans un dossier devant être référencé
du point de vue du fichier source (relativement) -
sans référence à une ancre spécifique.</a>
```

Exemple d'un lien vers un autre fichier dans un dossier relatif avec ancre :

```
<a href=".../[chemin]/fichier.htm#ancre1">Ceci est un lien
local vers un fichier dans un dossier devant être référencé
du point de vue du fichier source
(relativement) - avec référence à une ancre spécifique.</a>
```

Liens (absolus) vers des fichiers d'un autre dossier

1. Un lien absolu commence comme les autres par <a href=.

2. Là s'arrête l'analogie. Les nouveaux éléments concernent le type de protocole, l'ordinateur et les chemins d'accès.

Le type de protocole

Il indique vers quel objet le lien pointe. A titre d'exemple, dans un lien absolu local sur un PC ordinaire, vous devez indiquer : "file://" et dans un lien local sur un serveur WWW : "http://".

Le nom de l'ordinateur

Les liens absolus doivent contenir le nom de l'ordinateur : dans des liens locaux sur des PC ordinaires, indiquez : "localhost/". Dans un lien local sur un serveur Web, il faut indiquer le nom de domaine du serveur.

Le chemin d'accès absolu

Le chemin d'accès absolu contient le chemin complet et le nom du fichier référencé.

Structure d'un lien absolu complet

Un lien absolu complet se compose de `<a href=`, du type de protocole, du nom de l'ordinateur et du chemin d'accès du fichier. Tout ce qui suit le signe = doit se trouver entre guillemets. Comme nous l'avons vu plus haut, les dossiers sont séparés par des barres obliques normales et non inverses (backslash) comme sous DOS ou Windows.

Le tag d'ouverture est comme d'habitude suivi du texte du lien et du tag de fermeture `</a>`.

Une structure de lien local absolu se présente donc toujours comme ceci :

```
<a href="[type de protocole][nom de l'ordinateur]
[chemin d'accès absolu avec nom du fichier]">
Texte du lien</a>
```

Exemple d'un fichier local référencé de façon absolue :

```
<a href="file://localhost/c:/dossier/fichier.htm">Ceci est un
lien avec chemin d'accès absolu sur un PC local.</a>
```

Liens universels

Si les liens locaux présentent un certain intérêt, la raison d'être de l'Internet demeure la possibilité d'intégrer à n'importe quelle page Web des renvois vers des fichiers HTML situés sur des serveurs distants.

La seule condition pour cela est, bien sûr, de connaître le nom du fichier, l'adresse exacte du serveur et le chemin d'accès du fichier sur ce serveur.

Fondamentalement, un lien universel ne se différencie pas d'un lien absolu dans un système local. On peut même considérer les liens absolus de systèmes locaux comme une forme spécifique de liens universels.

1. Un lien universel commence comme les autres par <a href=.

2. Cela continue avec le type de protocole (pour des fichiers HTML, c'est généralement http://).

3. Vient ensuite le nom de l'ordinateur.

4. Pour finir, le chemin d'accès absolu avec le nom du fichier vers lequel il renvoie.

Toutes ces informations se trouvent comme toujours entre guillemets et les dossiers sont séparés par des barres obliques normales (/). Fermez ensuite le tag d'ouverture avec >. Complétez l'instruction avec le texte du lien et le tag de fermeture </a>.

Voici à quoi ressemble une structure de lien universel absolu :

```
<a href="[type d'URL]://[serveur]/[dossier]/[fichier]">Texte du
lien</a>
```

Les types de protocoles

L'URL peut indiquer différents protocoles :

- **http://** = adresse de fichiers HTML sur le Web. La cible du lien est donc un fichier se trouvant sur un serveur WWW. Le navigateur affiche la page s'il s'agit effectivement d'un fichier HTML.

Exemple :

```
<a
href="http://ourworld.compuserve.com/homepages/emile_bertrand_2">
Visitez mon site Web !</a>
```

- **file://** = adresse d'un fichier quelconque. Si c'est un fichier HTML, le browser l'affiche. Si c'est un autre type de fichier, le navigateur réagit en fonction des options de configuration du programme. Il peut par exemple lancer une application associée au fichier ou bien télécharger le fichier.

Exemple d'un téléchargement d'un programme shareware à partir d'une page HTML :

```
<a href="file://ourworld.compuserve.com/homepages/_winzip.exe">
Cliquez ici pour télécharger le programme de compression
WinZip.</a>
```

Ce lien de type FTP provoque le téléchargement du fichier "_winzip.exe" lorsque l'utilisateur clique dessus.

- **ftp://** : adresse de fichiers sur des serveurs FTP. La cible du lien est un fichier sur un serveur FTP. L'action déclenchée par un clic sur le lien est la même que dans notre exemple du protocole file : ce type de lien télécharge soit un programme, soit un fichier quelconque sur l'ordinateur local.

- **telnet://** : adresse d'un serveur Telnet. L'affichage à l'écran est généralement en mode texte. L'utilisation ressemble à celle d'un BBS. Si votre navigateur connaît le mode Telnet, vous pouvez utiliser un ordinateur distant à partir de votre poste local.

- **gopher://** : adresse de fichiers sur des serveurs Gopher. La plupart des navigateurs affichent les dossiers sous forme de liens cliquables.

- **news:** : adressage de newsgroups sur Usenet. Si le navigateur maîtrise ce protocole, il affiche les messages se trouvant dans le groupe de discussion référencé. Les browsers récents ont souvent leur propre module de news qui s'ouvre automatiquement après activation d'un tel lien.

- **mailto:** : adressage de courrier électronique personnel. La cible du lien est une adresse e-mail. La plupart des navigateurs affichent une boîte de dialogue dans laquelle l'utilisateur peut rédiger un message qui sera envoyé à l'adresse indiquée.

Exemple :

```
<a href="mailto:100647.61@01compuserve.com">
Cliquez ici pour m'envoyer un message.</a>
```

Pour conclure, voici l'exemple d'une page Web complète contenant divers liens :

```html
<!-- Generated by RJS Last Updated : Sep 24, 1997 -->
<HTML>
<HEAD>
<a name="debut"><strong><font size=7><center><font color=red>
<title>Titre</title></font></center></font></strong></a>
</HEAD>
<body bgcolor=#CCFBBF>
<center><h1>Exemples de liens</h1></center>
<a name="ancre1">Ceci est une ancre.</a>
Les images et les textes ne servent qu'à séparer l'ancre des
liens.
<a href="#ancre1">Ceci est un lien local vers l'ancre.</a>
<br><center><img src="rjsfoto.gif" height=110 >
</center><br><br>
<a href="#ancre1">Ceci est un autre lien vers la même
ancre.</a><br>
<a href="fichier.htm">
Ceci est un lien local pointant vers un fichier dans le même
dossier sans spécification d'une ancre.</a><br>
<a href="fichier.htm#ancre1"> Ceci est un lien local pointant
vers un fichier dans le même dossier avec référence vers une
ancre spécifique dans le fichier
cible.</a><br>
<a
href="http://ourworld.compuserve.com/homepages/emile_bertrand_2">
Lien vers une page d'accueil sur un serveur Web.
</a><br>
<a href="mailto:100647.61@01compuserve.com">Cliquez ici si vous
voulez m'envoyer un message.</a><br>
</BODY>
</HTML>
```

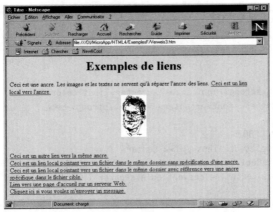

▲ Fig. 5.3 : *L'affichage des différents types de liens est rigoureusement identique*

5.4   Insertion de caractères spéciaux

L'hétérogénéité des ordinateurs et des systèmes d'exploitation utilisés sur Internet nous oblige à utiliser un jeu de caractères international standard pour échanger des caractères. Le jeu de caractères en vigueur jusqu'à présent s'appelle norme ISO 88-59-1 ou ISO Latin-1.

Pour permettre l'échange harmonieux de fichiers HTML entre les différents environnements informatiques, les caractères utilisés en HTML se basaient jusqu'à présent sur cette norme ISO 88-59-1. Tous les documents créés avec les versions précédentes du HTML (ils sont à peu près 50 ou 60 millions) utilisent toujours cette norme. Elle se compose de 256 caractères dont les 128 premiers sont identiques au jeu de caractères "classique" ASCII. La deuxième moitié s'en éloigne avec une multitude de lettres et de caractères spéciaux pour diverses langues (essentiellement européennes).

Depuis HTML 4.0, les choses vont changer pour les documents créés avec cette version. Mais pas de panique : elles ne sont pas plus compliquées qu'avant, ni incompatibles avec l'ancienne norme.

L'internationalisation selon la norme ISO/IEC:10646 (ou 118N) est l'un des aspects les plus importants du nouveau HTML. Les limites de la norme ISO 8859-1 ont été dépassées. Dorénavant, on utilisera à la place du code ISO 8859-1 (de la taille de 1 octet et ne pouvant contenir plus de 256 caractères) le standard 16 bits Unicode (comme dans Java) dont l'octet inférieur est identique au code précédent. Ce qui permet par exemple d'utiliser en HTML les accents français ou encore les lettres grecques indispensables aux scientifiques. Avec ce nouveau standard, l'internationalisation s'affranchit du fait que le système d'exploitation prend ou non en charge ces caractères.

Mais vous n'avez pas besoin de retenir ces histoires de normes. Les caractères de la première moitié (entre autres les lettres normales de l'alphabet !) et les nombres de 0 à 9 se saisissent comme d'habitude au clavier.

Par contre, si vous voulez entrer dans un fichier HTML des caractères de la deuxième moitié du tableau ISO 8859-1 (en font partie les trémas ou des signes comme < et >) ou, surtout, les autres caractères de la nouvelle norme ISO/IEC:10646, vous devez les coder.

Remarque

Un bon affichage des caractères spéciaux ne garantit rien

Ne vous laissez pas induire en erreur si votre navigateur affiche correctement les caractères spéciaux, même lorsque vous les tapez directement au clavier. Cela ne prouve en rien que les autres feront de même. Ainsi, certains programmes n'afficheront pas les caractères spéciaux non masqués, surtout parmi les plus anciens ou ceux qui ne sont pas configurés dans la langue de l'auteur de page Web.

L'affichage de caractères spéciaux et d'accents spécifiques aux langues s'effectue grâce à des "entities" (une suite de nombres ou de lettres succédant aux caractères de commande &# et se terminant par un point virgule).

Exemples :

- å Le "a" minuscule avec un petit cercle au-dessus
- (utilisé par le norvégien)
- å La même lettre en notation hexadécimale
- И La version cyrillique de la lettre "I"
- 水 Le signe chinois signifiant "eau" en notation
- hexadécimale
- è Le "e" minuscule avec accent grave

◄ Fig. 5.4 :
*Il est désormais possible
d'insérer n'importe quel
caractère spécifique
à une langue*

- Après les événements à la table d'hôte

Cette chaîne s'écrit ainsi dans le source d'un fichier HTML :

- Après les événements à la table
- d'hô te

Le tableau suivant contient une liste des caractères spéciaux les plus
importants. Elle correspond à la deuxième moitié de la norme ISO
5589-1 (les caractères jusqu'au &#127 sont identiques au code ASCII)
et conserve sa validité dans la nouvelle norme ISO/IEC:10646 (compatibilité descendante).

Tab. 5.1 : Codes numériques des principaux caractères spéciaux

Caractère	Code ISO
non attribué	&#128;
non attribué	&#129;
‚	&#130;
f	&#131;
„	&#132;
…	&#133;
†	&#134;
‡	&#135;
ˆ	&#136;
‰	&#137;
Š	&#138;
‹	&#139;
Œ	&#140;
non attribué	&#141;
non attribué	&#142;
non attribué	&#143;
non attribué	&#144;
'	&#145;
'	&#146;
"	&#147;
"	&#148;
non attribué	&#149;
-	&#150;
—	&#151;
~	&#152;
™	&#153;
š	&#154;

Tab. 5.1 : Codes numériques des principaux caractères spéciaux

Caractère	Code ISO
›	&#155;
œ	&#156;
non attribué	&#157;
non attribué	&#158;
Ÿ	&#159;
(Espace forcé)	
¡	&#161;
¢	&#162;
£	&#163;
¤	&#164;
¥	&#165;
¦	&#166;
§	&#167;
¨	&#168;
©	&#169;
ª	&#170;
«	&#171;
¬	&#172;
-	&#173;
®	&#174;
—	&#175;
°	&#176;
±	&#177;
²	&#178;
³	&#179;
´	&#180;
µ	&#181;

Tab. 5.1 : Codes numériques des principaux caractères spéciaux

Caractère	Code ISO
¶	¶
•	·
¸	¸
¹	¹
º	º
»	»
¼	¼
½	½
¾	¾
¿	¿
À	À
Á	Á
Â	Â
Ã	Ã
Ä	Ä
Å	Å
Æ	Æ
Ç	Ç
È	È
É	É
Ê	Ê
Ë	Ë
Ì	Ì
Í	Í
Î	Î
Ï	Ï

Tab. 5.1 : Codes numériques des principaux caractères spéciaux

Caractère	Code ISO
Ð	Ð
Ñ	Ñ
Ò	Ò
Ó	Ó
Ô	Ô
Õ	Õ
Ö	Ö
×	×
Ø	Ø
Ù	Ù
Ú	Ú
Û	Û
Ü	Ü
Ý	Ý
Þ	Þ
ß	ß
à	à
á	á
â	â
ã	ã
ä	ä
å	å
æ	æ
ç	ç
è	è
é	é
ê	ê

Tab. 5.1 : Codes numériques des principaux caractères spéciaux

Caractère	Code ISO
ë	ë
ì	ì
í	í
î	î
ï	ï
∂	ð
ñ	ñ
ò	ò
ó	ó
ô	ô
õ	õ
ö	ö
÷	÷
ø	ø
ù	ù
ú	ú
û	û
ü	ü
ý	ý
þ	þ
ÿ	ÿ

L'objectif de la nouvelle version HTML était entre autres d'établir, outre la codification numérique, des abréviations plus accessibles. Cette possibilité existait déjà en partie dans HTML 3.2, mais elle est désormais entièrement intégrée dans HTML 4.0. Comme le code numérique, l'abréviation doit être précédée d'un & et suivie d'un point-virgule. Entre les deux se trouvent des abréviations pour décrire le caractère masqué.

"lt" par exemple veut dire "less than" (inférieur à) et "gt" veut dire "greater than" (supérieur à).

Exemples :

```
& Le signe &
< Le signe <
> Le signe >
" Le signe "
```

Cette alternative est plus confortable pour insérer des caractères spéciaux ; le tableau ci-après résume les plus fréquents dans la langue française.

Tab. 5.2 : Codification HTML des principaux caractères accentués	
Caractère	Abréviation
à	&agrave;
ç	&ccedil;
é	&eacute;
ê	&ecirc;
è	&egrave;
ù	&ugrave;
ë	&euml;

Notre exemple précédent :

```
Après les événements à la table d'hôte
```

s'écrit donc de la façon suivante :

```
Apr&egrave;s les &eacute;v&eacute;nements &agrave; la table
d'h&ocirc;te
```

Remarque

Les éditeurs HTML facilitent la tâche

La codification numérique n'est pas très lisible et les abréviations ENTITY ne valent pas beaucoup mieux. La plupart des bons éditeurs HTML permettent à l'auteur de taper les caractères spéciaux directement au clavier. Ils assurent automatiquement la conversion en code ISO, puis l'enregistrent dans le source HTML. Dans l'interface de l'éditeur HTML, les caractères s'affichent comme dans le navigateur. C'est là l'un des arguments forts de l'utilisation d'éditeurs HTML. Il va cependant de soi que les utilitaires sortis avant l'automne 1997 ne prennent pas encore en charge le nouveau code. Même des programmes récents ne reconnaissent que l'ancien standard ISO. Mais grâce à la compatibilité descendante du nouveau code, cela ne pose pas de problème particulier.

Vous conviendrez sans doute qu'il serait inutile d'énumérer la totalité de la norme ISO/IEC:10646 (65536 caractères dont la plupart n'est même pas encore utilisée). Il pourrait quand même vous arriver d'avoir besoin d'un caractère spécifique qui n'est pas listé ici. Vous trouverez plus d'informations sur le site Web du W3C : `http://www.w3c.org`.

Chapitre 6

Présentation optimale des pages d'accueil

S'il existe quelques exceptions, la présentation d'une page Web compte moins que le contenu. En revanche, elle est en quelque sorte l'emballage qui incite un visiteur à "l'acheter" ou, au contraire, à poursuivre son chemin, déçu ou énervé.

Le WWW vit par les liens hypertextes et la mise en page est un luxe.

En ce qui concerne la présentation, HTML 4.0 a fait un grand pas en avant. Les feuilles de styles permettent dorénavant de définir de nombreux aspects de l'allure d'un document Web. Leur fonction est de mieux séparer la structure et la présentation. Certains éléments de mise en page deviennent ainsi inutiles. Mais il existe encore de nombreuses et irréfutables raisons pour continuer à utiliser les règles et les outils éprouvés. Tout du moins, même si vous utilisez le nouveau concept, préparez également une alternative (selon le contexte, une autre page ou un autre embranchement à l'intérieur d'une page). Pourquoi conserver les anciens outils ?

- Les navigateurs prennent encore en charge les anciens éléments, il n'y a donc pas d'inconvénient à les utiliser.

- Des différences d'interprétation persistent encore à l'heure actuelle parmi les deux leaders. Si vous suivez la variante de l'un des deux, vous n'écrivez que pour son navigateur et excluez de ce fait tous les surfeurs de l'autre camp. La prudence s'impose donc. Les éléments de style éprouvés sont, quant à eux, compris par les browsers les plus courants.

Ce chapitre traitera donc de la mise en page en HTML telle qu'elle s'applique aujourd'hui. Les nouvelles possibilités introduites par HTML 4.0 feront l'objet d'un chapitre spécial.

Remarque

La bataille des anciens

Autre argument pour choisir de débuter avec les moyens éprouvés : ils sont plus faciles à comprendre et les nouveaux éléments se basent en grande partie sur les anciens, il vaut donc mieux les connaître.

6.1 Présentation en couleur

L'utilisation de couleurs est l'un des fondements de la présentation de pages Web.

Vous pouvez définir les couleurs des premiers et arrière-plans pour chaque fichier, lignes de séparation, polices, passages de textes, feuilles de style et tableaux.

Chaque programme de navigation a des paramètres par défaut qui s'appliquent en l'absence d'une définition explicite dans les fichiers HTML. Si vous souhaitez attribuer des couleurs différentes, vous pouvez le faire pour chaque élément séparé ou bien dans une ligne de commande commune.

Voici un exemple pour illustrer la définition d'une couleur de fond d'un fichier. Elle s'effectue à l'aide de l'attribut bgcolor du tag BODY, dont la structure est la suivante :

```
<body bgcolor=[couleur] text=[couleur] link=[couleur]
vlink=[couleur] alink=[couleur]>
```

Signification des attributs :

Tab. 6.1 : Attributs de définition des couleurs du tag BODY	
Attribut	Signification
bgcolor	fond de l'écran
text	couleur du texte
link	couleur des liens
vlink	couleur des liens vers des adresses déjà visitées
alink	couleur des liens activés

Choisissez des couleurs assorties

Les couleurs utilisées dans un seul site doivent être harmonieuses. La couleur du fond devrait, si possible, être la même sur toutes les pages pour faciliter l'orientation des visiteurs. Elle souligne en outre l'appartenance contextuelle des pages. La même chose s'applique aux différents éléments d'une page : ceux qui remplissent la même fonction devraient avoir la même couleur dans tout le site.

Indication de la couleur

Le mot "couleur" représente dans notre exemple schématique l'indication de la couleur, qui peut s'effectuer de deux façons :

- indication en chiffres hexadécimaux des valeurs RVB (= Rouge, Vert, Bleu) des couleurs ;
- indication d'un nom de couleur explicite.

Indication de la valeur RVB

L'avantage de cette méthode est de ne pas dépendre de la configuration des différents browsers et d'offrir un choix d'environ 16,7 millions de couleurs. Les couleurs se composent de valeurs hexadécimales représentant les proportions des trois couleurs de base rouge, vert et bleu.

1. Chaque définition hexadécimale a six positions et se compose selon le modèle : #XXXXXX

2. Après le dièse viennent les six positions de définition des couleurs. Les deux premières sont réservées au rouge, les deux du milieu au vert et les deux dernières au bleu.

Remarque

RVB et couleurs primaires

Certains lecteurs auront peut-être remarqué que l'on n'utilise pas les couleurs primaires rouge, jaune et bleu. Ce n'est pas une erreur, mais nous utilisons ici un modèle de couleurs différent dans lequel le vert remplace le jaune. Le modèle rouge-jaune-bleu est celui des couleurs à pigmentation (par exemple les crayons de couleur). Cependant, le modèle des couleurs lumineuses s'appuie sur la couleur verte de base et c'est celui-ci que HTML utilise.

Un chiffre hexadécimal a, comme vous le savez sans doute, 16 états. Chaque valeur de couleur a deux nombres à sa disposition, ce qui fait 16 x 16 (= 256) états possibles par valeur de couleur. En résulte le nombre maximal de couleurs réalisables : 256 * 256 * 256 = 16 777 216.

Exemple d'une indication hexadécimale :

```
<body bgcolor=#808080>Arrière-plan gris foncé</body>
<font color=#C00000>Texte rouge</font>
<table border bordercolor=00C0C0> <!--bordure de tableau
turquoise-->
```

Il est utile de connaître le système hexadécimal pour indiquer les couleurs de cette façon :

Tab. 6.2 : Correspondance des nombres décimaux et hexadécimaux	
Hexadécimal	**Décimal**
0	0
1	1
2	2
3	3
4	4
5	5

Tab. 6.2 : Correspondance des nombres décimaux et hexadécimaux

Hexadécimal	Décimal
6	6
7	7
8	8
9	9
A	10
B	11
C	12
D	13
E	14
F	15

Si nous utilisons les valeurs RVB sous forme décimale (deux octets avec des valeurs hexadécimales donnant en tout une plage de 0 à 255), nous obtenons les exemples suivants :

Tab. 6.3 : Décomposition RVB des principales couleurs

Couleur	Valeur de rouge	Valeur de vert	Valeur de bleu
Blanc	255	255	255
Gris clair	192	192	192
Gris	128	128	128
Gris foncé	64	64	64
Noir	0	0	0
Rouge	255	0	0
Rose	255	175	175
Orange	255	200	0
Jaune	255	255	0
Vert	0	255	0

Tab. 6.3 : Décomposition RVB des principales couleurs			
Couleur	Valeur de rouge	Valeur de vert	Valeur de bleu
Magenta	255	0	255
Cyan	0	255	255
Bleu	0	0	255

Cette façon de définir les couleurs n'est sans doute pas commune, c'est pourquoi il existe également la possibilité d'entrer des noms de couleurs.

Indication du nom de la couleur

Si l'on peut définir les couleurs, avec leur nom en anglais, rien en revanche n'a encore été normalisé ; l'interprétation d'une couleur dépend donc du programme de navigation. Il n'affiche pas les couleurs dont il ne connaît pas le nom. Il n'est pas non plus établi comment un navigateur doit représenter les couleurs mélangées (donc composées des trois couleurs de base). Par conséquent, l'affichage d'une couleur comme le cyan peut s'afficher différemment selon le browser (voir fig. 6.1).

Pour définir une couleur par son nom, il suffit de l'entrer à la place de la valeur RVB hexadécimale.

Exemple :

```
<body bgcolor=green>
<font color=blue>Texte bleu</font>
```

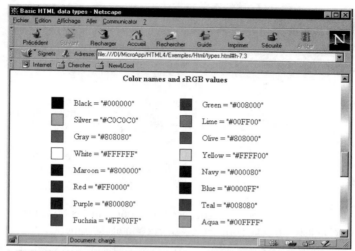

▲ Fig. 6.1 : *Il est possible de représenter des couleurs à l'aide de codes numériques ou de leur nom*

Les noms de couleurs suivants sont correctement interprétés par les navigateurs les plus courants (Microsoft Internet Explorer et Netscape Navigator à partir de leurs versions 2.0 respectives).

Tab. 6.4 : Noms de couleur reconnus par tous les navigateurs	
Nom	Couleur affichée
black	noir
maroon	marron ou rouge foncé
green	vert
olive	vert olive
navy	bleu marine
purple	violet
teal	cyan foncé
gray	gris
silver	argent

Tab. 6.4 : Noms de couleur reconnus par tous les navigateurs	
Nom	**Couleur affichée**
red	rouge
lime	vert clair
yellow	jaune
blue	bleu
fuchsia	fuchsia
aqua	bleu clair
white	blanc

Outre les couleurs universellement reconnues par tous les bons browsers, voici la liste de celles que Netscape reconnaît facilement :

Tab. 6.5 : Noms de couleur reconnus par Netscape Navigator	
Nom de couleur	**Teinte affichée**
aliceblue	jaune-vert
antiquewhite	Blanc cassé
aquamarine	bleu-vert
azure	bleu azur
beige	beige
bisque	beige foncé
black	noir
blanchedalmond	beige foncé
blue	bleu
blueviolet	bleu-violet
brown	brun
burlywood	gris clair
cadetblue	gris foncé
chartreuse	vert clair

Tab. 6.5 : Noms de couleur reconnus par Netscape Navigator	
Nom de couleur	Teinte affichée
chocolate	brun clair
coral	corail (gris-bleu)
cornflowerblue	bleuet
cornsilk	rose clair
crimson	rouge pourpre
cyan	cyan
darkblue	bleu foncé
darkcyan	cyan foncé
darkgoldenrod	doré sombre
darkgray	gris foncé
darkgreen	vert foncé
darkkhaki	kaki foncé
darkmagenta	magenta foncé
darkolivegreen	vert olive foncé
darkorange	orange foncé
darkorchid	mauve foncé
darkred	rouge foncé
darksalmon	saumon foncé
darkseagreen	vert-bleu foncé
darkslateblue	bleu ardoise foncé
darkslategray	gris ardoise foncé
darkturquoise	turquoise foncé
darkviolet	violet foncé
deeppink	rose foncé
deepskyblue	bleu ciel
dimgray	gris mat
dodgerblue	bleu clair

Tab. 6.5 : Noms de couleur reconnus par Netscape Navigator

Nom de couleur	Teinte affichée
firebrick	rouge brique
floralwhite	coquille d'œuf
forestgreen	vert forêt
fuchsia	fuchsia
gold	doré
gray	gris
green	vert
greenyellow	vert-jaune
indigo	indigo
ivory	ivoire
lavender	lavande
linen	lin
magenta	magenta
maroon	marron
navy	bleu marine
oldlace	rose très pâle
olive	vert olive
orange	orange
orchid	orchidée
pink	rose
plum	prune
purple	violet
red	rouge
salmon	saumon
silver	argent
snow	neige
tomato	rouge tomate

Tab. 6.5 : Noms de couleur reconnus par Netscape Navigator	
Nom de couleur	Teinte affichée
turquoise	turquoise
violet	mauve
wheat	jaune paille
white	blanc
yellow	jaune
yellowgreen	jaune-vert

Définition de couleurs pour l'ensemble d'un fichier

Vous pouvez définir la couleur du fond et celle (assortie) du texte pour l'ensemble d'un fichier HTML. Cette définition s'applique à l'ensemble de la page Web. C'est le cas de figure que nous avons choisi pour illustrer la structure d'une définition de couleurs. Vous pouvez par ailleurs appliquer d'autres couleurs à des passages de texte spécifiques.

Couleur de fond

La couleur de fond d'une page HTML se définit dans un tag d'ouverture BODY .

Exemple :

```
<body bgcolor=green>
```

L'attribut bgcolor du tag BODY définit la couleur de fond de l'écran.

Couleur de premier plan

Vous pouvez définir la couleur de premier plan pour les éléments de texte suivants :

- le corps du texte (texte normal, titres, etc.)
- liens vers des passages de texte non visités
- liens vers des passages de texte visités

■ liens activés par un clic de souris

Les couleurs de premier plan sont elles aussi déterminées dans le tag d'ouverture **BODY**.

1. Pour le corps du texte, entrez l'attribut `text=`

2. pour les liens non visités l'attribut `link=`

3. pour les liens visités l'attribut `vlink=`

4. et pour les liens activés l'attribut `alink=`

Exemple pour le corps du texte :

```
<body text=blue>
```

Exemple pour des liens non visités :

```
<body link=red>
```

Exemple pour des liens visités :

```
<body vlink=black>
```

Exemple pour les liens activés :

```
<body alink=green>
```

Ces définitions de couleurs peuvent être associées à loisir (dans l'ordre ou séparément) au tag **BODY**.

Exemple pour la définition de toutes les couleurs d'un fichier :

```
<body bgcolor=red text=green link=blue vlink=black alink=white>
```

Voici une page HTML complète avec des définitions de couleurs :

```
<html>
<head>
<a name="debut"><strong><font size=7><center>
<font color=red><title>Couleurs</title></font>
</center></font></strong></a>
```

```
</head>
<body bgcolor=yellow text=green link=blue vlink=black
alink=white>
<center><h1>Exemples de définitions de couleurs pour tout le
fichier</h1></center>
<a name="ancre1">Ceci est une ancre.</a>
<br>Ne trouvez-vous pas que la DS a beaucoup de classe ?
<a href="#ancre1">Ceci est un lien local vers l'ancre.</a>
<br><center><img src="DS.jpg" height=180 ></center><br><br>
<a href="#ancre1">Ceci est un autre lien local vers la même
ancre.</a><br>
<a href="fichier.htm">
Ceci est un lien local vers un fichier du même répertoire sans
spécification d'une ancre.</a><br>
<a href="fichier.htm#ancre1">Ceci est un lien local vers un
fichier du même répertoire avec spécification d'une ancre dans le
fichier cible.</a><br>
<a
href="http://ourworld.compuserve.com/homepages/emile_bertrand_2">
Lien vers une page d'accueil sur un serveur Web.
</a><br>
<a href="mailto:100647.61@01compuserve.com">
Cliquez ici si vous voulez m'envoyer un message.
</a><br>
</body>
</html>
```

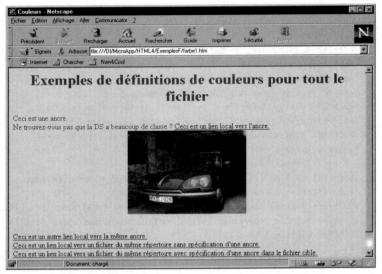

▲ Fig. 6.2 : *Les liens changent de couleurs lorsqu'ils ont été visités*

Définition de couleurs localisées

A côté de la définition de couleurs valable pour tout le fichier, vous pouvez aussi attribuer des couleurs différentes à certains éléments d'une page Web. Pour certains éléments, le résultat dépend du navigateur (ce qui s'applique d'ailleurs à tous les éléments récents de mise en page HTML). Nous nous limiterons aux couleurs des tableaux et des caractères de certains passages de texte.

Couleur des passages de texte

Vous pouvez appliquer à des passages de texte des couleurs autres que celles définies pour le fichier entier. Ces couleurs sont valables à l'intérieur des tags d'ouverture et de fermeture. Elles ont une priorité plus élevée que les couleurs de l'ensemble du document.

Vous pouvez appliquer des couleurs différentes à l'intérieur de chaque passage de texte avec le tag <font color=[couleur]>.

Exemple pour une couleur de texte localisée (indication RVB hexadécimale) :

```
<font color=#FFFFFF>Texte blanc à l'intérieur des deux tags
FONT.</font>
```

Couleur des tableaux

Les tableaux font partie des éléments de mise en page Web tout à fait reconnus, sauf par les navigateurs très anciens (que nous allons vraiment ignorer cette fois). Nous reviendrons après plus longuement sur les tableaux. Mais sans trop anticiper, nous allons décrire l'attribution de couleurs dans les tableaux.

Couleur des bordures de tableaux

Un tableau peut avoir une bordure qui le démarque visuellement de son environnement. Avec l'attribut **bordercolor=** dans le tag d'ouverture d'un tableau, vous pouvez en déterminer la couleur :

```
<table bordercolor=[couleur]>
```

Exemple :

```
<table bordercolor=black>
```

Il est également possible de définir deux couleurs différentes pour la bordure de tableau avec les attributs **bordercolordark=** (pour la couleur la plus foncée) et **bordercolorlight=** (pour la couleur la plus claire). Ceci crée un effet de relief.

Exemple :

```
<table bordercolordark=black bordercolorlight=white>
```

Couleurs des fonds de cellules

La couleur de fond peut s'étendre à tout le tableau ou seulement à des cellules données. Pour définir une couleur de fond s'appliquant à tout le tableau (y compris le titre et la légende), insérez l'attribut `bgcolor` (déjà vu avec le tag `BODY`) dans le tag d'ouverture du tableau.

En revanche, si `bgcolor` se trouve dans le tag d'ouverture d'une ligne de titre ou d'une cellule, seul le fond des ou de la cellule concernée(s) (nous verrons plus loin de quoi il s'agit exactement) s'affichera dans cette couleur.

Exemple :

```
<th bgcolor=white><font color=black>Texte</font>
```

Une définition de couleur dans une cellule d'en-tête ou ordinaire a une priorité plus élevée que celle du tag d'ouverture d'un tableau.

Remarque

Règles de priorité

Vous connaissez déjà ce comportement selon certaines priorités. Les indications à l'intérieur d'une structure ont toujours une priorité plus élevée que celles de la structure dans laquelle la première est imbriquée.

6.2   Mise en forme des textes et paragraphes

HTML offre un grand nombre d'instructions pour mettre en forme du texte et des paragraphes. Elles s'appliquent, entre autres, aux titres, définitions de paragraphes et retours de ligne, citations, adresses, remarques et code source, lignes de séparation et mise en relief de texte. Les nouveaux éléments de mise en pages maintes fois évoqués étendent très largement les moyens connus mais ne sont pas sans conditions. Conditions encore rarement remplies. Nous allons donc dans un premier temps nous limiter aux bons vieux éléments.

Remarque

Le tag FONT

Ce tag joue un rôle de première importance dans ce qui suit. Il influence l'apparence d'un texte de multiples façons.

Les attributs de texte

Les attributs de texte servent le plus souvent à démarquer visuellement un passage de texte. Ils font partie des instructions HTML les plus anciennes, mais ne sont pas pour autant dépassés. Ils sont au contraire très importants, car tous les browsers les comprennent et ils offrent des possibilités simples pour structurer une page Web.

Les attributs de texte du HTML peuvent s'appliquer à la taille des caractères, la police ou au style. A la base, on distingue les instructions HTML logiques et physiques.

Instructions logiques

Ces instructions laissent décider le navigateur comment il va mettre en forme un passage de texte. Pour être plus précis, c'est l'utilisateur qui décide en configurant les options correspondantes du programme.

Les instructions logiques (gras ou italique) peuvent s'afficher différemment dans différents navigateurs.

Instructions physiques

Avec ces instructions, c'est l'auteur d'une page Web qui décide de quelle façon le texte se démarquera (par exemple gras ou italique). Un texte défini de cette façon se présentera dans la plupart des browsers tel que son auteur l'a imaginé - quoique ici aussi des différences inhérentes aux différents programmes puissent se produire.

Pourquoi deux types de mise en forme de texte ?

Si plusieurs raisons justifient l'utilisation d'instructions logiques en général, il est vrai qu'elles perdent de plus en plus d'importance.

Les instructions logiques de mise en forme de texte sont plus avantageuses dans un environnement non graphique (par exemple sous DOS) et dans les navigateurs écrits pour ces systèmes, car ceux-ci ne peuvent pas afficher des caractères gras ou italiques.

De plus, les instructions de formatage physiques (comme toutes les instructions absolues) sont en contradiction avec l'idée maîtresse d'un langage de description de documents qui se borne à décrire les structures logiques d'une page Web et n'en détermine pas la présentation exacte. Toutefois, cet aspect est omis dans HTML 4.0 et ses nouveautés majeures : le positionnement au pixel près d'éléments d'une page par exemple fait marche arrière.

Par conséquent, ne vous limitez aux instructions logiques que pour être sûr que votre mise en forme apparaîtra aussi dans les navigateurs en mode texte ou pour vous conformer à la philosophie stricte d'un langage de description de documents.

Les descriptions physiques sont devenues incontournables pour certaines instructions de HTML 4.0. Elles offrent pour la première fois aux concepteurs de considérables possibilités de mise en forme. D'une part, les possibilités sont plus nombreuses et d'autre part l'auteur contrôle mieux son œuvre. Si vous souhaitez bénéficier d'une plus grande liberté de création et si vous tenez les navigateurs en mode texte pour obsolètes, vous pouvez utiliser les deux variantes de formatage de texte.

Comment formater du texte ?

Pour formater du texte, il suffit de l'entourer de l'instruction correspondante.

Exemple :

```
<i>Ce texte est italique.</i>
```

Vous pouvez imbriquer des attributs de texte et mélanger instructions physiques et logiques.

Exemple :

```
<i><strong>Ce texte est italique et gras.</strong></i>
```

Attributs de texte logiques

HTML 3.2 a déjà réduit le nombre d'attributs de texte logiques. Son prédécesseur officieux, HTML 3.0, proposait 25 tags de description logique de caractères, mais qui apparaissaient souvent de façon identique dans les navigateurs. Il existait donc de multiples recoupements et la plupart de ces tags sont tombés en désuétude.

- La mise en valeur forte de caractères (que la plupart des navigateurs affichent en gras) s'effectue avec `<strong>...</strong>`.

- La mise en valeur normale s'effectue avec `<em>...</em>` et s'affiche en italique dans la plupart des programmes.

- La mise en forme de citations se fait avec `<cite>...</cite>`. Le texte s'affiche souvent en italique.

- Il existe une autre instruction pour les citations : `<blockquote>...</blockquote>`.

- Pour présenter du code source, entourez-le des tags `<code>...</code>`.

- Les noms de variables se marquent par les tags `<var>...</var>` (le plus souvent italique).

- La structure prévue pour les exemples est `<samp>...</samp>`.

- Pour présenter un texte en caractères de machine à écrire, utilisez les tags `<tt>..</tt>` (souvent utilisés pour les exemples). La différence avec le tag SAMP n'est souvent pas visible, mais ce n'est pas une règle.

- Pour marquer des saisies de l'utilisateur, vous pouvez utiliser `<kb>...</kb>`. La plupart des browsers utilisent alors une police de machine à écrire.

- Les définitions peuvent se mettre en forme avec `<dfn>...</dfn>`.

Attributs de texte physiques

- L'une des mises en forme les plus importantes est la mise en italique, obtenue par les tags `<i>...</i>`.

- La mise en gras de texte est aussi importante. Elle s'effectue à l'aide des tags `<b>...</b>`.

- La troisième mise en forme standard est le soulignement avec les tags `<u>...</u>`.

- Les tags `<italic>...</italic>` sont une alternative pour le texte en italique et ne se distinguent généralement pas (mais les exceptions confirment la règle) des tags `<i>...</i>`.

- HTML 3.2 a introduit la possibilité de mettre du texte en exposant avec _{..} ou en indice avec ^{...}.

- La modification de la taille des caractères est devenue avec HTML 4.0 aussi souple que dans un traitement de texte. Mais ces fonctions avaient leurs précurseurs dans la version 3.2. Pour créer des caractères plus petits que la taille par défaut, utilisez <small>... </small> et <big>...</big> pour les augmenter.

- Les tags <strike>...</strike> et <s>...</s> offrent la possibilité de présenter du texte barré.

Voici quelques attributs de texte dans une page exemple :

```
<html>
<h3>Mise en forme de texte</h3>
<strong>Mise en valeur importante</strong>
<br>
<em>Mise en valeur normale</em>
<br>
<cite>Citations</cite>
<br>
<code>Code source</code>
<br>
<var>Noms de variables</var>
<br>
<samp>Exemples</samp>
<br>
<tt>Exemples</tt>
<br>
<kbd>Saisies utilisateur</kbd>
<br>
<dfn>Définitions</dfn>
<br>
<i>Texte italique</i>
<br>
<b>Texte gras</b>
<br>
<u>Souligné</u>
<br>
<italic>Texte italique avec ITALIC</italic>
```

```
<br>
<sub>Index (depuis HTML 3.2)</sub>VOICI LE TEXTE NORMAL
<br><br>
<sup>Exposant (depuis HTML 3.2)</sup>VOICI LE TEXTE NORMAL
<br>
<small>Petits caractères (depuis HTML 3.2)</small>VOICI LE TEXTE
NORMAL
<br>
<big>Grands caractères (depuis HTML 3.2)</big>
<br>
<strike>Texte barré (depuis HTML 3.2)</strike>
</html>
```

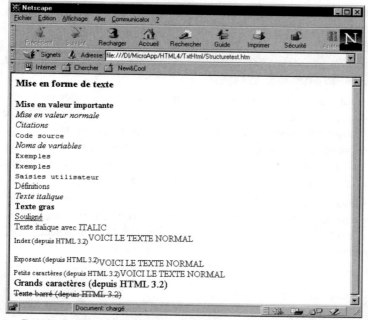

▲ Fig. 6.3 : *Exemple de différents attributs de texte*

Remarque

> **Compatibilité descendante**
>
> Les anciens attributs physiques sont bien rendus par la quasi-totalité des navigateurs. Ceux qui ont été introduits par HTML 3.2 puis HTML 4.0 ne posent aucun problème avec les navigateurs de dernière génération (Internet Explorer 5.0 et Netscape Navigator 4.5).

Tailles de polices

Faire varier la taille des polices de caractère s'avère très utile pour marquer des passages de texte. Cela s'obtient avec l'instruction `<font size=taille>`. Certains programmes vraiment datés ignorent cependant souvent cet attribut.

L'indication "taille" peut prendre une valeur entre 1 et 7. Ce ne sont pas des valeurs absolues mais relatives à la taille de police que l'utilisateur a configurée dans son navigateur.

En ce qui concerne la véritable taille, le problème des mises en forme logiques se repose car elle dépend explicitement du browser. La taille normale est 3. Lorsque dans un browser une certaine taille de police est configurée comme valeur par défaut, 3 correspond à cette taille par défaut. Les valeurs dépassant 3 (de 4 à 7) créent donc des caractères plus grands, les valeurs 1 et 2 des caractères plus petits.

Il est possible de modifier la taille de caractères en fonction de la taille normale. Cette fonction ressemble aux opérations de décrémentation et d'incrémentation en C++ et se réalise par l'indication `+(nombre)` et `-(nombre)`.

Exemples :

```
<font size=7>Très grand</font>
<font size=2>Plus petit que la normale</font>
<font size=4>La taille 4, 1 de plus donc que la normale</font>
<font size=1>La plus petite taille relative</font>
<font size=+1>Taille de police augmentée de 1 </font>
<font size=-1>Taille de police diminuée de 1</font>
```

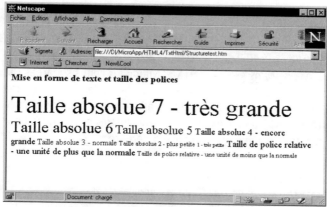

▲ Fig. 6.4 : *Différentes tailles de polices*

Si la taille normale ne vous convient pas, vous pouvez en définir une autre (entre 1 et 7) comme taille par défaut avec l'instruction `<basefont size=[taille]>`.

Remarque

Combinez les tags

L'attribut supplémentaire `size` peut être combiné avec les attributs de couleur (`color`) et de police dans le même tag d'ouverture `<font...>`. L'ordre des paramètres n'a aucune importance.

Comme pour les couleurs, veillez à ce que les éléments de mise en forme soient équilibrés au sein d'un même site Web. Il est toujours préférable que ceux remplissant une même fonction soient identiques.

Paragraphes et retours à la ligne

Les tags standard des versions précédentes de HTML permettaient déjà de définir des paragraphes comme dans un programme de traitement de texte (rudimentaire bien sûr) et de les justifier dans les trois sens habituels. Nous avons déjà explicitement utilisé cette technique dans les exemples.

Les paragraphes et retours à la ligne servent à structurer visuellement un texte. En HTML, un paragraphe ou un retour à la ligne doit être explicitement défini avec un tag. Il ne suffit pas d'entrer un retour à la ligne avec la touche (Entrée) dans l'éditeur de texte pour faire apparaître un retour à la ligne dans le fichier HTML. Même les lignes séparées par des espaces s'affichent les unes après les autres en l'absence d'un tag de paragraphe/retour à la ligne. Le texte s'aligne en fonction de la taille de la fenêtre du navigateur. L'exemple suivant illustre cet état de fait par son affichage dans des fenêtres de taille différente.

```
<html>
<h3>Test de retours à la ligne</h3>
<font size=7>Taille absolue 7 - très grande</font>
<font size=6>Taille absolue 6</font>
<font size=5>Taille absolue 5</font>
<font size=4>Taille absolue 4 - encore grande</font>
<font size=3>Taille absolue 3 - normale</font>
<font size=2>Taille absolue 2 - plus petite</font>
<font size=1>1 - très petite</font>
<font size=+1>Taille de police relative - plus grande que la
normale d'une unité</font>
<font size=-1>Taille de police relative - plus petite que la
normale d'une unité</font>
</html>
```

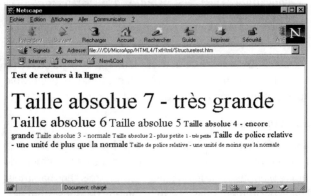

▲ Fig. 6.5 : *Le retour à la ligne se fait en fonction de la fenêtre*

◀ Fig. 6.6 :
*Le même fichier
affiché dans une
fenêtre de
dimensions
différentes*

Comme vous pouvez le voir, aucun retour à la ligne n'apparaît aux
endroits où la source saisie dans l'éditeur de texte en contient. Les
lignes vides insérées avec la touche (Entrée) dans l'éditeur ne seraient
même pas visibles. La deuxième figure montre la même page dans le
même navigateur, mais dont la fenêtre a été modifiée. Par rapport à
l'illustration précédente, les retours à la ligne apparaissent ailleurs.

Ce n'est pas une lacune du HTML ou du navigateur mais au contraire un
critère primordial de qualité. Les browsers ignorent les retours à la ligne
entrés dans la source. Ils n'en insèrent que lorsqu'ils tombent sur une
instruction HTML correspondante ou si le bord de la fenêtre est atteint
(exception faite de la définition d'une zone sans retour à la ligne avec le
tag <nobr> dont nous parlerons par la suite). Les navigateurs sont ainsi en
mesure de toujours adapter au mieux le texte à la plate-forme sous-
jacente. Selon les dimensions de la fenêtre, les configurations spécifiques
de chaque programme et la résolution de l'écran, le texte retourne
toujours à la ligne de façon à ne pas dépasser la zone d'affichage.

Pour insérer un retour à la ligne ou un paragraphe à un endroit précis, utilisez les instructions suivantes :

Tab. 6.6 : Tags de marquage explicite des paragraphes	
Tag	Effet
<p>	nouveau paragraphe
</p>	fin du paragraphe
 	retour à la ligne
</br>	fin de ligne

Les retours à la ligne produisent une nouvelle ligne alors que les tags de paragraphe servent à séparer les mises en forme de différents paragraphes. Par exemple l'alignement de grandes quantités de texte (HTML) coulant sans égard aux retours à la ligne. La parenthèse doit ici faire remarquer qu'un texte coulant dans un éditeur/traitement de texte n'est pas forcément un texte coulant en HTML et vice versa.

1. Un tag <p> insère précisément à l'endroit où il se trouve un nouveau paragraphe (ce qui entraîne également un retour à la ligne) ;

2. Le tag <br> fait de même avec un retour à la ligne.

Il est sans importance que le tag se trouve à la fin de la ligne du paragraphe précédent ou dans une ligne séparée, au début du paragraphe suivant ou, dans un cas extrême, au milieu d'une ligne, voire d'un mot. Les tags de paragraphes et de retours à la ligne fonctionnent même dans des paragraphes spéciaux comme les listes ou les citations, voire aussi à l'intérieur des cellules de tableaux et de titres.

Exemple avec un tag de paragraphe et sans retour à la ligne :

```
<font size=7>Taille absolue 7 - très grande</font>
<p>
<font size=6>Taille absolue 6</font>
<p>
<font size=5>Taille absolue 5</font>
<p>
```

```
<font size=4>Taille absolue 4 - assez grande</font>
<p>
<font size=3>Taille absolue 3 - normale</font>
<p>
<font size=2>Taille absolue 2 - plus petite</font>
<p>
<font size=1>1 - très petite</font>
```

Remarque

Et les tags de fermeture ?

Les tags de fermeture ne sont presque pas utilisés car l'insertion de </p> ou </br> ne semble pas avoir de conséquence à première vue. Ils ne créent pas de nouveau paragraphe ou de nouvelle ligne, effet réservé à <p> ou <br>. Cependant, ils ont quand même une action : ils mettent fin à d'autres éléments de style à l'intérieur d'une ligne et surtout d'un paragraphe. Après un tel tag de fermeture, les instructions de priorité inférieure de la structure environnante reprennent le dessus. On peut donc s'en servir judicieusement, mais dans la majorité des cas, les tags <p> et <br> sont utilisés seuls.

Alignement de paragraphes

Comme nous venons de l'évoquer, les paragraphes servent à aligner de grandes quantités de texte (HTML) coulant. Utilisez à cet effet l'attribut align=alignement, séparé de <p par un espace. La syntaxe est la suivante :

```
<p align=[alignement]>
```

Vous pouvez définir les alignements left (gauche), right (droite), center (centré) et justify (gauche et droite). Par défaut, un paragraphe est aligné à gauche.

Exemple :

```
<p align=right>Ce paragraphe est aligné à droite
```

Exemple :

```
<html>
<h3>Test de paragraphes</h3>
<font size=7> Taille absolue 7 - très grande </font>
<p align=right>
<font size=6> Taille absolue 6</font>
<br>
<font size=5> Taille absolue 5</font>
<br>
<font size=4> Taille absolue 4 - assez grande </font>
</p>
<font size=3> Taille absolue 3 - normale </font>
<br>
<font size=2> Taille absolue 2 - plus petite </font>
<br>
<font size=1>1 - très petite </font>
<br>
<font size=+1> Taille de police relative - une unité de plus que
la normale</font>
<br>
<font size=-1> Taille de police relative - une unité de moins que
la normale</font>
</html>
```

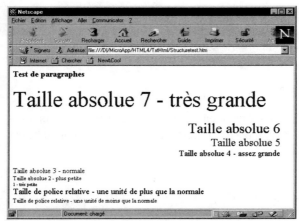

▲ **Fig. 6.7** : *Le paragraphe aligné à droite se démarque clairement des autres*

Outre les trois options d'alignement, il existe également `justify` qui est censé créer un bloc de texte justifié. Toutefois, les navigateurs qui la reconnaissent sont rares et c'est donc le plus souvent l'option par défaut `align=left` qui l'emporte.

Empêcher le retour à la ligne automatique

Comme nous l'avons déjà vu, les browsers insèrent des retours à ligne automatique lorsque la fenêtre d'affichage est trop petite pour contenir la ligne entière. Vous pouvez empêcher ce comportement dans la plupart des programmes récents en plaçant du texte entre les tags `<nobr>` et `</nobr>`. Ils interdisent un retour à la ligne automatique dans la zone qu'ils entourent. Si la ligne en question dépasse les limites de la fenêtre, une barre de défilement comme celle utilisée dans Windows apparaît et permet à l'utilisateur de faire défiler l'écran horizontalement pour lire tout le texte.

Exemple :

```
<nobr>Entre le tag d'ouverture et le tag de fermeture, aucun
retour à la ligne n'est autorisé.
Tout le texte s'affiche en une seule ligne et le navigateur ne le
fait <b>pas</b> revenir à la ligne lorsqu'il arrive au bord de la
fenêtre.</nobr>
```

Inversement, pour provoquer un retour à la ligne obligatoire (manuel), utilisez le tag `<wbr>`.

Exemple :

```
<nobr> Normalement, il n'y a aucun retour à la ligne entre le tag
d'ouverture
et le tag de fermeture. Mais à cet endroit précis<wbr> nous avons
inséré un
retour à la ligne manuel.</nobr>
```

Remarque

Prudence !

Les instructions <nobr> et <wbr> permettent de déterminer la longueur des lignes indépendamment de la taille
de la fenêtre et donc de mieux contrôler la mise en forme
d'un texte. Toutefois, ils font courir le risque d'aller à
l'encontre d'une importante convention, car il est décon-
seillé d'obliger les visiteurs de faire défiler l'écran horizontalement. A utiliser avec parcimonie.

Centrer plusieurs objets

Une pratique courante est de centrer plusieurs paragraphes ou parties
de paragraphes contenant du texte et d'autres éléments (images,
tableaux, etc.). Pour ce faire, utilisez le tag CENTER. Il est vrai qu'il a
perdu en importance avec l'apparition du tag que nous allons voir
ensuite (et, selon les sources officielles du W3C, il va continuer à en
perdre avec les nouveaux éléments de HTML 4.0) mais son utilisation
est toujours pleinement justifiée pendant la période de transition (qui
peut durer des années). Sa simplicité est un autre avantage.

Pour centrer des objets quelconques (paragraphes, lignes, graphiques,
tableaux...) il suffit de les placer entre les tags <center>...</center>.

Conseil

**Évitez de placer plusieurs éléments entre la même
paire de tags**

Soyez vigilant lorsque vous centrez plusieurs objets à
l'aide d'une seule paire , car la taille de
la fenêtre du browser détermine les retours à la ligne
automatiques. Les résultats ne sont donc pas toujours
ceux que vous aviez espérés. Pour centrer plusieurs éléments, placez-les chacun entre une nouvelle paire de tags
- même si cela implique plus de travail.

Alignement de plusieurs objets

Le standard HTML 3.2 a introduit le tag DIV pour aligner plusieurs objets à gauche, à droite ou au centre. Il permet d'aligner ensemble plusieurs éléments quelconques (paragraphes composés de texte, de graphiques, des tableaux, etc.). C'est le développement, en plus puissant, de l'ancien tag CENTER, mais qui n'est pas pris en charge par les programmes plus anciens.

Nous avons déjà vu avec les paragraphes la syntaxe du tag <div> :

⊙ `<div align=[alignement]>...</div>`

Placez les éléments concernés par le formatage entre les tags <div>...</div>. Comme pour le tag CENTER, vous avez le choix entre left, right et center.

Remarque

DIV se diversifie

Le tag DIV a trouvé une application plus large que nous verrons plus loin.

Titres

Les titres constituent un autre moyen stylistique pour structurer un texte. Il existe six types de titres en HTML :

Tab. 6.7 : Tags des différents niveaux de titres HTML	
Type	Description
<h1>... </h1>	Titre 1
<h2>... </h2>	Titre 2
<h3>... </h3>	Titre 3
<h4>... </h4>	Titre 4
<h5>... </h5>	Titre 5
<h6>... </h6>	Titre 6

Le texte placé entre le tag d'ouverture et le tag de fermeture est affiché comme titre du niveau indiqué.

Les titres, s'ils ne sont pas définis par des éléments de HTML 4.0, sont des instructions relatives dépendant de la configuration du navigateur de chacun. La taille physique exacte des caractères dépend de la taille par défaut du programme.

Voici ces six titres dans un exemple :

```
<h1> Titre 1</h1>
<h2> Titre 2</h2>
<h3> Titre 3</h3>
<h4> Titre 4</h4>
<h5> Titre 5</h5>
<h6> Titre 6</h6>
```

◀ Fig. 6.8 :
Les titres disponibles en HTML

Alignement de titres

Par défaut, les titres s'alignent à gauche. Mais ils peuvent également être alignés à droite ou centrés, comme vous pouvez le voir dans l'illustration. Vous pouvez aussi les aligner explicitement à gauche, par exemple s'ils se trouvent dans un paragraphe aligné à droite. Ici aussi, le tag interne est prioritaire sur le tag extérieur.

Pour aligner des titres, utilisez l'attribut `align` que vous connaissez déjà, toujours séparé du tag par un espace. La syntaxe ne vous surprendra pas :

```
<hx align=[alignement]>...</hx>
```

Comme d'habitude, l'alignement peut être `left`, `right` ou `center`. Remplacez le "x" de `hx` par la taille de titre relative souhaitée et comprise entre 1 et 6.

Exemple :

```
<h1 align=left>Titre 1 aligné à gauche</h1>
<h2 align=right>Titre 2 aligné à droite</h2>
<h3 align=center>Titre 3 centré</h3>
```

Remarque

Titre = paragraphe

Chaque titre est un nouveau paragraphe, c'est-à-dire que vous n'avez pas besoin d'insérer des tags de paragraphe ou de retour à la ligne.

Il existe une quatrième option d'alignement pour les titres, l'attribut `justify` pour justifier un titre en bloc. Mais cet attribut n'est pas pris en charge par tous les browsers, qui utilisent alors le paramètre par défaut `align=left`. Vous pouvez bien entendu également aligner des titres avec le tag `<div>`.

Lignes de séparation

Les lignes de séparation sont très utiles pour structurer un texte ou tout simplement varier la présentation générale d'une page.

Elles s'insèrent dans un document à l'aide du tag `<hr>`. L'endroit exact du tag n'est pas important, il peut être placé à la fin de la dernière ligne d'un paragraphe, dans une ligne séparée ou au début du paragraphe suivant.

Exemple :

```
<hr>
<hr>
<hr>
Ici il y a du texte.
<hr>
<hr>
Encore du texte.
<hr>
Stop !
```

◄ Fig. 6.9 :
Dans cette page les lignes de séparation ne sont pas très utiles

Une ligne de séparation occupe normalement toute la largeur de la fenêtre d'un navigateur. On peut toutefois la définir pour qu'elle n'en occupe qu'une partie. Il est également possible de modifier l'épaisseur de la ligne.

Définir la longueur d'une ligne de séparation

L'extension du tag `<hr>` avec l'attribut `width=[largeur]` permet d'indiquer au browser d'afficher une ligne d'une longueur définie.

Si la valeur de `width` est un pourcentage, elle représente la proportion de la largeur d'une fenêtre.

Exemple :

```
<hr width=95 %>
<hr width=65 %>
<hr width=15 %>
Ici il y a du texte.
```

```
<hr width=75 %>
<hr width=55 %>
Encore du texte.
<hr width=25 %>
Stop !
```

Si vous indiquez l'épaisseur sans le signe %, elle représente le nombre de pixels.

Exemple :

```
<hr width=95 %>
<hr width=65 %>
<hr width=15 %>
Message très important
<hr width=75 %>
<hr width=55 %>
Message encore plus important
<hr width=25 %>
Stop !
```

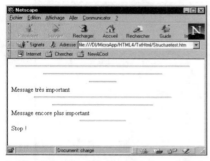

▲ Fig. 6.10 : *Modification de la longueur des lignes*

Définir l'épaisseur d'une ligne de séparation

Vous pouvez influencer l'épaisseur d'une ligne de séparation en ajoutant l'attribut size=[épaisseur] au tag <hr>. Cette valeur est toujours relative, en fonction du paramètre par défaut 2. La valeur 1 crée donc des lignes plus fines, les valeurs au-dessus de 2 des lignes plus épaisses.

Exemple :

```
<hr size=1>
<hr>
<hr size=2>
<hr size=3>
<hr size=4>
<hr size=5>
<hr size=6>
<hr size=7>
<hr size=8>
<hr size=9>
<hr size=10>
<hr size=17>
<hr size=28>
```

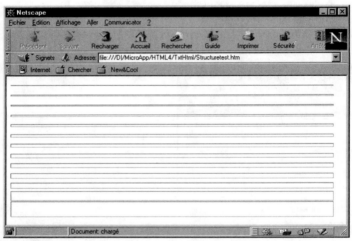

▲ Fig. 6.11 : *Lignes de séparation de différentes épaisseurs*

Remarque

Attention à l'épaisseur

Plus la valeur indiquée sera grande, plus la ligne sera épaisse.

Aligner des lignes de séparation

Sans autre indication, une ligne de séparation est centrée. Toutefois, comme presque tous les éléments d'une page Web, vous pouvez également les aligner. Vous disposez pour cela du tag d'alignement général DIV ou bien de l'attribut align= avec les options habituelles left, right et center.

Remarque

À propos de la longueur

Aligner une ligne de séparation n'a de sens qu'avec l'attribut width (qui la raccourcit), car la longueur par défaut couvre toute la largeur de la fenêtre.

Exemple :

```
<hr width=95 % align=left>
<hr width=65 %>
<hr width=15 % align=right>
Voici du texte.
<hr width=75 %>
<hr width=55 % align=right>
Encore du texte.
<hr width=25 % align=left>
Stop !
```

Supprimer l'ombrage de lignes de séparation

La plupart des navigateurs affichent par défaut les lignes de séparation avec un effet d'ombrage. Vous pouvez supprimer cet effet avec un attribut du tag <hr> pour obliger le browser d'afficher une ligne de séparation neutre et continue.

Il suffit d'ajouter l'option noshade au tag <hr>.

Exemple :

```
<hr width=95 % align=left noshade>
```

Remarque

Combinaison de tags

Vous pouvez combiner plusieurs attributs du tag <hr>. Certains ne se justifient d'ailleurs qu'en combinaison avec d'autres. Leur ordre de notation n'a aucune importance.

6.3 Insertion d'images

Les graphiques sur le World Wide Web sont indispensables à l'information. Si un contenu sans images est tout aussi parlant, il n'en apparaît pas moins affadi.

En plus de l'allégement visuel d'une page, les images se prêtent parfaitement à la représentation simple de faits, pour la promotion d'un produit commercial sur le réseau des réseaux ou pour le marketing.

Formats graphiques adaptés au Web

Deux formats de fichiers images sont plébiscités sur le Web :

- GIF
- JPEG (extension DOS : JPG)

Pour les autres formats (par exemple BMP), le navigateur a généralement besoin d'un programme externe pour interpréter le format. Netscape Navigator dispose d'un plug-in adéquat.

Le format PNG, en qui on avait placé de grands espoir, est boudé par les webmestres. Il est cependant reconnu par les navigateurs les plus courants.

GIF et JPEG sont des formats hautement comprimés, car la réduction des données est la règle numéro 1 sur l'Internet.

Les deux sont des formats en mode Points et non Vectoriels. Voici la différence fondamentale entre ces concepts.

Dans les formats vectoriels, la position d'un objet est fixée dans l'image et enregistrée. Une telle indication de la position dans un système de coordonnées s'appelle un vecteur. A titre d'exemple, pour décrire un cercle plein (disque) dans l'angle droit supérieur d'une image, il faut définir un vecteur vers un point (quelconque) du disque, puis la formule de calcul pour le cercle et pour le contenu. Le programme graphique calcule l'image à partir de ces formules pour afficher l'image. Il faut donc un module graphique approprié et le calcul est très long.

Dans un format en mode Points, chaque pixel est déterminé et sauvegardé avec toutes les informations (position et couleur). Pour l'afficher, nul besoin de programme de dessin sophistiqué pour calculer des formules graphiques.

Les différences entre ces deux concepts sont très sensibles lors de la création d'images. Les programmes de dessin basés sur la technologie vectorielle sont bien plus puissants que les programmes orientés pixels. Les graphiques vectoriels sont notamment plus flexibles quant à des modifications ultérieures (par exemple agrandissements et réductions). Cependant, les différences sont plus subtiles à l'affichage final. Il est possible de convertir un format vectoriel et format matriciel (et donc en GIF ou JPEG) et vice versa.

Le format GIF

Le format GIF (Graphics Interchange Format) a été développé par le service en ligne CompuServe ; selon le fichier, il peut être jusqu'à trente fois plus petit qu'un fichier BMP (un format graphique utilisé sous Windows). Un point fort de ces fichiers est qu'ils ne se composent pas par lignes, mais par couches. Le résultat est qu'un surfeur voit rapidement une image lorsqu'il charge une page Web, même si elle commence par apparaître floue. Chaque nouveau paquet de donnée qui arrive améliore la qualité de l'image.

Le GIF a deux autres qualités non négligeables : vous pouvez le rendre transparent ou en faire des animations (images GIF animées).

Remarque

À propos de transparence

La transparence d'images GIF doit se définir lors de sa création ou d'une modification ultérieure. Dans le nouveau Dynamic HTML, il existe un mot clé qui donne les mêmes résultats.

La création de GIF animés nécessite un programme dédié. Une telle animation consiste en plusieurs fichiers GIF lus les uns après les autres. Avec un programme d'animation GIF, ces séquences séparées sont réunies en un nouveau fichier GIF.

- Les images sont toutes séparées par un bloc de contrôle contenant à lui seul toutes les informations nécessaires à la lecture de l'animation (le traitement du fond de l'image, la pause entre les différentes images ou la transparence).

- La seule information importante qui se trouve en dehors de ce bloc est le nombre de répétitions de l'animation. Dans un GIF animé, l'information indiquant s'il doit être lu à l'infini ou seulement une fois se trouve avant la séquence d'images.

Conseil

Deux bons programmes d'animation GIF

GIF Animator de Microsoft (disponible sur le site Web de Microsoft) est un bon outil pour créer des GIF animés. Animation Shop de la société JASC Software qui accompagne la dernière version de Paint Shop Pro est un excellent logiciel shareware. Vous pouvez vous le procurer sur le site de son éditeur (www.jasc.com).

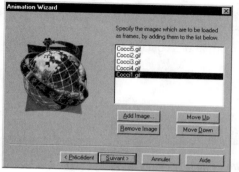

◀ Fig. 6.12 :
*Le programme
Animation Shop*

L'un des principaux points faibles de ce format est sa limitation à 256 couleurs.

Le format JPEG

Ce format peut représenter jusqu'à 16,7 millions de couleurs ; il comporte aussi un algorithme de compression spécial de réduction des pixels. Il est de ce fait particulièrement adapté aux graphiques à grande profondeur de couleur, comme les photos. En revanche, il ne permet pas la création d'animations.

Conseil

Autres formats graphiques sur le WWW

Si vous souhaitez utiliser une image qui n'est ni au format GIF, ni au format JPEG, vous devez soit la convertir soit la référencer en tant qu'objet multimédia. Divers utilitaires et la plupart des bons programmes de dessin assurent la conversion. Il suffit d'ouvrir l'image en question dans un tel programme et de l'enregistrer en choisissant le format GIF ou JPEG.

Insérer des graphiques dans des pages Web

Pour insérer une image dans une page Web, vous devez y ajouter une référence vers le fichier graphique concerné.

1. Dans le fichier HTML, insérez à l'emplacement précis où devra apparaître l'image le tag `<img>`.

2. Complétez-le avec les informations concernant l'emplacement et le nom du fichier.

La syntaxe est la suivante :

```
<img src=[image]>
```

Le nom du fichier doit figurer entre guillemets.

Renvoi vers un fichier graphique dans le même dossier

Lorsque l'image se trouve dans le même dossier que le fichier HTML, il suffit d'indiquer son nom directement après le signe =.

Exemple d'un renvoi vers un fichier graphique dans le même dossier :

```
<html>
<body bgcolor=blue>
<center>
<img src="ente2.jpg">
</center>
</body>
</html>
```

▲ Fig. 6.13 : *Une image dans une page Web*

Insérer un fichier graphique d'un autre dossier

Pour référencer un fichier graphique se trouvant dans un autre dossier, vous avez deux possibilités :

- Une référence avec chemin d'accès du ficher relatif (vue du fichier HTML qui le charge).
- Une référence avec chemin d'accès absolu (local et mondial).

Pour le lien relatif vers un fichier graphique situé dans un répertoire différent du même ordinateur, le renvoi se formule toujours vu du fichier HTML contenant la référence.

Indiquez le chemin d'accès relatif et le nom du fichier graphique après le signe = . Prenez soin d'entourer le tout de guillemets.

Remarque

Pas de barres obliques inverses !

Pensez ici aussi que, comme pour les autres liens, les dossiers sont séparés par des barres obliques "normales" (/) et non inverses comme sous DOS (\). Cette règle est valable quelle que soit la plate-forme de l'ordinateur local, y compris les ordinateurs sous DOS/Windows.

Exemple pour un renvoi à un fichier graphique dans un répertoire relatif :

```
<img src="images/maedel.jpg">
```

Le fichier graphique peut se trouver sur un ordinateur local ou bien sur n'importe quel serveur.

1. Pour insérer un lien absolu, commencez comme pour les liens vers des fichiers graphiques : `<img src=`.

2. Suivent quelques informations supplémentaires que vous connaissez depuis les autres liens et qui doivent apparaître dans l'ordre suivant :

- le type de protocole, soit "file://" (pour des liens absolus sur un ordinateur local), soit "http://" (pour des liens vers des serveurs Web).

- le nom de l'ordinateur qui est "localhost/" dans les liens locaux et le nom de domaine du serveur dans les liens vers des serveurs Web.

- le chemin d'accès absolu contenant le chemin à travers les dossiers de l'ordinateur ainsi que le nom du fichier référencé.

Le tout doit se trouver entre guillemets.

Voici la syntaxe d'une structure de lien absolu :

```
<img src="[Type de protocole][Nom de l'ordinateur][chemin absolu
avec nom du fichier]">
```

Exemple :

```
<img src="file://localhost/c:/Mon_site/images/text.gif">
```

Pensez à ceux qui ne voient pas les images

La véritable information d'une page Web est rarement contenue dans une image. Étant donné les nombreux embouteillages dont souffre l'Internet, beaucoup d'internautes ont désactivé la fonction de chargement automatique des graphiques. A la place de l'image s'affiche alors une icône de remplacement. Pensez à cette éventualité lorsque vous dessinez vos pages.

Il y a plusieurs raisons pour qu'une image ne s'affiche pas dans un navigateur. Il peut tout à fait arriver qu'un surfeur utilise un programme non graphique. Il est donc conseillé de proposer un texte alternatif à l'image. Un autre paramètre du tag IMG, l'attribut alt, permet d'insérer entre guillemets une information destinée aux browsers n'affichant pas les images. Essayez de la rédiger de sorte que l'internaute qui a simplement désactivé l'option d'affichage ait envie de la voir (si elle en vaut la peine).

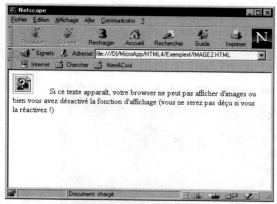

▲ Fig. 6.14 : *Pas d'image, mais un texte informatif*

Les navigateurs configurés pour afficher des images montrent l'image à la place du texte, les autres suivent le principe de la tolérance aux erreurs et affichent le texte de l'attribut `alt`.

Certains navigateurs permettent d'entourer les images de cadres. Vous pouvez ajouter l'attribut border dans la référence de l'image pour déterminer la largeur du cadre en pixels. Cet attribut permet également d'empêcher explicitement l'affichage d'un cadre (**border=0**). Par exemple lorsque vous utilisez une image à la place d'un texte pour créer un lien. Par défaut, le navigateur dessine un cadre autour d'une telle image pour signaler qu'elle sert de lien.

Exemple :

```
<html>
<body>
Voici une image avec un cadre de 10 pixels.<br>
<img src="maedell.jpg" border=10>
</body>
</html>
```

▲ **Fig. 6.15** : *Une image avec un cadre*

Un excès d'images sur une page Web est à déconseiller. C'est valable autant pour la présentation (trop d'images nuisent à la lisibilité) que pour les temps de chargement. Bien que les fichiers graphiques utilisés soient des formats compressés, le téléchargement de graphiques (souvent purement décoratifs) est assez long. Les utilisateurs n'apprécient pas que le foisonnement d'images soit au détriment de la véritable information.

Indication de la taille d'une image

L'un des paramétrages les plus importants des images est le dimensionnement (*scaling*). Si vous intégrez un graphique dans un fichier HTML sans en indiquer la taille, il s'affichera dans ses dimensions réelles (mise à part les différentes configurations de navigateur et la résolution de l'écran). Les valeurs concernant la taille d'une image en pixels sont transmises du programme de dessin au fichier HTML et le browser l'affiche telle quelle.

Plusieurs raisons plaident pour ne pas conserver cet automatisme des navigateurs :

- L'affichage d'une image (et donc d'une page Web entière) s'accélère si le programme de navigation dispose d'informations sur sa taille : il la compose plus rapidement à l'écran s'il connaît la largeur et la hauteur. Ces valeurs ne doivent pas correspondre à la taille réelle de l'image.

- Si vous souhaitez agrandir ou réduire la taille de l'image en fonction des autres éléments de la page.

- Si vous voulez déformer l'image afin de créer des effets spéciaux :

1. Pour indiquer les dimensions d'une image, vous devez ajouter des attributs au tag `<img>`.

2. L'attribut `height=[valeur]` détermine la hauteur du graphique en pixels.

3. L'attribut `width=[valeur]` en détermine la largeur.

Vous pouvez utiliser ces attributs ensemble ou séparément. Pour déformer une image, il est indispensable d'indiquer les deux. L'ordre est aléatoire.

Voici la syntaxe de ces attributs :

```
<img src=[graphique] width=[valeur] height=[valeur]>
```

Exemple :

```
<html>
<body bgcolor=white>
Qui est-ce ?
<br>
<img src="maedel3.jpg" width=20>
<p>
Ah oui !
<br>
<img src="maedel3.jpg" height=300>
</body>
</html>
```

▲ Fig. 6.16 : *La même image en deux tailles différentes*

Exemple de déformation par l'indication des dimensions :

```
<html>
<body bgcolor=white>
Vous avez le modèle en dessous ? <p>
<img src="ente1.jpg." width=600 height=200>
</body>
</html>
```

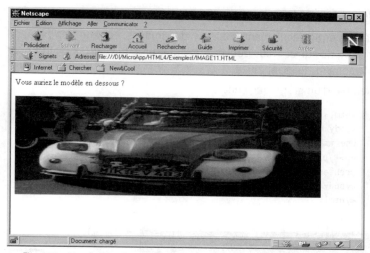

▲ Fig. 6.17 : *Une 2 CV qui se porte bien*

Conseil

Déterminez la taille réelle ou la proportion exacte entre la hauteur et la largeur

Si vous souhaitez indiquer la taille d'origine ou une largeur et une hauteur en proportions exactes, vous devez bien sûr connaître ces informations. Un programme de dessin (récent) peut vous aider, car vous y trouverez des informations sur les dimensions d'une image. En revanche, il n'est pas toujours possible de déterminer la proportion exacte entre la hauteur et la largeur si vous voulez la modifier. Gare aux déformations imprévues ! Dans ce cas, n'indiquez que l'une de ces deux valeurs, la valeur correspondante sera calculée par le navigateur.

Pour créer volontairement des déformations, indiquez toujours les deux valeurs. Si vous optez pour une déformation ou effectuez d'importantes modifications de la taille, gardez à l'esprit que la résolution de l'image d'origine peut fortement influencer la qualité. Mieux vaut essayer plusieurs solutions avant de publier le résultat sur le Web. Il est par exemple très utile d'essayer plusieurs résolutions d'écran.

Aligner des images

HTML permet également d'aligner des images, comme des paragraphes ou des titres. Vous pouvez aussi utiliser le tag CENTER ou DIV pour l'alignement de graphiques.

Exemple d'un graphique centré :

```
<html>
<body bgcolor=white>
Une image centrée
<p></p>
<center><img src="ducky.gif"></center>
</body>
</html>
```

◄ Fig. 6.18 :
Une image centrée sur une page Web

Pour les graphiques, vous pouvez aussi utiliser l'attribut align= dans le tag IMG :

```
<img src=[image] align=[alignement]>
```

Exemple d'un alignement à droite :

```
<html>
<body bgcolor=green>
Une image alignée à droite
<p>
<img src="ente3.jpg" align=right height=300>
</p>
```

```
Vous pouvez dire ce que vous voulez :
<p align=center>
La 2CV est et restera la meilleure voiture du monde !
<br>
Mais qu'est-ce que cela a à voir avec les ordinateurs ?
</p>
</body>
</html>
```

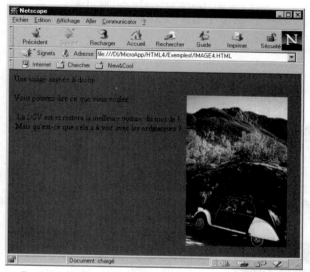

▲ Fig. 6.19 : *Une image alignée à droite*

Définir la distance entre l'image et son environnement

Il n'est jamais très esthétique qu'un texte touche une image. Pour éviter cela, il est nécessaire de définir une distance minimale.

Deux attributs du tag IMG sont disponibles à cet effet :

- L'attribut hspace=[valeur] détermine une distance entre l'image et texte à côté.

- L'attribut vspace=[valeur] concerne la distance entre l'image et le texte du dessus et du dessous.

Les valeurs représentent le nombre de pixels.

Exemple :

```
<html>
<body bgcolor=white>
Voici une image alignée à gauche entourée d'un texte qui respecte
une distance minimale de 50 pixels au dessus et en dessous de
l'image.
<img src="maedel2.jpg" height=200 align=left hspace=80 vspace=50>
Le texte a également une distance latérale de 80 pixels.
Certains browsers le font "couler" autour de l'image, d'autres
non.
La distance définie devrait être respectée, quel que soit le côté
de l'image concerné.
</body>
</html>
```

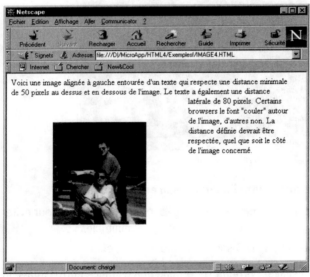

▲ Fig. 6.20 : *Le texte s'arrête à une distance minimale de l'image*

Donner des légendes à des graphiques

HTML propose trois solutions pour accompagner les graphiques de légendes :

1. Notation du texte de légende à la suite du tag de référence de l'image.

2. Définition de l'alignement du texte à l'aide de l'attribut `align`.

3. Utilisation d'une marque de paragraphe pour clore le texte de légende. Seul le texte avant cette marque sera interprété comme la légende de l'image. Si ce texte dépasse une ligne et que le navigateur n'arrive pas à l'afficher à côté de l'image, il place le reste en dessous.

Voici la syntaxe exacte :

```
[texte précédent]
<img src=[graphique] align=[alignement du texte]>[légende]<p>
[texte suivant]
```

Les options `top`, `middle` et `bottom` sont disponibles pour aligner la légende en fonction de l'image.

Exemple d'une légende alignée en haut à droite d'une image :

```
<html>
<body bgcolor=white>
<img src="ade.jpg" align=top height=250>
Rock&Roll forever.
<p>
</body>
</html>
```

▲ Fig. 6.21 : *Une légende en haut à droite*

Exemple d'une légende alignée à mi-hauteur d'une image :

```
<html>
<body bgcolor=white>
<img src="devil.gif" align=middle height=100>
Allez au diable !
<p>
</body>
</html>
```

◄ Fig. 6.22 :
*Une légende à
mi-hauteur*

Exemple d'une légende en bas à droite d'une image :

```
<html>
<body bgcolor=white>
```

```
<img src="entel.jpg" height=200 align=bottom>
2CV
<p>
</body>
</html>
```

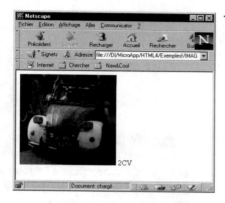

◄ Fig. 6.23 :
*Une légende en
bas à droite*

Remarque

Tags propriétaires

Certains navigateurs permettent de définir des légendes plus élaborées. Cependant, ces tags perdent de l'importance avec l'arrivée des nouveaux éléments de HTML 4.0 qui permettent une manipulation beaucoup flexible des objets.

Images interactives

Également appelées "imagemaps" en anglais, ces images sont une combinaison des deux techniques HTML que sont les liens hypertexte et l'insertion d'images. Chaque point de l'image est sensible à la souris et peut donc servir de lien. Leur but est de proposer à l'utilisateur un symbole assez éloquent pour un lien hypertexte ou de ne pas casser l'harmonie d'un ensemble graphique par des liens sous forme de texte.

Dans beaucoup de cas, cette technique permet de faire l'économie de longues explications verbales. Lorsque le surfeur clique sur une telle image, il est tout de suite renvoyé à l'endroit ou à la page indiqué.

Pour créer une image interactive, il faut donc associer une ancre avec le tag IMG pour référencer des images.

Lien graphique online

Un lien ordinaire contient simplement la référence de l'image à la place du texte et se présente comme ceci :

```
<a href=[nom]>[référence de l'image]</a>
```

L'ensemble de la référence graphique se trouve à l'intérieur de l'élément ancre.

Le problème consiste à indiquer au navigateur que l'image référencée est cliquable.

La technique à la base des imagemaps s'appelle script CGI. Le browser doit déterminer la position du curseur par rapport aux dimensions de la fenêtre (éventuellement d'un frame). Lorsqu'un clic de souris a lieu sur un point de l'imagemap, l'information est transférée au serveur et traitée par le programme CGI. Le résultat est renvoyé au client.

Pour indiquer au browser qu'il s'agit d'une image interactive à l'intérieur du tag IMG, il suffit d'ajouter l'attribut ismap en le séparant d'un espace. Attention, l'attribut doit se trouver en dehors des guillemets qui entourent le nom de l'image.

Remarque

CGI

Nous étudierons le concept CGI (Common Gateway Interface) dans un chapitre consacré à ce sujet.

Sachant que des données sont transférées à un serveur, il est évident que ce type d'image interactive ne fonctionne qu'en mode en ligne.

A l'intérieur d'un tag IMG, vous pouvez utiliser tous les attributs que vous avez rencontrés avec les graphiques ordinaires.

Voici la structure complète d'une image interactive (online) :

```
<a href=[nom]><img src=[fichier graphique] ismap</a>
```

Exemples d'images interactives (online) :

```
<html>
<body bgcolor=gray>
<h2>Voici trois images interactives</h2>
<p>
<center>
<a href= "http://www.w3.org/HTML/HTML3.2/Wilbur.html">
<img src="ds.jpg" height=100 ismap>
<p>
<a href="http://www.w3.org"><img src="ducky.gif" width=75
ismap></a>
<p>
<a
href="http://ourworld.compuserve.com/homepages/ralph_steyer_2">
<img src="logo.gif" height=50 ismap></a>
</center>
<p>
</body>
</html>
```

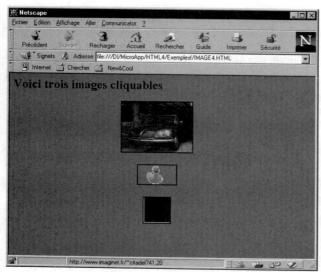

▲ Fig. 6.24 : *La barre d'état montre qu'il s'agit d'images interactives*

Lien graphique offline

Depuis HTML 3.2 il existe également la possibilité de définir des images interactives fonctionnant hors ligne. Prévoyez cependant plus de travail pour bénéficier des avantages de cette fonction, car il faut quasiment simuler une partie du concept CGI sur le client avec des moyens offerts par HTML.

Tout d'abord, vous devez définir vous-même la surface de l'image interactive, ensuite vous avez besoin d'une instruction permettant d'indiquer la cible du lien.

1. Commencez la structure externe pour définir une surface cliquable avec `<map name=[ancre]>...</map>`. En donnant un nom à la surface cliquable vous définissez une ancre qui a exactement la même fonction que l'ancre d'un lien ordinaire. Ce nom doit être entouré de guillemets.

2. A l'intérieur de la structure `MAP`, utilisez les instructions suivantes pour définir les différentes surfaces cliquables individuelles avec la syntaxe :

```
<area shape=[forme] coords=[coordonnées] [lien]>
```

Les trois attributs du tag **AREA** sont tous indispensables. Attention, les attributs concernant la position et la forme se rapportent à la surface de l'image entière et non à celle de la fenêtre. Le nombre de pixels par exemple est une valeur absolue à l'intérieur des limites de l'image interactive.

Les éléments **MAP** et **AREA** peuvent se trouver n'importe où dans le tag **BODY**. Ils ne provoquent aucun affichage. Il est toutefois conseillé de les noter dès le début.

L'attribut **shape** définit la forme de la surface cliquable. Trois options sont possibles :

Tab. 6.8 : Attributs du tag SHAPE	
Instruction	Effet
shape="rect"	Un rectangle
shape="circle"	Un cercle
shape="polygon"	Un polygone quelconque

La taille (pour un polygone, le nombre d'angles et donc sa forme précise) est définie à l'aide d'un système de coordonnées dans les limites de l'image. La position des coordonnées dépend de la forme de la surface cliquable choisie.

L'option shape="rect" détermine l'angle gauche supérieur et l'angle droit inférieur. Les utilisateurs d'Excel connaissent sans doute cette méthode. La syntaxe suivante est en vigueur :

coords=[x1, y1, x2, y2]

Signification :

- x1 = angle supérieur gauche, pixel de gauche
- y1 = angle supérieur gauche, pixel du haut
- x2 = angle inférieur droit, pixel de gauche
- y2 = angle inférieur droit, pixel du haut

Pour shape="circle", vous devez indiquer les coordonnées du centre du cercle et son rayon. La syntaxe est la suivante :

coords=[x, y, r]

Signification :

- x = centre, pixel de gauche
- y = centre, pixel du haut
- r = rayon en pixels

Avec shape="polygon", le nombre de points de coordonnées n'est pas limité. Vous déterminez le nombre d'angles du polygone avec le nombre de points. Syntaxe :

⬤ coords=[x1, y1, x2, y2,..., xn, yn]

Signification :

■ xm = pixel numéro m d'un angle de gauche

■ ym = pixel numéro m d'un angle du haut

m est un nombre quelconque entre 1 et n et n est le nombre d'angles du polygone. Vous pouvez définir autant d'angles que vous voulez. Une ligne est tirée automatiquement du dernier angle défini vers le premier.

Les informations du tag AREA divisent l'image en question en plusieurs parties cliquables et éventuellement non cliquables. Selon où se trouve le curseur lors d'un clic, cette action amène l'utilisateur à l'ancre du lien ou, si la zone n'est pas une surface cliquable, ne déclenche aucune réaction.

Lors du partage de la surface de l'image entre plusieurs liens, soyez très vigilant et évitez que deux zones cliquables se recoupent. Car n'oubliez pas : à l'écran, on ne peut pas voir les lignes de séparation entre ces zones (sinon ce serait beaucoup moins intéressant).

Les rectangles sont la forme la plus facile pour diviser en plusieurs zones cliquables ou non, car il est facile d'éviter les recoupements ou des surfaces involontairement non cliquables. Les polygones sont bien sûr les plus complexes, mais ce sont aussi ceux qui offrent le plus de possibilités.

Jusqu'à présent, nous n'avons défini que le "bouton" sur lequel l'utilisateur peut cliquer, mais pas encore ce qu'il arrivera. Il nous manque donc le véritable lien. L'élément href définit la cible. Les règles communes aux liens s'appliquent aussi ici. Vous pouvez notamment définir avec nohref que cette image n'a pas de lien explicite.

Il ne manque plus que la référence de l'image, qui s'effectue comme d'habitude avec le tag <img>. Nous nous trouvons de nouveau devant le problème d'indiquer au browser que cette image est cliquable.

Pour cela, insérez l'attribut usemap dans le tag <img>. Le nom qui suit désigne l'ancre préalablement définie dans le tag d'ouverture MAP. Placez le nom entre guillemets et faites-le précéder comme d'habitude du signe dièse (#).

Exemple d'images interactives (offline) :

```
<html>
<body bgcolor=white>
<!-- Tout d'abord, définissez la surface cliquable -->
<map name="ancre">
<area shape="circle" coords="25,25,25" href="#c1">
<area shape="rect" coords="60,60,100,100" href="#c2">
<area shape="polygon"
coords=61,61,310,160,320,200,260,180,53,120" href="#c3">
</map>
<a name="c3">Ceci est l'ancre c3</a>
<p>
Voici une image interactive fonctionnant hors ligne.
Elle est divisée en trois zones qui ne se recoupent pas.
<p>
<a name="c1">Voici l'ancre c1</a><p>
<img src="welt.gif" align=left hspace=50 vspace=50
usemap="#ancre">
Dans le système de coordonnées relatif à l'intérieur de l'image
(25, 25) nous avons en haut à gauche, une zone en forme de cercle
avec un rayon de 25 pixels et un lien vers l'ancre c1. En bas à
droite, une zone
rectangulaire avec un lien vers l'ancre c2 et encore plus à
droite, un polygone à cinq angles avec un lien vers l'ancre c3.
<p>
<a name="c2">Voici l'ancre c2</a>
<p>
</body>
</html>
```

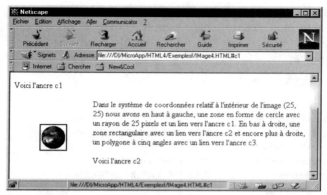

▲ Fig. **6.25** : *La barre d'état nous montre encore une fois que c'est une image interactive*

Une image interactive se démarque normalement par une bordure noire. Comme vous le savez déjà, vous pouvez empêcher cet effet à l'aide de l'attribut `border=0`.

Exemples pour des images interactives sans bordure (offline) :

```
<html>
<body bgcolor=white>
<map name="ancre">
<area shape="rect" coords="1,1,300,100" href="#c1">
<area shape="rect" coords="1,101,300,300" href="#c2">
</map>
Voici une image interactive sans bordure.
<p>
<a name="c1">Ceci est l'ancre c1</a><p>
<img src="ente2.jpg" usemap="#ancre" border=0>
<p>
<a name="c2">ancre c2</a>
<p>
</body>
</html>
```

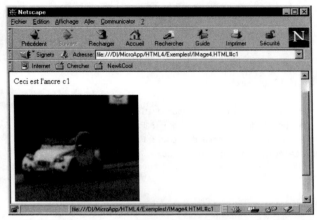

▲ Fig. 6.26 : *Sans bordure, l'image interactive ressemble à une image ordinaire*

6.4   Les listes

Les listes sont un moyen de présentation assez pratique, par exemple pour les énumérations ou pour offrir plusieurs alternatives.

Elles sont particulièrement utiles pour créer l'index d'un site de grande taille.

Il existe plusieurs types de listes qui se définissent avec des tags différents.

La liste à puces

Une puce est un signe non numérique (comme un point, une flèche, un carré ou une étoile) pour désigner un élément de la liste.

1.   Une liste à puces est délimitée par les tags `<ul>` et `</ul>`.

2.   Mais ceci ne définit que la zone de la page HTML dans laquelle se trouvera la liste. Il n'y a pas encore de contenu concret. Un élément de liste se définit avec une instruction supplémentaire : le tag `<li>...</li>`.

Normalement, le tag LI peut apparaître seul, mais pour être strictement conforme au SGML, un tag de fermeture </li> s'impose.

Exemple :

```
<html>
<body bgcolor=black text=white>
<ul>
<li>Premier point de l'ordre du jour : Discours de bienvenue</li>
<li>Deuxième point de l'ordre du jour : Pause déjeuner</li>
<li>Troisième point de l'ordre du jour : Pause café</li>
<li>Quatrième point de l'ordre du jour : Débat</li>
</ul>
</body>
</html>
```

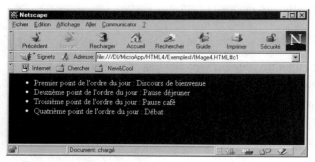

▲ Fig. 6.27 : *Une liste rudimentaire*

Remarque

Les puces

HTML n'offre pas autant de puces qu'un programme de traitement de texte. L'affichage d'une liste à puces dépend en outre du navigateur.

La liste numérotée

Dans une liste numérotée, des nombres précèdent les éléments de la liste. La numérotation des éléments est automatique. A la place du tag UL, utilisez le tag `<ol> ... </ol>` pour définir une zone de liste numérotée.

Les différents éléments se définissent encore une fois avec `<li>...</li>`.

Exemple :

```
<html>
<body bgcolor=blue text=white>
<ol>
<li>Premier point de l'ordre du jour : Discours de bienvenue</li>
<li>Deuxième point de l'ordre du jour : Pause déjeuner</li>
<li>Troisième point de l'ordre du jour : Pause café</li>
<li>Quatrième point de l'ordre du jour : Débat</li>
</ol>
</body>
</html>
```

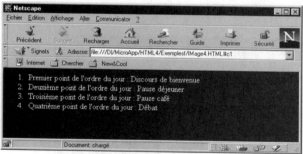

▲ Fig. 6.28 : *La liste numérotée*

La liste numérotée permet quelques options de présentation reconnues par les navigateurs récents. Outre la numérotation avec des chiffres ordinaires (comme ci-dessus), il existe quatre autres types de listes numérotées (deux alphabétiques et deux avec chiffres romains).

Liste numérotée avec chiffres romains

Dans la numérotation romaine, les chiffres majuscules ou minuscules précèdent les éléments de la liste. Vous devez ajouter l'attribut type dans le tag d'ouverture de la liste numérotée.

```
<ol type=i> crée une liste numérotée du type i, ii, iii, ...
<ol type=I> crée une liste numérotée du type I, II, III, ...
```

Un élément de liste est comme d'habitude entouré de <li>...</li>.

Exemple avec des chiffres romains :

```
<html>
<body bgcolor=red text=white>
<ol type=i>
<li>Premier point de l'ordre du jour : Discours de bienvenue</li>
<li>Deuxième point de l'ordre du jour : Pause déjeuner</li>
<li>Troisième point de l'ordre du jour : Pause café</li>
<li>Quatrième point de l'ordre du jour : Débat</li>
</ol>
</body>
</html>
```

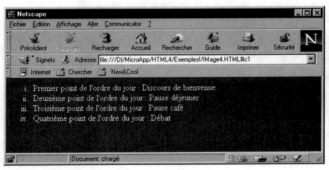

▲ Fig. 6.29 : *Chiffres romains minuscules*

Établir une valeur de départ dans une liste numérotée

Vous pouvez librement choisir par quel chiffre votre liste doit commencer. Ajoutez simplement l'attribut start au tag <ol> en prenant soin de les séparer avec un espace. En voici la syntaxe :

```
<ol start=[valeur]>
```

Exemple avec la valeur de démarrage 4 :

```
<html>
<body bgcolor=green text=white>
<h3>Liste commençant à 4</h3>
<ol start=4>
<li>Premier point</li>
<li>Deuxième point</li>
</ol>
</body>
</html>
```

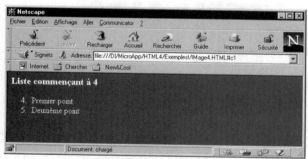

▲ Fig. 6.30 : *La liste démarre avec la valeur 4*

Numérotation alphabétique d'une liste

Il est également possible de numéroter une liste avec les lettres de l'alphabet, majuscules ou minuscules. L'attribut est encore une fois type. <ol type=a> crée une liste alphabétique avec des lettres minuscules, <ol type=A> avec des majuscules.

Exemple :

```
<ol type=a>
<li>Ici un a précède l'élément de liste</li>
<li> Ici un b précède l'élément de liste </li>
<li> Ici un c précède l'élément de liste </li>
<li> Ici un d précède l'élément de liste </li>
<li> Ici un e précède l'élément de liste </li>
<li> Ici un f précède l'élément de liste </li>
</ol>
```

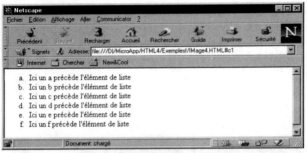

▲ Fig. 6.31 : *Numérotation alphabétique d'une liste*

Un élément de liste peut occuper plusieurs lignes. Il n'est pas important que le retour à la ligne s'effectue automatiquement ou qu'il a été créé par le tag <br>. Un nouvel élément de liste commence seulement avec le tag <li> suivant.

Remarque

Tags obsolètes

Les tags DIR (BDO pour changer de direction) et MENU pour créer des listes à une ou plusieurs dimensions ne sont plus en usage.

6.5 Les tableaux

Les tableaux ont un champ d'application similaire aux listes, mais sont plus flexibles car ils permettent de créer une structure visuelle s'étendant sur plusieurs lignes et surtout plusieurs colonnes. De plus, l'intégration d'images dans des tableaux ne pose aucun problème. Une cellule de tableau peut contenir des éléments quelconques.

Définition de tableaux

Un tableau est délimité par les tags `<table>...</table>` qui forment la structure de base.

Un tableau se compose de lignes et de colonnes. En HTML, chaque tableau est décrit par ligne. Pour définir une ligne de tableau, utilisez les tags `<tr>...</tr>` à l'intérieur de la structure créée par `<table>`.

Nous avons ensuite besoin d'instructions pour adresser les cellules individuellement. Dans les tableaux HTML, on distingue deux types de cellules :

- les cellules d'en-tête ;
- les cellules de données.

La différence est que dans les cellules d'en-tête, le texte est mis en forme (par exemple en gras). De fait, elles servent de titres aux colonnes.

1. Les cellules d'en-tête se définissent avec `<th>...</th>`.

2. Les cellules de données se définissent avec `<td>...</td>`.

Le contenu d'une cellule doit être délimité avant par le tag d'ouverture et après par le tag de fermeture.

Remarque

Tags de fermeture

Normalement, les tags pour les cellules d'en-tête ou de données peuvent figurer seuls, mais pour être conforme au SGML, nous allons noter un tag de fermeture à la fin des cellules.

Exemple d'un tableau simple :

```
<html>
<body bgcolor=red text=white>
```

```
<table>
<tr>
<th>Titre de colonne 1</th>
<th> Titre de colonne 2</th>
<th> Titre de colonne 3</th>
</tr>
<tr>
<td>Contenu de la deuxième ligne de la colonne1 </td>
<td> Contenu de la deuxième ligne de la colonne 2</td>
<td> Contenu de la deuxième ligne de la colonne 3</td>
</tr>
</table>
</body>
</html>
```

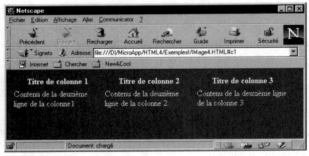

▲ Fig. 6.32 : *Un tableau simple*

Bordures et quadrillage

Si votre tableau doit contenir des bordures et un quadrillage visibles, vous devez ajouter l'attribut border dans le tag d'ouverture du tableau. En voici la syntaxe :

```
<table border>
Exemple d'un tableau avec quadrillage :
<html>
<body bgcolor=gray>
<h3>Tableau avec quadrillage</h3>
<table border>
```

```
<tr>
<th>Titre de colonne 1</th>
<th> Titre de colonne 2</th>
<th> Titre de colonne 3</th>
</tr>
<tr>
<td>Contenu de la deuxième ligne de la colonne 1</td>
<td> Contenu de la deuxième ligne de la colonne 2</td>
<td> Contenu de la deuxième ligne de la colonne 3</td>
</tr>
</table>
</body>
</html>
```

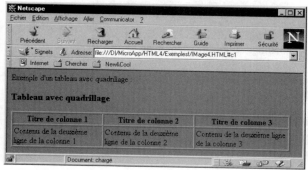

▲ Fig. 6.33 : *Un tableau simple avec bordure*

Vous pouvez en outre définir l'épaisseur du cadre extérieur en étendant encore le tag contenant l'attribut border. L'instruction **<table border=[nombre]>** affiche le quadrillage et crée une bordure de l'épaisseur indiquée par un nombre.

Exemple d'un tableau avec quadrillage et bordure définie :

```
<html>
<body bgcolor=white>
<h2>Tableau avec quadrillage et bordure définie de 15 pixels</h2>
<table border=15>
<tr>
<th>Titre de colonne 1</th>
```

```
<th> Titre de colonne 2</th>
<th> Titre de colonne 3</th>
</tr>
<tr>
<td>Contenu de la deuxième ligne de la colonne 1</td>
<td> Contenu de la deuxième ligne de la colonne 2</td>
<td> Contenu de la deuxième ligne de la colonne 3</td>
</tr>
</table>
</body>
</html>
```

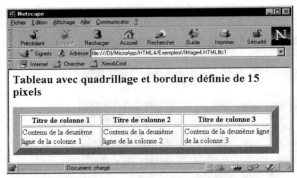

▲ Fig. 6.34 : *Vous pouvez préciser l'épaisseur de la bordure*

L'épaisseur du quadrillage peut elle aussi être modifiée. Utilisez à cet effet l'attribut `cellspacing` avec la syntaxe suivante pour indiquer une valeur en pixels :

```
<table cellspacing=[nombre]>
```

Exemple d'un tableau avec un quadrillage et une bordure définis :

```
<html>
<body bgcolor=white>
<h3>Tableau avec un quadrillage de 5 pixels et une bordure de 10
pixels</h3>
<table border=10 cellspacing=5>
<tr>
```

```
<th>Titre de colonne 1</th>
<th> Titre de colonne 2</th>
<th> Titre de colonne 3</th>
</tr>
<tr>
<td>Contenu de la deuxième ligne de la colonne 1</td>
<td> Contenu de la deuxième ligne de la colonne 2</td>
<td> Contenu de la deuxième ligne de la colonne 3</td>
</tr>
</table>
</body>
</html>
```

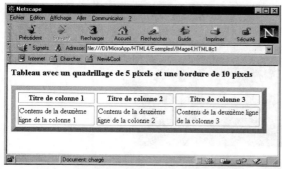

▲ Fig. 6.35 : *L'épaisseur du quadrillage peut également être indiquée*

Insérer une image ou un autre objet dans un tableau

Il est très facile de placer un graphique ou un objet quelconque dans un tableau. Il suffit de noter sa référence dans la ligne où il doit apparaître. Tous les attributs habituels (par exemple de la taille) sont permis dans la référence d'une image.

Exemple d'un tableau contenant la référence d'une image dans la deuxième colonne (avec quadrillage) :

```
<html>
<body bgcolor=white>
<h3>Tableau avec une référence d'image dans la deuxième colonne
avec quadrillage</h3>
<table border>
```

```
<tr>
<td>J'aime mon fourgon Citroën</td>
<td><img src="hy.jpg" height=220></td>
<td>Un "tube HY"</td>
</tr>
</table>
</body>
</html>
```

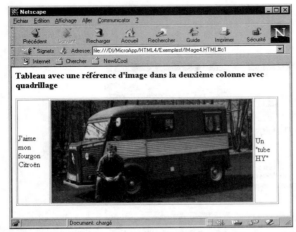

▲ Fig. **6.36** : *L'image est adaptée à la taille du tableau*

Définir la hauteur et la largeur de tableaux

Généralement les dimensions d'un tableau résultent automatiquement du contenu et/ou de la taille de la fenêtre.

Toutefois, il est possible de les définir à l'aide d'un autre attribut du tag **TABLE**. Les attributs **width** (largeur) et **height** (hauteur) que vous connaissez déjà servent également dans ce contexte.

On distingue les valeurs en pourcentage et les valeurs absolues.

Un pourcentage définit la proportion maximum de la fenêtre qu'un tableau peut occuper.

La syntaxe

⚫ `<table width=[nombre] % height=[nombre] %>`

indique la largeur et la hauteur totales d'un tableau en pourcentage par rapport à la fenêtre.

Ces informations peuvent être indiquées séparément ou ensemble dans un ordre quelconque.

Exemple d'un tableau large de 50 % de la fenêtre :

```html
<html>
<body bgcolor=white text=red>
<table width=50 % border>
<tr>
<th>Titre de colonne 1</th>
<th> Titre de colonne 2</th>
<th> Titre de colonne 3</th>
</tr>
<tr>
<td>Contenu de la deuxième ligne de la colonne 1</td>
<td> Contenu de la deuxième ligne de la colonne 2</td>
<td> Contenu de la deuxième ligne de la colonne 3</td>
</tr>
</table>
</body>
</html>
```

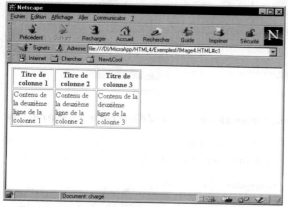

▲ Fig. 6.37 : *Ce tableau n'occupe pas tout l'espace d'affichage*

Une valeur absolue définit la hauteur ou la largeur en pixels. La syntaxe est la même que pour la valeur en pourcentage à l'exception du signe % :

```
<table width=[nombre] height=[nombre]>
```

Ces valeurs aussi peuvent être notées ensemble ou séparément et dans un ordre quelconque. Vous pouvez aussi mélanger pourcentage et valeur absolue.

Exemple d'un tableau d'une largeur de 500 pixels :

```
<html>
<body>
<table border width=500>
<tr>
<td> Colonne 1</td>
<td> Colonne 2</td>
<td> Colonne 3</td>
</tr>
</table>
</body>
</html>
```

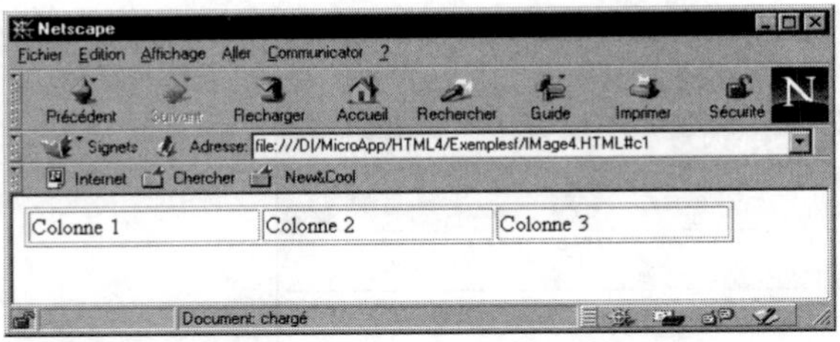

▲ Fig. 6.38 : *Tableau d'une largeur fixe de 500 pixels*

Indiquer une distance minimale entre le bord d'une cellule et son contenu

La distance entre le bord d'une cellule et son contenu peut être fixée avec l'attribut **cellpadding** dans le tag d'ouverture. Voici la syntaxe :

```
<table cellpadding=[nombre]>
```

Cet attribut fixe la distance minimale en pixels.

Exemple d'un tableau avec une distance définie entre le contenu et le bord des cellules :

```html
<html>
<body>
<h3>Tableau avec quadrillage et une distance fixe entre le
contenu des cellules et leurs bords (15 pixels) </h3>
<table border cellpadding =15>
<tr>
<th>Titre de colonne 1</th>
<th> Titre de colonne 2</th>
<th> Titre de colonne 3</th>
</tr>
<tr>
<td>Quel que soit le contenu de la colonne 1, il sera toujours à
la distance minimale du bord.</td>
<td>La même chose vaut bien entendu pour le contenu de la
deuxième ligne, deuxième colonne.</td>
<td>Idem pour la deuxième ligne de la colonne 3.</td>
</tr>
</table>
</body>
</html>
```

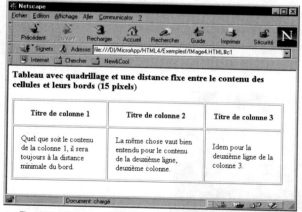

▲ Fig. 6.39 : *Distance fixe entre les bords des cellules et leur contenu*

Définir des couleurs pour les tableaux

Il existe des attributs de couleurs pour l'ensemble d'un tableau que l'on définit dans le tag TABLE. Ces indications valent pour l'ensemble du tableau à moins qu'il y ait d'autres définitions au niveau des cellules.

Pour définir une couleur, vous avec le choix entre les valeurs RVB ou les noms de couleurs.

1. Avec `<table bgcolor=[couleur]>` vous pouvez définir la couleur de fond du tableau.

2. L'attribut `<table bordercolor=[couleur]>` détermine la couleur des bordures et du quadrillage.

Exemple :

```
<html>
<body bgcolor=black text=white>
<table border=10 bgcolor=red bordercolor=green>
<tr>
<td>Colonne 1</td>
<td> Colonne 2</td>
<td> Colonne 3</td>
</tr>
</table>
<br>
</body>
</html>
```

◀ Fig. 6.40 :
*Un tableau
coloré*

Effet d'ombrage

Certains navigateurs (les plus récents) permettent de créer un effet d'ombrage (éventuellement de couleur) en indiquant deux valeurs pour la couleur du quadrillage et des bordures. Utilisez pour cela les attributs **bordercolordark** et **bordercolorlight**, qui vont toujours par paire.

La syntaxe est la suivante :

 `<table bordercolordark=[couleur] bordercolorlight=[couleur]>`

Conseil

Ombre visible

Pour obtenir un effet d'ombrage raisonnable, choisissez une épaisseur de bordure assez importante. Sinon, l'ombre sera trop fine pour être distinguée.

L'exemple et les illustrations suivants montrent que les navigateurs peuvent afficher l'effet d'ombrage différemment. Internet Explorer utilise les couleurs indiquées, alors que Navigator crée bien un ombrage, mais pas avec les couleurs indiquées. Dans Navigator par ailleurs, l'effet d'ombrage ne provient pas des attributs : les bordures d'une certaine épaisseur s'y affichent toujours avec un effet d'ombrage.

Exemple d'un tableau avec effet d'ombrage :

```
<html>
<body bgcolor=green>
<h3>Tableau avec une bordure ombrée</h3>
<table border=10 bordercolordark="blue" bordercolorlight="white">
<tr>
<th>Titre de colonne 1</th>
<th> Titre de colonne 2</th>
<th> Titre de colonne 3</th>
</tr>
<tr>
<td>Contenu de la deuxième ligne de la colonne 1</td>
<td> Contenu de la deuxième ligne de la colonne 2</td>
<td> Contenu de la deuxième ligne de la colonne 3</td>
```

```
</tr>
</table>
</body>
</html>
```

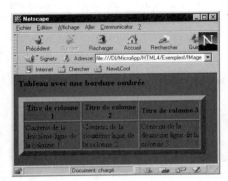

◄ Fig. 6.41 :
Navigator affiche un effet d'ombrage, mais sans les couleurs indiquées

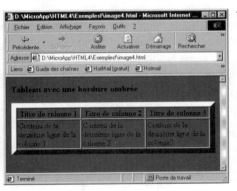

◄ Fig. 6.42 :
Internet Explorer affiche l'ombrage dans les couleurs définies

Titres et légendes de tableaux

Certains browsers sont capables d'afficher un titre ou une légende de tableau.

Le tag CAPTION est responsable des deux, pour le titre s'il est inséré immédiatement après le tag <table> ou pour la légende s'il l'est immédiatement avant le tag de fermeture </table>.

L'attribut `valign` précise s'il s'agit d'un titre (`top`) ou d'une légende (`bottom`). Navigator ne peut toutefois afficher que titres, les légendes sont une extension d'Internet Explorer.

Voici la syntaxe pour un titre de tableau :

```
<caption valign=top>...</caption>
```

et pour une légende :

```
<caption valign=bottom>...</caption>
```

Le texte qui se trouve entre le tag d'ouverture et le tag de fermeture est interprété comme un titre ou une légende de tableau.

Exemple d'un tableau avec titre :

```
<html>
<body bgcolor=white>
<table border>
<caption valign=top>Les quatre vents</caption>
<tr>
<td>Sud</td>
<td>Ouest</td>
<td>Nord</td>
<td>Est</td>
</tr>
</table>
</body>
</html>
```

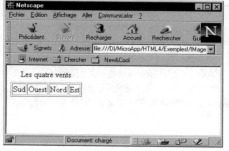

◄ Fig. 6.43 :
Un tableau avec titre

Alignez les titres et légendes de tableaux avec l'attribut d'alignement (align) et ses trois options habituelles left, right et center.

Exemple d'une légende de tableau alignée à droite :

```
<html>
<body bgcolor=cyan>
<table border>
<caption valign=bottom align=right>Les quatre vents</caption>
<tr>
<td>Sud</td>
<td>Ouest</td>
<td>Nord</td>
<td>Est</td>
</tr>
</table>
</body>
</html>
```

◄ Fig. 6.44 :
Internet Explorer place correctement la légende en bas du tableau à droite

Interprétation libre

Remarque

Certains browsers (par exemple Navigator) ne reconnaissent pas les légendes. L'alignement n'est pas non plus toujours bien interprété. Le tag <caption>...</caption> est le plus souvent interprété comme un titre de tableau.

Placer du texte à droite ou à gauche d'un tableau

Avec un peu de travail, il est possible d'afficher du texte à côté d'un tableau. Cette technique implique l'alignement de tableaux : dans le tag TABLE, le tableau être aligné sur la marge opposée de l'endroit prévu pour le texte. Ensuite, il faut encore réduire la largeur du tableau afin de laisser la place au texte.

1. Pour la première partie de la tâche, utilisez l'attribut `align=left` ou `align=right`.

2. Définissez la largeur avec `width=`.

3. Placez le texte après le tag de fermeture `</table>`. Pour qu'il se trouve à côté du tableau, il doit être fermé par l'instruction `<br clear=all>`.

Exemple d'un tableau avec du texte à droite :

```
<html>
<body bgcolor=white>
<h3>Tableau avec quadrillage</h3>
<table border align=left width=50 %>
<tr>
<th>Titre de colonne 1</th>
<th> Titre de colonne 2</th>
<th> Titre de colonne 3</th>
</tr>
<tr>
<td>Contenu de la deuxième ligne de la colonne 1</td>
<td> Contenu de la deuxième ligne de la colonne 2</td>
<td> Contenu de la deuxième ligne de la colonne 3</td>
</tr>
</table>Ce texte devrait apparaître à droite à côté du tableau
<br clear=all>
</body>
</html>
```

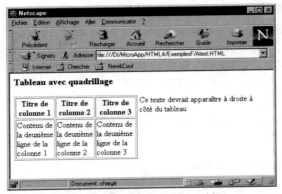

▲ Fig. 6.45 : *Un texte placé à droite d'un tableau*

Conseil

Aligner un tableau dans la fenêtre du navigateur

Cette méthode peut bien entendu servir sans texte supplémentaire, simplement pour aligner un tableau à
droite ou à gauche dans la fenêtre du browser. Pour
centrer un tableau, placez-le entre les tags <center> et
</center>. Tous les navigateurs récents doivent maîtri-
ser cette technique.

Présentation des cellules de tableau

Tous les attributs de mise en forme que nous venons de voir s'appliquent à l'ensemble du tableau. Il existe un certain nombre d'attributs
n'agissant que sur une cellule donnée ou bien sur une ligne ou colonne
entière. Cette dernière situation se produit souvent même lorsqu'une
définition n'est placée que dans une cellule. A titre d'exemple, l'indication de la hauteur d'une cellule s'applique à toute la ligne qui la contient.

Alignement de cellules

Vous pouvez inclure des informations d'alignement du contenu dans le
tag d'ouverture d'une cellule (cellule d'en-tête et cellule de données).

Ces indications ne concernent que cette seule cellule. Comme tous les attributs internes, ils ont la priorité sur les informations de la structure externe.

Pour l'alignement individuel de cellules, utilisez l'attribut familier `align=[alignement]` avec comme valeurs possibles `left`, `right` et `center`.

L'instruction `<td align=left>` aligne une cellule de données à gauche, `<th align=center>` centre une cellule d'en-tête.

Exemple d'un tableau avec des cellules alignées différemment :

```
<html>
<body>
<h3>Tableau contenant des cellules alignées différemment</h3>
<table border=20>
<tr>
<th align=left>Ligne d'en-tête de la colonne 1 - alignée à
gauche</th>
<th align=center>Ligne d'en-tête de la colonne 2 - centrée</th>
<th align=right> Ligne d'en-tête de la colonne 3 - alignée à
droite</th>
</tr>
<tr>
<td align=right>Ligne de données : contenu de la deuxième ligne
de la colonne 1 - aligné à droite</td>
<td align=center > Ligne de données : contenu de la deuxième
ligne de la colonne 2 - centré</td>
<td align=left> Ligne de données : contenu de la deuxième ligne
de la colonne 3 - aligné à gauche</td> </tr>
</table>
</body>
</html>
```

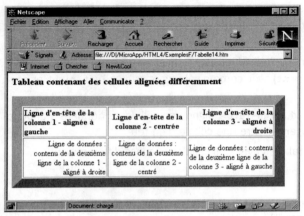

▲ Fig. 6.46 : *Cellules avec différents alignements*

Préciser la hauteur et la largeur de cellules

Outre la définition globale (c'est-à-dire valable pour tout le tableau) des dimensions de cellules, vous pouvez également préciser hauteur et largeur de cellules individuelles.

Remarque

Dimensionnement

Si vous ne définissez pas les dimensions de chaque ligne/colonne et si aucun conflit ne se produit du fait de valeurs trop grandes (une fois additionnées), les dimensions des lignes/colonnes non définies résultent du partage du reste de la fenêtre entre ces lignes/colonnes.

Les définitions de dimensions de cellules ne sont valables que si elles ne sont pas en contradiction avec les dimensions globales. En cas de conflit, le navigateur calcule la hauteur et la largeur des cellules de sorte que le contenu de tout le tableau puisse s'afficher dans les dimensions définies globalement pour le tableau.

Remarque

Une dimension globale

Si vous définissez la hauteur d'une cellule, elle s'applique à toute la ligne ; de même, la largeur d'une cellule détermine la largeur de la colonne entière. Il suffit donc d'insérer une telle indication dans une seule cellule pour la ligne/colonne tout entière. Généralement, on choisira la première cellule. Évitez particulièrement les tailles de cellules contradictoires dans une ligne/colonne.

Vous pouvez définir la hauteur et la largeur de cellules en pourcentage ou en valeurs absolues et mélanger les deux. Les règles sont donc identiques à celles d'une définition s'appliquant à tout le tableau. Veillez simplement à choisir les mêmes définitions à l'intérieur des cellules (que ce soit dans des cellules d'en-tête ou de données).

1. L'attribut `width` établit encore une fois la largeur ;

2. L'attribut `height` la hauteur d'une cellule.

Pour donner une valeur relative, ajoutez le signe % après le nombre. Si vous indiquez la hauteur et la largeur sans ce signe, les dimensions seront données en pixels.

Pour plus de clarté, nous allons résumer dans un tableau les indications de dimensions que nous venons de voir :

Tab. 6.9 : Tags et attributs de dimensionnement des lignes et colonnes d'un tableau

Instruction	Description
`<th width=[nombre] %>`	Largeur de colonne d'une cellule d'en-tête, en pourcentage de la fenêtre
`<th height=[nombre] %>`	Hauteur de ligne d'une cellule d'en-tête, en pourcentage de la fenêtre
`<th width=[nombre] % height=[nombre] %>`	Largeur de colonne et hauteur de ligne d'une cellule d'en-tête, en pourcentage de la fenêtre

Tab. 6.9 : Tags et attributs de dimensionnement des lignes et colonnes d'un tableau

Instruction	Description
`<td width=[nombre] %>`	Largeur de colonne d'une cellule de données, en pourcentage de la fenêtre
`<td height=[nombre] %>`	Hauteur de ligne d'une cellule de données, en pourcentage de la fenêtre
`<td width=[nombre] % height=[nombre] %>`	Largeur de colonne et hauteur de ligne d'une cellule de données, en pourcentage de la fenêtre
`<th width=[nombre]>`	Largeur de colonne en pixels d'une cellule d'en-tête
`<th height=[nombre]>`	Hauteur d'une ligne en pixels d'une cellule d'en-tête
`<th width=[nombre] height=[nombre]>`	Largeur d'une colonne et hauteur d'une ligne d'une cellule d'en-tête, en pixels
`<td width=[nombre]>`	Largeur de colonne en pixels d'une cellule de données
`<td height=[nombre]>`	Hauteur de ligne en pixels d'une cellule de données
`<td width=[nombre] height=[nombre]>`	Largeur de colonne et hauteur de ligne d'une cellule de données, en pixels
`<td width=[nombre] % height=[nombre]>`	Largeur de colonne en pourcentage et hauteur de ligne en pixels, d'une cellule de données

Exemple d'un tableau dont la première colonne a une largeur définie :

```
<html>
<body bgcolor=red text=white>
<table border>
<tr>
<td width=50 %>La largeur de cette cellule est fixe, mais pas
celle de trois autres.</td>
<td>1</td>
<td>Ici il y a pas mal de texte : bla bla bla.</td>
<td>Ici, moins : bla.</td>
</tr>
</table>
</body>
</html>
```

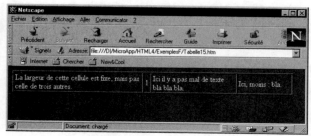

▲ Fig. 6.47 : *La première cellule est de taille fixe*

Aligner des cellules verticalement

Le contenu de cellules peut être aligné verticalement avec l'attribut `valign=[alignement]` des tags de cellules. Trois options sont au choix :

- `valign=top` aligne les cellules en haut
- `valign=middle` aligne les cellules au centre (paramètre par défaut)
- `valign=bottom` aligne les cellules en bas

A titre d'exemple, l'instruction `<th valign=top>` aligne une cellule d'en-tête en haut et `<td valign=middle>` centre une cellule de données.

Exemple :

```
<html>
<body bgcolor=white>
<table border >
<tr>
<td>Loverman</td>
<td>On ne peut voir l'alignement que si une cellule voisine
contient la même quantité de texte </td>
</tr >
<tr>
<td valign=top >Take the 'A' Train</td>
<td> On ne peut voir l'alignement que si une cellule voisine
contient la même quantité de texte </td>
</tr>
<tr>
<td valign=middle >Caravan</td>
```

```
<td> On ne peut voir l'alignement que si une cellule voisine
contient la même quantité de texte </td>
</tr>
<tr>
<td valign=bottom>Oh When The Saints</td>
<td> On ne peut voir l'alignement que si une cellule voisine
contient la même quantité de texte </td>
</tr>
</table>
</body>
</html>
```

◄ Fig. 6.48 :
*Les cellules de la
première colonne
sont alignées
différemment*

Indiquer les couleurs de cellules individuelles

Une couleur définie dans le tag TABLE s'applique à la totalité du tableau. Cependant, vous avez aussi la possibilité d'indiquer une autre couleur dans une cellule. Cette définition locale (c'est-à-dire, qui ne s'applique qu'à une cellule) a une priorité plus élevée.

La syntaxe ne vous surprendra guère : vous devez étendre le tag de la cellule avec l'attribut bgcolor=[couleur].

1. L'instruction `th bgcolor=[couleur]` définit la couleur de fond individuelle d'une cellule d'en-tête.

2. l'instruction `td bgcolor=[couleur]` celle d'une cellule de données.

La valeur de "couleur" peut être une valeur RVB ou le nom de la couleur (entre guillemets).

Exemple :

```
<html>
<body bgcolor=gray text=cyan>
<table border=10 bgcolor=black bordercolor=red>
<tr>
<td>Ligne 1, colonne 1</td>
<td> Ligne 1, colonne 2</td>
<td> Ligne 1, colonne 3</td>
</tr>
<tr>
<td> Ligne 2, colonne 1</td>
<td bgcolor=yellow> Ligne 2, colonne 2</td>
<td> Ligne 2, colonne 3</td>
</tr>
<tr>
<td> Ligne 3, colonne 1</td>
<td> Ligne 3, colonne 2</td>
<td> Ligne 3, colonne 3</td>
</tr>
</table>
<br>
</body>
</html>
```

◄ Fig. 6.49 :
Une cellule pas comme les autres

Remarque

Couleur du texte

Il est impossible de définir une couleur de texte individuelle par cellule avec les instructions de tableaux. Vous
devez insérer cette information dans le tag FONT.
Imbriquez-le simplement dans le tag de la cellule.

Réunir des cellules

Le standard HTML prévoit la possibilité de fondre plusieurs cellules en
une seule. Cela fonctionne aussi bien dans une ligne (une cellule s'étend
alors sur plusieurs colonnes) que dans une colonne (une cellule s'étend
alors sur plusieurs lignes). Il suffit d'indiquer dans la première cellule le
nombre des cellules voisines à réunir.

Réunir des colonnes

Pour réunir des colonnes, utilisez l'attribut colspan=[nombre] dans le
tag de la cellule. Par exemple, th colspan=[nombre] réunit le nombre de
colonnes précisé dans la ligne (syntaxe pour une cellule d'en-tête en
tant que première cellule).

On compte toujours à partir de la première cellule d'une ligne. Si vous
voulez créer plusieurs groupes, indiquez d'abord le nombre de colonnes
qui appartiendront au premier groupe, puis le nombre de colonnes du
deuxième groupe, etc.

Exemple de quatre colonnes réunies dans la première ligne :

```
<html>
<body bgcolor=white>
<h3>Réunir des colonnes</h3>
<table border>
<tr>
<th colspan=4 align=center>Les quatre vents
</tr>
<tr>
<td>S</td>
<td>O</td>
<td>N</td>
<td>E</td>
</tr>
</table>
</body>
</html>
```

◄ Fig. 6.50 :
Colonnes unies

Le nombre de cellules dans la ligne où des cellules ont été réunies avec colspan est égal au nombre de cellules réunies moins 1. Dans notre exemple, la première ligne ne peut donc contenir qu'une seule cellule (4 cellules - (nombre de cellules réunies moins 1) = 1). Sinon, des conflits peuvent apparaître entre le nombre de cellules dans les différentes lignes.

Voici un autre exemple avec six colonnes. Dans la première ligne, nous réunissons six colonnes, elle ne contient donc plus qu'une cellule prenant la place de six.

Dans la deuxième ligne, nous réunissons d'abord trois colonnes. Restent donc trois autres cellules qui ont le droit de figurer dans cette ligne. Parmi elles, nous réunissons deux cellules. La ligne entière ne peut donc comporter que trois cellules au maximum (de taille différente). Il peut y en avoir moins, comme le montre l'exemple. Dans ce cas, la cellule manquante est simplement ignorée à la fin (espace vide).

Exemple pour plusieurs lignes avec des colonnes réunies :

```
<html>
<body bgcolor=blue text=white>
<h3>Réunir des colonnes</h3>
<table border=5>
<tr>
<th colspan=6 align=center>Véhicules testés classés par pays
</tr>
<tr>
<th colspan=3 align=center>Allemagne
<th colspan=2 align=center>France
<th colspan=1 align=center>Les modèles italiens
</tr>
<tr>
<td align=right>Golf</td>
<td align=right>Astra</td>
<td align=right>Polo</td>
<td align=right>AX</td>
<td align=right>BX</td>
<td align=right>Panda</td>
</tr>
</table>
</body>
</html>
```

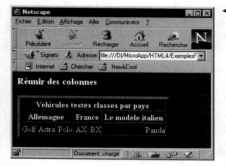

◄ Fig. 6.51 :
*Colonnes réunies
et cellules
alignées*

Réunir des lignes

La procédure pour unir des lignes est identique à celle des colonnes, sauf qu'ici les cellules d'une colonne sont réunies sur plusieurs lignes.

Insérez l'attribut **rowspan** dans le premier tag de cellule. La première cellule de la série à réunir doit se trouver dans la même ligne que la cellule contenant l'instruction **rowspan**. Sinon, les mêmes règles s'appliquent que pour les colonnes.

L'instruction

```
<th rowspan=[nombre]>
```

sert à réunir des lignes dans une même colonne. "nombre" est le nombre de cellules à réunir (syntaxe pour une cellule d'en-tête en tant que première cellule).

Exemple de quatre lignes réunies dans la première colonne :

```
<html>
<body bgcolor=gray>
<h3>Réunir des lignes</h3>
<table border>
<tr>
<th rowspan=4 align=center>Les quatre saisons
<td>Printemps</td>
</tr>
<tr>
<td>Eté</td>
```

```
</tr>
<tr>
<td>Automne</td>
</tr>
<tr>
<td>Hiver</td>
</tr>
</table>
</body>
</html>
```

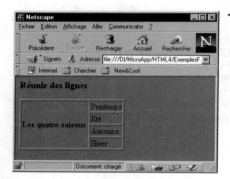

◄ Fig. 6.52 :
*Réunion des
lignes de la
première colonne*

Groupement de lignes

Vous pouvez diviser les lignes de tableaux en une zone d'en-tête
(*header*), de pied de tableau (*foot*) ou en une ou plusieurs sections du
corps (*body*). Cette technique permet de faire défiler indépendamment
différentes zones d'un tableau.

Chaque zone THEAD, TFOOT ou TBODY doit contenir une ou plusieurs
lignes.

Exemple :

```
<TABLE>
<THEAD>
<TR> ...Informations de l'en-tête...
</THEAD>
<TFOOT>
```

```
<TR> ...Informations du pied de tableau...
</TFOOT>
<TBODY>
<TR> ...première ligne, premier bloc...
<TR> ... deuxième ligne, premier bloc...
</TBODY>
<TBODY>
<TR> ... première ligne, deuxième bloc...
<TR> ... deuxième ligne, deuxième bloc...
</TBODY>
</TABLE>
```

Attention

Syntaxe

TFOOT doit être placé avant TBODY.

Groupes de présentation

HTML 4.0 introduit un nouveau concept de tableau basé sur le standard RFC1942. Les groupes de présentation constituent la principale nouveauté. Nous allons étudier les extensions HTML 4.0 dans une section spéciale, mais il nous paraît opportun de mentionner ici les attributs de tableaux de ces groupes de présentation.

Le nouveau tag COLGROUP permet de rattacher plusieurs colonnes en un groupe. Les attributs width et span déterminent la largeur de toutes les colonnes du groupe et le nombre de colonnes appartenant à ce groupe. Le tag COL, qui existe depuis HTML 3.2, servant à définir une colonne individuelle a une priorité plus élevée et peut annuler la définition de groupe.

Toutefois, la définition d'un groupe de présentation n'est pas obligatoire dans ce nouveau concept de tableau. Si aucun groupe de présentation n'a été défini avec COLGROUP , une valeur par défaut s'applique au tableau. La valeur par défaut pour span est 1 .

Exemple :

```
<TABLE>
<COLGROUP span="10" width="50">
<COLGROUP span="5" width="0*">
<THEAD>
<TR> ...
</TABLE>
```

Dans cet exemple le tableau contient deux groupes de présentation. Le premier comprend 10 colonnes et le deuxième 5. La valeur par défaut pour chaque colonne du premier groupe est de 50 pixels et, pour celles du deuxième groupe, ce sera toujours le minimum optimal pour chaque colonne.

Vous pouvez définir les bordures pour des groupes de colonnes. Les attributs **frame** et **rules** se trouvent également modifiés ; ils déterminent l'apparence de la bordure, si des lignes sont visibles entre les lignes et colonnes et si oui, comment elles se présentent. L'attribut style tombe dans la même catégorie ; il peut être utilisé pour les composants les plus importants d'un tableau. A titre d'exemple, le style de trait peut être défini avec cet attribut et les options **dotted** (pointillé), **double** , **thin** (fin), **thick** (épais), etc.

Autre nouveauté : HTML permet désormais d'aligner des chaînes sur certains caractères, par exemple sur la virgule, le point ou les deux points (:).

Exemple :

```
<COL width="3" align="char" char=",">
```

Chapitre 7

Multifenêtrage avec les frames

Le terme "frame" est apparu pour la première fois avec les versions 3.x du HTML. C'est pourquoi beaucoup de gens ont pensé à tort qu'il était une composante officielle de ces standards. En fait les frames n'étaient pas intégrés officiellement, même si les principaux navigateurs (Netscape et Internet Explorer) les prenaient déjà en charge.

A partir de HTML 4.0, les frames ont reçu la bénédiction du W3C. Les frames constituaient à l'époque le plus grand progrès technologique du HTML depuis l'invention du World Wide Web. Aujourd'hui, les feuilles de style et autres comportements dynamiques leur ont piqué la vedette.

Depuis quelque temps, beaucoup de webmestres (administrateurs de sites Web) en ont fait un usage excessif, au point que de nombreux experts ont remis en question leur utilité. Les utilisateurs sont quant à eux divisés à leur sujet.

7.1   Qu'est-ce qu'un frame ?

Auparavant, la seule possibilité d'ouvrir un fichier HTML était de le charger dans son navigateur et de l'afficher dans la fenêtre entière (ça vous rappelle le DOS ?).

Avec la technologie des frames développée par Netscape, on peut désormais diviser la zone d'affichage du browser en plusieurs segments librement définissables. Ces segments s'appellent frames.

Chacun peut avoir son propre contenu. La situation est comparable à une interface graphique comme Windows et la technique de fenêtrage qu'il emploie. Une meilleure comparaison nous est fournie par un programme comme Word où l'on peut arranger plusieurs fenêtres.

Il est possible d'ouvrir un fichier, simultanément dans plusieurs frames, afin d'en afficher plusieurs parties non contiguës.

D'autre part, le navigateur peut aussi afficher plusieurs fichiers HTML dans différents frames et des liens peuvent activer des fichiers qui sont alors affichés dans un autre frame.

Les frames représentent la possibilité d'afficher et de traiter des informations de façon non linéaire, comme dans les systèmes graphiques multitâches.

Chaque frame est intégré dans une structure donnée (la fenêtre du programme de navigation), mais se présente quand même comme une fenêtre autonome avec toutes les possibilités d'affichage du HTML.

Remarque

Utilisation courante des frames

Une application très répandue de ces types de présentation est la répartition d'un fichier sur deux frames, un petit contenant l'index ou une table des matières avec des liens locaux et l'autre affichant l'information proprement dite.

7.2   Comment intégrer des frames dans un projet HTML ?

Nous avons suggéré dans l'introduction que cette technologie implique plusieurs frames et que la fenêtre du navigateur doit être divisée.

Division de la fenêtre d'affichage via le fichier d'index

La répartition de la fenêtre en plusieurs zones d'affichage s'effectue à l'aide d'un fichier HTML spécial, le fichier d'index, qui est toujours le premier chargé dans un site doté de frames.

Ce fichier indique seulement la taille et la position des frames ainsi que des liens vers les contenus des frames et éventuellement quelques informations d'ordre technique. Le contenu des frames proprement dit ne se trouve pas dans le fichier d'index. Ce sont les frames eux-mêmes qui ouvrent le contenu avec des liens vers les fichiers HTML ordinaires.

Le tag FRAMESET

1. Plusieurs frames associées s'appellent un frameset. Le tag correspondant, FRAMESET, s'insère dans le fichier d'index à la place du tag BODY d'un fichier HTML.

2. Le contenu du frame se trouve donc entre les tags <frameset> et </frameset>.

3. Le tag d'ouverture contient d'autres renseignements plus précis sur les frames. Après ce tag suivent les définitions des différents frames.

Voici la structure de base d'un fichier d'index avec un frameset :

```
<html>
<head>
<title>Structure de base du fichier d'index des frames
</head>
<frameset ...>
Définitions des frames...
</frameset>
</html>
```

La définition du frameset doit contenir des indications précises sur la façon dont la fenêtre doit être divisée. Selon ce concept, il faut définir des rangées ou des colonnes (nombre et dimensions), ou les deux. La définition des rangées et colonnes s'effectue à l'aide d'attributs du tag **FRAMESET** d'ouverture.

Rangées

Il s'agit de définir les "lignes" et leur hauteur. Séparez les valeurs de hauteur des différentes lignes par des virgules. Le nombre de valeurs indiquées détermine le nombre de frames. L'attribut **rows=[pourcentage]** sert à établir les lignes.

Exemple pour deux rangées :

```
<frameset rows="25 %,75 %">
```

Exemple pour quatre rangées :

```
<frameset rows="25 %,25 %,20 %,30 %">
```

Colonnes

Les colonnes, qui divisent la fenêtre verticalement, se définissent suivant le même principe. Mais ici le tag est **cols=[pourcentage]**.

Exemple pour trois colonnes :

`<frameset cols="25 %,15 %,60 %">`

Valeurs en pourcentages

Les pourcentages définissent les proportions des différentes frames entre elles (donc la part de la fenêtre du navigateur qui leur sera attribuée) et non pas un facteur de la taille de la surface d'affichage totale du programme. La somme des valeurs indiquées ne doit pas forcément donner 100 %.

Ainsi, `rows="50 %,50 %"` définit, avec la même taille totale de la fenêtre du browser, une même surface de frame que `rows="500 %,500 %"` ou `rows="1 %,1 %"`.

Toutes les valeurs suivant `rows=` et `cols=` doivent être entre guillemets.

Contenu des frames

Le contenu des frames est défini dans le tag `FRAME`. Ainsi, `<frame src=[nom de fichier]>` définit le contenu des frames à l'intérieur d'un frameset. L'attribut `src=` établit un lien vers le contenu d'un frame qui se trouve généralement dans un fichier HTML ordinaire. Pour adresser un fichier qui doit s'afficher dans un frame, les mêmes règles ne s'appliquent que pour les références d'autres documents HTML ou d'images.

L'attribut `name=[nom]` du tag `FRAMESET` définit le nom d'un frame et figure après la table des matières, séparé par un espace. Ces informations, l'URL et le nom, doivent toutes deux se trouver entre guillemets.

Remarque

Noms de frame réservés

Le nom d'un frame sert à son adressage à partir de liens. Toutefois, certains noms, dits "noms réservés" ne sont pas autorisés car ils ont une signification particulière au sein des liens.

Un frame ne doit pas nécessairement avoir un contenu, il peut rester vide jusqu'à ce que vous en ayez besoin. Si vous n'insérez pas de référence à un fichier HTML avec le tag `<frame src=>`, cet espace est rempli d'une couleur neutre par le navigateur.

Exemple d'un fichier d'index définissant deux frames horizontales (divisées en rangées) à la proportion de 1/3 :

```html
<html>
<frameset rows="25 %,75 %">
<frame src="liste4.html" name="Liste4">
<frame src="liste3.html" name="Liste3">
</frameset>
</html>
```

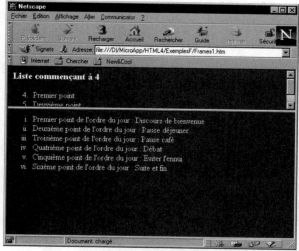

▲ Fig. 7.1 : *Page HTML divisée en deux frames horizontaux*

Si vous indiquez plusieurs contenus de frames, l'ordre des références de fichiers avec l'attribut `src=` est très important. Le premier fichier s'affiche dans le premier frame, le deuxième dans le deuxième frame, etc.

Imbrication de frames

Pour diviser un frame en plusieurs autres, définissez plusieurs frames imbriqués.

L'imbrication est hiérarchique. Déterminez d'abord la structure externe. Ensuite, insérez d'autres définitions de frames (avec leur propre tag de fermeture !) dans ceux que vous souhaitez diviser. Il paraît évident que seule une imbrication alternée de rangées et de colonnes s'avère utile.

Exemple d'un fichier d'index définissant une structure de frames imbriquée :

```
<html>
<frameset cols="50 %,50 %">
<frame src="liste1.html" name="Liste1">
<frameset rows="50 %,50 %">
<frame src="liste4.html" name="Liste4">
<frame src="liste3.html" name="Liste3">
</frameset>
</frameset>
</html>
```

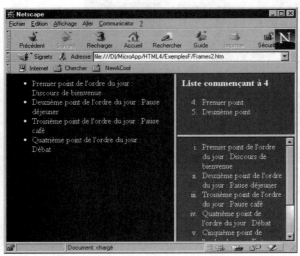

▲ Fig. 7.2 : *Structure de frames avec des colonnes et rangées imbriquées*

Si le nombre de niveaux d'imbrication n'est théoriquement limité que par la résolution de l'écran, évitez cependant d'en mettre trop car soit le programme de navigation risquera de s'y perdre et enverra un message d'erreur, soit il n'affichera pas les frames correctement.

Tailles absolues de frames

Vous pouvez utiliser des valeurs absolues à la place des pourcentages. Dans ce cas, vous définissez la taille réelle en pixels : rows=[nombre de pixels] pour définir les rangées et cols=[nombre de pixels] pour les colonnes.

Exemple pour quatre rangées de 50 pixels :

```
<frameset rows="50,50,50,50">
```

Exemple pour trois rangées de 50 pixels :

```
<frameset cols="50,50,50">
```

Toutefois, la taille de la fenêtre "relativise" cette valeur "absolue". Ici aussi : le navigateur adapte les frames à la surface d'affichage dans les proportions indiquées. Sinon, une fenêtre trop grande créerait des "trous".

Exemple :

```
<html>
<frameset cols="20,20">
<frame src="liste4.html" name="Liste4">
<frame src="liste3.html" name="Liste3">
</frameset>
</html>
```

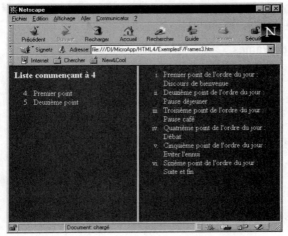

▲ Fig. **7.3** : *Ces deux frames sont sans aucun doute plus larges que 20 pixels*

Pourquoi utiliser des valeurs absolues si apparemment elles ne sont que relatives ?

Jokers

La réponse à cette contradiction sont les jokers, des grandeurs variables. Les valeurs absolues sont utiles si elles sont combinées avec des jokers.

A titre d'exemple, `rows="200,*,100"` crée un jeu (*set*) composé de trois rangées de frames dans lequel la première et la dernière ont une taille fixe. La hauteur de la rangée du milieu indiquée par le joker est variable, elle résulte de la taille de la fenêtre du navigateur.

Exemple :

```
<html>
<frameset cols="200,*,200">
<frame src="liste1.html">
<frame src="liste1.html">
<frame src="liste1.html">
</frameset>
</html>(voir fig. 7.5)
```

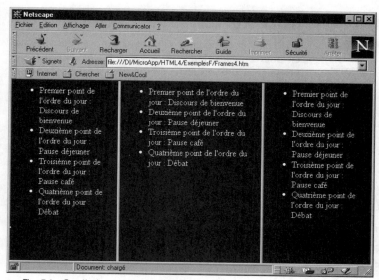

▲ Fig. 7.4 : *On distingue bien ici le frame du milieu...*

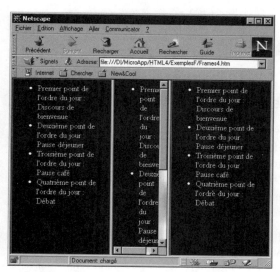

▲ Fig. 7.5 : *...l'ensemble est redimensionné*

Attention

Utilisation conjointe des jokers et pourcentages

Vous pouvez également utiliser le joker avec des valeurs en pourcentages. Mais soyez vigilant, car le joker peut modifier les proportions. Comme vous le savez, la définition rows="20 %,20 %" crée le même arrangement que rows="10 %,10 %". Avec un joker, rows="20 %, *, 20 %" et rows="10 %,*,10 %" créent des proportions différentes dans une fenêtre de taille identique. L'emploi d'un joker n'est donc pleinement justifié qu'en combinaison avec les valeurs absolues des autres frames.

L'élément IFRAME

IFRAME permet de positionner un frame dans un bloc de texte. C'est comme si vous placiez un document HTML au milieu d'un autre.

Exemple :

```
<IFRAME src="foo.html" width="400" height="500" scrolling="auto"
frameborder="1">
Votre browser ne reconnaît pas les frames, mais vous pouvez quand
même voir le
<a href="foo.html">document correspondant.</a>
</IFRAME>
```

7.3   Définir des propriétés de frames

Comme nous l'avons dit, chaque frame, tout en étant intégré dans une structure plus grande qu'est la fenêtre du navigateur, se présente en tant que fenêtre autonome avec toutes les possibilités de présentation du HTML. Une telle fenêtre peut, outre son contenu, avoir des propriétés que vous pouvez configurer individuellement pour chaque frame d'un site.

Il est possible d'établir pour chaque frame s'il possède des barres de défilement et quelle sera la distance minimale entre le contenu et le bord. De plus, vous pouvez figer la taille d'un frame et empêcher ainsi que l'utilisateur la modifie (tout au moins dans l'immédiat).

Distance minimale entre le bord et le contenu d'un frame

Pour établir une marge minimale, vous disposez de deux attributs du tag FRAME.

1. Le premier attribut permet de définir la distance entre le contenu et le côté gauche ou droit du frame.

2. Le second concerne la distance entre le contenu et le bord supérieur ou inférieur.

L'instruction `marginwidth=[valeur]` détermine en pixels la distance minimale avec les bords gauche et droit.

Exemple :

```
<html>
<frameset cols="25 %,75 %">
<frame src="imagfram.html" name="Texte" marginwidth=10>
<frame src="imagfram.html" name="Image" marginwidth=100>
</frameset>
</html>
```

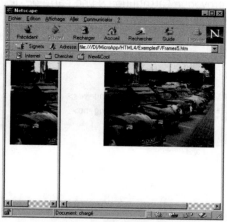

▲ Fig. 7.6 : *La distance entre les images et les bords est fixe, comme en témoignent les barres de défilement*

Nous le voyons avec l'illustration ci-dessus, la marge minimale n'est pas respectée si la place manque pour afficher un objet et s'il n'y a aucun moyen de revenir à la ligne. Le côté où cette violation a lieu dépend de l'alignement des objets. La présence de barres de défilement montre que le fichier ne s'affiche pas dans sa totalité.

Barres de défilement

La plupart des navigateurs ajoutent des barres de défilement si un frame s'avère trop petit pour afficher tout le contenu. Ce comportement est exactement le même que celui du concept de fenêtrage des systèmes d'exploitation graphiques.

Vous pouvez passer outre cet automatisme. Dans ce cas, vous devez vous-même assurer l'affichage de barres de défilement. L'attribut `scrolling=` du tag `FRAME` permet de déterminer si un frame doit automatiquement obtenir une barre de défilement ou non.

- Avec `scrolling=no`, vous interdisez au navigateur d'ajouter une barre de défilement. Des contenus plus grands que le frame ne seront pas visibles dans leur totalité.

- L'attribut `scrolling=yes` provoque l'attribution d'une barre de défilement dans tous les cas de figure.

Exemple :

```
<html>
<frameset cols="1 %,1 %">
<frame src="imagfram.html" name="Texte" scrolling=yes>
<frame src="imagfram.html" name="Image" scrolling=no>
</frameset>
</html>
```

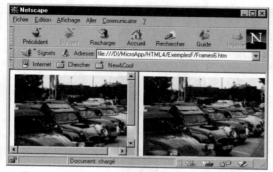

▲ Fig. 7.7 : *L'image de gauche peut être parcourue entièrement, mais pas celle de droite*

Remarque

L'affichage spécifique des barres de défilement est permanent

L'attribut scrolling=yes ajoute des barres de défilement même lorsque la taille du contenu ne l'exige pas et qu'il s'affiche entièrement.

Figer la dimension d'un frame

Si vous voulez empêcher l'utilisateur de modifier la taille d'une fenêtre, le concept des frames vous offre un autre attribut du tag FRAME : noresize. Cet attribut ne nécessite pas d'autres valeurs.

Exemple :

```
<html>
<frameset cols="5 %,1 %">
<frame src="imagfra2.html" name="Texte" noresize>
<frame src="imagfram.html" name="Image">
</frameset>
</html>
```

▲ Fig. 7.8 : *Il est impossible de déplacer la séparation entre ces deux frames*

Remarque

Limitation de l'attribut noresize

Si un frame contient l'instruction noresize, les autres frames de la rangée ou de la colonne ne peuvent pas non plus être déplacées. Sinon des trous ou des déformations en résulteraient.

Astuce

Créer des frames de message au centre de la fenêtre du navigateur

Un frame peut figurer seul au milieu de la fenêtre du navigateur, par exemple pour afficher un message à la manière de ceux de Windows. Dans le cas de frames de messages ou d'avertissement, il est peut-être opportun de leur ajouter l'attribut noresize pour en interdire toute modification de taille. Indiquez toujours la taille de la fenêtre en valeurs relatives, sa taille réelle dépendra des dimensions de la fenêtre du browser.

7.4 Liens vers d'autres frames

Normalement, les pages appelées par des liens s'affichent dans le frame où les liens ont été activés.

Mais pour les liens vers d'autres fichiers, le concept prévoit la possibilité d'adresser directement certains frames. C'est ici que sert le nom du frame défini avec `name=`. Mais rappelez-vous qu'il existe des noms réservés qui ne doivent pas être utilisés dans ce contexte.

Tab. 7.1 : Noms réservés de frame cible	
Nom réservé	Signification
_self	L'URL s'affiche dans la même frame que le lien.
_parent	L'URL s'affiche dans la structure externe. S'il n'y a pas de fenêtre externe, la cible du lien s'affiche dans une nouvelle fenêtre (sans frames).
_blank	L'URL s'affiche dans une nouvelle fenêtre de navigateur. Par défaut, cette nouvelle fenêtre ne contient pas de frames.
_top	L'URL s'affiche dans toute la fenêtre du navigateur et les frames disparaissent.

Un frame est référencé avec un lien local ordinaire, sauf que pour indiquer le nom du frame il doit contenir en plus l'attribut `target`.

Le nom après `target=` doit figurer entre guillemets. Vous pouvez adresser des noms que vous avez attribués dans le cadre de votre projet ou bien des noms réservés. Si vous connaissez le nom d'un frame dans un site distant, vous pouvez bien entendu le mettre.

Remarque

Emplacement des liens

N'oubliez pas que ces liens ne figurent pas dans le fichier d'index du frameset, mais dans les pages HTML normales d'où les liens doivent être activés.

Exemple :

```
<a href="fichier.htm" target="Image">Lien vers le frame intitulé
"Image"
dans lequel le document "Fichier.htm" doit s'afficher.</a>
<a href="fichier.htm" target="_blank">Le document "Fichier.htm"
s'affiche dans une nouvelle fenêtre de browser.</a>
<a href="fichier.htm" target=_self">Le document "Fichier.htm"
s'affiche
dans la même frame.</a>
```

Conseil

Supprimez les frames pour les liens à destination de sites externes

Si vous créez un lien vers des frames d'un autre site, il est conseillé de les accompagner du nom réservé _top. Sinon, il peut arriver que les pages de ce site s'affichent toujours dans la structure de frames que vous avez définie si un internaute passe de votre page à ce site à l'aide d'un de vos liens.

Définir un frame de base

Si tous les liens d'un frameset ont pour cible le même frame, vous pouvez éviter d'indiquer dans chaque lien le nom du frame en définissant une cible générale. Un frame prédéfini pour les liens figure dans l'en-tête d'un fichier HTML.

Insérez dans l'en-tête du fichier d'index l'instruction supplémentaire base target. Après target=, notez le nom du frame souhaité entre guillemets. Exemple :

```
<head>
<base target="liste4">
</head>
```

Alternative à l'affichage des frames

La démarche est la même que pour les internautes ne disposant pas de browser graphique. Le problème se repose avec les frames : que doivent afficher les nombreux navigateurs qui ne les prennent pas en charge ? Le fichier d'index devrait donc contenir un avertissement pour signaler aux surfeurs que votre site contient des frames. De plus, le HTML propose le tag <noframes>. Dans le fichier d'index, la partie concernant les frames devrait être suivie d'une partie NOFRAMES qui s'adresse à ce type de browsers. Les programmes reconnaissant les frames ignorent tout ce qui est noté entre <noframes> et </noframes>, les autres suivent le principe de la tolérance aux erreurs et affichent le texte.

Exemple :

```
<html>
<frameset cols="5 %,1 %">
<frame src="imagfra2.html" name="Texte" noresize>
<frame src="imagfram.html" name="Image">
</frameset>
<noframes>
Si vous pouvez lire ces mots, votre navigateur est incapable
d'afficher les frames, sinon vous verriez une page avec des
frames !
</noframes>
</html>
```

Chapitre 8

Formulaires, CGI et bases de données

Hormis une exception, qui était la possibilité d'insérer un lien hyper-texte permettant d'envoyer un mail à une adresse électronique quel-conque, nous n'avons pas encore abordé le problème du contact entre le visiteur et le propriétaire d'une page Web. Mais cette possibilité ne suffisait pas à entretenir une relation approfondie, qui est ce que l'on appelle l'interactivité.

En HTML, la solution à ce problème appartient aux formulaires et à la technique sous-jacente, le CGI.

8.1 Qu'est-ce que le CGI ?

Dans les chapitres précédents, vous avez déjà rencontré le terme CGI (Common Gateway Interface). Nous savons déjà que l'Internet fonc-tionne selon le principe client-serveur. De nombreuses actions déclen-chées sur le client (dans ce cas, le navigateur) doivent être envoyées au serveur pour y être traitées. Le résultat de ce traitement est renvoyé en tant que réponse au client.

Prenez par exemple une action de la souris (comme un clic sur un bouton dans une page Web). Le client doit transmettre la position du curseur au serveur. Là, un programme est lancé pour analyser cette action et renvoyer une nouvelle page Web au client.

La possibilité de lancer des programmes externes sur des serveurs à partir d'un client existait avant la technique CGI, mais posait différents problèmes.

Au début, les développeurs de serveurs implémentaient les mécanis-mes nécessaires au lancement de programmes externes et au transfert de paramètres selon leur bon vouloir. Mais très vite les choses se compliquèrent, car tel script tournait sur un serveur et pas sur un autre et vice versa.

Les développeurs de scripts pour serveurs furent très vite confrontés à une autre problématique, à savoir l'impossibilité de déterminer, à l'in-térieur d'un script, depuis quel hôte client l'accès au document dyna-mique s'effectuait, quels types de données le client acceptait, etc.

C'est pourquoi les développeurs de serveurs se sont mis d'accord sur un procédé standard, le CGI, pour lancer de tels scripts ou programmes et leur fournir des paramètres. Les anciennes méthodes n'ont plus d'importance dans la pratique et les serveurs Web ne les prennent en charge que pour des raisons de compatibilité.

Common Gateway Interface est une spécification décrivant comment des données entrées dans le navigateur sont envoyées au serveur et transférées à un programme CGI. Il s'agit donc d'une interface normalisée entre l'utilisateur et un programme qui tourne sur un serveur. Les formulaires et le traitement des données qu'ils contiennent sont un exemple typique de l'utilisation de CGI en HTML. Mais d'autres applications sont possibles, par exemple les très populaires livres d'or, ou bien les compteurs d'accès, la génération de nouvelles pages Web, la génération aléatoire d'images et de pages, les horloges actualisées en permanence avec l'heure du serveur, etc.

8.2   Comment fonctionne CGI ?

Venons-en au mode de fonctionnement de CGI. Une action CGI type peut se diviser en trois ou quatre étapes (selon la structuration) :

1. Transfert d'une requête au serveur ;

2. Lancement du programme CGI ;

3. Déroulement du programme CGI ;

4. Envoi de la réponse au navigateur.

Prenons l'exemple du formulaire (en ce qui concerne les tags, nous allons anticiper quelque peu).

Un formulaire dans une page Web peut se présenter ainsi :

```
<html>
<head>
<title>Formulaire</title>
</head>
<body>
```

```
<FORM action="
http://ourworld.compuserve.com/homepages/emile_bertrand_2/cgi-bin/
mon-cgi-prog"
method=GET>
Nom : <INPUT name="personal_lastname" type="text" tabindex="1">
<br>
Prénom : <INPUT name="personal_firstname" type="text"
tabindex="2">
<br>
Adresse : <INPUT name="personal_address" type="text"
tabindex="3">
</FORM>
</body>
</html>
```

Dans le browser, cela donne à peu près ceci :

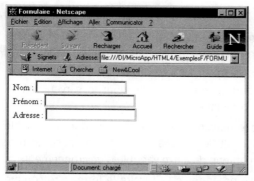

◄ Fig. 8.1 :
*Exemple de
formulaire
rudimentaire*

Lorsque vous envoyez ce formulaire (par exemple en cliquant sur le bouton "submit"), le transfert vers le serveur a lieu (la requête).

Transfert de données vers le serveur Web

Dans l'attribut action, une URL est indiquée et référencée de manière habituelle. Elle se compose comme suit :

- le type de protocole ;
- le nom de l'ordinateur ;

- le chemin d'accès absolu ;
- le nom du fichier référencé.

Quand il s'agit de liens vers des serveurs Web, le type de protocole est généralement `"http://"`. Si vous souhaitez recevoir le formulaire sous forme de courrier électronique, choisissez le type de protocole `mailto:`.

Le tout doit être entouré de guillemets. Les répertoires sont séparés par des barres obliques, comme dans toutes les URL et non par une barre oblique inverse comme sous DOS ou Windows.

Dans le tag FORM, `action="http://ourworld.compuserve. com/homepages/emile_bertrand_2/cgi-bin/mon-cgi-prog"` établit avec quel protocole (http = *hypertext transfer protocol*) et à quel serveur (`ourworld.compuserve.com`) les données sont envoyées, quel est le chemin d'accès et le programme CGI (`/cgi-bin/mon-cgi-prog`) qui doit traiter ces données.

Avant d'envoyer les données au serveur, le navigateur les compresse en une seule chaîne de caractères. La méthode de transfert des données est fixée par le paramètre `method=`. On distingue deux méthodes : GET et POST.

La différence consiste surtout dans la façon dont le serveur WWW enregistre et analyse le formulaire.

Avec la méthode GET, le formulaire reçu est enregistré dans la variable d'environnement standard `QUERY_STRING`. Avant toute chose, le programme CGI analyse le contenu de cette variable d'environnement.

Avec la méthode POST, le programme CGI traite le formulaire comme une saisie effectuée par l'utilisateur au niveau ligne de commande. Il n'y a donc pas de signal EOF (End Of File) et le programme CGI doit obtenir la longueur des données transmises par un procédé assez complexe dans une autre variable d'environnement standard (`CONTENT_LENGTH`).

Quelle méthode choisir ?

La méthode GET s'est établie comme standard des liens vers les serveurs. Toutefois, elle ne convient pas au transfert de grandes quantités de données. Sa limite se situe autour de 1 Ko. Pour le renvoi de formulaires via e-Mail, c'est souvent la méthode POST qui l'emporte.

Dans notre exemple nous utilisons la commande GET. Une "pseudo-URL" est créée à partir de l'URL du programme CGI indiquée dans le tag <form> et la chaîne de caractères contenant les données saisies, séparées par un point d'interrogation. Dès que vous expédiez le formulaire illustré ci-dessus, votre navigateur affiche la "pseudo-adresse" dans la zone d'adresse.

Conseil

Mise en œuvre de la méthode POST

Si vous préférez utiliser la méthode POST, il suffit d'insérer POST à la place de GET dans le tag FORM du code HTML. Dans un premier temps, l'utilisateur ne voit aucune différence. Néanmoins lorsqu'il envoie le formulaire, le browser affiche l'URL indiquée telle quelle. La chaîne de caractères compressée reste invisible à l'utilisateur après établissement de la connexion (sauf s'il a activé l'option *Envoyer des informations non chiffrées à un site* accessible par le menu **Communicator/Informations sur la sécurité/Navigator**).

Lancement du programme CGI sur le serveur

Lorsque la requête arrive au serveur, il reconnaît d'après le chemin d'accès de l'URL demandée qu'il ne s'agit pas de renvoyer un document existant, mais de démarrer un programme CGI. Le serveur doit fournir les données du formulaire à ce programme à l'aide de variables d'environnement.

La variable REQUEST_METHOD a soit la valeur GET, soit POST. Si c'est GET, la chaîne de caractères compressée lui est transmise dans une autre variable, QUERY_STRING ; si c'est POST, la longueur de la chaîne de caractères est communiquée dans la variable `CONTENT_LENGTH`, la chaîne de caractères elle-même est mise à la disposition du programme par l'entrée standard.

Déroulement du programme CGI

CGI n'est pas un langage de programmation, d'ailleurs il n'y a pas de langage de programmation spécifique pour écrire un programme CGI. Selon le système d'exploitation, vous pouvez utiliser quasiment tous les langages. Pour les cas les plus simples, le programme peut être un script shell sous UNIX ou un fichier .bat sous DOS. Le langage de script Perl est très répandu.

Dans un premier temps, le programme CGI décompresse la chaîne de caractères reçue. Le déroulement ultérieur dépend des paramètres obtenus par cette action.

La sortie du programme se présente dans un format connu par le navigateur : le plus souvent, il s'agira soit de `"text/html"` (donc un nouveau document HTML) soit `"image/gif"` (donc un graphique).

Envoi de la réponse au browser

La procédure d'envoi d'une réponse n'est pas spécifique au CGI et ne se distingue pas de l'envoi d'un fichier ordinaire.

Conseil

Obtenir une réponse via courrier électronique

Une autre possibilité pour obtenir une réponse est l'envoi des données par e-Mail. C'est même la seule solution pour les utilisateurs n'ayant pas le droit de déposer de programmes CGI sur le serveur de leur fournisseur. Il suffit de changer le protocole indiqué dans le tag FORM en `mailto:` (par exemple `<form action="mailto:ebertrand@imaginet.fr" method=POST>`). Malheureusement, le message reçu n'est pas très lisible, car il contient la pseudo-URL. Les bons programmes de courrier électronique permettent d'appliquer des filtres automatiques selon l'objet du courrier entrant. Un filtre de ce type peut se charger d'éliminer la pseudo-URL.

Remarque

> **Utilisations possible de CGI**
>
> L'emploi de CGI ne se limite pas aux seuls formulaires d'échange avec un serveur. Les données entrées dans un formulaire (ou dans tout autre fichier) peuvent également être transférées à une page HTML quelconque où à un script tel que JavaScript les analyse. Pour cela, spécifiez l'URL de la page en question (par exemple `<form action="page_web_quelconque.html" method=GET>`). Il est possible de lancer un programme CGI à l'aide d'un lien ordinaire au lieu d'un formulaire.

CGI et la sécurité

Les programmes CGI (et tous les programmes de serveurs s'exécutant de façon autonome) supposent toujours un risque considérable au niveau de la sécurité. Notamment si un script CGI a été mal programmé. Toutefois, de nombreuses possibilités permettent de réduire ce risque, mais ceci dépasse le cadre d'un livre sur HTML. Si vous êtes intéressé, vous trouverez de nombreuses FAQ sur le sujet à l'adresse : `http://www-genome.wi.mit.edu/WWW/faqs/www-security-faq.html`.

8.3 Créer et utiliser des scripts CGI dans des pages HTML

Bien qu'un programme CGI puisse être écrit dans presque tous les langages de programmation, les environnements logiciels des serveurs réduisent cette diversité. Tout du moins, les scripts CGI acquièrent avec certains langages une complexité inutile. C'est pourquoi nous nous limiterons au meilleur d'entre eux : Perl. Plusieurs arguments lui sont favorables.

Lorsqu'un utilisateur envoie ses données, le script les reçoit sous la forme d'une paire nom/valeur. Le nom est celui indiqué dans le tag correspondant de la page HTML. Les valeurs sont les entrées ou les choix effectués par l'utilisateur.

Cette paire nom/valeur se transmet dans une longue chaîne que le programme CGI doit résoudre. Voici grossièrement comment cette chaîne se compose :

```
"nom1;=valeur1&nom²;=valeur2&nom3;=valeur3"
```

La chaîne doit être divisée en petits morceaux délimités aux signes & et =. Les parties doivent ensuite subir d'autres actions.

- Tous les signes + doivent être transformés en espaces.
- Toutes les séquences " %xx" (résultant de la traduction vers la pseudo-URL) doivent être retraduites en lettres avec la valeur ASCII "xx" (par exemple " %3D" devient "="}.

Perl offre des fonctions puissantes pour ces opérations. En outre, c'est un langage assez simple qui peut être utilisé sur la quasi-totalité des serveurs et fonctionne particulièrement bien sur les machines UNIX, environnement d'origine de ce langage.

Remarque

Documentation en ligne complète sur Perl

Vous trouverez une documentation exhaustive sur le langage Perl à l'adresse http://www.perl.com

Mais avant de passer aux exemples concrets, voici quelques notions fondamentales :

Variables d'environnement

Pour créer des scripts CGI, il est extrêmement utile, sinon indispensable, de connaître les variables d'environnement d'un serveur. Celui-ci transmet en effet au script CGI de nombreuses informations sur lui-même et sur la requête du client sous forme de variables d'environnement. CGI spécifie les noms et le contenu de ces variables.

Toutes les variables suivantes ont une valeur fixe, indépendante de l'accès à un serveur spécifique :

Tab. 8.1 : Variables d'environnement utilisées par les programmes CGI

Variable d'environnement	Description	Format	Exemple
SERVER_SOFTWARE	Nom du logiciel serveur qui déclenche l'exécution du script CGI	name/version	CERN/3.0
SERVER_NAME	Nom de l'ordinateur sur lequel est installé le serveur logiciel	Nom d'hôte (*hostname*), alias DNS ou adresse IP	petit.poucet.fr
GATEWAY_INTERFACE	Version de la spécification CGI prise en charge par ce serveur	CGI/version	CGI/1.1
SERVER_PROTOCOL	Nom et version du protocole d'accès	HTTP/version	HTTP/1.0
SERVER_PORT	Port sur lequel s'est effectuée la requête	Numérique	80
REQUEST_METHOD	Méthode d'accès de la requête		GET, POST, PUT, DELETE
PATH_INFO	Informations diverses		/CGI/CGI/Exemple +1 %FCr+Path-Info
PATH_TRANSLATED	La variable PATH_INFO ne contient aucune information sur l'emplacement d'un fichier dans l'arborescence, c'est la variable PATH_TRANSLATED qui en est chargée. Le serveur fait passer la valeur de PATH_INFO dans son système de conversion avec lequel il génère généralement un nom de fichier physique à partir d'un nom de fichier virtuel		
QUERY_STRING	Contient une chaîne de caractères en provenance d'une page Web (par exemple un formulaire). La méthode HTML utilisée transmet cette valeur		

Tab. 8.1 : Variables d'environnement utilisées par les programmes CGI

Variable d'environnement	Description	Format	Exemple
REMOTE_HOST	Nom du serveur ayant envoyé la requête. Si le serveur ignore cette information, par exemple parce que l'ordinateur distant n'est pas enregistré dans un domaine, cette variable reste vide. Pour cette situation, il existe la variable REMOTE_ADDR		petit. poucet.fr
REMOTE_ADDR	Adresse IP de l'ordinateur client		129.222. 124.123
AUTH_TYPE	Si le script est protégé, cette variable contient la méthode d'authentification utilisée		Basic
REMOTE_USER	Nom d'utilisateur pour les documents protégés par mot de passe		
REMOTE_IDENT	Identification de l'utilisateur selon le système d'authentification RFC 931		
CONTENT_TYPE	Type de la requête		application/ x-www-form- urlencoded
CONTENT_LENGTH	Longueur en octets des données disponibles dans l'entrée standard avec la méthode PUT. Avec la méthode GET, la variable reste vide		

En outre, les serveurs compatibles CGI/1.1 transmettent au script les lignes d'en-tête de la requête HTTP (qui n'ont pas de correspondance dans ce tableau) par des variables spécifiques. Il met le nom de l'élément d'en-tête en majuscules et remplace tous les traits d'union par des soulignements. Le résultat est précédé de la chaîne de caractères HTTP. A titre d'exemple, l'en-tête "Langue-utilisée : fr" se transforme ainsi en la variable d'environnement **HTTP_LANGUE_UTILISEE** avec la valeur **fr**.

Installation des scripts CGI

Étant donné qu'il s'agit d'une communication entre un client et un serveur, un tel script ne peut se contenter de rester sur un ordinateur personnel. En règle générale, vous devez envoyer les scripts finis sur le serveur hébergeant vos pages Web. De nombreux serveurs disposent de répertoires spéciaux pour les scripts CGI (cgi-bin). Vous pouvez aussi créer un dossier de ce nom dans votre espace personnel. La procédure concrète dépend de la configuration du serveur.

Il en va de même pour les extensions des noms de fichiers scripts. Les extensions *.cgi et *.pl sont des conventions très courantes.

Scripts CGI dans la pratique

Nous venons de voir que beaucoup de requêtes CGI utilisent le protocole HTTP et que la plupart transmettent les en-têtes de requêtes HTTP (HTTP Request Header) aux scripts CGI en tant que variables d'environnement. Vous allez donc tôt ou tard vous demander quels en-têtes de requête HTTP utiliser.

Certains sont fixes et dépendent de la spécification CGI, d'autres dépendent du serveur, du navigateur et d'autres programmes. À l'aide d'un script CGI rudimentaire, vous pouvez voir quelles sont les informations que votre browser et le serveur peuvent échanger. Il vous fournit les variables d'environnement que vous pouvez utiliser.

Exemple :

```
#!/bin/sh
echo "Content-type:text/plain"
echo
set
```

Donnez ensuite un nom à votre script (par exemple requete.cgi) et copiez-le dans le répertoire où le serveur exécute les programmes CGI. Affichez ensuite le script dans votre navigateur en "l'emballant" dans une URL.

Scripts sous forme de liens dans une page Web

Vous pouvez le faire en entrant l'URL directement dans le browser. Toutefois, la voie normale est d'exécuter un script CGI à l'aide d'un lien dans une page HTML. Ce lien ressemble à tous les autres, sauf qu'il pointe sur un script CGI au lieu d'une autre page Web ou d'une image.

Exemple :

```
<a href="cgi-bin/requete.cgi">Ce lien renvoie à un script
CGI.</a>
```

Le résultat du script s'affiche dans la fenêtre ou dans le frame où le lien a été activé. Vous pouvez aussi le dévier à l'aide de l'attribut `target`.

Exemple :

```
<a href="cgi-bin/requete.cgi" target="nouvelle_ fenêtre">Ce lien
renvoie à un script CGI.</a>
```

Exécuter des scripts directement depuis une page Web

Avec les tags de commentaires du HTML vous pouvez automatiquement lancer l'exécution de scripts CGI au chargement d'une page Web - à condition que le serveur qui héberge le script l'autorise.

Formulez le tag de commentaire comme ceci :

```
<!--exec cgi="chemin/script"-->
```

où "chemin" est le chemin d'accès relatif et "script" le nom du script.

Cette méthode d'exécution de scripts CGI s'appelle SSI (*Server Side Includes*).

Exemple : le compteur d'accès

Nous allons vous montrer comment utiliser Perl et CGI avec HTML à l'aide d'un exemple concret. Sans nous attarder sur le langage Perl, voici quelques explications :

- # introduit une ligne de commentaires ;
- $ introduit une variable de caractères ;

- Les structures **if-else** ressemblent à celles de la plupart des langages de programmation (nous allons en avoir besoin) ;
- **open** ouvre un fichier ;
- **close** ferme un fichier ;
- De nombreux caractères de commande comme le retour à la ligne sont également en usage dans divers langages de programmation.

Les autres commandes s'expliquent en grande partie par elles-mêmes et sont de plus documentées dans la source. Sinon, un aperçu dans la documentation de Perl mentionnée plus vous aidera.

Le script du compteur d'accès utilise deux fichiers qui se trouvent sur le serveur : d'un côté il y a le fichier HTML dont les "hits" doivent être comptés et, de l'autre, un fichier binaire dans lequel les nombres sont enregistrés. Vous devez envoyer ce dernier sur le serveur ou l'y créer avant d'exécuter le script ; il doit en outre être librement accessible pour des opérations de lecture et d'écriture.

Conseil

Insérer le compteur d'accès dans une page Web

Pour intégrer le script CGI dans une page Web dont les accès doivent être décomptés, le mieux est d'utiliser un commentaire (cf. plus haut). HTML 4.0 dispose d'une nouvelle fonction permettant de déclencher l'exécution automatique avec onLoad.

Exemple :

```perl
#!/usr/local/bin/perl
# Un compteur d'accès
###########################################################
# Définition des variables
# fichierhtml est le fichier dont les visites doivent être
comptées.
# fichiernombre enregistre les visites.
###########################################################
  $ fichiernombre = "/path/compteleshits";
```

```
###########################################################
# Première étape : ouvrir le fichier contenant les hits pour
lecture
open(hits," $fichiernombre");
# Deuxième étape : lire les visites et les enregistrer dans
une
# nouvelle variable
 $visites=(hits);
# Troisième étape : refermer le fichier contenant les hits
close $fichiernombre
# Quatrième étape : ouvrir le fichier contenant les hits pour
écriture
open(hits,"> $fichiernombre ");
# Cinquième étape : augmenter de 1 les variables qui
contiennent
# les visites effectuées et les réécrire dans fichiernombre
print hits ++ $visites;
# Sixième étape : refermer le fichier contenant les visites
close $fichiernombre
# Création d'un en-tête pour la réponse au client
print "Content-type: text/html\n\n";
# Ouverture du fichier HTML dont il faut compter les visites
open(html, $fichierhtml);
# Écriture du document
while (<html>)
{
print $_;
# Fermeture de la page Web
close html;
# Sortie du niveau du compteur
print "Vous êtes le visiteur n° : $visites\n";
print "</body></html>\n";
```

8.4 Les formulaires : application pratique de CGI

L'application de loin la plus importante de CGI est le formulaire. Ce chapitre présente cette technique.

Les documents HTML ordinaires ne servent généralement que pour transporter de l'information dans un sens : les données sont envoyées du serveur au client avec son navigateur.

Mis à part les requêtes de données, il n'y a pratiquement pas d'échange d'information dans l'autre sens, sauf de temps à autre l'envoi d'un e-Mail lorsque l'utilisateur clique sur le lien correspondant. La plupart du temps, l'utilisateur est réduit à un silence passif.

Mais ce n'est pas une fatalité, HTML proposait déjà dans sa version 2.0 une technique permettant une communication confortable du client (donc de l'utilisateur) vers le serveur : les formulaires. Aujourd'hui, presque tous les browsers reconnaissent cette technologie.

L'interactivité entre le fournisseur de contenu et les visiteurs gagne en importance, notamment dans le secteur commercial, et la technologie des formulaires est la clé de cette interactivité (réglementée).

Un formulaire HTML peut contenir des zones de saisie, des zones de texte à plusieurs lignes, des listes, boutons et descriptions. L'utilisateur charge un formulaire vide dans le cadre d'un document HTML, le remplit à l'aide du navigateur (c'est tout à fait possible hors ligne) et le renvoie au serveur. Le "propriétaire" du formulaire peut ensuite l'analyser.

Le principal avantage d'un formulaire par rapport au message électronique est que les données obtenues auprès de l'utilisateur sont toutes du même type. Ces données peuvent être analysées statistiquement par un programme de base de données et y être enregistrées (par des interfaces appropriées comme CGI). Une autre application est la commande en ligne à partir d'une liste d'offres. Le travail de gestion et d'analyse imputé au propriétaire de la page Web s'en trouve considérablement réduit par rapport au courrier électronique.

L'allégement de la tâche est sensible aussi du côté de l'utilisateur car un formulaire bien conçu lui permet de le remplir en cliquant simplement sur des boutons. Avec pour conséquence une plus grande motivation pour y répondre, contrairement aux e-Mail.

Définition d'un formulaire

Un formulaire commence toujours par le tag <form> et se termine par </form>. Dans le tag d'ouverture, deux autres informations doivent être insérées, séparées par des espaces :

1. une adresse de destination du formulaire ;

2. la méthode déterminant comment le formulaire sera renvoyé au serveur.

Ceci s'effectue à l'aide des attributs suivants :

1. action=[URL] : URL est l'adresse où doit être envoyé le formulaire rempli ;

2. method=[méthode] : la méthode de transmission.

Dans l'attribut action=, l'URL se compose comme toujours :

■ du type de protocole ;
■ du nom de l'ordinateur ;
■ du chemin d'accès absolu ;
■ du nom du fichier référencé.

Lorsqu'il s'agit de serveurs WWW, le type de protocole est générale-ment http://. Si vous souhaitez recevoir le formulaire sous forme de message électronique, choisissez le protocole mailto.

Le tout doit être entouré de guillemets. Les répertoires sont séparés par une barre oblique ordinaire et non inverse, comme pour toute URL.

Pour l'attribut method=, vous avez généralement le choix entre deux méthodes :

■ GET
■ POST

Vous vous souvenez certainement du passage les concernant et savez donc que c'est du domaine du CGI.

Exemple d'une structure externe d'un formulaire :

```
<form
action="http://ourworld.compuserve.com/homepages/emile_bertrand_2"
method=get>
[éléments du formulaire]
</form>
```

Saisie de données au sein d'un formulaire

Nous allons à présent bâtir la "charpente" du formulaire. Nous devons l'étendre de façon à ce qu'un utilisateur potentiel puisse y entrer des informations structurées. Une solution idéale est les zones de saisie ; dans les formulaires, on distingue principalement les zones de saisie à une ou à plusieurs ligne(s).

Zones de saisie monoligne

Ces zones de saisie sont créées par le tag INPUT et servent à entrer des chiffres et/ou quelques mots (par exemple des clés).

Chaque zone de saisie définie par <input> doit avoir un nom unique dans le formulaire. Pour la nommer, tapez :

```
<input name=[nom_de_la_zone]>
```

Le nom ne doit pas contenir d'espaces ni d'accents et doit être placé entre guillemets.

Le tag d'ouverture <input> nécessite en outre des informations sur la longueur interne de la zone ainsi que sur le nombre maximal de caractères autorisé. Ce renseignement est donné par l'attribut size=[valeur]. Avec maxlength=[valeur], vous déterminez la longueur interne de la zone. Si la longueur interne est plus grande que la longueur affichée, une barre de défilement horizontale s'ajoute automatiquement pour les saisies plus longues.

Voici à quoi ressemble l'instruction complète d'une zone de saisie :

```
<input name=[nom_de_la_zone] size=[valeur] maxlength=[valeur]>
```

Exemple d'un formulaire simple :

```
<html>
<body bgcolor=yellow>
<h3>Mon formulaire</h3>
<form
action="http://ourworld.compuserve.com/homepages/emile_bertrand_2"
method=get><p>
La première zone de saisie à une ligne a une longueur de 4
caractères et peut contenir jusqu'à 9 caractères :<br>
<input name="zone1" size=4 maxlength=9><br>
La deuxième zone de saisie a une longueur de 8 caractères et peut
en contenir autant :<br>
<input name="zone2" size=8 maxlength=8><br>
La troisième zone de saisie à une ligne a une longueur de 8
caractères, mais ne peut en contenir que 5 :<br>
<input name="zone3" size=8 maxlength=5><br>
</form>
</body>
</html>
```

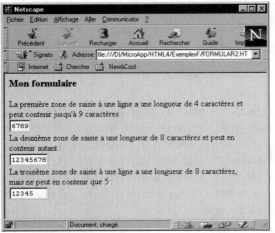

◄ Fig. 8.2 :
*Formulaire avec
plusieurs zones
de saisie
monoligne*

Le contenu de la première zone défile si plus de quatre caractères sont entrés (neuf au maximum). Dans la deuxième, la place est exactement celle du nombre de caractères autorisé et la troisième est plus grande que la place occupée par les caractères autorisés.

Types de zones de saisie

Par principe, on peut tout écrire dans une zone "input". Mais souvent, il est opportun de spécifier plus précisément le type de données autorisé.

Un autre attribut du tag `<input>` permet de définir différents types de zones de saisie : `type=`.

Tab. 8.2 : Types de saisie autorisés par le tag INPUT	
Attribut	**Description**
`type=int`	Seule la saisie de nombres entiers est autorisée. Avec l'attribut `size`, vous pouvez en outre fixer le nombre maximal de chiffres.
`type=float`	Seule la saisie de nombres décimaux est autorisée. Avec l'attribut `size`, vous pouvez en outre fixer le nombre maximal de chiffres.
`type=date`	Seule la saisie d'une date est autorisée.
`type=url`	Saisie d'une adresse Internet.
`type=password`	Les caractères saisis ne sont pas visibles. À la place, l'utilisateur voit des astérisques.

Deux autres attributs permettent de fixer une limite inférieure et/ou supérieure pour les valeurs numériques autorisées (c'est ce que l'on appelle "range" en anglais) :

- `min=[valeur]` : Définition de la limite inférieure d'une plage de valeurs.

- `max=[valeur]` : Définition de la limite supérieure d'une plage de valeurs.

Attention

Particularité de certains attributs

Ces attributs ne sont pas correctement pris en charge par de nombreux navigateurs. Par exemple, lorsque la saisie s'effectue hors connexion, ils ne surveillent pas si le type de données est correct ni si la plage de valeurs est respectée. Le type password est, quant à lui, presque toujours compris.

Exemple d'un formulaire contenant différents types de zones de saisie :

```html
<html>
<body bgcolor=blue>
<form
action="http://ourworld.compuserve.com/homepages/emile_bertrand_2"
method=get>
<p>
Veuillez entrer votre mot de passe :
<input name="zone1" size=9 maxlength=9 type=password><br>
Votre date de naissance :
<input name="zone2" size=8 maxlength=8 type=date ><br>
Une zone de saisie pour nombres entiers sans limitation :
<input name="zone3" size=8 maxlength=5 type=int><br>
Veuillez entrer votre adresse e-Mail :
<input name="zone7" size=50 maxlength=60 type=url><br>
</form>
</body>
</html>
```

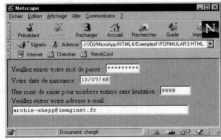

▲ Fig. 8.3 : *Zones de saisie de données de différents types*

Zones de saisie multilignes

Les zones de saisie à plusieurs lignes se réalisent à l'aide du tag TEXTAREA et servent par exemple à entrer des commentaires, notes, remarques ou autres textes d'une certaine longueur. Une zone de saisie à plusieurs lignes se termine par le tag de fermeture </textarea>.

Chaque zone de saisie définie avec le tag <textarea> doit avoir un nom unique dans tout le formulaire et se construit comme ceci :

```
<textarea name=[nom_de_la_zone]>...</textarea>
```

Le nom ne peut contenir ni espaces ni accents et doit être placé entre guillemets.

Vous pouvez noter un texte entre les tags d'ouverture et de fermeture qui y figurera par défaut.

Contrairement aux zones de saisie à une ligne, le dimensionnement des zones de saisie à plusieurs lignes ne se fait pas par les attributs size= et maxlength= mais à l'aide de lignes avec rows=[valeur] et de colonnes avec cols=[valeur].

Exemple de zones de saisie à plusieurs lignes :

```
<html>
<body bgcolor=aqua>
<center>
<h5>Différentes zones de saisie à plusieurs lignes</h5>
<form
action="http://ourworld.compuserve.com/homepages/emile_bertrand_2"
method=post><p>
Une zone de saisie avec un texte par défaut :
<textarea name=Feld1 cols=40 rows=5>Ce texte s'affiche par défaut
et ne s'efface que lorsque l'utilisateur effectue une
saisie.</textarea><p>
Une zone de saisie vide :
<textarea name=Feld1 cols=60 rows=3></textarea><p>
</form>
</center>
</body>
</html>
```

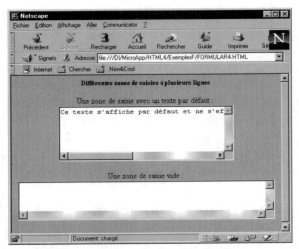

▲ Fig. 8.4 : *Page avec une zone de saisie vide et une avec un texte prédéfini*

Remarque

Particularités des zones destinées aux textes longs

La plupart des navigateurs affichent les zones de saisie multilignes munies de barres de défilement de sorte que l'utilisateur puisse taper un texte dépassant la taille définie de la zone. Vous pouvez les voir dans l'illustration ci-dessus. Certains navigateurs (par exemple Netscape) sont également capables de gérer les retours à la ligne automatiques dans ce type de zones de saisie.

Listes d'options

Les listes d'options offrent à l'utilisateur la possibilité d'en choisir une parmi d'autres. La structure d'une telle liste est créée par le tag SELECT. Chaque liste définie avec ce tag doit avoir un nom unique dans le formulaire. Elle se présente donc comme les autres éléments :

```
<select name=[nom_de_la_liste]>...</select>
```

Les mêmes règles s'appliquent que pour les noms de zones de saisie.

L'attribut size=, que vous connaissez déjà depuis les zones de saisie, définit la taille d'une liste et plus précisément combien d'options elle peut contenir. Sa largeur résulte automatiquement de la longueur des mots qu'elle contiendra. Si la liste contient plus d'éléments que ceux qui s'affichent, la plupart des browsers ajoutent une barre de défilement.

Un élément de liste doit être défini par un tag spécifique, comme dans les listes ordinaires. Pour cela, écrivez-les entre les tags OPTION:

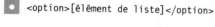 <option>[élément de liste]</option>

Conformité à la syntaxe SGML

Normalement, le tag <option> peut être utilisé seul, mais, afin d'être strictement conforme au SGML, nous rajoutons le tag de fermeture </option>.

Exemple sans l'attribut size= :

```
<html>
<body bgcolor=white>
<center>
<h2>Une liste déroulante avec un champ de liste à une ligne</h2>
</center>
<form
action="http://ourworld.compuserve.com/homepages/emile_bertrand_2"
method=get><p>
Indiquez votre sexe :<p>
<select name=formularliste1>
<option>Monsieur</option>
<option>Madame</option>
<option>Autre</option>
</select>
</form>
</body>
</html>
```

◀ Fig. 8.5 :
*Exemple d'une
liste d'options
déroulante*

Exemple avec indication de la taille :

```
<html>
<body bgcolor=black text=yellow>
<center>
<h3>Une liste d'options avec un champ de liste à plusieurs
lignes</h3>
</center>
<form
action="http://ourworld.compuserve.com/homepages/emile_bertrand_2"
method=get><p>
Indiquez le jour :<p>
<select name=formularliste1 size=4>
<option>Lundi</option>
<option>Mardi</option>
<option>Mercredi</option>
<option>Jeudi</option>
<option>Vendredi</option>
<option>Samedi</option>
<option>Dimanche</option>
</select>
</form>
</body>
</html>
```

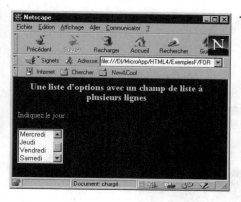

◄ Fig. 8.6 :
*Liste d'options
où toutes ne sont
pas visibles*

Choix multiple

Il est vrai que certains navigateurs permettent de sélectionner plusieurs options sans définition explicite de cette possibilité, mais pour définir proprement un choix multiple dans des listes, vous devez l'autoriser à l'aide de l'attribut multiple dans le tag <select>.

Exemple avec choix multiple :

```
<html>
<body bgcolor=blue text=yellow>
<center>
<h3>Une liste d'options avec un champ de liste à plusieurs
lignes</h3>
<h4>Les choix multiples sont autorisés</h4>
</center>
<form
action="http://ourworld.compuserve.com/homepages/emile_bertrand_2"
method=get><p>
Quels jours aimeriez-vous être en congé ?<p>
<select name=formularliste1 size=7 multiple>
<option>Lundi</option>
<option>Mardi</option>
<option>Mercredi</option>
<option>Jeudi</option>
<option>Vendredi</option>
<option>Samedi</option>
```

```
<option>Dimanche</option>
</select>
</form>
</body>
</html>
```

◄ Fig. 8.7 :
*Les listes
d'options
autorisent la
sélection multiple*

Astuce

Touches de sélection multiple

La sélection multiple dans une liste s'effectue à l'aide des combinaisons de touches universelles. Gardez la touche [Maj] enfoncée et cliquez sur le premier et le dernier élément de votre sélection pour sélectionner tous les éléments qui se trouvent entre les deux. Pour sélectionner des éléments séparés, gardez la touche [Ctrl] enfoncée et cliquez sur vos différents choix (un nouveau clic sur le même élément annule sa sélection). Les utilisateurs débutants vous seront sans doute reconnaissant si vous ajoutez une petite note à ce propos.

Éléments de liste sélectionnés par défaut

Il est possible de prédéfinir la sélection de certains éléments de liste avec l'attribut `selected` du tag `OPTION`.

Exemple avec sélection prédéfinie dans un champ de liste à une ligne :

```
<html>
<body bgcolor=white>
<h5>Une présélection</h5>
<form
action="http://ourworld.compuserve.com/homepages/emile_bertrand_2"
method=post><p>
Je trouve HTML :<p>
<select name=liste_de_formulaire1>
<option>Super</option>
<option>Très bien</option>
<option>Génial</option>
<option selected>Le top du top</option>
</select>
</body>
</html>
```

◄ Fig. 8.8 :
*Présélection
d'une option de
liste déroulante*

Dans certains browsers et les versions précédentes du HTML, une présélection n'était utile que dans des listes sans l'attribut `size=` , car dans ce cas seulement l'élément présélectionné ne s'affichait dans le champ de liste à une ligne. Aujourd'hui, cette indication est prise en charge comme le montre l'exemple suivant :

```
<html>
<body bgcolor=white>
<h5>Une présélection</h5>
<form
action="http://ourworld.compuserve.com/homepages/emile_bertrand_2"
method=post><p>
Je trouve HTML :<p>
<select name=formularliste1 size=4>
<option>Super</option>
<option>Très bien</option>
<option>Génial</option>
<option selected>Le top du top</option>
</select>
</body>
</html>
```

◀ Fig. 8.9 :
*Présélection d'un
élément de liste
multilignes*

Boutons de sélection

HTML fournit des boutons de formulaires que l'utilisateur peut activer en cliquant dessus. Il s'agit en fait d'une forme spéciale de zone de saisie à une ligne, définie également avec le tag `<input>`.

Contrairement aux zones de saisie ordinaires à une ligne, les boutons de sélection forment généralement un groupe et ne seraient pas utiles isolés.

Il existe deux types de boutons de sélection : les boutons d'option (*radio button*) et les cases à cocher (*check button*).

Boutons d'option

Les boutons d'option se présentent en groupe de petits boutons dotés d'un nom et dont un seul peut être activé à la fois. Le nom anglais "radio button" fait référence aux boutons d'une radio qui ne permettent de sélectionner qu'une seule station.

1. Ce type de bouton se définit avec l'attribut `type=radio` du tag `<input>`.

2. Chaque zone d'option définie avec le tag INPUT doit avoir un nom unique dans tout le formulaire. Toutes les zones d'option de même nom appartiennent au même groupe. L'utilisateur ne peut sélectionner qu'une seule zone parmi ce groupe.

3. A l'intérieur du groupe de boutons, définissez un nom interne avec l'attribut value pour distinguer les différents boutons car le nom de la zone est le même pour tout le groupe.

Voici la syntaxe exacte d'un bouton d'option :

```
<input type=radio name=[nom_de_la_zone] valeur=[nom_interne]>Nom
du bouton
```

Comme d'habitude, le nom de la zone ne doit pas contenir ni espaces ni accents et doit impérativement se trouver entre guillemets. Le nom interne est transmis lors du renvoi du formulaire. Il doit également être placé entre guillemets. Le texte descriptif des boutons figure directement après le tag.

Exemple d'un formulaire avec bouton d'option :

```
<html>
<body bgcolor=yellow>
<h1>Cochez la case correspondante</h1>
<form action="http://ourworld.compuserve.com/homepages/
emile_bertrand_2" method=get><p>
<input type=radio name="sexe" value="masculin">Monsieur
<input type=radio name="sexe" value="feminin">Madame
</form>
</body>
</html>
```

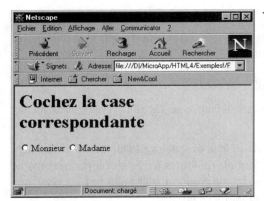

◄ Fig. 8.10 :
*Formulaire avec
deux boutons
d'option*

Présélection des boutons d'option

Vous avez sans doute remarqué qu'aucun des boutons
n'est sélectionné dans l'exemple ci-dessus, ce qui correspond aux paramètres par défaut. En ce qui concerne les
boutons d'option, cela est en fait un non-sens, car l'un des
deux doit obligatoirement être activé. HTML offre un
attribut supplémentaire pour le tag INPUT permettant de
présélectionner un bouton. Exemple : <input type=radio
name=sexe valeur=feminin checked>Madame

Accentuation des noms et légendes

Le nom de la zone et le nom interne ne doivent pas
comporter d'accents. Par contre la légende (le texte visible à l'écran) ne pose elle aucun problème.

Cases à cocher

Les cases à cocher se présentent elles aussi toujours en groupe de
boutons avec légende, mais ici, l'utilisateur peut en activer plusieurs.
Comme le bouton d'option, cette technique est très courante dans tous
les systèmes d'exploitation graphiques.

1. Ajoutez l'attribut `type=checkbox` au tag `<input>` pour définir une case à cocher.

2. Chaque bouton défini dans le tag `<input>` doit avoir un nom unique dans l'ensemble du formulaire. Toutes les cases du même nom appartiennent à un groupe. La différence majeure avec les boutons d'option est que l'utilisateur peut en sélectionner un ou plusieurs.

Remarque

Apparence des éléments d'interface

Les cases à cocher et boutons d'option se présentent presque toujours différemment selon le système d'exploitation et le navigateur utilisés. La convention est une forme carrée pour les cases à cocher et ronde pour les boutons d'option.

Une case à cocher nécessite elle aussi un nom interne défini avec l'attribut **value=** pour se distinguer des autres cases de son groupe, car le nom de la zone est le même pour toutes les cases du même groupe.

La syntaxe pour les cases à cocher est identique à celle des boutons d'option, sauf bien sûr le type (les mêmes règles s'appliquent en ce qui concerne les noms) :

```
<input type=checkbox name=[nom_de_la_zone]
value=[nom_interne] >Nom de la case
```

Exemple d'un formulaire avec cases à cocher :

```
<html>
<body bgcolor=blue text=white>
<h3>Cases à cocher :</h3>
<form action="http://ourworld.compuserve.com/homepages/
emile_bertrand_2" method=get><p>
<input type=checkbox name="animaux" value="poissons"> Poissons
<input type=checkbox name="animaux " value="oiseaux"> Oiseaux
<input type=checkbox name="animaux " value="reptiles"> Reptiles
</form>
```

```
</body>
</html>
```

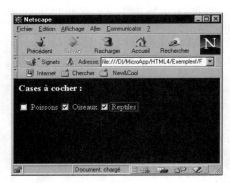

◄ Fig. 8.11 :
*Groupe composé
de trois cases à
cocher*

Astuce

Présélection des cases à cocher

Vous pouvez également présélectionner des cases à cocher avec l'attribut checked.

Boutons de commande

Pour terminer un formulaire, il faut bien entendu offrir la possibilité de l'envoyer ou bien de l'annuler.

HTML comprend depuis quelque temps deux boutons de commande à cet effet. Ces boutons sont eux aussi des formes spéciales de la zone de saisie à une ligne et se définissent donc également avec le tag INPUT.

1. Comme pour les boutons d'option et les cases à cocher, vous devez étendre le tag <input> avec l'attribut type.

2. L'attribut value est également nécessaire, quoique pour d'autres raisons.

Voici la syntaxe exacte pour un bouton de commande d'annulation de formulaire (*reset*) :

```
<input type=reset value=[nom]>
```

Le nom est le texte qui figurera sur le bouton. Il doit être placé entre guillemets.

Voici la syntaxe pour définir un bouton de commande d'envoi de formulaire (*submit*) :

```
<input type=submit value=[nom]>
```

Le nom est le texte qui figurera sur le bouton. Il doit être placé entre guillemets.

Exemple d'un formulaire contenant deux boutons de commande :

```
<html>
<body bgcolor=blue text=white>
<h3>Cases à cocher :</h3>
<form
action="http://ourworld.compuserve.com/homepages/emile_bertrand_2"
method=get><p>
<input type=checkbox name="animaux" value="poissons"> Poissons
<input type=checkbox name="animaux " value="oiseaux"> Oiseaux
<input type=checkbox name="animaux " value="reptiles"> Reptiles
<p>
<input type=submit value="Envoyer le formulaire">
<input type=reset value="Annuler">
</form>
</body>
</html>
```

◄ Fig. 8.12 :
Chaque formulaire doit contenir un bouton d'envoi et un bouton d'annulation

Utilisation d'une image en tant que bouton d'envoi

Le tag INPUT permet également d'utiliser une image comme bouton d'envoi. C'est même très simple :

```
<input type=image src=[nom_du_graphique]>
```

Exemple :

```
<html>
<body bgcolor=blue text=white>
<h3>Cases à cocher :</h3>
<form
action="http://ourworld.compuserve.com/homepages/emile_bertrand_2"
method=get><p>
<input type=checkbox name="animaux" value="poissons"> Poissons
<input type=checkbox name="animaux " value="oiseaux"> Oiseaux
<input type=checkbox name="animaux " value="reptiles"> Reptiles
<p>
<input type=image src="ducky.gif">
<input type=reset value="Annuler">
</form>
</body>
</html>
```

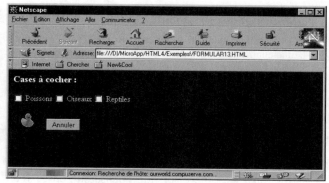

▲ Fig. 8.13 : *Le canard fait ici office de bouton d'envoi*

Nouveaux éléments de formulaires autorisés par HTML 4.0

HTML 4.0 ajoute quelques avantages à la technique des formulaires. Parmi elles figurent les étiquettes (labels) actives ou hiérarchiques dans les champs de formulaire.

Les nouveaux éléments FIELDSET et LABEL servent à regrouper et distinguer des parties du formulaire. LABEL peut relier les éléments INPUT déjà connus avec diverses informations supplémentaires. Toute une série de nouveaux attributs facilitent la manipulation des formulaires. Les attributs disabled et readonly des tags INPUT et TEXTAREA par exemple, empêchent l'utilisateur de modifier les champs ainsi marqués. Les attributs s'insèrent toujours de la même façon en tant qu'extension des tags. Les sections suivantes vont vous présenter les nouveautés en détail.

DISABLED et READONLY

Ces nouveaux attributs pour des éléments de formulaire comme INPUT ou TEXTAREA empêchent une modification des champs de formulaire par l'utilisateur.

Remarque

Officialisation de l'attribut DISABLED

S'il n'est pas vraiment nouveau, l'attribut disabled n'a été officiellement intégré dans HTML que depuis la version 4.0.

Exemple :

```
<input disabled name="banque" value="L'argent-Roi">
```

1. L'attribut disabled a pour effet que le champ de formulaire ne peut pas être activé, qu'il est ignoré lorsque l'utilisateur passe d'un champ à l'autre avec la touche [Tab] et que les valeurs ne peuvent pas être envoyées avec une action sur un bouton "submit".

2. Les champs marqués par l'attribut readonly peuvent, eux, être activés, l'utilisateur peut y placer son curseur avec la touche [Tab] et leurs valeurs peuvent être envoyées par "submit". Toutefois, aucune modification n'est possible par le clavier ou la souris. En revanche, il est possible de modifier les attributs à l'aide de scripts et un champ de formulaire en lecture seule peut ainsi devenir modifiable par des saisies utilisateur.

Définition de l'ordre d'activation des champs

Un autre attribut (tabindex) est venu s'ajouter dans les éléments d'aide à la saisie. C'est une extension du tag INPUT qui s'insère comme d'habitude. La valeur de cet attribut permet d'établir l'ordre dans lequel l'utilisateur passe d'un champ de formulaires à un autre en actionnant la touche [Tab]. Les programmeurs en Visual Basic reconnaîtront sans doute cet attribut.

Exemple :

```
<input tabindex="42" type="text" name="reponse">
```

Vous verrez l'utilisation de cet élément dans l'exemple ci-dessous.

FIELDSET et LEGEND

Les deux nouveaux éléments FIELDSET et LEGENDont la même fonction. FIELDSET permet de regrouper des champs de formulaire en rubriques thématiques. Il facilite ainsi la navigation dans les gros formulaires.

LEGEND a, comme CAPTION dans les tableaux, la fonction d'ajouter une légende ou un titre. Il permet de s'orienter plus facilement si le navigateur n'est pas capable d'afficher de FIELDSET. L'autre avantage est que l'on peut l'aligner avec l'attribut align=.

Les options d'alignement suivantes sont autorisées pour LEGEND :

■ align=top/bottom/left/right

L'alignement se fait en fonction de la position du formulaire.

Voici ce que signifient ces options :

- **top** : la légende se trouve en haut de la rubrique (FIELDSET) ;
- **bottom** : la légende se trouve en dessous de la rubrique ;
- **left** : la légende se trouve à gauche de la rubrique ;
- **right** : la légende se trouve à droite de la rubrique.

Les deux éléments nécessitent un tag d'ouverture et un tag de fermeture.

L'exemple suivant illustre schématiquement la saisie de données dans un formulaire. Le modèle est un questionnaire médical. Il comprend trois rubriques : des informations personnelles, les antécédents médicaux et les traitements en cours. Chaque section contient des éléments de contrôle pour entrer les informations nécessaires. Tabindex détermine l'ordre des champs de formulaire que l'on peut activer avec la touche [Tab]. L'index de tabulation fonctionne selon le principe suivant : chaque rubrique se voit attribuer une dizaine et les différents éléments sont comptés par unité. Vous pouvez bien sûr commencer à compter par les unités.

Exemple :

```
<html>
<head>
<title>Formulaire médical</title>
</head>
<body>
<FORM action="..." method="post">
<FIELDSET>
<LEGEND align="top">Informations personnelles</LEGEND>
Nom : <INPUT name="personal_lastname" type="text" tabindex="1">
<br>
Prénom : <INPUT name="personal_firstname" type="text"
tabindex="2">
<br>
Adresse : <INPUT name="personal_address" type="text"
tabindex="3">
</FIELDSET>
<br>
<FIELDSET>
<LEGEND align="top">Antécédent médical</LEGEND>
<INPUT name="history_illness" type="checkbox" value="Varicelle"
tabindex="20">
Varicelle</INPUT>
<INPUT name="history_illness" type="checkbox" value="Oreillons"
tabindex="21">
Oreillons</INPUT>
<INPUT name="history_illness" type="checkbox" value="Rougeole"
tabindex="22">
Rougeole</INPUT>
<INPUT name="history_illness" type="checkbox" value="Allergies"
tabindex="23">
Allergies</INPUT>
</FIELDSET>
<FIELDSET>
<LEGEND align="top"> Traitement suivi</LEGEND>
Prenez-vous des médicaments ?
<br>
<INPUT name="medication_now" type="radio" value="Oui"
tabindex="35">Oui</INPUT>
```

```
<INPUT name="medication_now" type="radio" value="Non"
tabindex="36">Non</INPUT>
<br>
Si vous prenez des médicaments, veuillez les indiquer dans le
tableau suivant :
<br>
<TEXTAREA name="current_medication" rows="10" cols="40"
tabindex="40">
</TEXTAREA>
</FIELDSET>
</FORM>
</body>
</html>
```

Le formulaire ne se présente pas tout à fait comme prévu dans Netscape Navigator 4.0 :

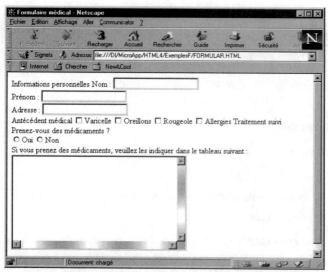

▲ Fig. 8.14 : *Le même formulaire dans Netscape Navigator 4.0...*

Il n'est pas mal, mais la division en rubriques avec LEGEND et FIELDSET ne s'affiche pas. Pour comparaison, le même formulaire dans Internet Explorer 4.0 :

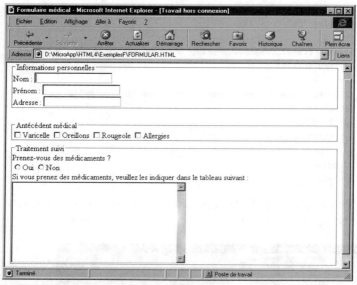

▲ **Fig. 8.15 :** *...et dans Internet Explorer 4.0*

Ici, on voit bien que chaque rubrique logique est introduite par une légende et entourée d'une ligne qui la démarque visuellement.

Attributs du tag BUTTON

Nous avons vu que le tag **BUTTON** possède les attributs suivants :

- **name** : spécifie le nom du bouton ;
- **value** : spécifie la valeur d'un bouton (le nom dans un formulaire) ;
- **type** : déclare le type de bouton.

En ce qui concerne l'attribut type, il y a du nouveau : outre les deux options que nous connaissons déjà (**submit** pour envoyer un formulaire et **reset** pour l'annuler), il existe à présent le type **button**. Il crée un simple bouton "push" pour expédier un script (qui se trouve du côté du client).

Mais ce n'est pas la seule innovation. Un bouton du type "submit" contenant un graphique (par exemple l'élément IMG) ressemble fortement à l'élément INPUT. Dans les deux cas, le formulaire est envoyé, mais la présentation n'est pas la même. Le nouvel élément est une présentation en relief. L'élément BUTTON possède des possibilités de présentation bien plus riches, par exemple, mouvement vers le haut ou vers le bas sur un clic de souris ou une animation se déroulant à l'intérieur du bouton. Le bouton avec le chat dans l'illustration suivante est un fichier GIF animé qui met en scène un chat faisant les cent pas dans les limites du bouton (le deuxième bouton affiche un texte alternatif).

Un élément BUTTON du type "reset" est également apparenté à l'élément INPUT (du type "reset"). les différences se situent ici aussi dans la présentation visuelle.

Les tags de fermeture sont obligatoires.

L'exemple suivant montre un formulaire avec zones de saisie INPUT et boutons. Les boutons sont combinés avec des images à l'aide de l'élément IMG.

```
<html>
<head>
<title>L'élément BUTTON dans un formulaire</title>
</head>
<body>
<FORM action="http://www.pagequelconque.com/" method="post">
<P>
Prénom : <INPUT type="text" name="firstname"><BR>
Nom : <INPUT type="text" name="lastname"><BR>
Adresse e-Mail : <INPUT type="text" name="email"><BR>
<INPUT type="radio" name="sex" value="masculin"> Masculin<BR>
<INPUT type="radio" name="sex" value="Féminin"> Féminin<BR>
<BUTTON name="submit" value="submit" type="submit">Envoyer<IMG
src="cat.gif"
alt="Ce chat qui fait les cent pas est en fait un bouton
d'envoi"></BUTTON>
<BUTTON name="reset" type="reset">Reset<IMG src="ducky.gif"
alt="Petit canard"></BUTTON>
```

```
</FORM>
</body>
</html>
```

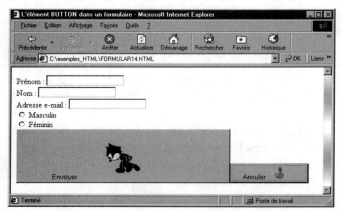

▲ Fig. 8.16 : *Exemples de boutons enrichis d'images sous Internet Explorer*

Si vous utilisez un tag BUTTON avec un élément IMG, expliquez l'image par l'attribut alt= (pour les utilisateurs qui ne peuvent pas voir l'image ou dont le navigateur ne connaît pas le tag BUTTON) (voir fig. 8.17).

En revanche l'exemple suivant ne fonctionne pas (un lien IMG simplement entouré des tags <button>...</button>) :

```
HTML erroné
<button>
<img src="foo.gif" usemap="...">
</button>
```

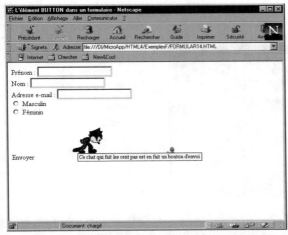

▲ Fig. 8.17 : *Avec Navigator, on peut voir l'image, mais pas le bouton*

LABEL

LABEL fait aussi partie des nouveaux tags de formulaires. Combiné avec FIELDSET et LEGEND, il permet d'afficher des informations sur un groupe.

Cependant, vous pouvez également le mettre en œuvre dans de simples zones de saisie.

Exemple :

```
<html>
<body bgcolor=yellow>
<FORM action="..." method="post">
<P>
<LABEL for="firstname">Prénom : </LABEL><INPUT
type="text" id="firstname"><BR>
<LABEL for="lastname">Nom : </LABEL><INPUT
type="text" id="lastname"><BR>
<INPUT type="radio" name="sex" value="Masculin">Masculin<BR>
<INPUT type="radio" name="sex" value="Féminin"> Féminin<BR>
<INPUT type="submit" value="Envoyer">
<INPUT type="reset" value="Annuler">
</FORM>
```

```
</body>
</html>
```

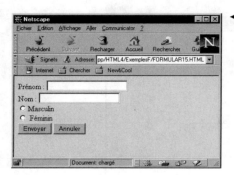

◄ Fig. 8.18 :
*Les textes
accompagnant
les champs de ce
formulaire ont
été définis par le
tag LABEL*

Cette méthode se justifie particulièrement lorsque l'on souhaite actualiser dynamiquement les descriptions de champs de formulaires.

Raccourcis clavier

Jusqu'à présent, l'adaptation au standard SAA (les fonctions et le "look"
Windows) n'était pas allée bien loin en HTML. Par exemple, on n'avait pas
la possibilité d'activer des zones de saisie à l'aide d'un raccourci clavier.

HTML 4.0 introduit un nouvel attribut (accesskey), qui, en association
avec un élément INPUT et une lettre de raccourci (indépendamment des
majuscules ou minuscules), permet d'activer un élément donné (LABEL,
CAPTION, A, LEGEND) en appuyant simplement sur les touches [Alt] +
[lettre correspondante].

Exemple :

```
<html>
<body>
<FORM action="/anyprog/" method="POST">
<FIELDSET>
<LEGEND align="top">Informations personnelles :
</LEGEND>
<LABEL for="Nom" accesskey="N">Nom :</LABEL>
<INPUT name="Nom" type="text" tabindex="1" accesskey="N"><br>
```

```
Prénom : <INPUT name="Prénom" type="text" tabindex="2"
accesskey="P"><br>
Rue : <INPUT name="Rue" type="text" tabindex="3"
accesskey="R"><br>
Code postal : <INPUT name="Code_postal" type="text" tabindex="4"
accesskey="C"><br>
Ville : <INPUT name="Ville" type="text" tabindex="5"
accesskey="V"><br>
</FIELDSET>
<FIELDSET>
<LEGEND align="top">Informations bancaires :
</LEGEND>
Banque : <INPUT name="Banque" type="text" tabindex="11"
accesskey="B"><br>
Numéro de compte :
<INPUT name="compte" type="text" tabindex="12" accesskey="U"><br>
</FIELDSET>
</FORM>
</body>
</html>
```

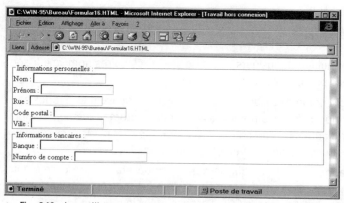

▲ Fig. 8.19 : *Les utilisateurs peuvent se déplacer dans ce formulaire à l'aide de raccourcis clavier*

Extensions de l'attribut TYPE

Le tag INPUT comprend désormais deux autres options pour l'attribut type : `file` et `accept`. Ils servent tous deux au téléchargement en amont de fichiers sur un serveur.

ACCEPT-CHARSET

Le tag `FORM` reçoit un nouvel attribut, `accept-charset`, fondé sur l'entête HTTP "Accept-Charset" (IRFC2068). Il sert à définir une liste de caractères qui seront acceptés sur le serveur en question.

Analyse de données de formulaire avec CGI

Une fois qu'un internaute a rempli et envoyé un formulaire, le propriétaire de la page Web doit l'analyser d'une façon ou d'une autre. C'est l'une des principales applications de CGI.

Récapitulons quelques détails sur les formulaires et CGI :

Les zones de saisie sont nommées par l'attribut `name`. Le nom est associé à la valeur entrée et transmis en tant que paire nom/valeur. La syntaxe est la suivante :

```
Nom_du_champ_de_formulaire=Valeur
```

Si le formulaire a plusieurs zones de saisie, les paires nom/valeur sont séparées par le signe &.

Toutefois, comme ce signe ainsi que le signe = peuvent être tapés dans les champs de formulaires, le navigateur doit automatiquement remplacer par d'autres les caractères saisis (si ce sont des caractères spéciaux CGI avec une signification établie) avant l'envoi.

Deux autres caractères qui peuvent éventuellement être entrés dans des champs de formulaires doivent être remplacés, car ils ont une signification précise sous CGI : l'espace et le signe +.

Un browser remplace ces caractères selon le tableau suivant avant de renvoyer le formulaire :

Tab. 8.3 : Codes de remplacement des caractères réservés en CGI	
Caractère saisi	Remplacé par
+	%2B
=	%3D
&	%26
Espace	+

Le script CGI doit retraduire ces caractères dans leur version initiale pour récupérer les données d'origine.

Prenons l'exemple d'un formulaire avec trois zones de saisie :

- La société : Société
- Le prénom du propriétaire : Prénom
- Le nom du propriétaire : Nom

Les valeurs entrées sont Dupont & Fils pour la société, Dupont pour le nom et André Jacques pour le prénom. Lorsque l'utilisateur actionne le bouton "submit", le navigateur compresse le formulaire et convertit les entrées comme ceci :

```
Societe=Dupond %26Fils&Nom=Dupond&Prenom=Andre+Jacques
```

Le script CGI sur le serveur doit dans un premier temps séparer la chaîne de caractères aux endroits du signe &, puis restituer les caractères remplacés. C'est seulement maintenant qu'il devient possible d'accéder convenablement aux variables du formulaire.

Nous allons étudier un script Perl qui reconvertit les saisies du formulaire et met son contenu à disposition pour un traitement ultérieur. Le script ne procède pas encore à l'analyse des saisies, il faudra lui ajouter des fonctions pour cela. Nous verrons comment à l'aide d'un exemple concret un peu plus loin.

Prenons un formulaire concret :

```
<html>
<body bgcolor=yellow>
<form
action="http://ourworld.compuserve.com/homepages/emile_bertrand_2"
method=get><p>
<input type=checkbox name="animaux" value="Poissons"> Poissons
<input type=checkbox name="animaux" value="oiseaux"> Oiseaux
<p>
<br>
Veuillez entrer votre adresse électronique :<br>
<input name="mail" size=50 maxlength=60>
<br>
<input type=submit value="Envoyer le formulaire">
<input type=reset value="Annuler">
</form>
</body>
</html>
```

Ce formulaire est ensuite analysé par un script CGI :

```
#!/usr/local/bin/perl
#
# analyse de formulaire
##########################################################
# Un formulaire utilise généralement la méthode Get ou Post.
# La variable d'environnement REQUEST_METHOD contient
# cette information. La première étape consiste à vérifier la
méthode.
# Selon la méthode utilisée (vérification à l'aide d'une
structure
# IF-ELSE très courante également dans d'autres langages), le
# contenu des champs de formulaire sera traité différemment.
##########################################################
# Avec la méthode Post, le programme CGI traite de formulaire
comme
# une saisie de l'utilisateur dans une ligne de commande (STDIN).
# Il n'y a donc pas de signal EOF et la longueur des données
```

```
# transmises doit être communiquée par une variable
d'environnement
# standard (CONTENT_LENGTH).
# La méthode Get simplifie ce processus. Le contenu est
enregistré
# dans la variable d'environnement standard QUERY_STRING.
# Le programme CGI n'analyse que le contenu de cette variable.
# Le contenu du formulaire est enregistré dans la
variable $entree.
#############################################################
if ( $ENV {'REQUEST_METHOD'}eq "POST")
{
read(STDIN, $entree, $ENV{'CONTENT_LENGTH'};
else
{
 $entree= $ENV{'QUERY_STRING'};
#############################################################
# L'étape suivante consiste à reconvertir les caractères spéciaux
# transformés. Elle se déroule en deux parties logiques.
#############################################################
# Dans un premier temps, les paires nom/valeur sont séparées au
# signe &. Pour cela, Perl dispose de la fonction split.
#############################################################
@entree = split(/&/, $entree);
# Ensuite, les caractères codés sont retraduits.
#############################################################
# Une boucle parcourt chaque champ de formulaire.
foreach $i (0.. $#entree)
{
# D'abord (l'ordre est aléatoire) les caractères codés %ab.
#############################################################
 $entree [ $i]=~ s/ %(..)/pack("c",hex( %1))/ge;
# Retraduction des espaces codés (de + en espace)
#############################################################
 $entree [ $i]=~ s/\+/ /g;
# Séparation des différentes paires nom/valeur (encore avec la
# fonction split).
#############################################################
( $nom_du_champ, $contenu) = split(/=/, $entree[ $i],2);
 $entree{ $nom_du_champ}= $contenu;
```

```
##########################################################
# Maintenant il est possible d'accéder aux champs du formulaire
# et d'utiliser les informations qu'ils renferment.
##########################################################
##########################################################
# Renvoi d'une page HTML pour confirmation. Le programme
# accède aux champx de formulaire et prend en compte leur contenu
# dans sa réponse.
##########################################################
print "<html><body>\n";
print "Les entrées sont arrivées et ont été analysées."
if ( $entree{'animaux'}eq 'Poissons') {print "Vous avez choisi les
poissons."}
else {print "Vous avez choisi les oiseaux."}
print("Nous vous enverrons des informations à ce sujet à votre
adresse
e-Mail<b> $entree{'mail'}</b>.");
print "</body></html>\n";
# Fin du script
```

8.5   Ressources CGI et informations

Les ressources CGI sont des fonctions standard qui vous font gagner beaucoup de temps lors du développement de scripts. Vous en trouverez bien sûr sur le Net, par exemple à l'aide des moteurs de recherche et en vous armant de patience :

Le service de recherche AltaVista (`http://altavista.digital.com/`) fournit plus de 150 000 réponses. Si vous limitez la recherche à des pages francophones, il en reste encore plus de 2 000.

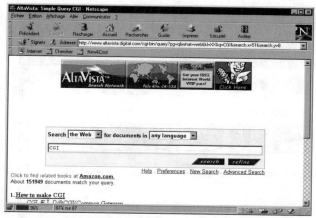

▲ Fig. 8.20 : *Résultat de la recherche dans AltaVista*

D'autres moteurs de recherche fournissent également quantité de réponses. HotBot en donne plus d'un million !

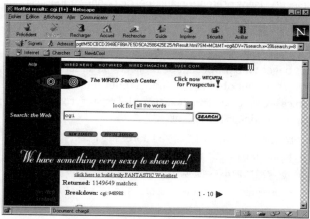

▲ Fig. 8.21 : *Record battu par HotBot !*

Yahoo est un peu mieux structuré, mais avec ses quelque 4 000 réponses il reste toujours difficile de trouver rapidement ce que vous cherchez.

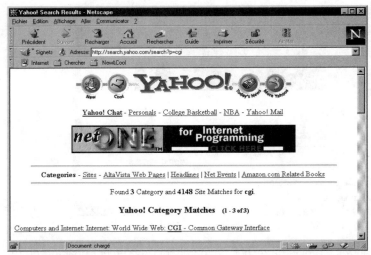

▲ Fig. 8.22 : *Yahoo est mieux organisé mais donne toujours trop de résultats*

Notre petite sélection (sans prétention aucune) de bonnes adresses pour CGI et Perl vous aidera peut-être plus que les moteurs de recherche.

Scripts CGI prêts à l'emploi

De nombreuses pages Web proposent des collections de scripts CGI. De très bonnes adresses pour obtenir des scripts tout prêts sont : `http://www.cgi-resources.com` et `http://www.worldwidemart.com/scripts/` de l'auteur CGI très connu Matt Wright.

Un autre bon site est le "Realm of CGI" à l'adresse : `http://www.xwol-f.com/index_e.html` ou bien "Selena Sol's Public Domain CGI Scripts" à l'URL : `http://www.extropia.com/Scripts/`.

Vous trouverez quelques liens intéressants sur le site francophone suivant :

`http://www.legratuit.com/Programmation/index.html`

Groupes de discussion sur CGI et Perl

Vous trouverez le forum "Conferencing on the Web" de David R. Woolley à l'adresse : `http://freenet.msp.mn.us/~drwool/webconf.html`

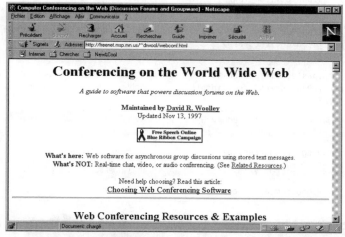

▲ Fig. 8.23 : *Le forum Conferencing on the Web*

Il existe également les forums `comp.infosystems.www.authoring.cgi` (en anglais) et le forum francophone `fr.comp.lang.perl`.

Exemples et FAQ à propos de CGI et Perl

Tab. 8.4 : Sites Internet dédiés à Perl et CGI	
URL	Description
`http://www.imaginet.fr/ime/chap33.htm#_0`	CGI et introduction au langage Perl
`http://.jmarshall.com/easy/cgi/`	CGI Made Really Easy
`http://blackcat.brynmawr.edu/~nswoboda/prog-html.html`	Introduction et exemples de Blackcat
`http://htmlhelp.com/links/wdgfaq.htm`	Web Authoring FAQ

Tab. 8.4 : Sites Internet dédiés à Perl et CGI

URL	Description
http://www.boutell.com/faq/	Questions générales concernant le WWW
ftp://ftp.pasteur.fr/pub/computing/ unix/perl/CPAN/doc/FAQs/FAQ/ PerlFAQ.html	Perl/CGI programming FAQ de Shishir Gundavaram et Tom Christiansen
ftp://ftp.pasteur.fr/pub/computing/ unix/perl/CPAN/doc/FAQs/cgi/idiots-guide.html	"The idiot's Guide To Solving CGI Problems" de Tom Christiansen
http://www-genome.wi.mit.edu/WWW/faqs/ www-security-faq.html	"WWW Security FAQ" de Lincoln Stein
http://www.cgi-resources.com/	CGI Resources Library
http://www.stars.com/Vlib/	The virtual WWW library
http://www.bio.cam.ac.uk/cgi-lib/	CGI Library

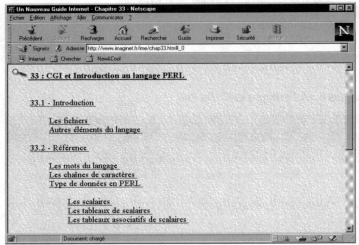

▲ Fig. 8.24 : *Site francophone incontournable sur CGI*

Sites de référence générale

Tab. 8.5 : Sites de référence sur HTML	
URL	Description
`http://www.ast.cam.ac.uk/` `%7Edrtr/cgi-spec.html`	The Common Gateway Interface
`http://hoohoo.ncsa.uiuc.edu/` `cgi/interface.html`	The Common Gateway Interface
`http://www.w3.org/pub/WWW/` `Protocols/`	HyperText Transfer Protocol
`http://www.perl.com`	La documentation complète du langage Perl
`http://orwant.www.media.` `mit.edu/the_perl_journal/`	Le journal de Perl
`http://www.perl.org/`	L'institut Perl
`http://language.perl.com/` `info/security.html`	Questions concernant la sécurité de Perl

▲ Fig. 8.25 : *Le site officiel de Perl*

8.6   Base de données et Office 2000

Mis au point par Microsoft, le couple Frontpage 2000/Access 2000 forme un duo époustouflant. Les fonctionnalités de création et de gestion de bases de données du second constituent un complément idéal aux facilités offertes par le premier en matière de création HTML. L'interactivité sur le Web ne se limite pas à de simples formulaires. Ces deux outils simplifient considérablement la mise en ligne de vos bases de données. Les visiteurs peuvent désormais consulter vos pages mais également y introduire à leur tour divers éléments. Ainsi, à titre d'exemple, le Web devient un moyen pour plusieurs magasins de partager la gestion d'un stock, d'échanger et de mettre à jour le carnet d'adresses d'une entreprises, etc.

Nous vous proposons d'étudier par la pratique la mise en ligne d'une telle base de données. Vous découvrirez ainsi comment les formulaires permettent d'interagir en direct et de mesurer les effets bien réels de telles opérations.

Mise en ligne de la base de données

FrontPage 2000 dispose de nombreux assistants, dont l'Assistant requête de base de données. Il permet d'instaurer en quelques mouvements une passerelle entre la page Web et votre base de données. Aucune notion préalable de programmation ne s'impose.

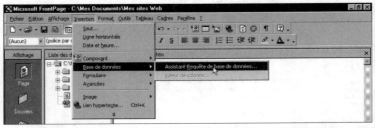

▲ Fig. 8.26 : L'Assistant requête base de données s'occupe de tout, ou presque !

L'opération se résume à spécifier le type de base de données que vous comptez utiliser. Si vous souhaitez avoir un aperçu des possibilités offertes, nous vous conseillons d'exploiter la base Comptoirs, livrée avec Office 2000.

Une fois la base localisée, il faut encore spécifier les champs à prendre en considération. En effet, pour les besoins d'une requête, il est rare que tous les champs soient nécessaires. Par exemple, pour rechercher le nom d'un client, l'emploi du temps du livreur n° 125 n'entre strictement pas en ligne de compte.

En outre, ne perdez pas de vue que les résultats renvoyés peuvent être particulièrement inintelligibles pour un non initié. Dans la mesure du possible, personnalisez votre page et commandez un affichage des résultats par groupes de 4 ou 5 au plus. Cela permet d'en améliorer la lisibilité (voir fig. 8.28).

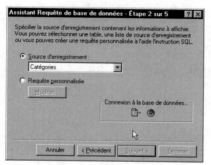

▲ **Fig. 8.27** : *Frontpage se connecte à la base de données*

Une fois le travail de l'assistant achevé, le formulaire de requête s'affiche sur la page d'édition. Il est à ce stade inutilisable. En effet, l'emploi de bases de données n'est, en théorie, pas autorisé en HTML. L'astuce consiste à utiliser la technologie ASP, pour Active Server Pages. Elle permet de commander l'exécution sur le serveur de telle ou telle tâche. Le principe est sensiblement le même que pour les CGI, extérieurement. La différence réside en cela que le code ASP est contenu dans le document HTML lui-même.

░░░

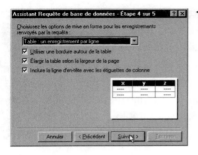

◄ Fig. 8.28 :
La présentation de vos informations doit être soignée

Vous ne pouvez donc visualiser votre page qu'une fois sur votre serveur Web, avec votre fichier de base de données.

▲ Fig. 8.29 : *Votre formulaire de requête est placé automatiquement dans votre page Web*

Remarque

Votre serveur doit gérer l'ASP

Pour pouvoir lier bases de données Access et pages HTML, le serveur qui héberge vos pages doit pouvoir gérer l'ASP. Renseignez-vous auprès de votre fournisseur d'accès.

Mise à jour d'une base de données en ligne

La consultation d'une base de données offre une large variété de services intéressants. Mais dans de nombreux cas, sa mise en ligne, couplée à la possibilité de la modifier à tout instant et de n'importe où élargit de façon substantielle le champ de ses exploitations. Examinons l'exemple suivant : vous possédez un commerce, qui fait partie d'une grande chaîne de magasins. Si, pour vos approvisionnements, vous deviez vous fier à des communications téléphoniques avec vos fournisseurs, vous pourriez difficilement exercer un contrôle sérieux sur votre activité. Or, la maison mère pourrait mettre sa base de données à votre disposition sur le Web, et l'actualiser à partir d'un simple navigateur. De votre côté, même à l'autre bout du monde, vous pourriez non seulement la consulter mais également la mettre à jour. Il vous sera ainsi loisible, par exemple, de signaler instantanément l'adjonction dans ses états de stocks du matériel défectueux que vous venez tout juste de lui renvoyer.

Pour mettre à jour une base à distance, tout est devenu d'une effarante simplicité. Tout est pris en charge par un formulaire qu'il vous suffit de bien maîtriser. Chaque champ du formulaire est lié à une colonne particulière de la base de données. Ensuite, c'est le serveur qui s'occupe de tout. Grâce à la technologie ASP, le serveur répond à la moindre de vos sollicitations.

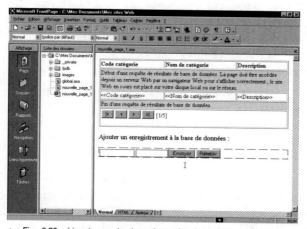

▲ Fig. 8.30 : *Une base de données mise à jour instantanément, depuis le Web*

8.7   La technologie ASP

Cette technologie lancée par Microsoft se développe aux côtés du langage HTML. Relativement marginale, elle permet de créer dynamiquement du contenu. Il est ainsi possible de construire ex nihilo une page Web en se fondant sur les données suivantes : contenu d'un fichier du serveur, l'heure courante et type de navigateur utilisé par le visiteur.

Une page utilisant l'ASP ressemble fortement à une page HTML ordinaire. À ceci près qu'elle fait davantage appel aux langages de script. Ces derniers permettent en effet de communiquer avec le serveur. Il devient alors possible de lire par le biais de cookies les informations stockées sur la machine du visiteur, d'en créer de nouveaux que vous y placez, voire même d'accéder à une base de données.

L'ASP est de plus en plus utilisé par les sites de grande envergure. Il permet en effet de personnaliser à l'extrême l'information présentée au visiteur et de lui présenter automatiquement et de façon rationnelle les divers bandeaux publicitaires susceptibles de l'intéresser. En outre, il permet de mettre en place des procédures d'identification par mot de passe, interdisant l'accès à certaines parties d'un site Web (voir fig. 8.31).

L'ASP se pilote essentiellement par Javascript, JScript et VBScript, deux langages développés par Microsoft. Leur utilisation est signalée par les symboles < % et %>. Vous pouvez ainsi, à partir de programmes simples, présenter au visiteur l'heure courante sur le serveur et afficher un message en conséquence :

```
< % If Time >= #12:00:00 AM# And Time < #12:00:00 PM# Then
Affiche = "Bonjour !"
Else Affiche = "Bonne journée !" End If %>
<P>< %= Affiche %></P>
Il est < %= Now %>
```

Les possibilités d'ASP sont quasiment sans bornes. La technologie permet de créer du contenu à la volée et requiert peu de temps de programmation, tout en offrant une relative sûreté. Seul inconvénient : vous ne pouvez l'exploiter que si le fournisseur qui héberge vos pages dispose d'un logiciel serveur de Microsoft, à l'instar de Microsoft Information Server 4.0.

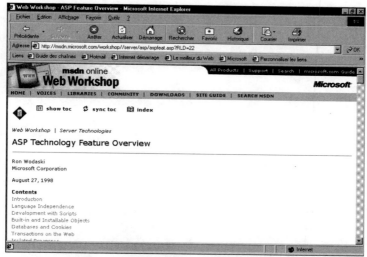

▲ Fig. 8.31 : *Toutes les possibilités de l'ASP présentées par Microsoft*

La programmation par scripts ASP dépasse largement le cadre de cet ouvrage. Nous vous laisserons donc explorer leurs fabuleuses possibilités en consultant la documentation en ligne à l'adresse `http://msdn-.microsoft.com/workshop//server/asp/aspfeat.asp`.

Chapitre 9

Effets spéciaux

HTML permet de créer plusieurs effets spéciaux très intéressants. Au début de ce chapitre sont développés quelques classiques fonctionnant déjà sous HTML 3.2, puis les innovations de HTML 4.0 en matière d'effets spéciaux.

9.1 Images d'arrière-plan

Les images d'arrière-plan font partie des effets visuels les plus importants et les plus courants sous HTML. En effet, il est facile d'insérer une image de fond dans une page Web. Le graphique se répète sur toute la surface d'affichage et crée ainsi un effet de mosaïque (papier peint). Les formats autorisés sont les mêmes que pour les images ordinaires en HTML.

Vous connaissez sans doute l'effet papier peint de Windows. Les graphiques abstraits s'y prêtent bien. La taille est en effet très importante, car le but de cette technique est de créer un fond d'écran esthétique tout en limitant le temps de chargement.

L'image d'arrière-plan s'applique à l'ensemble du fichier, donc à toute la page Web ou à tout le frame. Pour obtenir le même fond dans toutes les pages d'un site, il faut définir la même image dans chaque fichier.

1. L'image de fond est définie dans le tag d'ouverture de l'ossature, dans le tag BODY.

2. Elle s'insère avec l'attribut background.

3. Indiquez le nom du fichier graphique juste après entre guillemets.

Les deux formats autorisés sont encore le GIF et le JPEG. Pour les images d'arrière-plan, préférez les fichiers GIF.

Exemple :

```
<html>
<body bgcolor=white text=red background="Raindrop.gif">
À quoi bon avoir une voiture rapide si on se retrouve toujours
derrière un promeneur du Dimanche ?
<img src="entel.jpg" height=200>
<p>
```

```
</body>
</html>
```

◄ **Fig. 9.1 :**
*Une image de
fond en
mosaïque*

Exemple avec chemin d'accès :

```
<body background "Images/relief.gif">
```

Conseil

> **Effet de filigrane**
>
> MS Internet Explorer propose en outre un effet de fili-
> grane (cf. la fin de ce chapitre).

9.2 Musique de fond

Dans la nouvelle version du HTML, l'intégration d'une musique de fond
fait désormais partie des standards. Cependant, ce sujet est occulté ici,
mais développé dans la section consacrée aux objets multimédias en
général.

Le cas spécial d'Internet Explorer, pris en charge depuis quelque temps
déjà, sera présenté dans la section sur les particularités du HTML.

9.3 Instructions spécifiques d'en-tête

Les effets spéciaux ne s'arrêtent pas aux éléments visuels, mais incluent également des effets de fond.

L'en-tête est mentionné dans le contexte de titre qui est son élément le plus important. Mais l'en-tête peut contenir d'autres tags facultatifs. Ils n'ont pas l'importance du tag TITLE, mais ne sont pas dépourvus d'intérêt et sont de plus en plus utilisés.

Parmi ces éléments, mentionnons seulement :

- l'élément <base> pour les frames ;
- l'élément <meta>.

Voici ces tags (et quelques autres) plus en détail.

Le tag BASE

Le tag BASE sert à redéfinir l'adresse URL d'un document HTML. Cette adresse est indiquée en tant que valeur de l'attribut HREF (<base href=[URL]>).

Exemple :

```
<head>
<base href=="http://ourworld.compuserve.com/homepages/
emile_bertrand_2.htm">
[autres éléments d'en-tête]
</head>
```

Cette valeur est lue par le navigateur, qui peut ensuite mieux réagir dans certaines situations car elle est toujours disponible même lorsque l'URL de la page Web définie dans le lien d'origine a été effacée.

Un exemple courant illustrant cette situation est l'enregistrement d'une page Web sur un ordinateur local et son analyse hors connexion.

En cas d'erreur, un navigateur peut accéder à des données liées ou référencées, même si elles ne se trouvent pas dans le chemin d'accès (hors ligne).

Le tag BASE associé à des frames

Vous savez déjà que le tag BASE dans l'en-tête, associé à l'attribut TARGET, peut servir à définir des liens vers un frame donné.

Cette procédure se justifie lorsque tous les liens d'un projet de frames ciblent un frame particulier. Précédez comme suit pour insérer le tag <base> dans l'en-tête du fichier d'index :

```
<base target=[nom_du_frame_entre_guillemets]
```

Exemple :

```
<head>
<base target="frame2">
</head>
```

Le tag META

Avec ce tag, vous pouvez déclarer certaines propriétés d'un document HTML qui ne figurent à aucun autre endroit du document. Il a pris une certaine importance dans HTML 4.0, car il permet entre autres de définir une feuille de style.

Voici comment se compose le tag META :

```
<meta [type_d'information] [contenu_de_l'information]>
```

Une application très importante résulte du mode de fonctionnement des moteurs de recherche : l'utilisation adroite du tag META permet une indexation optimale de votre propre page dans leurs bases de données.

Ce tag peut aussi servir pour insérer des informations d'ordre général sur la page, par exemple la date de création ou le nom de l'auteur.

L'en-tête peut contenir un nombre quelconque de tags META. Tout dépend de la quantité d'informations que vous voulez y mettre.

Trois attributs sont disponibles pour ce tag, deux pour décrire l'information et un pour introduire le contenu de l'information.

Le type d'information se définit avec les attributs suivants :

Tab. 9.1 : Attributs d'information du tag META	
Attribut	Description
http-equiv	Désignation de la méta-information. Indique en outre qu'elle se trouve sur un serveur Web et qu'elle doit être transmise à l'aide du protocole HTTP lors du chargement de la page.
name	Désignation de la méta-information et des propriétés de la page Web. Sert le plus souvent pour des renseignements personnels et n'est pas intégré dans l'en-tête HTTP.

Le contenu de l'information est défini avec l'attribut CONTENT. Toutes les données concernant le contenu et le type de l'information doivent être placées entre guillemets.

Exemple d'une méta-information :

```
<META Name=" description" Content="Table des matières">
<META Name="keywords" Content="Liste des mots clé">
<META Name="Auteur" Content="Emile Bertrand">
<META http-equiv="Date" Content="15/09/1996">
```

Il arrive de temps à autre que les méta-informations ne soient pas entièrement conformes au HTML. Prenez par exemple la syntaxe META du moteur de recherche HotBot :

```
<META NAME=3D"keyword" CONTENT=3D" Liste des mots clés">
<META NAME=3D"document" CONTENT=3D" Table des matières">
```

Vous pouvez voir des informations en dehors des guillemets qui ne devraient pas être là selon la syntaxe HTML stricte.

Le tag ISINDEX

Ce tag servait jusqu'à présent à indiquer si une page Web était un index de recherche. Un navigateur reconnaît cet état de fait grâce à cette instruction et affiche un message correspondant.

Un index de recherche signifie que le document (ou, plus précisément, le programme qui crée et gère le document) peut accéder à une base de données. Le serveur qui héberge le document Web doit disposer d'une base de données appropriée. Si c'est le cas, il va indexer l'ensemble du document et l'enregistrer dans la base de données où la page Web est disponible à d'éventuelles requêtes de recherche.

Remarque

Un tag oublié

L'importance de cet élément a été "désapprouvée" (*deprecated*) par le W3C.

Le tag LINK

Cet élément permet de définir un lien indépendamment de la nature du média.

Exemple :

```
<HEAD>
<LINK rel="Index" href="../index.html">
<LINK rel="Next" href="Chapitre 3.html">
<LINK rel="Prev" href="Chapitre 1.html">
</HEAD>
```

Les attributs REL et REV spécifient la source et le sens de chaque lien.

9.4 Marquee

L'effet marquee est un texte défilant d'un côté de l'écran vers l'autre, donc d'un bord de la fenêtre du navigateur à l'autre.

On le trouve sur certaines pages Web, mais étant donné qu'il n'est pris en charge que par Internet Explorer (pour l'instant) il tombe dans la catégorie des "extensions spécifiques aux browsers à éviter". Optez plutôt pour un script qui déplace le texte ou bien un GIF animé.

9.5   Glossaires

Les glossaires sont une forme particulière de listes. Ils servent à énumérer des mots (le plus souvent des termes techniques) utilisés dans un exposé et nécessitant une explication. Le dictionnaire définit "glossaire" comme étant un lexique d'une langue, d'un dialecte ou d'un domaine spécialisé avec explication des termes.

À côté des termes énumérés figurent les définitions. En HTML, un glossaire se construit comme une liste.

1. Le glossaire possède une structure externe avec un tag d'ouverture `<dl>` et un tag de fermeture `</dl>`.

2. À l'intérieur de cette structure sont notés les éléments du glossaire. Ils se composent d'un terme et de sa définition.

Tab. 9.2 : Tags de définition des éléments d'un glossaire	
Instruction	Description
`<dt>`	Introduit le terme à expliquer
`</dt>`	Fin du terme à expliquer
`<dd>`	Introduit la définition du terme précédent
`</dd>`	Fin de la définition du terme précédent

Exemple :

```
<dl>
<dt>Backslash</dt>
<dd>Barre oblique inverse.</dd>
<dt>CGI</dt>
<dd>Common Gateway Interface.</dd>
<dt>Réduction de données</dt>
<dd>Réduction de l'espace nécessaire.</dd>
<dt>Slash</dt>
<dd>Barre oblique normale.</dd>
<dt>Vecteur</dt>
```

```
<dd>Grandeur mathématique qui définit également une direction
dans l'espace.</dd>
</dl>
```

9.6   Texte préformaté

Un texte préformaté est un texte qui s'affiche exactement tel qu'il a été saisi dans l'éditeur. Par exemple, les retraits de certains passages sont conservés. C'est nécessaire par exemple pour rendre la source d'un programme plus lisible : tous les programmeurs professionnels structurent leur source par des tabulations.

L'instruction HTML pour cette mise en forme de texte est le tag PRE. L'ensemble du texte se trouvant entre les tags d'ouverture et de fermeture s'affiche en tant que texte préformaté.

Exemple :

```
<pre>
Ce texte s'affiche en police machine à écrire. Les retraits
éventuels sont respectés.
for i=1 to 10 do
Begin
print i;
End
C'est ainsi que le texte doit apparaître dans le navigateur.
</pre>
```

Remarque

Mise à jour

L'élément PRE a été fortement valorisé dans la nouvelle version HTML. Il est notamment censé remplacer les éléments XMP, PLAINTEXT et LISTING. Ceux-ci ont été déclarés obsolètes par le W3C.

9.7   Adresses

HTML propose une instruction pour mettre en relief les URL de personnes ou de fichiers. Beaucoup de navigateurs interprètent les passages de texte ainsi marqués comme un paragraphe séparé et les mettent en retrait et/ou lui appliquent une mise en forme particulière. L'instruction est introduite par le tag `<address>` et se termine par `</address>`.

Exemple :

```
Veuillez envoyer un message à l'adresse électronique suivante :
<address>100647.61@CompuServe.com</address>
```

Remarque

Enrichissement

Notez que ce passage de texte mis en forme n'est pas un lien actif, mais qu'il s'agit exclusivement d'une mise en valeur visuelle.

9.8 Menu dynamique avec feuilles de style et Javascript

La dernière version (4.0) du langage HTML permet de supporter les feuilles de style et les langages de script. Cela signifie que vous allez pouvoir créer désormais des pages dynamiques et interactives sans faire appel à des outils difficiles à maîtriser. Remarque importante : Internet Explorer 4 et Netcape Communicator 4, ou les versions ultérieures, sont nécessaires pour traiter les toutes dernières possibilités que vous offrent le langage HTML. Pensez donc à offrir une alternative aux utilisateurs de navigateurs plus anciens.

9.9 Préliminaires

Avant d'élaborer votre première page dynamique, il est nécessaire de présenter les différentes technologies qui vont intervenir dans sa création. L'une des nouveautés de la version 4.0 du langage HTML consiste à utiliser une procédure standard pour placer des objets dynamiques sur un document HTML. Comme nous le verrons, il est possible, par exemple, de définir une portion de texte qui affiche un sous menu lorsque le pointeur de la souris passe dessus. Le langage HTML permet de déclarer l'emplacement de tels objets sur la page, mais il est incapable de les animer ou de décrire leur comportement. C'est pourquoi, nous allons utiliser deux autres techniques : les feuilles de style et les langages de script. Ces deux éléments font partie du DHTML (Dynamic HTML).

Les composants du DHTML

Le DHTML représente le regroupement de deux technologies en voie de devenir des standards (peut-être le seront-elles toutes déjà lorsque vous lirez ces lignes) : les feuilles de style (CSS) et les langages de script.

Les feuilles de style

Elles apportent plus de souplesse aux développeurs en leur permettant de définir de véritables mises en page, équivalentes à celles des magazines de la presse écrite, et d'utiliser plusieurs polices dans un même document. Elles sont d'ores et déjà intégrées officiellement dans le langage HTML, et Netscape ou Internet Explorer les supportent sans aucune difficulté.

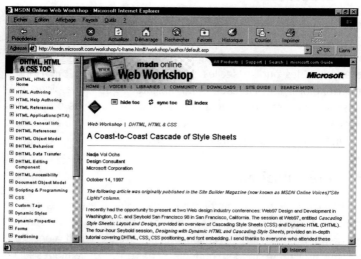

▲ Fig. 9.2 : *Les feuilles de style sur le site de Microsoft*

Les langages de script

La particularité du DHTML consiste à supporter tous les langages de script (JavaScript de Netscape, VBScript de Microsoft, etc.) en mettant en place une méthode de déclaration standard des objets (titres, tableaux, frames, images, applets...) dans les pages Web. Sous ces conditions, et si tout le monde respecte les standards, tous les langages de script peuvent accéder aux propriétés des objets et les modifier pour les adapter à chaque situation.

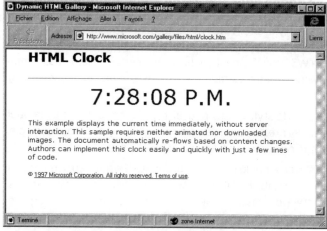

▲ Fig. 9.3 : *Un exemple extrait du site de Microsoft*

Afficher des pages dynamiques

Ouvrez un nouveau document texte (dans un éditeur de texte ou un logiciel de création HTML) pour écrire votre programme. Notez toutefois que les versions 3.x de Netscape Navigator et d'Internet Explorer sont absolument incapables d'exploiter des instructions provenant du langage DHTML. Il est nécessaire d'installer les versions 4.0 de ces deux navigateurs pour profiter de cette toute dernière technologie.

Pensez aux autres

Si vous créez une page aux normes HTML 4.0, pensez à conserver une ancienne version de votre site pour tous les navigateurs qui n'ont pas encore intégré les dernières balises du langage. À partir de la page d'accueil, proposez les deux versions de vos pages en insérant les liens correspondants.

9.10   Les bases des feuilles de style

Les feuilles de style de HTML 4.0 déterminent la mise en forme de documents Web. L'objectif est de séparer la structure et la présentation de pages. Le W3C a clairement confirmé que certains éléments, comme <font>, deviennent inutiles même si les navigateurs les reconnaissent toujours.

Avec les feuilles de styles, vous pouvez positionner des éléments quelconques au pixel près, à l'aide des coordonnées x, y et z. Vous contrôlez précisément la position des éléments dans la page.

Ce contrôle s'exerce par le biais de la propriété "Position" permettant un positionnement relatif ou absolu. Avec les "Cascading Style Sheets" (feuilles de style en cascade) de Microsoft, vous pouvez superposer différentes données (images et textes, ou bien plusieurs textes).

Les feuilles de style ne sont pas une composante directe du HTML, mais un développement à part (l'objectif reste leur intégration officielle dans HTML). Pour définir le langage par défaut des feuilles de style, vous pouvez insérer le tag <meta> dans l'en-tête d'une page Web. Par exemple, pour utiliser CSS (Cascading Style Sheets), saisissez la ligne suivante dans l'en-tête de votre fichier :

```
<meta http-equiv="Content-Style-Type" content="text/css">
```

Vous pouvez aussi déterminer le langage par défaut des feuille de style à l'aide d'un en-tête HTTP. L'en-tête HTTP suivant est équivalent à la déclaration <meta> précédente :

⬤ Content-Style-Type: text/css

S'il existe plusieurs déclarations meta ou en-têtes HTTP, la dernière mentionnée est utilisée. CSS est le langage par défaut des feuilles de style, mais cela peut changer. Une déclaration explicite est donc conseillée.

Trois méthodes différentes permettent de mettre en œuvre les feuilles de style en HTML :

1. Insertion dans la source HTML avec l'élément `<style type="text/css">`. En plus de l'intégration, cette variante (voir plus haut) permet l'utilisation de feuilles de style externes. L'ébauche CSS définit pour cela l'instruction @ `import`.

2. Lien vers une feuille de style externe défini par le tag `<link title="nom_de_la_feuille_de_style" type="text/css" rel= stylesheet href="...">`. Le tag `<link>` a une feuille de style facultative : l'utilisateur peut ou non faire appel à la feuille de style référencée, contrairement aux feuilles de styles importées qui s'appliquent automatiquement. Si plusieurs éléments `<link>` existent, le navigateur doit proposer un menu pour que l'utilisateur fasse son choix. À ce propos, vous pouvez attribuer un titre à une feuille de style.

3. Instruction `style` en tant qu'attributs d'éléments HTML : Par exemple, `<p style="color : green">`.

La solution externe est la plus élégante et conforme à l'esprit SGML. Par ailleurs, elle présente un certain avantage : les données sont enregistrées dans un cache proxy. Si plusieurs pages Web utilisent la même feuille de style, il n'y a pas de nouvelle transmission de données.

L'attribut style définit une mise en forme qui s'applique à l'élément courant.

Exemple de la pharmacie Paracelse

Prenons l'exemple d'une page d'accueil, celle d'une pharmacie nommée Paracelse. Elle est composée de titres, de liens hypertexte, de texte, etc. Vous pouvez attribuer, à chacun de ces objets, dans une feuille de style, des noms distinctifs et des propriétés diverses. Pour le titre (J'aime ma pharmacie Paracelse), nous pouvons le décomposer en trois éléments HTML auxquels est respectivement associé un nom d'objet : J'aime (nom1), ma pharmacie (nom2) et Paracelse (nom3). Cela va vous permettre de leur attribuer des propriétés.

Voici, pas à pas, comment l'attribution des propriétés, pour chacun des éléments du titre, s'effectue dans une feuille de style.

1. Le début du programme.

```
2.
3. <HTML>
4. <HEAD>
5. <STYLE type="text/css">
6.
7. .nom1 {
8. font-family: Futura Md BT;
9. font-size: 50px;
10. color: #0000FF;
11. position: absolute;
12. top: 0px;
13. left: 170px;
14. visibility: visible;
15. z-index: 1;
16. }
17.
18. .nom2 {
19. font-family: Futura Md BT;
20. font-size: 60px;
21. color: #0000FF;
22. position: absolute;
23. top: 0px;
24. left: 50px;
25. visibility: visible;
26. z-index: 1;
27. }
28.
29. .nom3 {
30. font-family: Futura Md BT;
31. font-size: 80px;
```

```
32. color: #0000FF;
33. position: absolute;
34. top: 0px;
35. left: 80px;
36. visibility: visible;
37. z-index: 0;
38. }
```

Comme vous pouvez le constater, les feuilles de style sont déclarées à l'intérieur du couple de balises <STYLE> et </STYLE> dans l'en-tête de votre fichier HTML (<HEAD>... </HEAD>). L'indication type="text/css" dans la balise <STYLE> détermine le langage adopté pour décrire les éléments et les propriétés qui composent la feuille de style, en l'occurrence le langage CSS (Cascading Style Sheets). Ici, nous avons créé trois objets HTML dont les intitulés, respectivement nom1, nom2 et nom3, sont précédés d'un point et suivi d'une paire d'accolades {}, dans laquelle sont insérées toutes les propriétés de l'objet séparées par un point-virgule ({propriété 1; propriété 2;... }).

Syntaxe de déclarations CSS

La syntaxe des déclarations CSS est la suivante :

name : value

Séparez plusieurs déclarations avec des points-virgules. N'oubliez pas que tous les navigateurs ne comprennent pas l'ensemble des informations de style.

Tab. 9.3 : Définition d'une feuille de style	
Commande	Effet
<style [éléments] {propriétés}> </style>	Définit une feuille de styles

Vous pouvez associer différents éléments dans un groupe quand ils partagent les mêmes propriétés. Séparez les éléments par une virgule et les propriétés par un espace ; placez ces dernières entre accolades. Les éventuelles différentes propriétés sont séparées par un point-virgule.

Tab. 9.4 : Attributs de la balise <style>

Commande	Effet
type="[langage]"	Précise le langage de description de la feuille de style s'il est différent de celui indiqué dans la balise <meta>
media="[type de média]"	Définit la sortie ("screen" pour l'écran, "print" pour le papier, "projection" pour projeter l'affichage sur un support particulier, "braille" pour les non-voyants, "speach" pour le son et "all" désigne l'ensemble de ces médias)
title="[titre]"	Insère un commentaire sous la forme d'un intitulé qui désigne la feuille de style
lang="[langue]"	Indique la langue utilisée
dir="[direction]"	Indique la direction de l'écriture

Remarque

Règles

Les règles exactes des feuilles de style varient en fonction du langage utilisé.

Remarque

Feuilles de style et anciens navigateurs

Si vous utilisez la balise <STYLE>, quelques navigateurs, rares et anciens, ne la reconnaîtront pas. Vos informations de style, minutieusement élaborées, ne pourront donc pas être affichées. C'est dommage pour la présentation mais, en théorie, cela n'altère pas la lisibilité de l'information sur votre page. Toutefois, certains attributs, contenus à l'intérieur du tag <STYLE>, seront interprétés en tant que texte. Le navigateur affichera sur la page Web une partie du code HTML qui sera ainsi mélangé avec le texte. Vous pouvez éviter ce type de dysfonctionnement en adoptant les commandes de commentaires comme l'illustre l'exemple suivant.

Exemple :

```
<STYLE type="text/css">
<!--
.nom1 {
font-family: Futura Md BT;
font-size: 50px;
color: #0000FF;
position: absolute;
top: 0px;
left: 170px;
visibility: visible;
z-index: 1;
-!>
</STYLE>
```

Définir l'apparence d'un objet HTML

Nos trois objets, ou classes, représentent différents styles de texte. Vous pouvez, si vous le souhaitez, en modifier les polices, la taille ou la couleur. Pour cela, utilisez les trois propriétés suivantes : font-family, font-size et color. Nous trouvons ainsi, pour la classe Nom1 :

Remarque

Titres en arrière plan

Désormais, vous avez la possibilité, comme dans notre exemple, d'intégrer le titre de votre site à l'arrière-plan. Dans ces conditions, les pages deviennent plus légères à transférer, puisque vous pouvez vous dispenser de la traditionnelle image à définir avec l'attribut background de la balise <BODY>.

```
8. font-family: Futura Md BT;
9. font-size: 50px;
10. color: #0000FF;
```

Voici le détail de notre premier objet HTML :

- la propriété font-family introduit une nouvelle police, en l'occurrence Futura Md Bt ;

- la propriété **font-size** définit la taille des caractères en pixels (ici, 50 pixels) ;
- la propriété **color** définit la couleur du texte (ici, **#0000FF** pour obtenir une couleur bleu clair).

Voyons à présent le second objet, Nom2 :

```
19. font-family: Futura Md BT;
20. font-size: 60px;
21. color: #0000FF;
```

Voici le détail du second objet HTML :

- la propriété **font-family** introduit la police, identique à la précédente ;
- la propriété **font-size** définit la taille des caractères en pixels (ici, 60 pixels) ;
- la propriété **color** définit la couleur du texte, similaire au premier objet.

Le troisième objet, Nom3, est défini ainsi :

```
30. font-family: Futura Md BT;
31. font-size: 80px;
32. color: #0000FF;
```

En voici le détail :

- la propriété **font-family** introduit la police, identique à la précédente ;
- la propriété **font-size** définit la taille des caractères en pixels (ici, 80 pixels) ;
- la propriété **color** définit la couleur du texte, toujours bleu clair.

Remarque

Choix des polices

Si l'utilisateur qui affiche vos pages ne possède pas la police particulière que vous avez choisie, le texte s'affichera avec une police de remplacement plus courante et vous perdrez ainsi tous les effets typographiques. Choisissez donc des polices standard.

Exploitez les classes dans un document HTML

Une fois que vous avez défini vos objets dans la feuille de style, vous devez les appliquer aux différents éléments qui constituent votre page Web. Cela se fait par l'intégration de deux nouvelles balises directement issues de la version 4 du langage HTML : SPAN et DIV. Associés aux attributs ID et CLASS, ils permettent de mettre en place un mécanisme de structuration de votre document. Ils génèrent des instances et des classes d'éléments et y appliquent ensuite des feuilles de style.

Tab. 9.5 : Effets des balises <span> et <div>

Commande	Effet
`<span id="[nom]" class="[nom]"> </span>`	Implémente une feuille de styles
`<div id="[nom]" class="[nom]"> </div>`	Implémente une feuille de styles

- La balise <SPAN> s'applique aux lignes et peut être utilisée avec des paragraphes, des éléments de listes, etc., pour attribuer les propriétés de votre choix. Dans ces conditions, n'utilisez pas l'instruction SPAN pour un groupe d'éléments de bloc.

- À l'inverse, la balise <DIV> peut s'appliquer à des blocs et peut donc structurer des blocs entiers, comme dans notre exemple.

Remarque

Évitez les conflits entre feuilles de style et anciens navigateurs

Les anciens navigateurs ne reconnaissent pas l'élément style ; ils ne tiennent donc pas compte de vos définitions. Le préjudice se situe au niveau de la présentation, non de l'information. Il arrive parfois que certains navigateurs interprètent comme du texte les attributs se trouvant à l'intérieur du tag et les affichent dans la page Web. Pour éviter ce désagrément, insérez des commentaires comme le montre l'exemple suivant.

Vous pouvez maintenant indiquer précisément, dans votre page, les éléments HTML auxquels s'appliquent les trois objets créés précédemment dans votre feuille de style :

```
<DIV ID = "aime" CLASS = "nom1">J'aime</DIV>
<DIV ID = "pharmacie" CLASS = "nom2">ma pharmacie</DIV>
<DIV ID = "para" CLASS = "nom3">Paracelse</DIV>
```

Avec l'attribut id, nous avons donné un nom à chaque élément HTML et, avec l'attribut class, nous indiquons quel type de style doit être appliqué. À ce stade, nous obtenons un titre sur trois niveaux placé en arrière plan de la page :

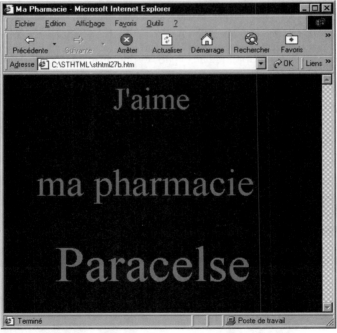

▲ Fig. 9.4 : *Notre première feuille de style a déjà bonne allure*

9.11 Disposition absolue d'éléments HTML

Une fois l'apparence du texte définie, vous devez déterminer la position des différents objets dans votre page Web. Jusqu'à présent, le texte et les titres s'affichent en fonction de la taille de la fenêtre du navigateur utilisé par les internautes. Désormais, avec les feuilles de style, vous pouvez indiquer au pixel près la position de n'importe quel objet sur la page.

Tab. 9.6 : Commande de positionnement d'un objet	
Commande	Effet
margin top : [valeur en pixels]	Place un élément au pixel près

Regardons de plus près les propriétés du premier objet, Nom1 :

Remarque

Position absolue et relative

Par défaut, tous les éléments d'une page HTML ont une position relative. Cela signifie que le navigateur calcule leur emplacement en fonction de différents paramètres : résolution d'écran, taille de la fenêtre, emplacement des autres éléments (texte, images, etc.). À l'inverse, une position absolue, définie au pixel près, ne sera influencée par aucun de ces paramètres. Dans ces conditions, si vous voyez trop large dans la définition des emplacements de vos objets, ces derniers peuvent sortir de l'espace d'affichage de certains navigateurs.

```
11. position: absolute;
12. top: 0px;
13. left: 170px;
14. visibility: visible;
15. z-index: 1;
```

Avant toute chose, il est nécessaire de déclarer le type de disposition de votre élément HTML ("J'aime") : absolu ou relatif. Dans le premier cas, la position du titre sera effectuée au pixel près, et elle ne sera jamais modifiée par la taille de l'affichage ou le contenu de la page. Pour cela, vous utilisez la propriété position , réglée sur la valeur absolute.

Mais vous pourriez également utiliser les éléments HTML suivants :

1. left=[position]

2. top=[position]

Remarque

Positionnement d'éléments

Le positionnement et le comportement d'éléments ne se limitent pas aux seuls textes, mais peuvent s'étendre à des constituants quelconques. Vous devez les positionner à l'aide des informations de style habituelles, c'est-à-dire indiquer leur comportement par rapport à d'autres éléments. Soyez vigilant car, selon la plate-forme et d'autres paramètres, des effets secondaires ennuyeux sont à redouter. Par exemple, vous pouvez superposer une image au texte. Beaucoup de facteurs entrent en jeu (ordre de l'intégration, composition de l'écran, défilement, graphique transparent ou non, version du navigateur). Si vous souhaitez mettre en œuvre une technique aussi compliquée, testez-la intensivement avant de publier vos pages.

À présent, vous pouvez indiquer les coordonnées exactes de votre objet, en pixels, à partir du haut de la fenêtre (**top:** 0px) et de la bordure gauche (**left:** 170px).

La propriété **visibility**, quant à elle, détermine si l'élément HTML est masqué (**hidden**) ou visible (**visible**). Vous pouvez ainsi produire des effets avec la souris, comme nous le verrons plus loin. Dans notre exemple, la valeur à utiliser correspond à visible.

Dans le même esprit, la propriété **z-index** détermine un ordre de priorité dans l'affichage des éléments lorsque ceux-ci se chevauchent, et ce dès que les éléments vont s'animer, ou, comme nous le verrons ultérieurement, nous afficherons un descriptif pour chacune des rubriques. Dans notre exemple, l'objet Nom1 reçoit un ordre de priorité 1, ce qui signifie qu'il s'affiche au-dessus de tous les objets qui ont la valeur 0 tandis que ceux, dotés d'un ordre égal ou supérieur à 2, masqueront tous les éléments HTML de la classe Nom1.

Il ne nous reste plus qu'à déterminer les positions de deux autres objets, en l'occurrence Nom2 :

```
22. position: absolute;
23. top: 0px;
24. left: 50px;
25. visibility: visible;
26. z-index: 1;
```

et Nom3 :

```
33. position: absolute;
34. top: 0px;
35. left: 80px;
36. visibility: visible;
37. z-index: 0;
```

Seule différence, avec la dernière classe Nom3, nous avons déclaré un ordre de priorité 0 pour la propriété z-index. Nous allons afficher, sur cette page, un bref descriptif des sections du site. Celui-ci se superposera avec la troisième partie du titre (Paracelse) lorsque l'utilisateur sélectionnera l'intitulé d'une rubrique avec sa souris. Pour le moment, nous obtenons la page suivante qui, vous en conviendrez, n'est pas encore satisfaisante.

▲ Fig. 9.5 : *Tout les titres ont été remontés*

Nous venons de placer les trois niveaux de titre pour le début de l'animation. Mais, avant d'étudier les instructions qui permettront de déplacer les objets dans la page, voyons la création des autres éléments qui la constituent.

Agencement des différents éléments

Comme vous le constatez, il manque dans notre page les intitulés de rubrique et le descriptif qui les accompagne. Créez dans votre feuille de style quatre nouvelles classes. Celles-ci correspondent aux rubriques (L'entreprise, La toux, Achats et Les plantes), du menu hypertexte, qui pointent vers quatre pages différentes du site : Sthtml17.htm, Toux2.htm, Sthtml20.htm et Sthtml19.htm.

1. Ajoutez, à la ligne 39, les quatre classes suivantes :

```
39. .rub1 {
40. font-family: Comic Sans MS;
41. font-size: 30px;
42. color: #FFFFFF;
43. position: absolute;
44. top: 0px;
45. left: 45px;
46. visibility: visible;
47. z-index: 2;
48. }
49.
50. .rub2 {
51. font-family: Comic Sans MS;
52. font-size: 30px;
53. color: #FFFFFF;
54. position: absolute;
55. top: 0px;
56. left: 320px;
57. visibility: visible;
58. z-index: 2;
59. }
60.
61. .rub3 {
62. font-family: Comic Sans MS;
```

```
63. font-size: 30px;
64. color: #FFFFFF;
65. position: absolute;
66. top: 0px;
67. left: 45px;
68. visibility: visible;
69. z-index: 2;
70. }
71.
72. .rub4 {
73. font-family: Comic Sans MS;
74. font-size: 30px;
75. color: #FFFFFF;
76. position: absolute;
77. top: 0px;
78. left: 320px;
79. visibility: visible;
80. z-index: 2;
81. }
```

Vous venez de créer quatre nouvelles classes : Rub1, Rub2, Rub3 et Rub4. Elles utilisent toutes la police Comic Sans MS d'une taille de 30 pixels et de couleur blanche. Bien entendu, la position sera déterminée de façon absolue, à 0 pixel de la bordure supérieure de la fenêtre et à 320 pixels (ou 45 pour Rub1 et Rub3) de la marge de gauche. Tous ces objets sont visibles et leur priorité d'affichage (z-index) sera la plus importante dans la hiérarchie des éléments de la page (2).

Associez maintenant, aux quatre rubriques de la page d'accueil (L'entreprise, La toux, Achats et Les plantes), les différentes classes que nous venons de voir.

2. Ajoutez, à la ligne 178, les quatre rubriques suivantes :

```
178. <DIV ID = "firme" CLASS = "rub1">
179. <A HREF = "Sthtml17.htm">L'entreprise</A><BR>
180. </DIV>
181.
182. <DIV ID = "toux" CLASS = "rub2">
183. <A HREF = "toux2.htm">La toux</A><BR>
```

```
184. </DIV>
185.
186. <DIV ID = "achats" CLASS = "rub3">
187. <A HREF = "Sthtml20.htm">Achats</A><BR>
188. </DIV>
189.
190. <DIV ID = "plantes" CLASS = "rub4">
191. <A HREF = "Sthtml19.htm">Les plantes</A><BR>
192. </DIV>
```

L'attribut id permet d'identifier l'élément HTML dans la page tandis que class détermine le type de style correspondant. A chacune de ces rubriques, il convient d'associer maintenant un descriptif qui s'affichera lorsque l'utilisateur passera le pointeur de sa souris sur l'intitulé de la section. Avant toute chose, il est nécessaire de créer une nouvelle classe à l'intérieur des balises <STYLE> et </STYLE>.

3. Ajoutez, à la ligne 83, la nouvelle classe Texte :

```
83. .texte {
84. text-align: center;
85. font-family: Comic Sans MS;
86. font-size: 22px;
87. color: #ff6633;
88. position: absolute;
89. top: 260px;
90. left: 80px;
91. width: 400px;
92. visibility: hidden;
93. z-index: 1;
94. }
```

Aucune surprise dans la déclaration de cette nouvelle classe si ce n'est l'apparition d'une nouvelle propriété : width. Celle-ci détermine la largeur de l'espace, en pixels, dans lequel s'affichera le bloc de texte, c'est-à-dire les descriptifs de chaque rubrique. En fait, imaginez que votre bloc de texte est contenu dans une colonne de tableau, vous avez ici la possibilité d'en modifier la taille en augmentant sa valeur pour, par exemple, gagner une ligne dans l'affichage du descriptif.

Saisissez à présent le texte que vous relierez à l'objet Texte de la feuille de style.

4. Ajoutez, à la ligne 200, les instructions suivantes :

```
200. <DIV ID = "texte1" CLASS = "texte">
201. Une présentation de la pharmacie et de son équipe.
202. </DIV>
203.
204. <DIV ID = "texte2" CLASS = "texte">
205. Comment combattre efficacement la toux ? Nous avons les
réponses !
206. </DIV>
207.
208. <DIV ID = "texte3" CLASS = "texte">
209. Commandez tous nos produits en lignes.
210. </DIV>
211.
212. <DIV ID = "texte4" CLASS = "texte">
213. Savez-vous que certaines plantes vénéneuses peuvent devenir
de véritables médicaments ?
214. </DIV>
```

L'attribut id de la balise <DIV> permet d'identifier les différents descriptifs pour chaque rubrique de la page, tandis que class leur associe l'objet Texte de la feuille de style.

Enfin, pour terminer cette feuille de style, déclarez maintenant la couleur d'arrière-plan (background) et celle des liens hypertexte.

5. Ajoutez, à la ligne 97, les instructions suivantes :

```
97. BODY {
98. background: #000099;
99. }
100.
101. A
102. {
103. color: #FFFFFF;
104. }
```

```
105.
106. </STYLE>
```

La nouvelle classe Body n'utilise qu'une seule propriété, intitulée **background**, et permet de définir la couleur d'arrière plan de la page, en l'occurrence bleue nuit. La seconde classe A ne contient également qu'une seule propriété, intitulée **color**, et permet de définir la couleur de tous les liens hypertexte dans la page, en l'occurrence le blanc. Notez que si nous avions gardé la couleur proposée par défaut, le bleu, tous les pointeurs hypertexte seraient restés invisible à l'affichage puisqu'ils se seraient confondus avec la couleur d'arrière plan définie précédemment. Enfin, n'oubliez pas de fermer votre feuille de style avec la balise **</STYLE>** à la ligne 106.

Vous obtenez une page totalement illisible :

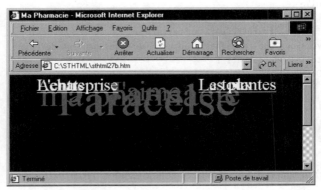

▲ **Fig. 9.6** : *La page devient de plus en plus illisible !*

La position des éléments constitue simplement le début de l'animation et, comme vous le verrez ensuite, les véritables positions s'afficheront dynamiquement dans la page. Pour cela, vous devez auparavant accéder aux propriétés des objets avec un langage de script.

Remarque

> **Positionnement des éléments avec Netscape**
>
> Netscape propose sa propre technique pour positionner des éléments : il s'agit de la technique "layer" (qui se traduit en français par "couches"). Ainsi, pour positionner un élément dans la page, la commande est `<layer name="[nom]" left=[valeur] top=[valeur]> </layer>`

9.12 Modifier les propriétés des objets

Pour accéder aux propriétés des objets définies dans une feuille de style, il est nécessaire d'adopter un langage de script. Il en existe plusieurs (VBScript, EMACScript, etc.), nous opterons pour le plus courant : JavaScript (voir également le chapitre 12). Ils peuvent ainsi créer des animations sur leur page sans passer par des technologies propriétaires, complexes et coûteuses.

D'autre part, à l'instar du langage HTML, JavaScript est un langage gratuit parfaitement adapté au Web et supporté maintenant par la plupart des navigateurs (Netscape, Internet Explorer, Opera, etc.). Nous l'avons donc adopté pour accéder aux propriétés des éléments HTML de notre page d'accueil. Concrètement, il est nécessaire de l'indiquer, ligne 108 dans notre programme, en inscrivant la commande suivante :

```
108. <SCRIPT LANGUAGE = "JavaScript">
```

Bien entendu, toutes les commandes JavaScript seront placées après cette balise et avant celle de fermeture :

```
168. </SCRIPT>
```

Un peu de syntaxe

Pour illustrer les modifications de propriété d'un élément HTML, prenons le premier objet de notre document, Nom1, dont nous vous rappelons les propriétés :

```
7. .nom1 {
8. font-family: Futura Md BT;
```

```
9. font-size: 50px;
10. color: #0000FF;
11. position: absolute;
12. top: 0px;
13. left: 170px;
14. visibility: visible;
15. z-index: 1;
16. }
```

Celles-ci s'appliquent au premier élément du titre comme vous pouvez le constater en vous reportant à notre programme :

```
194. <DIV ID = "aime" CLASS = "nom1">J'aime</DIV>
```

Comme vous le savez maintenant, le premier élément de notre titre (J'aime) constitue un objet HTML intitulé "Aime" grâce à l'attribut id de la balise <DIV>. De plus, nous avons appliqué à cette dernière la classe Nom1. Pour modifier les propriétés définies initialement dans la feuille de style, nous utiliserons une commande de ce type :

```
document.aime
```

L'instruction document représente la page d'accueil, c'est-à-dire le fichier Shtml27.htm, tandis que aime renvoie à l'élément HTML du même nom (attribut id). Dans ces conditions, nous pouvons, par exemple, déplacer la première partie du titre de 200 pixels vers le bas avec la commande suivante :

```
document.aime.top = 200
```

Il suffit d'ajouter la propriété top à notre ligne de commande et d'indiquer la valeur correspondante, en l'occurrence 200.

Le tableau suivant réunit quelques propriétés des feuilles de style "Cascading Style Sheets" et les valeurs autorisées. Ces valeurs sont des constantes (comme large, medium ou small pour les tailles de polices), des indications de longueur en valeurs absolues (pixels, centimètres, millimètres, pouces, points, picas) ou en valeurs relatives et des pourcentages en fonction d'une grandeur de référence (le plus souvent la taille du jeu de caractères). Vous pouvez définir des couleurs en recourant à la notation RVB ou en indiquant le nom de la couleur. Vous avez également la possibilité d'utiliser des URL graphiques (exemple : url(/images/ente2.jpg) comme image de fond.

Tab. 9.7 : Propriétés des polices

Propriété	valeurs	Description
font-size	xx-small, x-small, small, medium, large, x-large , xx-large, larger, smaller, longueur, pourcentage	Tailles de polices
font-family	Serif, sans-serif, cursive, fantasy, monospace, ou indication d'une police précise (Times, Helvetica...)	Utilisation d'une police particulière
font-weight	Normal, bold, bolder, lighter ou valeur numérique (de 100 à 900)	Intensité de la mise en forme des caractères
font-style	Normal, italic, oblique	Style d'écriture
font-variant	Normal, small-caps	Style de caractères
line-height	Indication directe ou en pourcentage de la longueur	
font	Abréviation pour toutes les propriétés énumérées ci-dessus	

Pour les couleurs en CSS, utilisez ces propriétés :

Tab. 9.8 : Propriétés des couleurs

Propriété	Description	Valeurs
color	Indication de la couleur	Terme anglais (blue, par exemple, pour le bleu) ou code RVB
background	Indication de la couleur d'arrière-plan	Terme anglais, code RVB ou URL pour déclarer une image de fond

Les propriétés suivantes sont utiles pour la mise en forme de textes en CSS :

Tab. 9.9 : Propriétés du texte

Propriété	Valeurs	Description
vertical-align	Baseline, sub, super, top, text-top, middle, bottom, text-bottom ou valeurs en pourcentage	Alignement vertical
text-transform	Capitalize, uppercase, lowercase, none	Définit la casse
text-align	Left, right, center, justify	Alignement horizontal
text-indent	Valeur absolue en pixels ou en pourcentage	Insère un retrait dans la première ligne d'un bloc de texte
border	Type du cadre (par exemple, solid)	Création d'un cadre
width	Auto, grandeur réelle ou pourcentage	Définit la largeur
height	Auto, grandeur réelle	Définit la hauteur

Le modèle de mise en forme dans les feuilles de style CSS s'apparente au modèle BOX. Les éléments HTML peuvent être classés en deux groupes : d'une part, les éléments représentant un bloc de texte formant des paragraphes (les titres, listes, paragraphes, etc.) et de l'autre, les éléments du texte continu (les mises en formes avec <em> et <strong> ou les liens).La définition générique d'une classe permet d'attribuer une signification particulière à presque tous les tags.

Tab. 9.10 : Informations relatives à la mise en forme des blocs de texte

Propriétés	Plage de valeurs	Description
padding -left, -right, -top, -bottom	Pixels ou pourcentage	Les attributs - left, - right, -top et -bottom sont des suffixes placés après la propriété ("padding" se traduit par "remplissage"). Crée une sorte de ligne ou de cadre épais autour d'un élément. L'arrière-plan transparaît. S'utilise surtout en association avec un cadre.
margin -left, -right, -top, -bottom	Pixels ou pourcentage.	Les attributs -left , -right, -top et -bottom sont des suffixes à placer après la propriété. Sert à définir une position.
border	Type du cadre (par ex. solid)	Crée un cadre
width	auto, grandeur réelle ou pourcentage	Indique la largeur. Peut être placé après les éléments, comme un suffixe (par exemple, border-width=5 %).
height	auto, grandeur réelle	Indique la hauteur (voir width)
float	left, right, none	Alignement d'un élément de bloc comme une image. Par exemple : "float:left" place l'image à gauche, le texte passe à droite.
clear	left, right, bottom, none	Établit si des éléments flottants (floating) sont autorisés à gauche, à droite ou des deux côtés.

9.13 Détection des navigateurs

L'accès aux propriétés des éléments, comme vous l'avez compris, repose sur une procédure standard. Mais il n'en va pas de même de la syntaxe. Reprenons notre exemple précédent où nous avons changé la position de l'élément HTML aime :

```
document.aime.top = 200
```

En fait, cette ligne est parfaitement interprêtée sous Netscape, mais refuse obstinément de s'exécuter sous Internet Explorer. En effet, il faut adopter la syntaxe suivante :

```
document.all.aime.style.top = 200
```

Comparée à la syntaxe de Netscape Navigator, celle d'Internet Explorer est nettement plus complexe. Ainsi, après l'objet **document**, il est nécessaire de faire référence à tous les objets de la page (**all**). Ensuite, après l'intitulé de l'élément HTML, vous devez spécifier un objet générique (**style**) avant de faire appel à sa propriété, **top** en l'occurrence, que vous souhaitez modifier.

Heureusement, il existe une astuce pour harmoniser votre programme.

Le module de détection

Dans un premier temps, avant de mettre en place les différentes commandes spécifiques à tel ou tel navigateur, il est nécessaire de connaître le type de navigateur qui affiche votre page.

1. Ajoutez, à la ligne 218, l'instruction suivante :

```
218. var navi = (navigator.appName == "Netscape" &&
parseInt(navigator.appVersion) >= 4);
```

La variable **navi** indique au programme le type de navigateur utilisé. En fait, notre code détecte si le navigateur correspond à Netscape 4.0 ou à une version supérieure. Dans le cas contraire, vous pouvez conclure que, si ce n'est pas Communicator 4, c'est qu'il s'agit d'Internet Explorer 4 ou 5.

Après avoir déterminé quel type de navigateur est à l'œuvre pour afficher la page, vous pouvez utiliser une boucle conditionnelle pour déterminer le type de commande à exécuter. Vous devez donc créer des variables qui pourront contenir, en fonction du navigateur détecté, des instructions pour Netscape Navigator ou pour Internet Explorer. La syntaxe à adopter se résume à cette condition :

si la condition est vraie (navi = netscape ou navi = Internet Explorer),
vous devez exécuter la première commande, sinon, vous devez exécuter
la seconde commande.

Pour notre exemple, vous pouvez créer une série de variables, en
suivant les principes de cette boucle conditionnelle, pour chacun des
éléments HTML de la page d'accueil.

2. Ajoutez, à la ligne 224, les lignes suivantes :

```
224. var firme = (navi) ? document.firme :
document.all.firme.style;
225. var toux = (navi) ? document.toux : document.all.toux.style;
226. var achats = (navi) ? document.achats :
document.all.achats.style;
227. var plantes = (navi) ? document.plantes :
document.all.plantes.style;
228. var pharmacie = (navi) ? document.pharmacie :
document.all.pharmacie.style;
229. var aime = (navi) ? document.aime : document.all.aime.style;
230. var para = (navi) ? document.para : document.all.para.style;
231. var texte1 = (navi) ? document.texte1 :
document.all.texte1.style;
232. var texte2 = (navi) ? document.texte2 :
document.all.texte2.style;
233. var texte3 = (navi) ? document.texte3 :
document.all.texte3.style;
234. var texte4 = (navi) ? document.texte4 :
document.all.texte4.style;
LEGENDE=Déclaration des variables.
```

Comme vous le remarquez, nous pouvons accéder ici à toutes les
propriétés des éléments HTML de la page, indifféremment avec Netscape ou Internet Explorer. De plus, pour résoudre un problème d'incompatibilité avec Netscape, il est également nécessaire d'utiliser une
petite astuce.

3. Ajoutez, à la ligne 221, les deux variables suivantes :

```
221. var HIDDEN = (navi) ? 'hide' : 'hidden';
222. var VISIBLE = (navi) ? 'show' : 'visible';
```

En effet, certaines versions de Netscape rencontrent des difficultés pour interpréter la propriété `visibility`, et plus particulièrement les deux valeurs qui l'accompagnent : `hidden` et `visible`. Pour régler ce problème, comme vous pouvez le voir, il suffit de substituer respectivement aux valeurs les expressions `hide` et `show`.

Pour en savoir davantage sur les subtilités du langage JavaScript, n'hésitez pas à visiter l'espace que lui consacre Netscape sur son propre serveur : `http://developer.netscape.com/one/javascript/index.html`

▲ Fig. 9.7 : *Apprenez le JavaScript sur le site de son concepteur.*

9.14 Animer les éléments HTML

Dorénavant, vous en connaissez suffisamment pour créer vos feuilles de style et les appliquer à différents objets HTML. Toutefois, vous ne savez pas encore comment contrôler leur déplacement. C'est justement l'objet de cette avant-dernière partie qui va vous permettre d'élaborer vos propres animations avec des outils relativement simples.

Initialiser les déplacements

Reprenons notre exemple. Celui-ci n'est pour le moment guère exploitable puisque tous les titres et intitulés de rubrique sont entassés, en haut de la fenêtre du navigateur qui affiche la page, à une distance de 0 pixel de la bordure. Cette position a été déterminée pendant la création des différentes classes qui composent notre feuille de style. L'animation va donc consister à effectuer le glissement de tous les objets HTML du document, dès l'affichage de la page, pour obtenir une disposition visuelle plus confortable, comme l'illustre notre figure.

◀ Fig. 9.8 :
On y voit nettement plus clair !

Concrètement, au début du chargement du document dans le navigateur, l'utilisateur verra tous les éléments de la page se placer automatiquement en glissant progressivement vers les emplacements que vous aurez définis aux pixels près.

En ce qui concerne votre premier objet, le premier élément du titre (J'aime) associé à la classe Nom1, vous le descendrez uniquement de 10 pixels par rapport à sa position initiale, c'est-à-dire une distance de 0 pixel par rapport à la bordure supérieure de la fenêtre.

1. Ajoutez, à la ligne 120, les instructions suivantes :

```
120. function glissenom1(from, to) {
121. if (from < to) {
122. aime.top = (from += 10);
123. setTimeout('glissenom1(' + from + ',' + to + ')', 100);
124. }
125. }
```

Vous venez de créer une fonction JavaScript (GlisseNom1), à l'intérieur des balises <SCRIPT> et </SCRIPT>, dont les arguments se résument à deux états : from (position de départ initialisée à 0 pixel) et to. Ce petit programme permet de faire descendre le titre de 10 pixels dans la page (aime.top = (from += 10)) toutes les 100 millisecondes avec la commande setTimeout. Ce mouvement se déroule ainsi jusqu'à ce que la valeur de from ait atteint celle de to que vous définirez plus loin dans le code.

Les deuxième et troisième éléments du titre (Ma pharmacie et Paracelse), qui se placent respectivement vers le milieu et le bas de la fenêtre, suivent la même procédure.

2. Ajoutez, à la ligne 127, les instructions suivantes :

```
127. function glissenom2(from, to) {
128. if (from < to) {
129. pharmacie.top = (from += 5);
130. setTimeout('glissenom2(' + from + ',' + to + ')', 100);
131. }
132. }
133.
134. function glissenom3(from, to) {
135. if (from < to) {
136. para.top = (from += 10);
137. setTimeout('glissenom3(' + from + ',' + to + ')', 75);
138. }
139. }
```

Vous avez créé les deux nouvelles fonctions (GlisseNom2, GlisseNom3). Notez cependant quelques modifications de valeurs nécessaires en ce qui concerne le nombre de pixels pour l'incrémentation de la variable **from** (10 ou 5 pixels) et la fréquence, en millisecondes, du mouvement (100 ou 75 ms). Cela permet d'obtenir une vitesse différente pour le placement de certains éléments HTML dans la page. Si tous les objets ont les mêmes paramètres de mouvement, leur descente s'effectue exactement au même niveau, et le résultat est loin d'être visuellement satisfaisant. En effet, dans ces conditions, tous les titres se chevauchent pendant leur déplacement et, pour éviter ce phénomène indésirable, il suffit tout simplement de définir des vitesses de glissement différentes en jouant sur les valeurs que nous venons de vous indiquer.

C'est justement ce que vous devez faire avec les intitulés de rubrique dont vous pouvez, dès à présent, déterminer les paramètres de déplacement comme avec les titres.

3. Ajoutez, à la ligne 141, les instructions suivantes :

```
141. function glisserub1(from, to) {
142. if (from < to) {
143. firme.top = (from += 2);
144. setTimeout('glisserub1(' + from + ',' + to + ')', 100);
145. }
146. }
147.
148. function glisserub2(from, to) {
149. if (from < to) {
150. toux.top = (from += 2);
151. setTimeout('glisserub2(' + from + ',' + to + ')', 100);
152. }
153. }
154.
155. function glisserub3(from, to) {
156. if (from < to) {
157. achats.top = (from += 5);
158. setTimeout('glisserub3(' + from + ',' + to + ')', 75);
159. }
160. }
161.
162. function glisserub4(from, to) {
163. if (from < to) {
```

```
164. plantes.top = (from += 5);
165. setTimeout('glisserub4(' + from + ',' + to + ')', 75);
166. }
167. }
```

Vous venez de créer quatre nouvelles fonctions (Glisserub1, Glisserub2, Glisserub3 et Glisserub4), avec des modifications de valeurs pour l'obtention de vitesses différentes lors des déplacements de chaque élément de la page.

Disposer les éléments avec JavaScript

Pour le moment, l'initialisation des déplacements de chaque élément ne peut avoir aucun effet concret lors de l'affichage de la page. Il est nécessaire d'indiquer au programme la position des objets en spécifiant, pour chacun d'entre eux, la valeur de l'argument to, lorsque vous appelez la fonction correspondante dans le programme.

4. Ajoutez, à la ligne 236, les appels de fonctions suivants :

```
236. glissenom1(0, 10);
237. glissenom2(0, 140);
238. glissenom3(0, 260);
239. glisserub1(0, 80);
240. glisserub2(0, 80);
241. glisserub3(0, 220);
242. glisserub4(0, 220);
243.
244. </SCRIPT>
```

Pour lancer l'exécution de la fonction GlisseNom1, il suffit de la mentionner dans votre programme en renseignant respectivement les variables **from** et **to** avec les valeurs 0 (0 pixel pour la position de départ) et 10 (10 pixels pour la position d'arrivée). Comme vous pouvez le constater, la position du second élément (Pharmacie associé à la classe Nom2) se situe à 140 pixels de la bordure supérieure de la fenêtre tandis que le troisième (Para associé à la classe Nom3) prend sa place plus bas, à 260 pixels exactement.

Nous pouvons observer le même principe à l'œuvre pour les appels de fonctions qui permettront le déplacement des quatre intitulés de rubrique : Glisserub1, Glisserub2, Glisserub3 et Glisserub4. N'oubliez pas d'indiquer, à la ligne 244, la fin des instructions JavaScript en inscrivant la balise </SCRIPT>.

Dans ces conditions, l'exécution de toutes les fonctions s'effectuera au même moment, dès le chargement de la page dans la fenêtre du navigateur. Vous obtiendrez alors ce type d'effet :

▲ Fig. 9.9 : *Position de départ*

▲ Fig. 9.10 : *Position intermédiaire (début d'animation)*

▲ Fig. 9.11 : *Position intermédiaire, quelques millisecondes plus tard...*

▲ Fig. 9.12 : *Fin de l'animation*

9.15 Effet Rollover avec du texte

Dernier effet à insérer sur votre page : le Rollover. Son principe est simple : lorsque le pointeur de la souris passe sur un élément HTML (image, texte, etc.), ce dernier se modifie (affichage d'une autre image, augmentation de la taille des caractères, changement de couleur, etc.). En ce qui concerne notre exemple, lorsque l'utilisateur passera le pointeur de sa souris sur l'intitulé des rubriques (L'entreprise, Achats, La toux et Les plantes), un court texte s'affichera pour décrire brièvement le contenu de chaque section. L'effet ne manque pas d'intérêt et reste à la portée de tous.

Afficher les descriptifs

À partir de la page d'accueil et de sa feuille de style contenue dans l'en-tête du document, nous avons créé une classe, intitulée Texte, qui s'applique aux blocs de texte, ces derniers correspondant aux descriptifs de chaque rubrique :

```
83. .texte {
84. text-align: center;
85. font-family: Comic Sans MS;
86. font-size: 22px;
87. color: #ff6633;
88. position: absolute;
89. top: 260px;
90. left: 80px;
91. width: 400px;
92. visibility: hidden;
93. z-index: 1;
94. }
```

Nous avons déjà expliqué la signification de toutes ces propriétés qui ne devraient maintenant vous poser aucune difficulté. Elles s'appliquent, rappelons-le, aux descriptifs que nous avons saisis précédemment dans le document :

```
200. <DIV ID = "texte1" CLASS = "texte">
201. Une présentation de la pharmacie et de son équipe.
```

```
202. </DIV>
203.
204. <DIV ID = "texte2" CLASS = "texte">
205. Comment combattre efficacement la toux ? Nous avons les
réponses !
206. </DIV>
207.
208. <DIV ID = "texte3" CLASS = "texte">
209. Commandez tous nos produits en lignes.
210. </DIV>
211.
212. <DIV ID = "texte4" CLASS = "texte">
213. Savez-vous que certaines plantes vénéneuses peuvent devenir
de véritables médicaments ?
214. </DIV>
```

Pour les afficher, lorsque l'utilisateur passera le pointeur de sa souris sur les intitulés de rubrique, il suffit d'ajouter un code JavaScript.

1. Ajoutez, à la ligne 110, les instructions suivantes :

```
110. function affichobjet(objet)
111. {
112. objet.visibility = VISIBLE;
113. }
114.
115. function cachobjet(objet)
116. {
117. objet.visibility = HIDDEN;
118. }
```

La fonction Affichobjet permet d'afficher les éléments HTML, représentés par l'argument (objet), lorsque le pointeur de la souris passe sur le nom d'une rubrique, tandis que la suivante, Cachobjet, fait disparaître le descriptif lorsque l'utilisateur désélectionne l'intitulé de la section. Pour que ce système fonctionne, vous devez maintenant modifier le contenu des balises <DIV>, pour tous les liens hypertexte du menu.

2. Modifiez, à partir de la ligne 178, les tags suivants :

```
178. <DIV ID = "firme" CLASS = "rub1">
179. <A HREF = "Sthtml17.htm" onMouseOver = "affichobjet(texte1)"
onMouseOut =
"cachobjet(texte1)">L'entreprise</A><BR>
180. </DIV>
181.
182. <DIV ID = "toux" CLASS = "rub2">
183. <A HREF = "toux2.htm" onMouseOver = "affichobjet(texte2)"
onMouseOut =
"cachobjet(texte2)">La toux</A><BR>
184. </DIV>
185.
186. <DIV ID = "achats" CLASS = "rub3">
187. <A HREF = "Sthtml20.htm" onMouseOver = "affichobjet(texte3)"
onMouseOut =
"cachobjet(texte3)">Achats</A><BR>
188. </DIV>
189.
190. <DIV ID = "plantes" CLASS = "rub4">
191. <A HREF = "Sthtml19.htm" onMouseOver = "affichobjet(texte4)"
onMouseOut =
"cachobjet(texte4)">Les plantes</A><BR>
192. </DIV>
```

Comme vous pouvez le constater, l'instruction JavaScript **onMouseOver** appelle la fonction Afficheobjet créée précédemment. Pour chaque intitulé de rubrique, nous utilisons l'argument correspondant au descriptif adéquat : texte1, texte2, texte3 ou texte4. L'instruction **onMouseOut** permet, quant à elle, d'exécuter la fonction Cachobjet pour masquer le texte lorsque le pointeur de la souris se déplace.

Enfin, même si la page HTML peut s'afficher correctement dès à présent, n'oubliez pas de la fermer avant de la sauvegarder une dernière fois.

3. Ajoutez, à partir de la ligne 245, les tags suivants :

```
245. </BODY>
246. </HTML>
```

Voici ce que l'utilisateur obtient lorsqu'il sélectionne chacune des rubriques : (voir fig. 9.13, 9.14, 9.15, 9.16)

▲ **Fig. 9.13** : *Descriptif de la première rubrique*

▲ **Fig. 9.14** : *Descriptif de la seconde rubrique*

▲ Fig. 9.15 : *Descriptif de la troisième rubrique*

▲ Fig. 9.16 : *Descriptif de la quatrième rubrique*

Les effets Rollover s'appliquent à divers éléments et plus particulièrement aux images. Dans ce dernier cas, il faut savoir rester raisonnable. Si vous en abusez, le temps de transfert des pages peut s'accroître considérablement. De nombreux visiteurs, exaspérés par la lenteur de l'affichage, risquent d'abandonner la visite de votre site. Et ce n'est sûrement pas l'effet recherché...

```
1. <!DOCTYPE HTML PUBLIC "-//W3C//DTD HTML 4.0//EN">
2.
3. <HTML>
4. <HEAD>
5. <STYLE type="text/css">
6.
7. .nom1 {
8. font-family: Futura Md BT;
9. font-size: 50px;
10. color: #0000FF;
11. position: absolute;
12. top: 0px;
13. left: 170px;
14. visibility: visible;
15. z-index: 1;
16. }
17.
18. .nom2 {
19. font-family: Futura Md BT;
20. font-size: 60px;
21. color: #0000FF;
22. position: absolute;
23. top: 0px;
24. left: 50px;
25. visibility: visible;
26. z-index: 1;
27. }
28.
29. .nom3 {
30. font-family: Futura Md BT;
31. font-size: 80px;
32. color: #0000FF;
33. position: absolute;
```

```
34. top: 0px;
35. left: 80px;
36. visibility: visible;
37. z-index: 0;
38. }
39. .rub1 {
40. font-family: Comic Sans MS;
41. font-size: 30px;
42. color: #FFFFFF;
43. position: absolute;
44. top: 0px;
45. left: 45px;
46. visibility: visible;
47. z-index: 2;
48. }
49.
50. .rub2 {
51. font-family: Comic Sans MS;
52. font-size: 30px;
53. color: #FFFFFF;
54. position: absolute;
55. top: 0px;
56. left: 320px;
57. visibility: visible;
58. z-index: 2;
59. }
60.
61. .rub3 {
62. font-family: Comic Sans MS;
63. font-size: 30px;
64. color: #FFFFFF;
65. position: absolute;
66. top: 0px;
67. left: 45px;
68. visibility: visible;
69. z-index: 2;
70. }
71.
72. .rub4 {
73. font-family: Comic Sans MS;
```

```
74.  font-size: 30px;
75.  color: #FFFFFF;
76.  position: absolute;
77.  top: 0px;
78.  left: 320px;
79.  visibility: visible;
80.  z-index: 2;
81.  }
82.
83.  .texte {
84.  text-align: center;
85.  font-family: Comic Sans MS;
86.  font-size: 22px;
87.  color: #ff6633;
88.  position: absolute;
89.  top: 260px;
90.  left: 80px;
91.  width: 400px;
92.  visibility: hidden;
93.  z-index: 1;
94.  }
95.
97.  BODY {
98.  background: #000099;
99.  }
100.
101. A
102. {
103. color: #FFFFFF;
104. }
105.
106. </STYLE>
107.
108. <SCRIPT LANGUAGE = "JavaScript">
109.
110. function affichobjet(objet)
111. {
112. objet.visibility = VISIBLE;
113. }
114.
```

```
115. function cachobjet(objet)
116. {
117. objet.visibility = HIDDEN;
118. }
119.
120. function glissenom1(from, to) {
121. if (from < to) {
122. aime.top = (from += 10);
123. setTimeout('glissenom1(' + from + ',' + to + ')', 100);
124. }
125. }
126.
127. function glissenom2(from, to) {
128. if (from < to) {
129. pharmacie.top = (from += 5);
130. setTimeout('glissenom2(' + from + ',' + to + ')', 100);
131. }
132. }
133.
134. function glissenom3(from, to) {
135. if (from < to) {
136. para.top = (from += 10);
137. setTimeout('glissenom3(' + from + ',' + to + ')', 75);
138. }
139. }
140.
141. function glisserub1(from, to) {
142. if (from < to) {
143. firme.top = (from += 2);
144. setTimeout('glisserub1(' + from + ',' + to + ')', 100);
145. }
146. }
147.
148. function glisserub2(from, to) {
149. if (from < to) {
150. toux.top = (from += 2);
151. setTimeout('glisserub2(' + from + ',' + to + ')', 100);
152. }
153. }
154.
```

```
155. function glisserub3(from, to) {
156. if (from < to) {
157. achats.top = (from += 5);
158. setTimeout('glisserub3(' + from + ',' + to + ')', 75);
159. }
160. }
161.
162. function glisserub4(from, to) {
163. if (from < to) {
164. plantes.top = (from += 5);
165. setTimeout('glisserub4(' + from + ',' + to + ')', 75);
166. }
167. }
168. </SCRIPT>
169.
170. <TITLE>
171. Ma Pharmacie
172. </TITLE>
173.
174. </HEAD>
175.
176. <BODY>
177.
178. <DIV ID = "firme" CLASS = "rub1">
179. <A HREF = "Sthtml17.htm" onMouseOver = "affichobjet(texte1)"
onMouseOut =
"cachobjet(texte1)">L'entreprise</A><BR>
180. </DIV>
181.
182. <DIV ID = "toux" CLASS = "rub2">
183. <A HREF = "toux2.htm" onMouseOver = "affichobjet(texte2)"
onMouseOut =
"cachobjet(texte2)">La toux</A><BR>
184. </DIV>
185.
186. <DIV ID = "achats" CLASS = "rub3">
187. <A HREF = "Sthtml20.htm" onMouseOver = "affichobjet(texte3)"
onMouseOut =
"cachobjet(texte3)">Achats</A><BR>
188. </DIV>
```

```
189.
190. <DIV ID = "plantes" CLASS = "rub4">
191. <A HREF = "Sthtml19.htm" onMouseOver = "affichobjet(texte4)" onMouseOut =
"cachobjet(texte4)">Les plantes</A><BR>
192. </DIV>
193.
194. <DIV ID = "aime" CLASS = "nom1">J'aime</DIV>
195.
196. <DIV ID = "pharmacie" CLASS = "nom²">ma pharmacie</DIV>
197.
198. <DIV ID = "para" CLASS = "nom3">Paracelse</DIV>
199.
200. <DIV ID = "texte1" CLASS = "texte">
201. Une présentation de la pharmacie et de son équipe.
202. </DIV>
203.
204. <DIV ID = "texte2" CLASS = "texte">
205. Comment combattre efficacement la toux ? Nous avons les
réponses !
206. </DIV>
207.
208. <DIV ID = "texte3" CLASS = "texte">
209. Commandez tous nos produits en lignes.
210. </DIV>
211.
212. <DIV ID = "texte4" CLASS = "texte">
213. Savez-vous que certaines plantes vénéneuses peuvent devenir
de véritables médicaments ?
214. </DIV>
215.
216. <SCRIPT LANGUAGE = "JavaScript">
217.
218. var navi = (navigator.appName == "Netscape" &&
parseInt(navigator.appVersion) >= 4);
219.
221. var HIDDEN = (navi) ? 'hide' : 'hidden';
222. var VISIBLE = (navi) ? 'show' : 'visible';
223.
```

```
224. var firme = (navi) ? document.firme :
document.all.firme.style;
225. var toux = (navi) ? document.toux : document.all.toux.style;
226. var achats = (navi) ? document.achats :
document.all.achats.style;
227. var plantes = (navi) ? document.plantes :
document.all.plantes.style;
228. var pharmacie = (navi) ? document.pharmacie :
document.all.pharmacie.style;
229. var aime = (navi) ? document.aime : document.all.aime.style;
230. var para = (navi) ? document.para : document.all.para.style;
231. var texte1 = (navi) ? document.texte1 :
document.all.texte1.style;
232. var texte2 = (navi) ? document.texte2 :
document.all.texte2.style;
233. var texte3 = (navi) ? document.texte3 :
document.all.texte3.style;
234. var texte4 = (navi) ? document.texte4 :
document.all.texte4.style;
235.
236. glissenom1(0, 10);
237. glissenom2(0, 140);
238. glissenom3(0, 260);
239. glisserub1(0, 80);
240. glisserub2(0, 80);
241. glisserub3(0, 220);
242. glisserub4(0, 220);
243.
244. </SCRIPT>
245. </BODY>
246. </HTML>
```

Différents types de médias

Si, en tant qu'auteur Web, vous ne voulez pas vous limiter à la sortie de vos pages dans un programme de navigation, vous pouvez utiliser les attributs de MEDIA. Dans notre exemple, voici les différentes possibilités de présentation d'un élément selon le support de sortie avec un élément H1.

L'élément H1 doit s'afficher en bleu s'il sort sur un écran d'ordinateur. S'il est imprimé, il doit être centré et pour une sortie audio éventuelle sur un synthétiseur vocal, un autre style sera défini.

```
<HEAD>
<STYLE type="text/css" media="screen">
H1 {color: blue}
</STYLE>
<STYLE type="text/css" media="screen, print">
H1 {text-align: center }
</STYLE>
<STYLE type="text/acss" media="speech">
H1 {cue-before: url(bell.aiff); cue-after: url(dong.wav)}
</STYLE>
</HEAD>
L'exemple peut être reproduit avec des feuilles de style externes.
<HEAD>
<LINK href="doc1-screen.css" rel="stylesheet"
type="text/css" media="screen">
<LINK href="doc1-print.css" rel="stylesheet"
type="text/css" media="print">
<LINK href="doc1-speech.css" rel="stylesheet"
type="text/css" media="speech">
</HEAD>
```

L'attribut MEDIA reconnaît les valeurs suivantes :

Tab. 9.11 : Valeurs possibles de l'attribut MEDIA	
Valeur de l'attribut MEDIA	Description
print	Sortie imprimante avec prévisualisation à l'écran avant impression
projection	Sortie projecteur
braille	Sortie vers des appareils de lecture du braille
speech	Sortie synthétiseur vocal
all	Sortie tous médias

Label et Button

Le tag LABEL apparaît dans les formulaires pour l'étiquetage dynamique d'éléments. En association avec les éléments FIELDSET et LEGEND, vous pouvez afficher des informations concernant un groupe.

BUTTON est une extension de la syntaxe FORM présentée dans le cadre des formulaires.

ACRONYM

Ce nouvel élément permet d'afficher distinctement une chaîne de caractères formant un acronyme. Un acronyme est un mot composé des initiales d'une séquence de mots (par exemple ONU, WWW, HTML, etc.). Cette distinction peut être particulièrement utile dans le contexte d'une sortie vocale de documents HTML (on voit ici encore la tendance du HTML à dépasser le cadre de la fenêtre du browser). Les tags d'ouverture et de fermeture qui entourent l'acronyme sont nécessaires.

Le tag d'ouverture peut contenir une série d'attributs, par exemple TITLE pour résoudre l'abréviation et LANG pour indiquer la langue.

Exemple :

```
<ACRONYM title="World Wide Web">WWW</ACRONYM>
<ACRONYM
lang="fr" title="Société Nationale des Chemins de Fer">
SNCF
</ACRONYM>
```

Le problème des acronymes est que certains se prononcent lettre par lettre (par exemple BBC ou SNCF) et d'autres comme un mot entier (par exemple Otan ou Unesco). Enfin, certains peuvent se prononcer des deux façons. Le W3C conseille d'utiliser une feuille de style afin de définir la prononciation d'acronymes.

INS et DEL

L'élément INS, combiné avec DEL , est conçu pour donner des informations sur l'état d'un document. Vous pouvez ainsi préciser si, quand et pourquoi un document a été modifié ou supprimé. Plus précisément,

DEL et INS servent à marquer les sections du document qui ont été modifiées ou supprimées par rapport à une version antérieure.

Il existe deux attributs : l'attribut CITE peut renvoyer à une URL qui contient des informations détaillées sur les raisons du changement ; DATETIME contient la date de la modification au format ISO (ISO8601). Les tags d'ouverture et de fermeture sont nécessaires.

Exemple :

```
<INS CITE="/changes/modifs123.html" DATETIME="1997-09-
05T08:15:30-05:00">
Seuls les idiots qui ne changent pas d'avis !</INS>
```

L'auteur peut également insérer un commentaire sur le texte modifié ou effacé sous forme d'un titre (attribut TITLE). Pour présenter le titre à l'utilisateur, vous pouvez utiliser une technique d'affichage comme la note contextuelle (*popup note*).

Exemple :

```
<INS datetime="1998-02-05T08:15:30-05:00"
title= "Les modifications sont le résultat d'une élection">
Quand ma veste est démodée, je la retourne.</INS>
```

Le tag Q

L'élément Q introduit par HTML 4.0 est conçu pour des citations d'une certaine longueur. Il crée un paragraphe en retrait. Q est équivalent à BLOCKQUOTE et s'accompagne de l'attribut CITE qui indique la source. Les tags d'ouverture et de fermeture sont nécessaires.

Exemple (fictif) :

```
<Q cite="http://www.bembelmania.fr/songs/history.htm">
She was a mystery - now she's history</Q>
```

Notez que les navigateurs ont encore des difficultés avec cet élément.

9.16   Spécificités d'Internet Explorer 5 et Netscape Navigator 4

De nombreuses extensions propres aux versions précédentes de Navigator ont été intégrées dans Explorer et vice versa. Mais comme décrit à propos du positionnement absolu, il existe encore quelques différences. Les deux concurrents poursuivent chacun leur propre stratégie, notamment dans le domaine du HTML dynamique. Vous ne pourrez donc pas faire l'économie d'une grande vigilance et d'un suivi régulier des derniers développements.

Il existe par ailleurs quelques points qui sortent du cadre de cette nouvelle technique et qui présentent toujours un certain intérêt, particulièrement parce qu'ils concernent les nombreuses anciennes versions.

Netscape Communicator

Plug-ins

La technique des "plug-ins" est une spécialité de Netscape. Si besoin est, le navigateur lance automatiquement un programme externe supplémentaire (le plug-in). Cette technique est utilisée par les développeurs et auteurs de pages Web pour créer une présentation forte de leur contenu. Pour l'utilisateur, ces techniques restent invisibles étant donné qu'elles sont intégrées dans le serveur, les applications ou le contenu. Ils peuvent donc s'en servir sans connaître les détails techniques.

L'utilisateur de Communicator peut ajouter des fonctions non encore implémentées dans le programme. Si celui-ci ouvre une page HTML contenant des formats inconnus, il lance le module plug-in approprié (si celui-ci existe) pour lire le format et afficher le fichier à l'écran.

Les plug-ins sont des programmes de provenances diverses permettant d'étendre les capacités de Communicator. Vous devez les déposer dans le dossier plug-in de Communicator.

Les plug-ins les plus courants s'installent automatiquement avec Communicator, d'autres peuvent être téléchargés directement sur les sites de leurs fabricants respectifs.

Pour implémenter une référence vers un plug-in dans la source HTML, vous devez utiliser une instruction spécifique :

```
<embed src=[nom_du_fichier]>
```

Le fichier référencé peut être de n'importe quel format. Son nom doit être placé entre guillemets.

Les fichiers plug-ins peuvent également se trouver dans d'autres dossiers, comme les autres références.

Avec HTML 4.0, le tag EMBED est lui aussi concerné par l'extension du tag OBJECT qui peut désormais le remplacer. Toutefois, des versions plus anciennes de Navigator ne comprennent pas cette instruction.

Texte clignotant

Navigator connaît déjà depuis quelque temps le tag BLINK qui fait clignoter du texte.

Exemple :

```
<blink>Ce texte clignote</blink>
```

Avec le HTML dynamique, ce tag (comme la plupart des autres techniques spéciales de présentation) a perdu de son importance. Parmi les techniques ainsi dépassées on compte également les trois options de l'attribut align= que Navigator prenait en charge en plus des trois variantes standard de HTML 3.2 pour légender une image.

Remarque

BLINK s'éteint

De nombreux professionnels refusent le tag BLINK. Pour parvenir au même résultat, ils suggèrent à la place les GIF animés ou les scripts.

Affichage accéléré d'une image

Navigator offre une possibilité très intéressante pour accélérer l'affichage des images. Il s'agit d'un subterfuge consistant à afficher l'image d'abord en moindre qualité.

Cette caractéristique de Navigator est extrêmement utile lors du chargement de pages Web contenant beaucoup d'images complexes. Voici le fonctionnement.

Dans un premier temps, le document HTML s'affiche avec des images très petites (par rapport à la taille réelle des fichiers à transmettre) de qualité médiocre (basse résolution et peu de couleurs, voire en noir et blanc). La page se compose relativement vite à l'écran et donne un aperçu des images.

Une fois que la page entière s'affiche et que le visiteur a déjà une première impression de sa présentation générale (et peut lire les textes), les graphiques se rechargent, cette fois en haute qualité. Ils remplacent pas à pas les images miniatures pendant que l'utilisateur se déplace sur la page et lit les textes.

Cette technique demande l'indication des deux graphiques dans le tag `IMG`.

```
<img src=[graphique1] lowsrc=[graphique2]>
```

Le paramètre `lowsrc=` définit la plus petite des deux images. Exemple :

```
<img src="test.jpg" lowsrc="test.gif">
```

Les deux images devraient avoir des dimensions (hauteur et largeur) et un contenu identiques, car les images de meilleure qualité doivent simplement se mettre à la place des premières. La différence de taille ne se rapporte qu'à la taille du fichier à transférer. Si les deux images ont des hauteurs/largeurs différentes, adaptez-les en indiquant explicitement les dimensions. Les navigateurs qui ne reconnaissent pas le paramètre `lowsrc=` chargeront comme d'habitude l'image définie par l'attribut `src=`.

Internet Explorer

Lignes de séparation en couleurs

Depuis sa version 3.0, Explorer connaît les lignes de séparation colorées. Il suffit d'ajouter au tag HR l'attribut color=, séparé par une virgule. La valeur de color= définit la couleur de la ligne de séparation. Sa valeur peut être hexadécimale ou le nom de la couleur, comme décrit dans la section concernant les couleurs.

```
<hr color=[couleur]>
```

Cette technique est devenue moins importante avec le HTML dynamique.

Effet de filigrane pour les images d'arrière-plan

Un effet spécial très original d'Internet Explorer est l'effet filigrane pour les images de fond. Un attribut supplémentaire pour les images d'arrière-plan a pour effet qu'elles ne se déplacent pas lorsqu'on fait défiler la page. L'arrière-plan et le premier plan semblent être dissociés.

```
bgproperties=fixed
```

Exemple :

```
<body background="logo.gif" bgproperties=fixed>
```

Légendes de tableaux

Contrairement à Navigator, Internet Explorer reconnaît les légendes de tableaux.

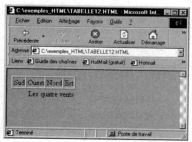

◄ Fig. 9.17 :
*Une légende de
tableau*

Toutefois, grâce au positionnement au pixel près d'objets en HTML dynamique, cette lacune de Navigator devient insignifiante.

Effet de relief coloré pour les tableaux

À l'aide de deux informations supplémentaires sur la couleur du quadrillage et du cadre de tableaux, Explorer peut créer une sorte de relief coloré. Ce sont les attributs `bordercolordark=` et `bordercolorlight=` (qui ne sont utiles qu'en association).

Voici la syntaxe :

```
<table bordercolordark=[couleur] bordercolorlight=[couleur]>
```

En choisissant un encadrement de tableau assez épais, vous pouvez créer un ombrage coloré.

Musique de fond

À condition de posséder le matériel adéquat (carte son et haut-parleurs), Internet Explorer prend en charge la lecture de fichiers son lors du chargement et de la lecture de pages Web à l'aide d'une instruction spécifique (les problèmes de configuration, hélas ! assez fréquents, sont occultés ici).

Elle n'a toutefois plus qu'un intérêt limité, car HTML 4.0 permet désormais l'intégration d'objets multimédia de toutes sortes.

La définition de la musique de fond s'effectue dans le tag `BGSOUND` dans Explorer. En voici la syntaxe :

```
<bgsound src=[fichier_son] loop=[répétition]>
```

L'attribut `loop=` détermine le nombre de répétitions. Les options possibles sont `infinite` pour des répétitions sans fin (donc jusqu'à ce que l'utilisateur quitte la page) ou bien un nombre supérieur à zéro. L'attribut `src=` désigne le fichier son qui peut avoir le format MID, AU ou WAV.

Conseil

Faites attention au format audio

Notez que les fichiers WAV sont particulièrement volumineux, comme le montre ce petit calcul. La taille d'un fichier son stéréo se calcule comme suit : durée de l'enregistrement (secondes) * fréquence d'échantillonnage * 2 = taille en octets. Un fichier WAV de qualité CD est échantillonné à 44,050 Hz. Un fichier son sur CD d'une minute fait donc déjà 5 286 000 octets. Avec une vitesse de transmission de 14 400 bits/s, le transfert dure plus d'une heure, à 56 000 bits/s, on attend tout de même encore 15 minutes. N'oubliez pas que les taux de transfert théoriques des modems sont souvent inférieurs sur le réseau et que même les connexions modem ou RNIS les plus rapides peuvent descendre à des taux de transmission ridicules en cas d'embouteillage.

Il est peu probable qu'un utilisateur préfère une petite musique de fond à un long téléchargement (donc au temps et aux coûts de communication et de connexion). Dans des circonstances non favorables (modem lent, heures de connexion chères en dehors de l'abonnement...), le chargement d'un tel fichier peut revenir très cher.

Conseil : si vous tenez à votre musique de fond, choisissez le format MIDI, car les fichiers MIDI sont plus petits que les WAV (souvent de 1 000 ou plus pour une même durée). Ils ne contiennent en effet que les instructions pour le matériel audio de l'ordinateur ou le synthétiseur. Une fois qu'ils sont arrivés sur le disque dur, les instructions de commande sont traduites en musique par un interpréteur MIDI.

Vous connaissez ce procédé, car HTML (comme tous les langages Internet) fonctionne selon le même principe. Il est donc tout à fait naturel de se baser sur la même technique pour les objets multimédias incorporés.

Conclusion

Les deux concurrents se sont beaucoup rapprochés en ce qui concerne les tags pris en charge. De nombreux tags qui n'étaient jusqu'alors reconnus que par l'un des deux (comme le texte barré dans Internet Explorer) s'affichent maintenant correctement dans les deux.

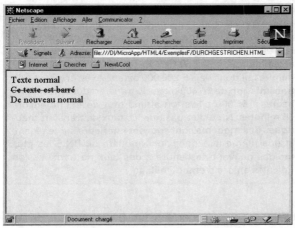

▲ Fig. **9.18** : *Navigator reconnaît maintenant le texte barré*

Les différences ne concernent pratiquement plus que les éléments de HTML 4.0 (et notamment le HTML dynamique).

Chapitre 10

Les éditeurs HTML par la pratique

Maintenant que nous disposons des bases essentielles du langage HTML, nous voilà prêts à aborder l'exploitation optimale des éditeurs HTML. Une bonne connaissance du HTML permet, par le biais de ces éditeurs, de créer rapidement des pages performantes et de progresser vers un résultat apte à satisfaire les plus fortes exigences. À travers un atelier pratique, nous vous proposons d'examiner les rouages de trois grands éditeurs : Microsoft FrontPage Express, Macromedia Dream-Weaver et Netscape Composer.

10.1 Création avec FrontPage Express

Cet éditeur, proposé par Microsoft, permet d'élaborer des pages avec une facilité déconcertante. Voyons d'abord comment mettre sur pied une page Web simple. Il ne tient ensuite plus qu'à vous de faire appel à votre créativité pour l'améliorer !

1. Démarrez FrontPage Express. L'écran principal de l'éditeur s'affiche.

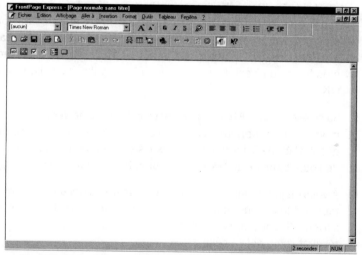

▲ Fig. 10.1 : *La fenêtre principale*

Au démarrage, FrontPage Express crée automatiquement un document vierge. Il vous revient à vous de le modifier et de sauvegarder le résultat obtenu.

Commençons par en modifier le titre :

2. Ouvrez le menu **Fichier** puis cliquez sur **Propriétés de la page**. Saisissez alors Vidéothèque du Centre dans la zone de titre.

3. Tapez le texte du titre dans la fenêtre d'édition. Sélectionnez-le à l'aide de la souris, puis cliquez sur le bouton **Augmenter la taille du texte** autant de fois que nécessaire, jusqu'à obtenir la taille souhaitée.

Pour centrer le titre, activez le bouton intitulé **Centrer**.

▲ Fig. 10.2 : *Les bouton de la barre d'outils*

4. Insérez ensuite une ligne horizontale d'une largeur de 60 %. Cliquez **sur Insertion/Barre horizontale**. Pour modifier les propriétés de cette ligne, cliquez dessus avec le bouton droit de la souris, puis cliquez encore une fois sur **Propriétés de la ligne horizontale**. Saisissez ensuite le pourcentage voulu. Vous pouvez également modifier à ce niveau l'épaisseur de la ligne. Validez en cliquant sur **OK**.

5. Saisissez le texte Bienvenue à notre catalogue de vente ! Pour en modifier les propriétés, commencez par ajuster sa taille comme décrit à l'étape 3. La couleur du texte se choisit aisément par le biais de l'outil **Couleur du texte** placé sur la barre d'outil de FrontPage.

6. À vous de jouer maintenant : insérez le reste du document jusqu'au tableau dont nous étudions la mise en place dans les lignes qui suivent. Si vous vous en êtes bien sorti, vous devriez obtenir un résultat semblable à celui-ci.

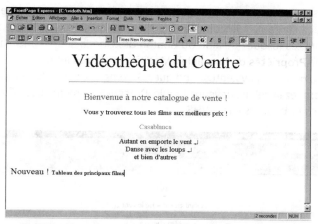

▲ Fig. 10.3 : *En quelques minutes, une page Web attrayante !*

FrontPage Express comme traitement de texte

Ne perdez pas de vue que FrontPage peut s'assimiler à un traitement de texte, à l'instar de Word. Cela explique notamment pourquoi l'utilisation de la touche [Entrée] provoque un saut de 2 lignes. Il s'agit en fait d'un saut de paragraphe. Pour forcer le saut à la ligne suivante, c'est la combinaison [Shift+Entrée] qui convient.

7. Occupons-nous maintenant du tableau. Cliquez sur l'outil **Insérer un tableau**. Maintenez le bouton gauche de la souris appuyé pour définir le nombre de lignes et de colonnes souhaité. Cliquez alors sur chacune des cellules du tableau et saisissez le texte correspondant. Inspirez-vous de la capture d'écran suivante.

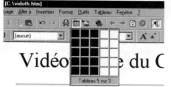

◀ Fig. 10.4 :
*Définir la taille du tableau ?
Élémentaire !*

Nous devons maintenant regrouper les cellules comme il convient. Cliquez sur la cellule contenant le titre du tableau puis éditez ses propriétés (cliquez à l'aide du bouton droit de la souris, puis choisissez **Propriétés de la cellule**). Modifiez le champ intitulé Nombre de colonnes équivalentes : indiquez 3 comme valeur. Validez puis supprimez la cellule devenue inutile. Procédez de même pour *Casablanca* et pour les cases VHS.

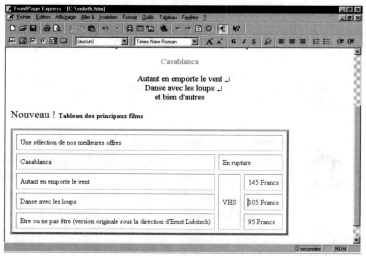

▲ Fig. **10.5** : *Remplissage des cellules du tableau après la fusion*

Astuce

Supprimez une cellule

Pour supprimer une cellule, cliquez sur sa bordure, le plus près possible de son centre. FrontPage la sélectionne. Pour la supprimer, appuyez simplement sur la touche [Suppr].

Pour modifiez l'apparence du tableau, placez le curseur de la souris sur la bordure et cliquez à l'aide du bouton droit de la souris.

Sélectionnez **Propriétés du tableau**. Ajustez l'alignement, la taille et l'espacement des cellules.

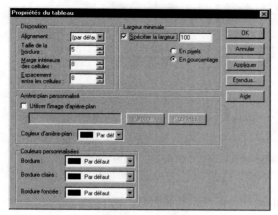

▲ Fig. 10.6 : *Paramétrage complet du tableau*

8. Nous en avons terminé avec notre page ! Il suffit de la sauvegarder et de la visionner dans Internet Explorer. Ouvrez le menu **Fichier** puis cliquez sur **Enregistrer sous**. Cliquez sur le bouton **Comme fichier** puis sauvegardez. Lancez ensuite le navigateur et ouvrez le document sauvegardé précédemment.

Voici à quoi ressemble le fichier HTML dans Internet Explorer : (voir fig. 10.7)

Nous n'avons pas épuisé toutes les possibilités de FrontPage Express, mais vous connaissez maintenant son principe de fonctionnement.

Astuce

Expérimentez les options de FrontPage Express

Expérimentez sans modération les diverses options de cet éditeur. Une bonne maîtrise de toutes ses fonctionnalités vous sera bien utile pour vos prochaines pages Web.

▲ Fig. **10.7** : *Créé avec FrontPage Express et affiché dans Internet Explorer*

9. Voyons maintenant comment définir des hyperliens. Tapez un court texte décrivant la destination de l'hyperlien. Sélectionnez ce dernier puis cliquez sur l'outil **Créer un modifier un lien**. Cochez le bouton radio *A partir de l'adresse* puis saisissez l'adresse du site ou du document vers lequel pointer. Validez.

Facile non ?

FrontPage offre de bien plus nombreuses facilités. Mais un chapitre entier ne suffirait pas à toutes les aborder. Expérimenter, tester, essayer, voilà les secrets pour se muer en expert. Alors au travail !

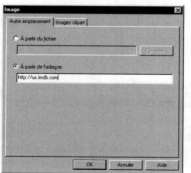

◄ Fig. **10.8** :
*La fenêtre
d'édition des
liens sous
FrontPage
Express*

10.2   Création avec DreamWeaver 2.0

Cet éditeur est d'une puissance phénoménale. Passées les premières appréhensions, il deviendra à la longue votre meilleur allié. Il est disponible en version française, ce qui devrait atténuer les impressions de complexité qui s'en dégagent. Cette petite introduction vous permettra par ailleurs de vous y familiariser :

1. Lancez DreamWeaver 2. Il vous présente ensuite une page d'édition ainsi que les barres d'outils disponibles.

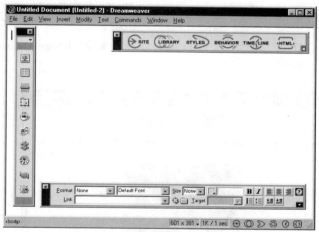

▲ Fig. 10.9 : *La page d'édition de DreamWeaver*

2. Ouvrez le menu **Modify** puis cliquez sur **Page properties**. Saisissez le titre puis validez (voir fig. 10.10).

3. Saisissez le titre dans la page d'édition puis sélectionnez-le. Dans la fenêtre d'état située en bas de l'écran, vous avez la possibilité d'en modifier tous les attributs. Cliquez sur le bouton **Align center** puis utilisez les menus pour modifier la police du texte.

4. Saisissez un court texte d'introduction pour votre site puis utilisez la méthode précédente pour en modifier le style.

HTML 4 – XML   369

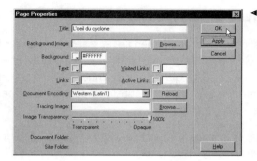

◄ **Fig. 10.10 :**
*N'oubliez pas de
modifier les
propriétés de la
page*

Une fois notre texte inséré, ajoutez une belle image. Rien de bien
compliqué :

5. Dans la barre d'outils verticale, sélectionnez **Insert Image**. Localisez
votre image puis validez.

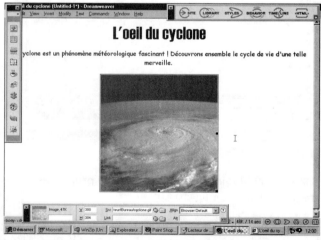

▲ **Fig. 10.11 :** *Insérer un image ? Facile !*

Vous pourriez ensuite ajouter un effet DHTML. Ne vous en privez pas
car DreamWeaver excelle dans cet art (plus que FrontPage 2000).
Nous préférons quant à nous vous présenter une fonctionnalité

intéressante : les couches (ou layers). Voyons par la pratique en quoi leur utilisation est en passe de révolutionner la mise en page sur le Web :

6. Sélectionnez l'outil **Draw layer** dans la barre d'outils. Tracez alors une zone rectangulaire sur une partie vierge de votre page. Elle pourrait cependant parfaitement se positionner par-dessus certains éléments déjà présents.

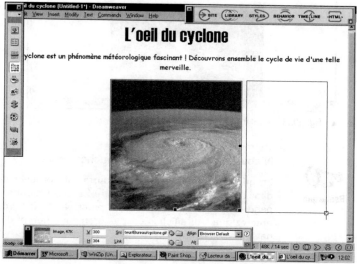

▲ Fig. 10.12 : *Insérez une couche sur votre page*

7. Positionnez la couche ainsi créée, déplacez-la au besoin. Cliquez à l'intérieur de la zone définie puis tapez un court texte. Admirez les résultats lorsque vous déplacez à nouveau la couche. Cette fonctionnalité permet de créer des présentations d'une qualité proche de la PAO. Vous pouvez, sans faire appel aux tableaux, placer images et textes au pixel près. Ce qui se révèle d'une grande puissance.

8. N'oubliez pas de sauvegarder votre page. Ouvrez le menu **File** puis cliquez sur **Save As**.

▲ Fig. **10.13** : *Sous Internet Explorer, un résultat parfait*

Remarque

N'abusez pas de l'usage des couches

En effet, certains navigateurs pourraient éprouver des difficultés à les interpréter. En outre, si vous visionnez la page créée sous Internet Explorer et Navigator, vous noterez que leur affichage est légèrement différent d'un navigateur à l'autre.

10.3 Création sous Netscape Composer

Partie intégrante du pack Communicator édité par Netscape, il est à conseiller aux débutants. S'il offre en effet un nombre de fonctionnalités limité, il est parfaitement adapté aux besoins les plus courants. Si vous n'êtes pas amené à mettre en œuvre des pages de puissance exceptionnelle, Composer est ce qu'il vous faut. Voyons d'un peu plus près ses atouts :

1. Lancez Composer à partir du menu **Démarrer/Programmes/Netscape Communicator**.

2. Modifiez le titre attribué par défaut en déroulant le menu **Format** puis **Propriétés et couleurs de la page**. Saisissez le titre et validez en cliquant sur **OK**.

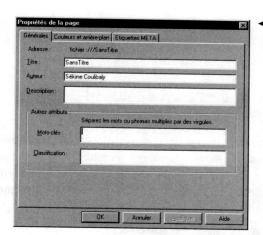

◄ Fig. 10.14 :
Modifiez le titre et le nom de l'auteur

À présent, abordons la création proprement dite. Dans un premier temps, ajoutez un titre, modifiez ses propriétés puis placez un court texte d'introduction :

3. Saisissez le titre de votre page dans la fenêtre d'édition puis sélectionnez-le en maintenant le bouton gauche de la souris appuyé. Utilisez ensuite le bouton de la barre d'outils intitulé **Alignement**. Sélectionnez alors le deuxième pictogramme pour centrer le titre (voir fig. 10.15).

Tapez à la suite un court texte d'introduction. Vous pouvez appliquer un style (gras par exemple) à des portions de texte. Pour cela, sélectionnez-les puis utilisez les 3 boutons de la barre d'outils arborant la lettre A majuscule.
Vient maintenant le moment d'insérer une image :

▲ Fig. 10.15 : *La modification des styles est plus facile avec un éditeur*

4. Cliquez sur le bouton **Image** de la barre d'outils de Composer.
Cliquez sur **Choisir le fichier**. Localisez le fichier à insérer puis
validez. L'image est automatiquement insérée dans la page d'édition. Pour la centrer, sélectionnez-la puis cliquez sur l'outil **Alignement** (voir fig. 10.17).

▲ Fig. 10.16 : *L'insertion d'une image sous Composer*

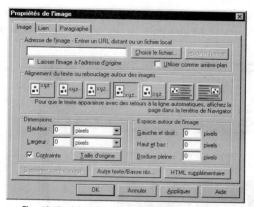

▲ Fig. 10.17 : *Modifiez les propriétés d'affichage de votre image*

Finissons ce tour d'horizon en incorporant un lien hypertexte :

5. Tapez le texte descriptif du lien, par exemple `Vers le site de Meteo France`. Sélectionnez-le puis cliquez sur le bouton intitulé **Insérer un lien**. Dans le champ *Lier à une page*, indiquez l'URL du site Météo France, soit `http://www.meteo.fr`. Vous pourriez tout aussi bien proposer un lien vers une autre page, par exemple en spécifiant `mon_autre_page.htm` .

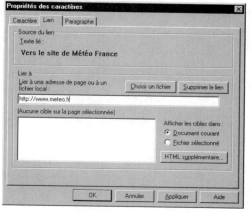

◀ Fig. 10.18 : *Un lien hypertexte pour vous ouvrir sur le monde*

6. Sauvegardez le code HTML de votre page généré par Composer.
Pour cela, ouvrez le menu **Fichier** puis cliquez sur **Enregistrer sous**.

▲ Fig. **10.19** : *Votre page affichée par Internet Explorer 5.0*

Chapitre 11

HTML et les autres langages de l'Internet

HTML s'associe très bien avec d'autres langages de l'Internet. Bien qu'il offre un grand nombre de possibilités de présentation des pages Web, il existe des situations impossibles à résoudre avec le seul HTML. Tout au moins pas dans un rapport travail/résultat équilibré.

Ce n'est pas une carence du HTML, car il est ouvert à des combinaisons extrêmement souples avec d'autres techniques Internet.

Par exemple à l'Intégration d'applets Java, de fonctions de scripts (à l'aide de JavaScript), de contrôles ActiveX et d'autres objets dans des documents Web.

Conseil

Optez pour la compatibilité avec les versions antérieures du HTML

Dans la nouvelle version du HTML, l'insertion d'éléments les plus divers s'effectue à l'aide du seul tag OBJECT. Nous y reviendrons plus en détails dans la section consacrée aux objets multimédias. Toutefois, pour assurer une compatibilité descendante, il est préférable de connaître et d'utiliser encore les "anciens" tags.

11.1 Applets Java

Naissance et caractéristiques du langage

Java passe pour un concurrent redoutable qui pourrait bien faire vaciller l'empire de Bill Gates. Microsoft est allé récemment jusqu'à déclarer la société américaine Sun Microsystems comme son ennemi numéro 1. Bien que portant le nom d'une variété de café, nourriture de base inoffensive et indispensable aux programmeurs, Java recèle un langage de programmation qui pourrait bien faire de l'ombre à tous les autres.

L'apparition du VRML, de Java, puis un peu plus tard de sa "progéniture", JavaScript, a fait l'effet d'une bombe sur l'Internet. Des animations fabuleuses en 3D sont désormais possibles dans les pages Web et l'interaction avec l'utilisateur a été considérablement simplifiée. Sans

compter que Java est bien plus encore qu'un simple langage de programmation Internet.

◄ Fig. 11.1 :
Le logo Java

Si la genèse de Java remonte à 1990, il n'a été rendu public sur
l'Internet, avec l'impact que l'on vient d'évoquer, qu'en 1995. Écrire son
historique détaillé n'est pas du ressort d'un ouvrage sur HTML.
Occupons-nous plutôt des caractéristiques de Java.

Quels sont les apports les plus importants de Java pour le réseau ? Pour
résumer, ils concernent la transmission des données et l'interaction
entre le client et le serveur.

Question interactivité, il est vrai qu'il existe dans HTML des éléments
"sensibles" déclenchant une action d'un simple clic de souris. Nous
avons vu que l'Internet fonctionne selon le principe client-serveur. En
cas de clic de souris, la position du curseur doit être analysée et
envoyée au serveur (technologie "HotSpot"). Toute saisie d'un utilisateur doit aussi être envoyée au serveur. Celui-ci analyse les données
reçues et renvoie une nouvelle page Web au client. Ce mécanisme
s'appelle CGI (Common Gateway Interface). La plus grande charge de
travail revient au serveur et donc aux lignes de l'Internet. Quant au
client, il se contente d'attendre.

La solution des nouveaux langages Internet réside dans le fait qu'ils transposent une partie du travail sur le processeur de l'ordinateur local (le client). En effet, bien que les ordinateurs deviennent de plus en plus puissants, ils n'étaient jusqu'à présent pas vraiment adaptés au travail sur l'Internet. Cette conception est celle de Java mais également d'ActiveX. La dernière version du HTML suit ce courant et délègue de plus en plus de travail au client, sans pour autant être aussi exigeant sur le plan matériel que la plupart des nouveaux langages.

Concrètement, une animation programmée en Java est traduite en code intermédiaire (un module de programme appelé applet Java) et seule cette applet est transférée puis lancée par le navigateur (supportant Java) en tant que partie intégrante de la page Web. Le browser installé sur le client calcule l'animation à partir du code précompilé. Comme Java est orienté objets, le browser est dans ce contexte appelé "conteneur" pour ces applets.

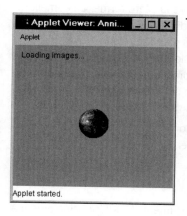

◄ Fig. 11.2 :
Exemple d'applet Java

L'un des principaux atouts des applets Java est leur indépendance vis à vis de la plate-forme. Il est aussi facile de les exécuter sur un PC, un MacIntosh ou une machine UNIX. En revanche, leur principal inconvénient est la lenteur des animations, défaut typique des langages interprétés.

Curieusement, les détracteurs de Java considèrent l'indépendance de la plate-forme comme un point faible. Si l'on s'en tient aux premières versions, cette attitude n'est pas totalement injustifiée. Java doit en effet s'adapter à toutes les architectures et systèmes d'exploitation, ce qui apparaît forcément comme une limite. À titre d'exemple, les applets ne peuvent exploiter que les possibilités contenues dans leurs bibliothèques de classes Windows (AWT : Abstract Windows Toolkit). Les premières applets ne pouvaient donc offrir qu'une petite partie de l'éventail des fonctions de Windows. Le principal argument avancé par les détracteurs est que la plate-forme Wintel (Windows + Intel) représente plus de 80 % des ordinateurs connectés à l'Internet et que si Java n'intègre pas toute la prise en charge de Windows, c'est uniquement pour contenter les seuls 20 % d'utilisateurs restants.

Avec la version 1.1 de Java, l'AWT s'est enrichi d'extensions substantielles, comme une interface d'impression homogène permettant aux applications d'imprimer quelle que soit la plate-forme. Les améliorations portent aussi sur le défilement d'écran (*scrolling*) plus rapide et plus facile, de meilleures performances graphiques, une prise en charge plus flexible des polices de caractères, le support de menus contextuels et du Presse-papiers. L'argument d'après lequel Java est dépourvu de l'ergonomie typiquement Windows ne tient donc plus.

Décembre 1998, Sun lance la version 1.2, baptisée «Plateforme Java 2». Cette nouvelle version intègre de nombreuses fonctions qui permettront aux développeurs de créer de véritables applications professionnelles.

Programmation Internet avec Java

Les applets Java s'insèrent dans les documents HTML principalement à l'aide d'une instruction spécifique, le tag APPLET qui nécessite un tag de fermeture.

Les applets Java ne sont pas des programmes autonomes au sens strict. Elles se composent de code intermédiaire précompilé (donc seulement partiellement traduit en code exécutable) indépendant de la plate-forme, à partir duquel le navigateur installé sur le client calcule l'animation et dont il ne peut afficher les sorties écran que dans sa fenêtre. Le browser sert de conteneur aux applets qui utilisent directement ses ressources.

Une applet s'affiche à l'endroit où elle est référencée dans la source du fichier HTML. Si le navigateur n'est pas capable d'afficher des applets Java, il les ignore, ainsi que l'exige le principe de la tolérance aux erreurs du HTML si le browser rencontre des instructions inconnues ou qu'il ne peut pas afficher.

Les principales raisons pour utiliser des applets sont les animations et l'interactivité avec les utilisateurs.

Que doit-on savoir au sujet des applets ?

En tant qu'auteur d'une page Web vous n'avez pas besoin de connaître la programmation d'applets Java. Il suffit de les insérer toutes prêtes dans votre page HTML. Si un browser (qui prend en charge Java et a été bien configuré) ouvre une telle page, il charge l'applet Java et l'exécute.

Comment une applet arrive-t-elle sur un ordinateur ?

Lorsqu'une page Web contient une référence vers une applet, celle-ci se charge automatiquement soit d'un serveur Internet (si elle ne se trouve pas encore sur l'ordinateur local), soit du disque local (si elle est déjà installée sur le client).

Une fois installée en local, l'applet reste disponible pour les lancements ultérieurs, même si elle est référencée dans une page différente.

Règles d'identification des applets

Une applet Java doit toujours se présenter comme un fichier avec l'extension CLASS et c'est sous cette forme qu'elle est référencée dans l'instruction. Le nom sans extension s'appelle classe d'objet. Si vous n'ajoutez pas l'extension lorsque vous nommez une applet, le navigateur la rajoute normalement lors du lancement, l'objet ayant déjà été identifié en tant qu'applet (donc CLASS) par l'instruction. Vous connaissez sans doute ce procédé qui consiste à rajouter automatiquement l'extension par défaut utilisé par beaucoup d'applications (par exemple Word). La classe est le code précompilé mentionné plus haut.

Exemples de noms d'applets Java

```
Bonjour.class
HelloWorld.class
MyFirstApplet.class
```

Il faut en outre savoir que la source non compilée est un fichier portant le même nom avec l'extension JAVA.

Exemples de noms des fichiers source correspondants

```
Bonjour.java
HelloWorld.java
MyFirstApplet.java
```

Attention

Problèmes de compatibilité entre Java et le DOS

Si vous connaissez la convention des noms de fichiers DOS (nom de fichier de huit caractères maximum et extension de trois caractères maximum séparée par un point), vous avez sans doute remarqué que cette règle ne s'applique pas dans ce contexte. Cette convention n'est en effet pas en vigueur ici, car Java, tout comme HTML, n'est pas lié aux règles du système d'exploitation DOS (concept d'indépendance vis à vis de la plate-forme). Si vous affichez une liste d'applets ou de fichiers Java dans un environnement DOS (ou Windows 3.x), il se peut que vous ne voyiez pas certains fichiers ou que les noms contiennent un signe ~. Vous rencontrerez alors des problèmes si vous essayez de démarrer des applets Java dans un système d'exploitation 16 bits ou 32 bits mal configurés : le navigateur cherche une applet avec l'extension CLASS et ne la trouve pas.

Insertion d'applets

Pour l'insertion d'applets, introduisez la référence d'une applet avec le tag `<applet...>`. Entre le tag d'ouverture et le tag de fermeture `</applet>`, vous pouvez indiquer des paramètres éventuellement nécessaires au lancement de l'applet ou bien entrer un texte quelconque.

Voici la syntaxe pour implémenter une applet rudimentaire (c'est-à-dire sans paramètres ou options spécifiques) :

```
<applet code=[élément_class] width=[valeur]
height=[valeur]>...</applet>
```

- *élément_class* est ici la classe de l'applet, donc l'applet elle-même
- width= et height= sont les dimensions (largeur et hauteur) de l'applet en pixels

Exemple de l'insertion d'une applet simple sans informations supplémentaires :

```
<applet code="MyFirstApplet.class"
width=100 height=50>...</applet>
```

Le nom de l'applet doit figurer entre guillemets. L'applet de cet exemple du nom de MyFirstApplet.class a une largeur de 100 pixels et une hauteur de 50 pixels.

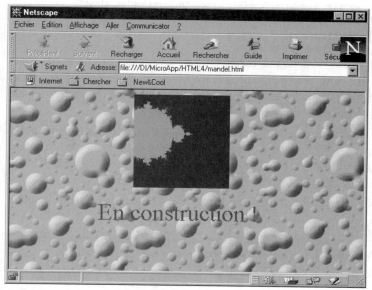

▲ Fig. 11.3 : *Exemple d'applet inspirée des fractales*

Vous pouvez également indiquer le fichier source (qui porte l'extension JAVA) avec l'attribut `src=`. Toutefois, ce n'est pas obligatoire pour insérer ou lancer une applet ; cette information sert surtout à documenter la fonctionnalité ou pour une modification éventuelle de l'applet (mais pour cela, des notions de programmation Java s'imposent).

Exemple de l'intégration d'une applet Java avec informations supplémentaires sur le fichier source :

```
<applet code="MyFirstApplet.class" src="MyFirstApplet.java"
width=100 height=50>...</applet>
```

Référence d'applets avec chemin d'accès

Les exemples ci-dessus ne fonctionnent que si l'applet se trouve dans le même dossier que le fichier HTML qui le lance. Si l'applet se trouve dans un autre dossier, elle est identifiée par l'attribut CODEBASE.

Exemple de l'insertion d'une applet Java avec chemin d'accès (relatif) :

```
<applet codebase="applets" code="MyFirstApplet.class"
width=100 height=50> ...
</applet>
```

Le dossier indiqué par `codebase` doit également être mis entre guillemets ; cette information peut se trouver avant ou après l'attribut code. Dans cet exemple, l'emplacement de l'applet est indiqué en fonction de l'emplacement du document HTML.

Vous pouvez aussi référencer une applet à l'aide d'un chemin d'accès absolu. Il n'est pas important qu'elle se trouve sur le même ordinateur ou sur un autre serveur. Au pire, il peut arriver qu'un document HTML et l'applet ne soient pas sur le même continent.

Exemple de l'insertion d'une applet java avec chemin d'accès absolu :

```
<applet
codebase="http://ourworld.compuserve.com/homepages/emile_bertrand_2"
code="MyFirstApplet" width=100 height=50> ... </applet>
```

Position exacte d'une applet dans une page Web

La position exacte d'une applet à l'écran résulte de l'endroit où le tag
APPLET est inséré dans la source HTML. Comme tout autre objet (par
exemple les titres ou images), elle peut s'aligner dans la page à l'aide
d'attributs HTML ordinaires.

Exemple :

```
<applet code="MyFirstApplet.class" width=100 height=50
align=middle vspace=25 hspace=30>
...</applet>
```

L'attribut ALIGN définit l'alignement d'un texte associé (dans l'exemple,
centré). VSPACE insère une distance verticale entre l'applet et le texte
(ici, 25 pixels) et HSPACE une distance horizontale (ici, 30 pixels).

Pensez aux retardataires

Entre le tag d'ouverture et le tag de fermeture, vous pouvez taper un
texte quelconque. Profitez-en pour signaler aux utilisateurs de browsers
ne comprenant pas Java qu'une applet se trouve à cet endroit. C'est
toujours le même principe de la tolérance aux pannes que nous avons
déjà exploité pour signaler des graphiques ou des frames : les navigateurs incapables de les interpréter les ignorent et affichent le texte entre
les tags en tant que texte ASCII pur. Les navigateurs prenant en charge
Java sont conçus pour exécuter l'applet elle-même sans afficher le texte
entre ces deux tags.

Paramétrage d'une applet

Un autre type d'informations importantes peut être placé entre le tag
d'ouverture et le tag de fermeture : les paramètres. Ce sont des valeurs
nécessaires à un programme pour s'exécuter (dans notre cas l'applet
Java) et qui en influencent le déroulement.

Vous connaissez cette situation. Beaucoup de commandes DOS ont
besoin de paramètres, faute de quoi elles seraient insensées. Prenez par
exemple la commande COPY : elle ne peut être exécutée par le système
que si vous indiquez les deux paramètres, source et cible.

Les paramètres requis par une applet sont programmés dans la source et ne peuvent pas être modifiés lors du lancement. Sauf si la source est modifiée et subit une nouvelle précompilation. Beaucoup d'applets ne nécessitent aucun paramètre, d'autres plusieurs. Vous obtenez ces informations dans la documentation de l'applet, qui l'accompagne le plus souvent sous forme d'un fichier texte (du moins dans les sources applet originales). Si vous n'y trouvez aucun renseignement sur d'éventuels paramètres, il est très probable que l'applet en question n'en requiert aucun. Dans tous les cas, vous n'avez d'autre choix que "try and error" dans ce cas. Si elle fonctionne, c'est qu'elle n'a pas besoin de paramètres.

Indiquez les paramètres avec le tag **PARAM** ; si nécessaire, vous pouvez en insérer plusieurs.

Deux attributs sont utilisés dans les paramètres

1. NAME

2. VALUE

NAME est le nom du paramètre et VALUE sa valeur.

Exemple d'insertion d'une applet Java et d'un message pour le navigateur :

```
<applet code="Ataxxlet.class" width=450 height=550>
<param name=Dim value=15>
<param name=size value=30>
<param name=Player1pos value="0,0:14,14">
<param name=Player2pos value="14,0:0,14">
<param name=BlocksPos value="5,9:5,5:9,5:9,7,3:7,11:3,7:11,7">
<param name=Player1 value=AtaxxPaul>
<param name=Player2 value=AtaxxPaul>
<H1> You need a java capable browser, like Netscape 2.0! </H1>
</applet>
```

Remarque

Erreurs de rechargement d'une applet dans un navigateur

Il peut arriver qu'une applet ne se recharge pas correctement si le navigateur réactualise une page Web. Lors de cette opération en effet, certains browsers ne recomposent que la page HTML. Cela peut aussi se produire lorsque l'utilisateur actionne le bouton **Recharger** (**Reload**). Pour recharger une page Web avec son applet, vous devez soit rouvrir le fichier par le menu **Fichier**, soit charger la page dans une nouvelle fenêtre (si votre navigateur le permet). Selon la version de Navigator, vous pouvez également recourir à une autre méthode. Si vous effacez les deux caches (mémoire temporaire) de Netscape (le cache sur disque et le cache en mémoire), le programme devrait recharger l'applet en cas de rechargement de la page Web. Vous trouverez cette option dans le sous-menu **Préférences**. Toutefois, n'oubliez pas qu'en effaçant le cache vous perdez toutes les informations qu'il contient. D'ailleurs cette solution ne fonctionne pas toujours, car dans Navigator les applets provoquent souvent des problèmes de gestion de la mémoire. Notamment quand plusieurs applets sont chargées à la suite. Si rien ne marche, il ne vous reste plus que la méthode radicale : arrêter le navigateur et le redémarrer.

11.2 Langages de script

Les langages de script (JavaScript ou VBScript) sont des langages interprétés de structure relativement simple (mais beaucoup plus compliqués que HTML). Ces langages de script peuvent être associés au HTML et l'enrichissent ainsi considérablement. Contrairement à Java, JavaScript doit être considéré comme une extension directe du HTML et ne peut être utilisé qu'en tant que composant intégré d'une structure HTML.

Nous allons présenter l'insertion de scripts dans la source HTML à l'exemple de JavaScript.

Les programmes JavaScript sont écrits directement dans le fichier HTML et sont donc en quelque sorte une composante de la source tout comme les autres éléments : titres, liens et autres références.

Ils ne s'intègrent pas comme les applets en tant que modules précompilés, mais en tant que texte clair et sont interprétés lors de l'exécution, de même que le code HTML. Cependant, JavaScript n'est pas un langage de description comme HTML, mais un langage de programmation à part entière (qui ressemble davantage à Visual Basic).

JavaScript possède tous les avantages découlant du principe de l'interpréteur - mais malheureusement aussi les inconvénients. Il est idéal pour les petits programmes simples qui nécessitent des actions impossibles à réaliser en HTML.

JavaScript, frère cadet de Java

Java est un langage de programmation orienté objet fortement inspiré du C/C++. Même s'il a su éliminer quelques-uns des principaux points faibles du C/C++ (comme les pointeurs, l'allocation mémoire et l'héritage multiple), ce langage demeure assez compliqué et, malgré les dénégations de ses fabricants, souvent surdimensionné. Il fallait donc une variante simplifiée pour l'utilisateur lambda : JavaScript.

Les langages de script sont des langages interprétés à structure relativement simple. JavaScript permet essentiellement d'assembler des éléments et composants développés en Java - ou dans un langage comparable. Les composants de base les plus importants (propriétés prédéfinies, objets, méthodes et événements) doivent donc être créés dans Java et peuvent ensuite être réutilisés par les langages de script. Bien qu'ayant une syntaxe proche de Java, JavaScript est beaucoup plus accessible, et comme langage interprété, il est assez proche du HTML. En bref, JavaScript sait faire plus que HTML tout en étant plus simple que Java.

Pour fonctionner, Les langages de script doivent être implémentés dans un interpréteur quelconque. À cet effet, les éléments de script sont intégrés dans la source HTML et le navigateur (qui doit bien entendu être compatible) les interprète. JavaScript doit donc être compris comme une extension immédiate du HTML et ne peut être utilisé en tant que composant intégré d'une structure HTML.

Les programmes JavaScript, contrairement aux applets Java, s'écrivent directement dans le fichier HTML. Ils deviennent ainsi en quelque sorte un élément normal du document HTML, à l'instar des titres, liens ou autres références.

Ils ne sont pas non plus intégrés dans les fichiers sous forme de modules précompilés. Cependant, ils y figurent en tant que texte clair et sont interprétés, comme les instructions HTML, durant l'exécution. Bien qu'à base d'interpréteur et contrairement au HTML, JavaScript est un langage de programmation et non de description. C'est peut-être Visual Basic qui lui ressemble le plus. Ainsi, JavaScript a hérité de tous les avantages inhérents à l'interpréteur, mais aussi bien sûr des inconvénients. Il est idéal pour créer des petits programmes simples nécessitant des actions impossibles ou très difficiles à réaliser en HTML.

Définition de JavaScript en HTML

Les instructions de script d'un fichier HTML se réalisent avec un tag spécifique. Pour introduire un code JavaScript, écrivez `<script language="JavaScript">` puis notez le tag de fermeture `</script>` pour marquer la fin du script.

Tout de suite après le tag d'ouverture, vous devez noter un commentaire `<!--` que vous ne refermerez qu'immédiatement avant le tag `</script>` avec les caractères de fermeture de commentaire `//-->>`.

Ainsi, l'ensemble du code JavaScript se trouve à l'intérieur d'un commentaire. Vous pouvez également insérer plusieurs scripts à la suite, tous entourés de tags de commentaires.

Le tag `SCRIPT` peut s'insérer dans l'en-tête ou dans le corps d'un document HTML.

À l'intérieur de la zone réservée au script, notez les fonctions JavaScript (qui ne peuvent pas faire l'objet d'un livre sur HTML). Toutefois, ce que nous devons décrire est le lancement d'une fonction JavaScript, car pour l'instant, nous n'avons fait que la définir et elle est prête à être lancée.

Jusqu'à présent, il existait trois méthodes principales pour lancer une fonction JavaScript sous HTML :

- lors de l'ouverture du fichier HTML ;
- par un clic sur un lien ;
- en passant dessus avec le curseur de la souris.

Le lancement à l'ouverture de la page se définit avec une extension du tag `BODY`, l'attribut `ONLOAD`. L'instruction pour démarrer une fonction JavaScript à l'ouverture du fichier HTML est par conséquent `<body onload=[nom_de_la_fonction]>`. Le nom de la fonction doit être placé entre guillemets et contient toutes les informations nécessaires pour en assurer le déroulement sans faille. Il doit notamment contenir tous les paramètres éventuels.

Pour lancer une fonction JavaScript en cliquant sur un lien, ajoutez l'attribut `ONCLICK` au tag du lien. L'instruction `<a href=[URL] onclick=[nom_de_la_fonction]>...</a>` provoque le démarrage du script lorsque l'utilisateur clique sur le lien. Le nom de la fonction doit être placé entre guillemets et contient toutes les informations nécessaires pour en assurer le bon déroulement. Il doit notamment contenir tous les paramètres éventuels.

Le lancement en passant le curseur de la souris sur un endroit précis se définit également dans le tag de liens, mais cette fois avec l'attribut `ONMOUSEOVER`. Avec l'instruction `<a href=[URL] onMouseOver=[nom_de_la_fonction]> ... </a>`, la fonction JavaScript démarre lorsque l'utilisateur passe le curseur sur une zone définie par le lien. Le nom de la fonction doit être placé entre guillemets et contient toutes les informations nécessaires pour en assurer le bon déroulement. Il doit notamment contenir tous les paramètres éventuels.

VBScript

VBScript (Visual Basic Script) est une version allégée de Visual Basic pour applications (VBA). À l'origine, Microsoft n'a développé ce langage interprété que pour Microsoft Internet Explorer. VBScript ressemble à JavaScript dans le sens où il ne peut être référencé qu'à l'intérieur de documents HTML. Mais la ressemblance s'arrête ici. Alors que la syntaxe de JavaScript ressemble à celle de Java (ou de C/C++), VBScript se rapproche plus du code Visual Basic. Il permet d'ailleurs d'implémenter la source Visual Basic dans des documents Web. Lorsqu'un navigateur supportant VBScript tombe sur de telles instructions, il compile et exécute le code.

Pour plus d'informations sur VBScript, connectez-vous au serveur Web de Microsoft : `http://www.microsoft.com/workshop`

HTML 4.0 et les scripts

La version 4.0 a introduit quelques nouveaux mots clés qui sont des conditions pour l'exécution de petites fonctions. Les fonctions de scripts que l'on connaissait jusqu'à présent surtout en JavaScript ou VBScript sont maintenant des composants directs du HTML : `onload`, `onmouseover`, `onclick`, etc.

Par rapport à l'utilisation de scripts, ce nouveau concept a considérablement élargi les conditions pour l'insertion. Et ceci indépendamment du langage utilisé, que ce soit JavaScript, VBScript, Tcl ou Perl. Il est maintenant nécessaire de spécifier le type de contenu soit dans l'en-tête (pour tout le document), soit au début du script.

1. Dans l'en-tête, utilisez le tag `META` pour l'insertion (par exemple `<meta http-equiv="Content-Script-Type" content="text/tcl">`). Vous l'avez déjà vu dans le chapitre consacré aux formulaires CGI.

2. Au début du script, il suffit d'en indiquer le type dans le tag `SCRIPT` (par exemple `<script type="texte/javascript">`). Vous gardez la possibilité d'insérer des scripts externes à l'aide de l'attribut `SRC`.

3. Un grand changement est intervenu en ce qui concerne le tag de fermeture : il faut désormais redoubler de vigilance. Dorénavant, tout tag de fermeture (pas seulement le tag `</script>` à l'intérieur d'un script) signifie la fin de ce script.

Voici un exemple trouvé sur les pages Web du W3C :

```
<SCRIPT type="text/javascript">
```

```
document.write ("<EM>This will work<\/EM>")
</SCRIPT>
```

Sans la barre oblique inverse (\) de "camouflage", le navigateur interpréterait le tag de fermeture de EM comme étant celui du script tout entier.

Présentations alternatives

Comme pour les frames et les graphiques, il existe pour les scripts l'élément NOSCRIPT qui permet de prévoir un texte et/ou des images pour ceux qui ne peuvent ou ne veulent pas recevoir de scripts. Ce concept s'étend à l'ensemble du HTML : si un utilisateur ne désire pas voir un élément ou si son browser n'en est pas capable, il reçoit quand même des informations alternatives.

ActiveX

ActiveX est un autre terme clé de l'Internet. Tôt ou tard vous le rencontrerez. Microsoft mise tout sur cette technologie et s'efforce d'en armer son navigateur. D'autres éditeurs de logiciels et de nombreux experts comparent les contrôles ActiveX à des bombes électroniques et les risques qu'ils entraînent aux dangers des virus informatiques. Qu'en est-il exactement ?

Les contrôles ActiveX sont souvent considérés comme une alternative aux applets Java. Mais selon l'éditeur lui-même, "ActiveX" ne désigne pas une technologie bien précise, mais toutes les technologies Internet et multimédias développées par Microsoft. Il s'agit donc d'un rassemblement de nombreuses techniques de développement, toutes basées sur le Component Object Model (COM) et/ou sur l'API Win32. ActiveX est un ensemble de techniques ouvertes conçues pour transposer la puissance des PC sur l'Internet. Son fabricant ne le voit pas comme un produit directement concurrent de Java, mais comme une extension permettant aux programmeurs d'exploiter pleinement Java. Bien entendu, les performances du HTML s'en trouvent également décuplées. Cependant, le programmeur ne doit jamais oublier qu'en combinant Java avec ActiveX, il abandonne une des principales caractéristiques de

Java (et du HTML, ce qui nous semble encore plus important), à savoir l'indépendance de la plate-forme. Car ActiveX n'est pas explicitement indépendant, contrairement aux deux autres. Inversement, les contrôles ActiveX sont en mesure d'utiliser toutes les fonctionnalités de Windows, c'est-à-dire qu'un élément inséré dans une page Web se présente et s'utilise de la même façon que n'importe quel élément de contrôle dans Windows.

Un autre point faible d'ActiveX est l'absence de sécurité. L'utilisateur d'un contrôle ActiveX ne peut faire confiance qu'à un numéro d'enregistrement intégré au contrôle en tant que signature numérique à l'aide d'outils de programmation spécifique. Mais ce numéro d'enregistrement ne dit pas si le contrôle est inoffensif ou non. Il ne fait qu'attester (dans la mesure où il est authentique) que son fabricant l'a fait enregistrer auprès d'une organisation. Celle-ci ne s'engage toutefois pas à en vérifier le bon fonctionnement. Ce n'est pas par hasard si des contrôles ActiveX sont aujourd'hui souvent responsables d'opérations illégales, comme celles permettant de créer et d'effacer des dossiers sur des ordinateurs distants par l'intermédiaire d'Internet Explorer. Un autre exemple nous a été fourni par un magazine télé allemand qui, durant l'été 1997, a effectué une opération bancaire illicite à l'aide d'une banque en ligne et de contrôles ActiveX.

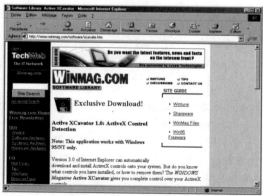

▲ Fig. 11.4 : *Téléchargez ici des logiciels concernant ActiveX*

Lorsqu'un utilisateur télécharge un contrôle ActiveX sur son ordinateur, le navigateur vérifie la signature numérique. S'il a été configuré pour cela, ce dernier refusera le chargement d'un contrôle dont il ne trouve pas de numéro d'enregistrement. Certains navigateurs permettent de désactiver complètement cette fonction.

Pour plus d'informations sur le concept de sécurité d'ActiveX et d'autres questions d'ordre général (FAQ), visitez les sites : `http://www.halcyon-.com/mclain/ActiveX/welcome.html` ou, `http://www.microsoft.com/security/seccon.htm`

Comme les applets Java, les contrôles ActiveX peuvent être implémentés dans toute page HTML. Ils sont également automatiquement chargés et installés sur le client lorsque c'est nécessaire. Un tag HTML spécifique, `OBJECT`, insère le contrôle ActiveX dans la page Web.

Cependant, seul Internet Explorer comprend les contrôles ActiveX par défaut. Mais il existe des solutions pour rendre d'autres navigateurs "compatibles ActiveX". Ces solutions diffèrent d'un browser à l'autre. Le moyen le plus courant est la technique des plug-ins de Netscape, que beaucoup de browsers prennent en charge. Plug-in veut dire que le navigateur démarre un programme externe lorsqu'il rencontre des formats non HTML qu'il ne sait pas lire.

En HTML 4.0, les contrôles ActiveX s'insèrent avec le tag `OBJECT` dont voici la structure syntaxique :

```
<object classid=[valeur] ID=[nom] width=[valeur] height=[valeur]
[autres informations]>
[propriétés du contrôle ActiveX]
</object>
```

L'attribut `CLASSID` permet d'identifier le contrôle avec une valeur unique de 128 bits. Si vous souhaiter travailler avec des contrôles ActiveX, vous devez vous procurer ces informations pour chacun d'entre eux.

Comme dans les applets Java, les attributs `WIDTH` et `HEIGHT` définissent les dimensions du contrôle. Vous pouvez y ajouter d'autres renseignements, par exemple pour aligner l'objet.

La ClassID d'un contrôle peut aussi être référencée par une instruction **TYPE** ; **ID** est le nom utilisé par le langage de script (par exemple VBScript).

Les propriétés des contrôles ActiveX se définissent elles aussi par les attributs **PARAM**, **NAME** et **VALUE**, comme pour les applets Java.

Exemple d'insertion d'un contrôle ActiveX :

```
<OBJECT
id=anbtn
classid="clsid:0482B100-739C-11CF-A3A9-00A0C9034920"
width=300
height=200
align=center
hspace=0
vspace=0>
<PARAM NAME="defaultfrstart" value="0">
<PARAM NAME="defaultfrend" value="7">
<PARAM NAME="mouseoverfrstart" value="8">
<PARAM NAME="mouseoverfrend" value="15">
<PARAM NAME="focusfrstart" value="16">
<PARAM NAME="focusfrend" value="23">
<PARAM NAME="downfrstart" value="24">
<PARAM NAME="downfrend" value="34">
<PARAM NAME="URL" value="http://www.mycompany.com/my.avi">
</OBJECT>
```

VRML

VRML (Virtual Reality Modeling Language) est un important outil de construction du cyberespace. Il a été dévoilé à la vaste communauté des internautes pratiquement en même temps que Java. Il s'agit d'un standard de langage ouvert destiné à la conception de mondes virtuels (voir fig. 11.5).

Le nom de VRML (dont le premier acronyme signifiait Virtual Reality Markup Language) fait directement référence au HTML dont il est issu. VRML et HTML ont des structures très semblables, même si le VRML est doté d'une puissance et d'une taille largement supérieures qui lui permettent de décrire des effets tridimensionnels.

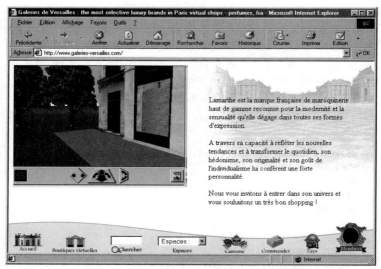

▲ Fig. **11.5** : *Visitez virtuellement une boutique*

Ce langage n'est ni en concurrence directe avec Java, ni un remplaçant du HTML, mais plutôt une extension de ces deux langages (avec naturellement des applications différentes).

Au lieu d'hypertextes, le VRML crée des environnements en trois dimensions ; à chaque affichage, ces paysages sont recalculés par le navigateur en fonction de descriptions. Le cyberespace assiste à la mutation des pages Web statiques en mondes tridimensionnels dynamiques.

Le VRML a vu le jour au printemps 1994 à la conférence annuelle du WWW à Genève. Le premier standard officiel, 1.0, a été publié en avril 1995. Une version 1.1 était en discussion jusqu'en novembre 1995, mais elle a été abandonnée en août 1996 au profit de la version 2.0. Pour standardiser et coordonner le VRML, ses pionniers fondèrent un groupe de travail (VAG = VRML Architecture Group) chargé de veiller à ses évolutions.

Le VRML 97 est né à partir des nouvelles spécifications déterminées pour la version 2.0. Parmi les nombreuses innovations, nous citerons les animations et le son. Ainsi, dans une scène VRML 97, il est désormais possible d'intégrer des fichiers d'animation en deux dimensions, par exemple des fichiers AVI. Autre nouveauté, l'utilisation de sources sonores. Comme les sources lumineuses, ces sources sonores peuvent être positionnées librement dans l'espace. Enfin, VRML 97 introduit l'interactivité.

Depuis 1997, un nouvel organisme remplace le VRML Architecture Group, il s'agit du VRB (VRML Review Board). Dès lors, toutes les nouvelles propositions passent par cet organisme qui les étudie soigneusement.

11.3 Insertion de divers objets multimédias

Les capacités du tag **OBJECT** dépassent largement la seule intégration de contrôles ActiveX. Il sert désormais à lui seul dans l'insertion de toute référence à des objets multimédias ou programmes externes. Ainsi, il n'est plus nécessaire d'utiliser un nouveau tag pour chaque nouvelle forme d'insertion d'autres ressources.

Les standards HTML précédents ne comportaient que trois tags pour insérer des objets multimédias dans des pages Web :

- le tag **APPLET** pour les applets Java ;
- le tag **OBJECT** pour les contrôles ActiveX ;
- le tag **IMG** pour les images.

Les deux premiers s'associaient exclusivement avec les "éléments maison". Par sa limitation aux seules images, l'élément **IMG** devient lui aussi obsolète à l'époque du multimédia. Certes il permet d'afficher des images animées, mais ce n'est qu'un pis-aller.

C'est donc le tag **OBJECT** qui, rendant plusieurs anciens tags obsolètes, est désormais responsable de l'insertion d'objets en général. Ceux-ci peuvent être des graphiques, des photos, des séquences vidéo, des sons ou bien des applications spécialisées comme les applets Java. Même l'affichage de formules mathématiques, annoncé déjà pour HTML 3.2, mais jamais réalisé, est enfin possible avec ce tag (mais mieux encore avec les feuilles de style).

L'exemple suivant montre l'insertion d'une applet Java avec le tag
OBJECT à la place du tag **APPLET** :

```
<OBJECT classid="java:program.start">Ici vous devriez voir une
applet.</OBJECT>
```

Ainsi, au lieu d'utiliser le tag **APPLET** :

```
<APPLET code="Bubbles.class" width="500" height="500">
Java applet that draws animated bubbles.
</APPLET>
```

vous pouvez insérer une applet comme ceci :

```
<OBJECT codetype="application/octet-stream"
classid="java:Bubbles.class"
width="500" height="500">
Java applet that draws animated bubbles.
</OBJECT>
```

Les navigateurs prennent toujours en charge les anciens tags, même si le
W3C les a "désapprouvés".

Le concept du HTML dynamique prévoit également une vérification du
client par le serveur avant le transfert d'un élément multimédia. Si le
client n'est pas capable d'exploiter un objet multimédia, ce dernier
n'est pas transmis. Ceci évite des attentes inutiles à l'utilisateur et
décongestionne les lignes de l'Internet.

Chapitre 12

Macromedia Flash 4 : et votre site s'anime !

Par Gérald Vidamment

S'apparentant bien plus à un outil de développement innovant qu'à un nouveau langage de programmation pour le Web, le programme Macromedia Flash vient de confirmer son réel succès sur le Net en mettant tout récemment à la disposition des utilisateurs la quatrième version du logiciel.

Flash 4 constitue en effet l'outil indispensable pour tous les webmasters et designers désireux de rendre leur site Internet plus convivial, plus animé mais également plus interactif. L'outil est en outre très adapté à la production d'illustrations techniques, d'animations et autres effets de couleurs. D'ailleurs, l'équipe de développement de Microsoft utilise, elle aussi, Flash : Encarta 99, par exemple, est composé de très nombreuses animations réalisées à l'aide de Flash !

Cela dit, il n'est nullement question de présenter cette nouvelle technologie comme une solution de remplacement au langage HTML. Bien au contraire. La très grande majorité des sites ayant recours au potentiel de Flash 4 n'abandonnent pas pour autant la programmation en HTML. Si certains éditeurs parient dorénavant sur des sites réalisés entièrement en Flash, il n'en reste pas moins qu'ils sont peu nombreux et que cette initiative se justifie par la cible essentiellement professionnelle que ces derniers désirent toucher.

Premier avant-goût...

Ce chapitre n'a en aucun cas la prétention de vous former en quelques dizaines de pages à l'utilisation de ce logiciel. Il faudrait pour cela lui consacrer un ouvrage entier. En revanche, il peut vous permettre de vous faire une première idée des performances et de l'étendue des possibilités qu'offre Flash 4. Mieux encore, grâce aux divers ateliers proposés, vous allez pouvoir vous initier à cette nouvelle technologie pas à pas.

À la fin de ce chapitre, vous serez capable de réaliser votre première animation Flash, de l'incorporer dans une page HTML classique et ainsi d'embellir votre site.

12.1   Pourquoi utiliser la technologie Flash ?

Comme nous venons de le souligner précédemment, il ne s'agit pas de passer du langage universel que représente HTML à la technologie Flash. Toutefois, cette dernière permet d'enrichir de manière conséquente votre site, aussi bien du point de vue de la convivialité que de celui de l'interactivité. La réputation de Flash auprès des webmasters et designers tient principalement au fait qu'il offre une multitude d'avantages que ne proposera jamais le langage HTML.

Les principaux avantages de Flash

L'animation

Jusqu'à présent, les seules animations réalisables sur le Web se résumaient à des images GIF animées ou à quelques programmes écrits en JavaScript, permettant par exemple de gérer la fonction de roll-over. Dorénavant, grâce au potentiel important de Flash 4, votre site sera doté de véritables animations, plus complexes et surtout très faciles à élaborer, qui contribueront à dynamiser efficacement vos pages.

À terme, les animations de type Flash devraient se généraliser sur l'Internet, au point de rendre difficile la distinction entre la page d'un site et l'interface d'un CD-ROM multimédia. Qui s'en plaindrait ?

La vectorisation

Le concept de Flash 4 repose sur l'image vectorielle. Par rapport aux images bitmap, les images vectorielles offrent de gros avantages, mais aussi quelques inconvénients.

Conseil

Avantages et inconvénients

Des deux concepts graphiques, l'image bitmap est certainement la plus connue et la plus répandue. Les informations de couleur et de luminosité sont enregistrées pour chaque point de l'image, ce qui constitue un inconvénient considérable pour l'Internet car les fichiers sont très volumineux et donc longs à charger. Sachez aussi que les images bitmap présentent une taille fixe, et que toute mise à l'échelle se solde invariablement par des pertes de qualité. À l'inverse, les images vectorielles n'enregistrent que des informations abstraites (par exemple, tracer une ligne d'épaisseur x et de couleur c entre les points a et b). L'expression d'image vectorielle tire son origine de la notion de vecteur. Les objets plus complexes dans une image sont décrits par des polygones ou des courbes de Bézier. En résumé, le fichier d'une image vectorielle est beaucoup plus petit que l'image bitmap correspondante, et il peut être mis à l'échelle sans perte de qualité. L'inconvénient est que, pour imprimer l'image vectorielle ou l'afficher à l'écran, l'ordinateur doit effectuer des calculs plus importants.

Là où les fichiers d'images bitmap enregistrent des informations de luminosité et de couleur pour chaque point, les fichiers d'images vectorielles enregistrent des formules mathématiques décrivant les surfaces, les courbes et autres objets de l'image. La sortie des images vectorielles sur des périphériques gérant les pixels, tels que les imprimantes ou les moniteurs, nécessite un travail plus conséquent.

L'interactivité

La création d'une animation Flash n'entraîne en aucun cas une attitude passive de l'internaute face à son écran. Le logiciel offre en effet la possibilité d'intégrer des boutons permettant d'exécuter des actions très diverses, comme le lancement d'une nouvelle animation ou l'activation d'un lien vers un autre site Internet. Par ailleurs, Flash 4 gère de manière optimale les menus déroulants. À tel point qu'il existe des sites Internet entièrement réalisés en Flash et ne nécessitant à aucun moment l'utilisation des fonctions du navigateur Internet ! En plus de la convivialité, l'utilisateur peut ainsi profiter d'une aisance de navigation hors du commun.

La taille des fichiers

L'inconvénient majeur des animations, quel que soit leur type, tient généralement à la taille du fichier final : plus le fichier est lourd et plus son téléchargement s'allonge, ce qui peut avoir pour effet de décourager les internautes. C'est pour cette raison qu'il est souvent conseillé de limiter le nombre d'animations sur une même page Web au strict minimum.

Flash 4 corrige définitivement ce problème en proposant une compression si efficace des animations que l'internaute n'attend presque plus avant de pouvoir consulter une page. Là où il fallait attendre quinze longues minutes pour voir apparaître une animation d'un format modeste, il suffit d'à peine une minute pour télécharger une animation Flash en plein écran ! Autant dire qu'il est dorénavant possible de consulter des sites animés complexes sans ressentir l'envie de quitter les lieux avant la fin du téléchargement. Une aubaine pour les possesseurs de modems de puissance moyenne...

Les quelques inconvénients

La compatibilité

Il ne suffit malheureusement pas de posséder un navigateur Internet pour prétendre pouvoir visualiser des animations Flash. À l'instar de RealAudio, Flash exige l'installation préalable d'un plug-in, ou d'ActiveX, afin que l'internaute puisse bénéficier des animations créées avec cette technologie.

Si vous envisagez de doter votre site Web d'animations et de séquences Flash 4, pensez à informer vos visiteurs de la nécessité d'installer un plug-in et indiquez-leur que ce module requis est téléchargeable gratuitement et rapidement à partir du site Macromedia (`http://www.macromedia.com` ou `http://www.shockwave.com`). Ce plug-in, qui sait faire beaucoup plus de choses que la simple lecture de fichiers Flash, est fondé sur la technologie dite de streaming, développée par Macromedia et Real : il s'appelle Shockwave 7 Player. Ce dernier sait lire des fichiers Flash, mais aussi les clips Director intégrés dans les pages Web. Le procédé de streaming permet à une séquence de commencer à être diffusée avant même la fin du téléchargement complet du fichier. Le chargement se poursuit en arrière-plan, pendant la diffusion. Le principe est le même que pour les applications RealAudio, dont vous avez certainement entendu parler. Il existe cependant des différences liées aux navigateurs.

En fait, il faut considérer trois cas de figures.

Les possesseurs d'une version antérieure de Netscape Navigator 2.0 ou Internet Explorer 3.0

Ces internautes ne peuvent a priori pas afficher d'animations Flash, quelle que soit la version du logiciel de Macromedia qu'ils possèdent. L'unique solution consiste donc à télécharger sur les sites des deux éditeurs une version plus récente de leurs navigateurs Internet respectifs.

Les possesseurs d'une version 2.0 de Netscape Navigator, d'une version 3.0 d'Internet Explorer ou supérieure

Pour Netscape Navigator, il y a lieu de télécharger le plug-in, puis de l'installer. Pour Internet Explorer, le plug-in ne peut être téléchargé (il s'agit d'un contrôle ActiveX) et il est installé directement en ligne. Mais pour que cela soit possible, il faut sélectionner, dans la boîte de dialogue des options Internet, sur l'onglet **Sécurité**, le niveau *Moyen*. Avec l'option *Haut*, le programme empêche toute réception de contenu actif de l'Internet.

Cette opération oblige l'internaute à installer un programme sur son disque dur. Nombreux sont les utilisateurs qui refusent une telle installation, pour une question, soit de méfiance vis-à-vis de la sécurité du réseau, soit d'incompétence, soit tout simplement de désintérêt. Et pourtant, l'utilisation d'un tel plug-in reste à ce jour entièrement gratuite.

Si cet obstacle a longtemps fait du tort au développement de la technologie Flash, il est heureux que, depuis quelques mois, les choses aient commencé à changer.

Cas des possesseurs de Netscape Communicator 4.5 ou Internet Explorer 4.0

Fini les téléchargements du plug-in ! Ce dernier vient d'être intégré aux toutes dernières versions des deux célèbres navigateurs Internet. Autrement dit, pour les heureux détenteurs d'une version 4.5 de Netscape Communicator ou de la version 4.0 d'Internet Explorer, la visualisation des animations Flash est dorénavant automatique. A ceci près qu'il s'agit du plug-in de la version 3 de Flash et non de la version 4.

Par ailleurs, veillez, en tant que webmaster, à ne jamais oublier les internautes qui utilisent encore des versions anciennes de certains navigateurs Internet. Par sécurité, laissez toujours le choix à l'internaute entre une version avec Flash et une version sans Flash de votre site. Et placez en bas de votre page d'accueil les liens directs vers les sites de Netscape et de Microsoft.

Le prix du logiciel

Jusqu'à présent, la création proprement dit d'un site ne faisait pas systématiquement l'objet d'un achat de logiciel de programmation. Les langages requis, du HTML au JavaScript, ne nécessitaient en effet aucune licence d'utilisation. En somme, le coût de construction d'un site pouvait, pour un particulier ou un patron de PME, se limiter au seul coût de connexion à l'Internet. Avec l'arrivée de Flash, les choses ont pris une nouvelle tournure, car il ne s'agit plus d'utiliser un langage universel, mais un langage propriétaire reconnu dans le monde entier. Autrement dit, un langage payant. Seuls les internautes ou webmasters ayant fait l'acquisition d'une version du logiciel Flash peuvent prétendre construire leur site avec ce programme. Le prix du logiciel étant conséquent, il s'agit dès lors d'un investissement que les particuliers ne seront peut-être pas tous prêts à réaliser dans l'immédiat.

L'expérience infographique

Bien que Flash 4 assure une puissance de développement impression-
nante pour une prise en main relativement accessible, il faut tout de
même reconnaître que beaucoup de webmasters pourraient se décourager rapidement à l'idée de réaliser des animations complexes avec ce
logiciel.

En fait, les webmasters possédant une expérience avancée de l'infographie sont grandement favorisés, car il ne s'agit plus ici de programmer
des lignes de codes, mais bien de faire appel à des compétences de
graphiste.

Ce chapitre est donc destiné aux webmasters n'ayant aucune compé-
tence particulière en infographie, et qui cherchent aujourd'hui à faire
évoluer leur site grâce à la technologie Flash. Ne soyez donc pas surpris
si une partie de ce chapitre est consacrée au dessin : pour devenir
expert avec Flash 4, il faut au préalable apprendre ou réapprendre à
dessiner...

12.2   Apprendre ou réapprendre à dessiner...

Avant de se lancer dans la conception d'animations, et afin d'utiliser au
mieux les fonctionnalités de Flash, il reste indispensable de posséder au
préalable quelques notions d'infographie, ainsi qu'un peu d'imagination. À l'instar d'un logiciel de dessin, l'interface de Flash 4 comprend
deux éléments principaux : d'un côté un espace, baptisé la scène, sur
lequel vous allez réaliser vos graphiques ; de l'autre, une palette d'outils
très perfectionnée. À tel point qu'elle vous facilitera la réalisation de vos
projets graphiques, en corrigeant, par exemple, certaines imperfections
dans les tracés.

Imaginons que nous devions réaliser un des éléments graphiques d'une
animation Flash. En utilisant judicieusement l'ensemble des outils de la
palette, la figure désirée devrait finalement ressembler à ceci :

▲ **Fig. 12.1** : *Voici le graphique qu'il vous faut reproduire*

La réalisation de cet élément graphique va donc nous permettre de passer en revue chacun des outils de dessin que Flash 4 met à notre disposition. Commençons par l'outil **Crayon**.

L'outil Crayon

 Cet outil permet de réaliser les différents tracés nécessaires pour reproduire notre élément graphique.

En cliquant sur son icône, quatre options, dites de modification, apparaissent en dessous de la palette :

1. Le mode du crayon : suivant la figure que vous désirez dessiner, cette option vous permet d'affiner votre tracé en redressant le trait ou en lissant les courbes.

2. La couleur de ligne : elle correspond tout simplement à la teinte que vous souhaitez appliquer au tracé que vous allez effectuer.

3. L'épaisseur de ligne : sélectionnez une des épaisseurs proposées ou choisissez l'option *Personnaliser* afin de définir exactement l'épaisseur que vous désirez appliquer à votre tracé.

4. Le style de ligne : outre le trait continu uni, Flash 4 vous propose différents styles, tels que le mode tiret, les pointillés, le mode hachuré ou encore une présentation en points irréguliers. Vous pouvez également paramétrer votre style de ligne.

Remarque

Le mode Encre

En sélectionnant le mode **Redresser** ou **Lisser**, les traits dont les bouts sont très rapprochés se connectent automatiquement. Afin d'éviter cet inconvénient, préférez le mode **Encre**, qui laisse intact le tracé que vous avez effectué.

Afin de vous familiariser avec la fonction de reconnaissance des formes, sélectionnez au préalable le mode **Redresser**. Optez ensuite pour la couleur rouge grâce au bouton **Couleur de ligne**, puis choisissez la représentation en pointillés en guise de style de ligne. Pour que les pointillés soient suffisamment visibles, il ne vous reste plus alors qu'à définir l'épaisseur du trait : la valeur 4 semble la mieux appropriée dans ce cas précis.

Une fois ces ajustements effectués, placez votre curseur (matérialisé par un crayon) sur la scène, puis tracez à main levée une forme se rapprochant le plus possible d'un cercle (tout en conservant le doigt appuyé sur le bouton gauche de la souris). Dès que vous relâchez le bouton de la souris, la fonction de reconnaissance des formes ajuste automatiquement le tracé, afin de représenter un cercle parfait. Si vous obtenez une ellipse, vous devez recommencer votre tracé.

Remarque

Joindre les deux bouts

Il peut arriver que la fonction de reconnaissance des formes ne fonctionne pas de manière optimale, se limitant finalement à un simple lissage des courbes. Dans ce cas, veillez à bien finir votre tracé en joignant ses deux bouts. Le mode **Redresser** identifie alors le tracé comme une forme géométrique, et non plus comme un simple trait.

Vous devrez obtenir le résultat suivant :

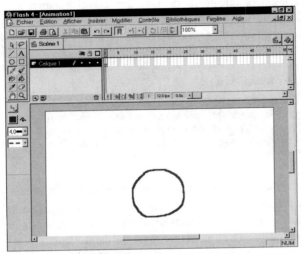

▲ Fig. 12.2 : *Le tracé à main levée*

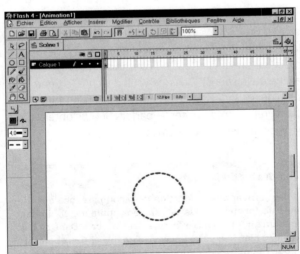

▲ Fig. 12.3 : *Le mode Redresser effectue automatiquement la mise en forme du cercle*

L'outil Flèche

 Il vous faut à présent déplacer votre cercle en haut à gauche de la scène. Nous aurons donc recours à l'outil **Flèche**.

Cet outil rassemble plusieurs fonctions bien distinctes. La flèche permet en effet de sélectionner un élément afin de le déplacer, mais elle peut également modifier la forme d'un tracé. Pour éviter toute confusion, Flash 4 matérialise ces différences en changeant l'aspect du curseur.

Dans un premier temps, nous allons étudier la technique permettant de sélectionner puis de déplacer un objet.

Sélection et déplacement

1. Après avoir cliqué sur l'outil **Flèche**, déplacez votre curseur sur une partie de l'élément désiré, c'est-à-dire le cercle. Cliquez dessus, puis relâchez le bouton afin de le sélectionner. L'aspect de votre curseur change immédiatement, laissant apparaître à la droite de la flèche une petite croix.

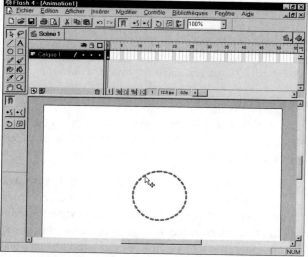

▲ Fig. 12.4 : *Votre cercle est sélectionné*

2. En maintenant le doigt appuyé sur le bouton gauche de la souris, faites glisser le cercle en haut à gauche de la scène. Il vous suffit ensuite de cliquer en dehors du cercle pour le désélectionner.

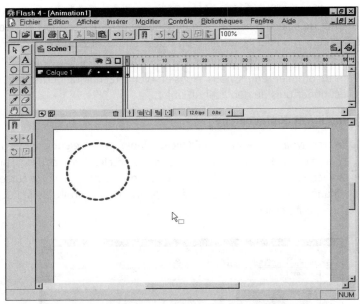

▲ Fig. 12.5 : *Votre cercle est à présent correctement positionné*

Déformation d'un objet

Ce principe de sélection-déplacement reste relativement courant dans la plupart des logiciels de dessin. En revanche, le principe de déformation d'un objet mérite une attention toute particulière.

1. Déplacez de nouveau votre curseur sur une partie de votre cercle. Plus particulièrement à l'emplacement exact où vous comptez effectuer la déformation. Vous constatez alors que l'aspect du curseur a changé : la flèche s'accompagne maintenant d'un petit quart de cercle sur la droite. Cela indique que vous allez pouvoir modifier la forme du cercle à cet endroit précis.

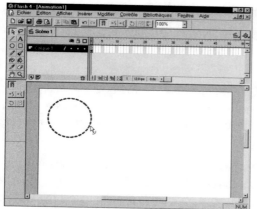

◀ Fig. 12.6 :
L'aspect du curseur a changé

2. Vous allez à présent effectuer un étirement du cercle. Cliquez avec le bouton gauche sur le cercle puis, tout en maintenant le bouton enfoncé, déplacez le curseur vers la droite. Le cercle est alors automatiquement déformé. Relâchez le bouton de la souris dès que vous jugez l'étirement satisfaisant.

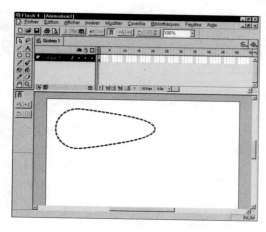

◀ Fig. 12.7 :
Vous obtenez ainsi la forme désirée

Pivotement et redimensionnement

Il reste donc à faire pivoter l'élément graphique, puis à le redimensionner de manière à ce que le résultat final se rapproche le plus possible du dessin présenté au début de cet exemple.

1. Sélectionnez l'élément graphique comme précédemment. Les options de l'outil **Flèche** apparaissent alors en dessous de la palette. Cliquez alors sur le bouton **Pivoter** , afin d'afficher les poignées autour de l'objet.

2. Placez le curseur sur la poignée située en haut à droite puis, après avoir enfoncé le bouton gauche de la souris, déplacez le curseur vers le haut, jusqu'à ce que vous obteniez le positionnement désiré. Pour finir, désélectionnez l'objet.

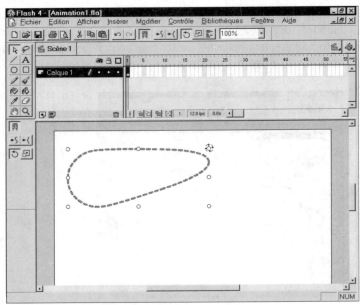

▲ Fig. 12.8 : *Pivotement d'un objet*

Pour redimensionner l'objet, procédez de la même manière en utilisant le bouton **Redimensionner**. Vous devriez obtenir le résultat suivant :

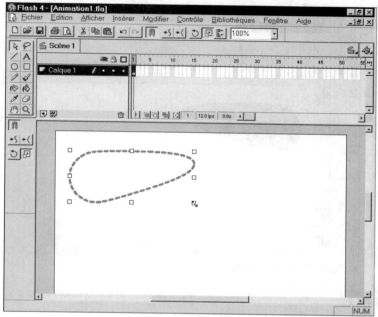

▲ Fig. 12.9 : *L'objet est dorénavant bien dimensionné*

Les outils Pinceau et Remplissage

Pour donner davantage de volume à votre objet, il devient nécessaire de le peindre. Deux possibilités existent : soit vous avez recours au pinceau, soit vous optez pour le pot de peinture. Dans la plupart des cas, le pot de peinture semble la méthode la plus rapide :

1. Cliquez sur l'outil **Remplissage**, puis sélectionnez la couleur correspondant au dessin initial (dans ce cas précis, le rouge) parmi les boutons proposées en dessous de la palette.

2. Placez votre curseur en forme de pot de peinture à l'intérieur de l'objet à peindre, puis cliquez une fois.

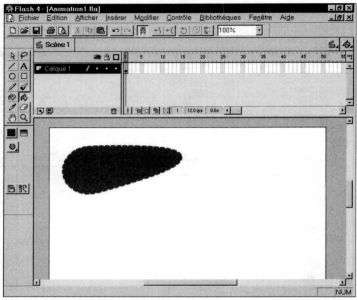

▲ **Fig. 12.10** : *Remplissage de l'élément*

 En optant pour le pinceau, vous devez faire attention à ne pas déborder des pointillés.

Pour éviter cela, il existe une fonction intéressante liée au mode de pinceau et nommée **Peint à l'intérieur**. Autrement dit, en sélectionnant cette fonction, vous pouvez sans souci dépasser en peignant. Dès que vous aurez achevé le remplissage, seule la partie intérieure de l'élément conservera la couleur que vous aurez appliquée.

Remarque

Pinceau ou pot de peinture ?

Dans ce cas précis, l'usage du pot de peinture semble plus judicieuse. Cela dit, le pinceau offre davantage de possibilités qui s'avèrent le plus souvent très utiles.

L'outil Texte

A Cet outil permet de placer du texte à l'endroit désiré sur la scène. En cliquant sur le bouton **Texte** de la palette, plusieurs boutons apparaissent en dessous de cette dernière permettant de mettre en forme le texte à intégrer dans l'élément graphique.

1. **Police** : ce bouton permet de choisir la police dans laquelle vous désirez afficher le texte.

2. Taille de police : il s'agit de la taille des caractères du texte affiché.

3. Couleur du texte

4. Possibilité de mettre en **Gras** ou en **Italique** le texte sélectionné.

5. Alignement et **Paragraphe** : si le texte à afficher est relativement long, ces options assurent la mise en forme générale du bloc de texte.

6. Champ de texte : cette option permet de transformer le texte sélectionné en une zone de texte.

Dans notre exemple, vous devez sélectionnez la police *Arial Black*, de taille *29* et la couleur *Blanc*. Cliquez enfin sur le bouton **B** pour afficher le texte en gras. Placez ensuite votre curseur à l'endroit désiré sur l'élément graphique, puis saisissez votre texte.

Pour positionner exactement le texte sur l'élément graphique, sélectionnez, grâce à la **Flèche**, votre texte puis déplacez-le avec la souris (voir fig. 12.11).

Remarque

Animation des lettres

Si vous désirez animer les lettres indépendamment les unes des autres, vous devez répéter l'opération précédente autant de fois qu'il y a de lettres dans le mot à animer.

▲ Fig. 12.11 : *Appliquer du texte à un élément graphique*

Le résultat obtenu est à présent conforme à l'original présenté au début de notre exemple. Vous avez à présent acquis la plupart des notions élémentaires pour réaliser vos premiers graphiques avec Flash.

Avant de passer à la seconde partie concernant l'animation, veillez à enregistrer votre réalisation en activant la commande **Fichier/Enregistrer**, puis en nommant votre fichier Exemple1.fla.

12.3 Animer des éléments graphiques

Maintenant que vous maîtrisez les différents outils de dessin de la palette permettant de créer des éléments graphiques, l'étape suivante consiste à animer ces derniers. Vous allez donc découvrir, à travers des exemples concrets, les techniques de l'animation. Libre à vous ensuite d'adapter ce que vous aurez appris pour vos besoins propres.

Création des calques

Reprenez le fichier *Exemple1.fla*, en activant la commande **Fichier/ Ouvrir**.

Dans la première partie, nous avons réalisé un élément graphique sur une zone blanche, appelée scène. En fait, cet élément est localisé sur ce que l'on pourrait nommer un calque. Dans ce cas précis, il s'agit de Calque 1. Pour renommer ce dernier, double-cliquez sur le nom de cet unique calque, situé sur l'Échelle temporelle, puis rebaptisez-le Calque Sommaire.

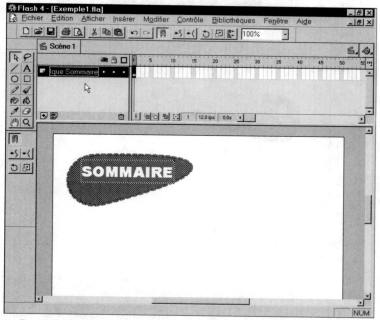

▲ Fig. 12.12 : *Renommer un calque*

Décidons d'ores et déjà que l'élément graphique, dont l'intitulé est Sommaire, restera fixe. Il nous faut à présent créer un second élément, que nous allons ensuite animer.

La première étape consiste à créer un nouveau calque, ce qui permet de mettre à profit tout l'espace de la scène pour réaliser l'animation souhaitée.

1. Sélectionnez la commande **Calque** du menu **Insérer**.

2. Rebaptisez le calque intitulé *Calque 2* en le nommant Elément 1.

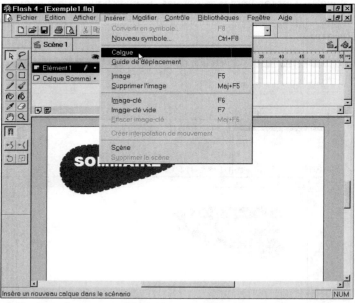

▲ Fig. 12.13 : *Le nouveau calque se nomme dorénavant Elément 1*

Remarque

Calque courant

Elément 1 est considérée comme le calque sélectionné par défaut. Tout ce que vous ajouterez ensuite sur la scène intégrera alors ce calque. Il devient donc le calque dit courant. Pour changer de calque courant, il suffit de cliquer sur celui que vous souhaitez désigner comme tel. Un crayon apparaît à droite du nom de ce dernier, signe qu'il s'agit bien du calque courant.

Un seul calque courant

Vous aurez aisément deviné qu'il est impossible que deux calques soient simultanément considérés comme des calques courants. Cela s'explique par le fait qu'un même élément graphique, quel qu'il soit, ne peut se trouver sur plusieurs calques à la fois.

Attention

Création d'un élément animé

Considérons Elément 1 comme le calque courant. Nous allons réaliser dessus un élément graphique animé. Comme nous l'avons vu dans le paragraphe *Apprendre ou réapprendre à dessiner*, grâce aux outils de dessin de la palette, réalisez un carré se rapprochant le plus possible de l'exemple proposé ici :

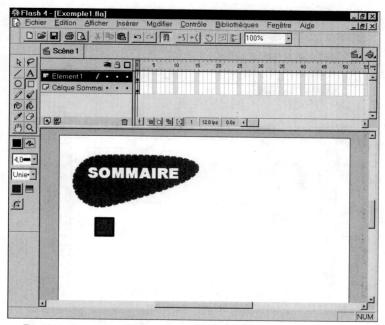

▲ Fig. 12.14 : *Dessinez un carré sur le calque Elément 1*

Pour ce faire, c'est l'outil **Rectangle**, dans la palette, qui convient.

Création d'un symbole

Dès que vous créez un nouvel élément graphique, il est fortement conseillé de le convertir en symbole. Cela vous évite d'avoir à le reproduire ultérieurement, si vous en avez à nouveau besoin. Vous n'avez alors plus qu'à le sélectionner dans la bibliothèque des symboles.

1. Sélectionnez le carré, ainsi que son contour.

2. Activez la commande **Insérer/Convertir en symbole**.

3. Tapez le nom du symbole à créer. Nommez-le Carré 1.

4. Le comportement indique le type de symbole que vous désirez créer. Spécifiez qu'il s'agit d'un graphique, en cliquant sur le bouton correspondant.

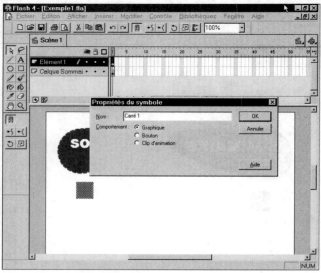

▲ Fig. 12.15 : *Nommez votre nouveau symbole*

5. Cliquez enfin hors du carré, afin de le désélectionner.

Pour sélectionner un symbole dans la bibliothèque, il suffit d'activer la commande **Fenêtre/Bibliothèque**. La fenêtre qui s'ouvre affiche une liste des symboles disponibles. Dans notre exemple, nous n'avons créé qu'un seul symbole.

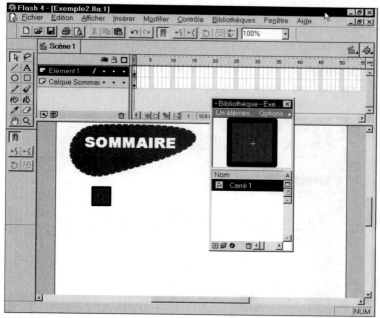

▲ **Fig. 12.16** : *Bibliothèque des symboles créés par l'utilisateur*

Création de l'animation

À présent, pour animer le carré, vous devez préciser le point de départ ainsi que le point d'arrivée du déplacement. Pour ce faire, utilisez l'échelle temporelle, qui possède une graduation permettant de décider de la durée du déplacement.

1. Cliquez sur la graduation *1* du calque Elément 1.

2. Positionnez le symbole dans le coin supérieur droit de la scène. Cet emplacement sera considéré comme le point de départ de l'animation.

3. Cliquez à présent sur la graduation *5* du calque Elément 1.

4. Activez la commande **Insérer/Image-clé**. L'image est, d'une part, matérialisée par un petit cercle rempli, sur l'échelle temporelle, au niveau du calque Elément 1. D'autre part, elle apparaît sur la scène comme un carré portant le dessin de notre symbole.

5. Déplacez le symbole jusqu'à l'emplacement souhaité, sur la scène. Il représentera l'état final du carré, à la fin de l'animation.

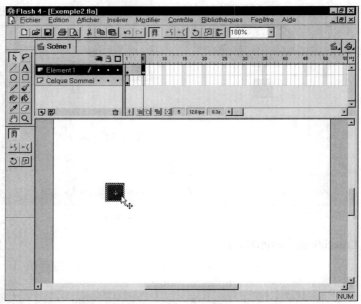

▲ Fig. 12.17 : *Déplacement du carré jusqu'à l'état final*

6. Cliquez de nouveau pour libérer le carré.

7. Placez-vous encore sur la graduation *1* de l'échelle temporelle du calque Elément 1.

8. Double-cliquez sur la graduation.

9. Une fenêtre apparaît. Cliquez sur l'onglet **Interpolation**.

10. Choisissez le mode *Mouvement* en guise d'interpolation.

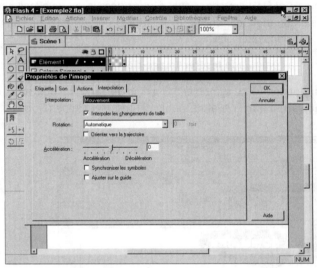

▲ **Fig. 12.18** : *Interpolation de l'image sélectionnée*

11. Cliquez sur OK.

Vous constatez qu'une flèche noire apparaît entre les graduations 1 et 30 de l'échelle temporelle du calque Elément 1. Le déplacement du carré s'effectue donc de la position initiale jusqu'à la position finale décidée précédemment.

Pour visualiser ce déplacement, il vous suffit d'appuyer sur la touche (Entrée) du clavier.

Afficher un symbole dans le temps

Vous avez sans doute remarqué que le premier élément graphique - l'élément Sommaire - disparaît lors du déplacement du carré. Pour éviter ce phénomène, procédez comme suit :

1. Convertissez l'élément Sommaire en symbole Sommaire.

2. Placez votre curseur au niveau de la graduation *20* du calque nommé *Calque Sommaire*, puis cliquez dessus. Nous avons choisi cette graduation, car elle correspond à la durée totale de l'animation que nous réalisons.

3. Activez la commande **Insérer/Image-clé**.

4. Étant donné que ce symbole, à l'inverse du carré, ne doit pas subir de déplacement, il est alors inutile d'interpoler l'image Sommaire.

▲ Fig. 12.19 : *Le symbole Sommaire ne disparaît plus*

Essayez à nouveau de tester l'animation, en appuyant sur la touche [Entrée]. Vous constatez à présent que le symbole *Sommaire* ne disparaît plus pendant toute la durée du déplacement du symbole *Carré 1*.

Déplacement avec passages intermédiaires

Il est possible de forcer la trajectoire d'un symbole d'un point à un autre, en définissant des images intermédiaires localisées à des emplacements précis. Flash 4 calcule alors la trajectoire en fonction de ces contraintes de tracé.

Imaginons que le point de départ du carré se situe à l'angle en haut à droite de la scène et que le point d'arrivée soit localisé juste en dessous du symbole *Sommaire*. Si nous voulons que le carré passe par l'angle en bas à gauche, avant de joindre son point d'arrivée, il va falloir définir deux images clés intermédiaires, afin que la trajectoire du carré ressemble à ceci :

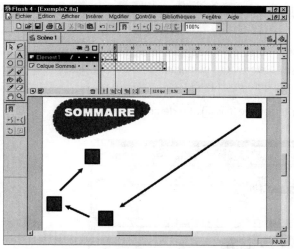

▲ Fig. 12.20 : *Présentation de la trajectoire souhaitée du carré*

Pour effectuer un tel déplacement, suivez les instructions suivantes :

1. Cliquez sur la graduation 1 de l'échelle temporelle du calque *Elément 1*.

2. Vérifiez que le carré est bien placé dans l'angle en haut à droite de la scène.

3. Cliquez sur la graduation 5 de l'échelle temporelle du calque *Elément 1*.

4. Vérifiez que le carré se trouve bien à sa position finale, sous le symbole Sommaire.

À présent, ajoutons deux images clés intermédiaires :

1. Cliquez sur la graduation 3 de l'échelle temporelle du calque *Elément 1*.

2. Sélectionnez le carré puis déplacez-le dans l'angle en bas à gauche de la scène, comme indiqué sur le schéma précédent.

3. Cliquez sur la graduation 4 de l'échelle temporelle du calque *Elément 1*.

4. Sélectionnez le carré puis déplacez-le à gauche, entre l'emplacement défini précédemment et le point terminal de la scène, comme indiqué sur le schéma précédent.

5. Appuyez sur la touche (Entrée) afin de constater le résultat.

▲ Fig. 12.21 : *Le carré suit à présent une trajectoire bien définie*

Remarque

Modification de l'affichage

Au fur et à mesure que vous ajoutez des éléments, l'échelle temporelle devient de moins en moins visible. Heureusement, une fonction vous autorise à effectuer un zoom dessus. Pour cela, cliquez sur le bouton représentant une petite échelle, situé sur la droite de l'échelle temporelle, puis sélectionnez **Moyen** ou **Grand**, selon votre besoin.

Comment faire pivoter un symbole ?

Pour accentuer le déplacement du symbole *Carré 1*, et lui donner ainsi l'aspect d'un objet, vous avez la possibilité de le faire pivoter sur lui-même.

1. Double-cliquez sur la graduation *1* de l'échelle temporelle du calque Elément 1.

2. Dans les propriétés de l'image, cliquez sur l'onglet **Interpolation**.

3. Sélectionnez le mode *Rotation dans le sens des aiguilles d'une montre*.

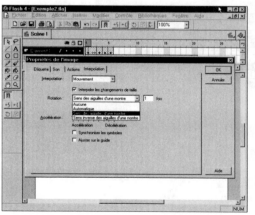

◄ **Fig. 12.22 :**
Déplacement d'un symbole avec pivotement

4. Attribuez 1, comme valeur de rotation.

5. Cliquez sur OK.

6. Appuyez sur la touche [Entrée] pour vérifier le résultat.

Avant de passer à la suite, veillez à enregistrer votre réalisation, en activant la commande **Fichier/Enregistrer sous**, puis en nommant votre fichier Exemple2.fla.

Suite d'éléments animés

De la même manière que précédemment, créez deux nouveaux carrés de couleurs différentes, et suivant à peu près la même trajectoire. Vous devez respecter deux conditions importantes :

1. Les trois carrés doivent se retrouver les uns en dessous des autres.

2. Le déplacement d'un carré débute dès que celui du carré précédent est achevé.

Normalement, vous devriez obtenir le résultat suivant :

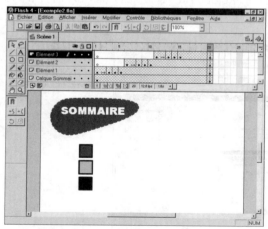

▲ Fig. 12.23 : *Déplacement de trois carrés*

Remarque

Des symboles toujours visibles

Pour faire en sorte que chacun des éléments reste visible pendant toute la durée de l'animation, procédez de la même manière que pour le symbole Sommaire. Dans notre exemple, nous avons décidé que l'animation s'achevait au niveau de la graduation 20.

Avant de passer à la suite, veillez à enregistrer votre réalisation, en activant la commande **Fichier/Enregistrer sous**, puis en nommant votre fichier `Exemple3.fla`.

Ajouter un guide de déplacement

En définissant une image clé de départ et une image clé d'arrivée, la trajectoire calculée par Flash 4 reste, par défaut, une droite reliant deux points. Si vous désirez, comme précédemment, définir une trajectoire non rectiligne, vous pouvez intercaler des images clés intermédiaires. Il existe cependant une seconde méthode pour imposer des trajectoires plus complexes, telle qu'une courbe. Il vous faut alors ajouter un guide de déplacement au symbole que vous voulez astreindre à ce déplacement.

1. Commencez par créer un nouveau calque, que vous nommerez Elément 4.

2. Cliquez sur la graduation *16* de l'échelle temporelle du calque *Elément 4*.

3. Sélectionnez *Insérer/Image-clé*.

4. Sélectionnez *Fenêtre/Bibliothèque* afin d'utiliser de nouveau le symbole *Carré 1*, que vous placerez dans le coin supérieur droit de la scène (voir fig. 12.24).

5. Cliquez sur la graduation *16* du calque *Elément 4*.

6. Sélectionnez *Insérer/Guide de déplacement* (voir fig. 12.25).

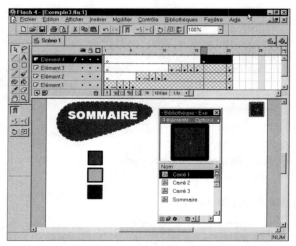

▲ Fig. **12.24** : *Création du calque Elément 4 et insertion du symbole Carré 1 sur ce calque*

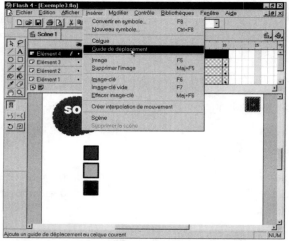

▲ Fig. **12.25** : *Ajout d'un guide de déplacement*

Un calque supplémentaire apparaît juste au-dessus du calque *Elément 4*. C'est sur celui-ci que vous allez pouvoir définir la trajectoire exacte de votre symbole *Carré 1*.

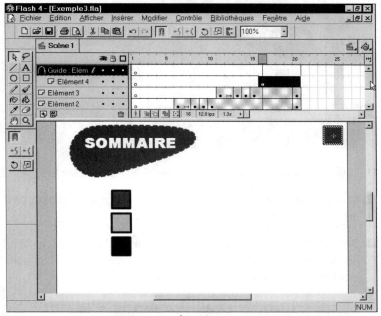

▲ **Fig. 12.26** : *Guide de déplacement créé*

7. Cliquez sur la graduation *16* du second calque *Elément 4*, correspondant au guide de déplacement du symbole *Carré 1*.

8. Cliquez sur l'outil **Crayon** de la **Palette**.

9. Choisissez la fonction **Redresser** dans les options de cet outil.

10. Tracez la trajectoire que doit suivre le symbole *Carré 1*. Essayez de vous rapprocher au mieux de l'exemple proposé ci-dessous :

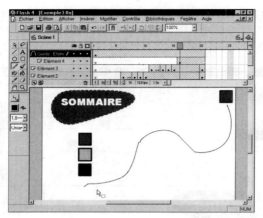

◄ Fig. 12.27 :
Dessin de la trajectoire du symbole Carré 1

11. Cliquez de nouveau sur la graduation *16* du calque *Elément 4*.

12. Sélectionnez le symbole *Carré 1* qui doit apparaître en haut et à droite de la scène.

13. Déplacez-le à l'extrêmité la plus proche de la trajectoire. Vous devriez voir apparaître un petit cercle au milieu du symbole, qui vous indique que vous êtes juste au bout de la trajectoire.

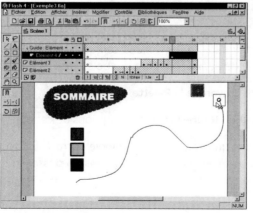

◄ Fig. 12.28 :
Placement du point de départ de l'animation du symbole Carré 1

14. Désélectionnez le symbole *Carré 1*.

15. À présent, cliquez sur la graduation *20* du calque *Elément 4*.

16. Activez la commande **Insérer/Image-clé**. Le symbole *Carré 1* apparaît alors sur la scène.

17. Déplacez ce dernier sur la seconde extrémité de la trajectoire. Un petit cercle apparaît au milieu du symbole dès que vous vous approchez du bout de la trajectoire.

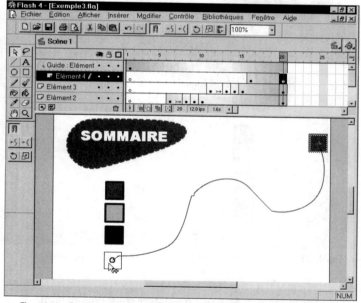

▲ Fig. 12.29 : *Placement du point d'arrivée de l'animation du symbole Carré 1*

18. Désélectionnez le symbole *Carré 1*.

19. Double-cliquez enfin sur la graduation *20* du calque Elément 4.

20. Cliquez sur l'onglet **Interpolation**.

21. Choisissez le mode *Mouvement*, en guise d'interpolation.

22. Cliquez sur OK.

Vous pouvez à présent appuyer sur la touche (Entrée) pour pouvoir jouir de l'animation que vous venez de réaliser.

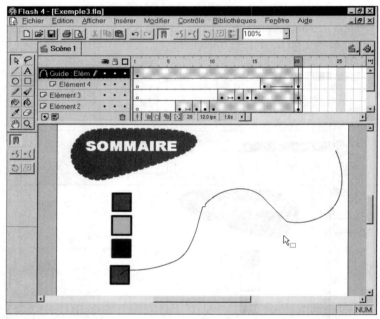

▲ Fig. 12.30 : *Animation d'un objet respectant un guide de déplacement*

Avant de passer à la suite, veillez à enregistrer votre réalisation, en activant la commande **Fichier/Enregistrer sous**, puis en nommant votre fichier Exemple4.fla.

Technique de grossissement d'un symbole

Outre le déplacement d'un symbole sur une trajectoire définie et le pivotement de ce dernier sur lui-même, une technique très simple vous permet d'opérer un grossissement d'un symbole. Le principe est le suivant : vous créez deux images clés du même symbole, que vous placez au même endroit sur la scène. Vous agrandissez ensuite la seconde image clé. Flash 4 se charge alors de calculer toutes les tailles intermédiaires du symbole, afin de donner l'impression que l'image clé de départ se rapproche de vous en grossissant. Détaillons le procédé :

1. Créez un nouveau calque, que vous nommez **Fond**.

2. Dessinez un petit rectangle de couleur au milieu de la scène, à l'aide des outils **Rectangle** et **Remplissage**, afin d'obtenir un résultat de ce type :

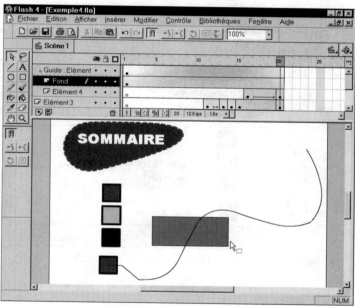

▲ Fig. 12.31 : *Dessin d'un petit rectangle*

3. Convertissez ce rectangle en un symbole, que vous nommez également **Fond**.

4. Cliquez sur la graduation *20* du calque *Fond*.

5. Activez la commande **Insérer/Image-clé.**

6. Sélectionnez le symbole *Fond* qui apparaît sur la scène.

7. Activez la commande **Modifier/Transformer/Redimensionner.**

8. Étirez le rectangle, afin qu'il couvre une grande partie de la scène, en suivant le modèle ci-dessous :

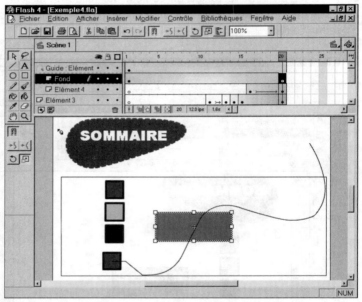

▲ Fig. 12.32 : *Avant le redimensionnement du symbole Fond*

9. Placez le calque *Fond* en bas de la liste, de sorte qu'il ne recouvre pas les autres calques (voir fig. 12.33).

10. Double-cliquez sur la graduation *1* du calque *Fond*.

11. Cliquez sur l'onglet **Interpolation**, puis choisissez *Mouvement* en guise d'interpolation (voir fig. 12.34).

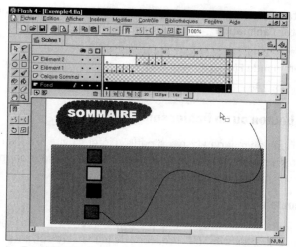

▲ Fig. 12.33 : *Après le redimensionnement du symbole Fond*

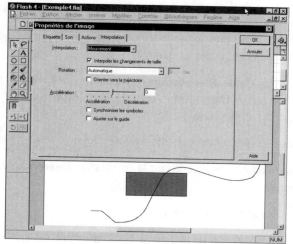

▲ Fig. 12.34 : *Interpolation du symbole Fond*

12. Cliquez sur OK pour confirmer.

Il ne vous reste plus qu'à appuyer sur la touche (Entrée), ou à sélectionner **Contrôle/Tester l'animation**.

Avant de passer à la suite, veillez à enregistrer votre réalisation en activant la commande **Fichier/Enregistrer sous**, puis en nommant votre fichier Exemple5.fla.

Ajouter un bouton ou un fichier son

Afin de doter une animation Flash 4 d'outils d'interactivité, il vous est possible d'intégrer des boutons. De la même façon, Flash 4 vous permet de sonoriser vos animations, en important des fichiers WAV.

Ajout d'un bouton

Pour ajouter un bouton, il vous faut au préalable créer un nouvel objet, que vous convertirez en symbole. Procédez de la manière suivante :

1. Créez un nouveau calque que vous nommez Bouton.

2. Assurez-vous que ce calque soit situé au-dessus du calque *Fond*. Dans le cas contraire, sélectionnez le calque *Bouton*, puis déplacez-le dans la liste des calques.

3. Grâce aux outils **Ovale**, **Remplissage** et **Texte**, dessinez une ellipse, sur laquelle vous écrivez le mot bouton. Vous devez obtenir le résultat ci-dessous : (voir fig. 12.35)

4. Sélectionnez les différents éléments de votre dessin.

5. Convertissez l'ensemble, en activant la commande **Insérer/Convertir en symbole**.

6. Nommez votre symbole Bouton 1.

7. Cliquez sur *Bouton*, afin de définir le comportement du symbole (voir fig. 12.36).

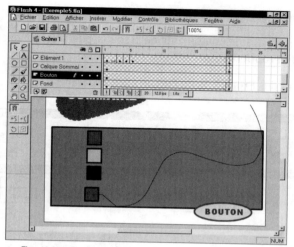

▲ Fig. 12.35 : *Dessin d'un bouton*

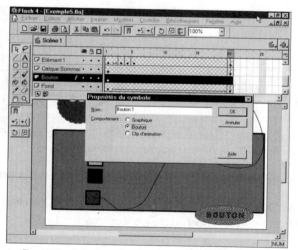

▲ Fig. 12.36 : *Création d'un symbole de type bouton*

8. Cliquez sur OK pour confirmer votre demande.

Il vous reste encore à associer une action au symbole nommé *Bouton 1* :

1. Sélectionnez le symbole *Bouton 1*.

2. Cliquez dessus avec le bouton droit de la souris, puis sélectionnez la commande **Propriétés** dans le menu contextuel.

3. Une fenêtre des **Propriétés de l'occurrence** apparaît.

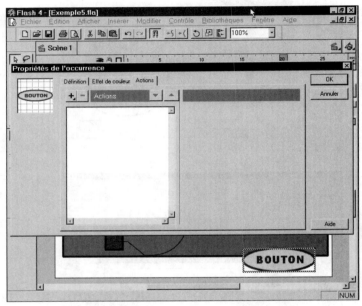

▲ Fig. 12.37 : *Propriétés de l'occurrence du symbole Bouton 1*

4. Appuyez sur le bouton **+**, puis sélectionnez la commande **Get URL**.

5. Placez-vous dans la rubrique *Get URL*, à droite, puis saisissez l'adresse Internet http://www.microapp.com (voir fig. 12.38).

6. Cliquez sur OK pour confirmer.

Dorénavant, un simple clic sur le symbole Bouton 1 entraînera la connexion vers le site de Micro Application. Bien entendu, de nombreuses autres actions peuvent être associées à un bouton. À titre d'exemple, vous pouvez faire appel à une autre animation Flash 4.

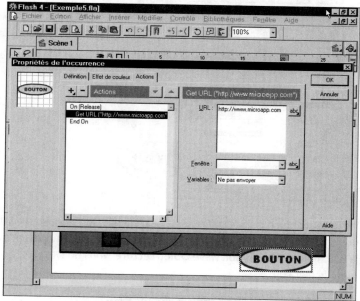

▲ Fig. 12.38 : *Sélection d'une action pour le symbole Bouton 1*

Ajout d'un son

Pour sonoriser votre animation, Flash vous autorise à importer un son au format *Wav* ou *Aiff*. Procédez comme suit :

1. Créez un nouveau calque baptisé **Son**.

2. Sélectionnez-le.

3. Activez la commande **Edition/Insérer objet**.

4. Cliquez sur *Créer à partir d'un fichier* (dans le cas où votre fichier son a déjà été créé).

5. Cliquez sur **Parcourir** pour retrouver le chemin de votre fichier son.

6. Sélectionnez votre fichier son, cliquez sur **Insérer**, puis sur OK.

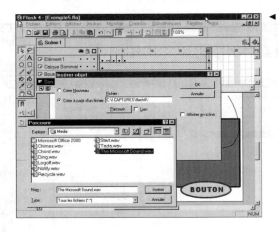

◄ Fig. 12.39 :
*Insertion d'un
fichier son de
type Wav*

Votre animation est à présent associée à un fichier son WAV. Pour vérifier
que tout fonctionne parfaitement, sélectionnez l'icône son, puis activez
la commande **Edition/Son wave Objet/Lecture**. Vous pouvez ainsi écouter le fichier son.

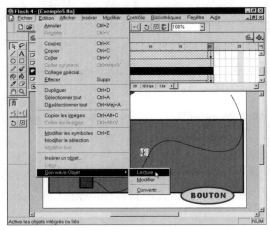

▲ Fig. 12.40 : *L'animation est maintenant sonorisée*

Avant de passer à la suite, veillez à enregistrer votre réalisation en activant la commande **Fichier/Enregistrer sous**, puis en nommant votre fichier Exemple6.fla.

Intégration dans un fichier HTML

Vous venez de réaliser votre première animation Flash. Encore faut-il que vous puissiez la diffuser sur Internet. Pour cela, vous allez d'abord devoir l'exporter.

Exportation au format SWF

Pour exporter une animation Flash 4, suivez les instructions suivantes :

1. Activez la commande **Fichier/Exporter l'animation...**

2. Nommez votre animation *Anim1*.

3. Sélectionnez le type de fichier. Pour obtenir un résultat optimal, préférez le type Lecteur Flash, dont le format est *swf*.

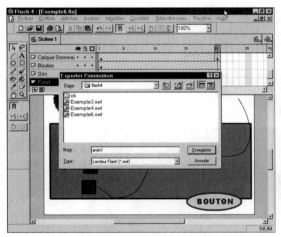

▲ Fig. 12.41 : *Exportation de l'animation*

4. Cliquez sur OK pour confirmer.

Votre animation est prête pour être diffusée sur le Web. Reste l'intégration HTML.

Création du fichier HTML

Pour afficher sur le Web votre première animation Flash, il vous suffit finalement d'inclure une ligne de code supplémentaire dans le fichier HTML, où s'effectue l'appel à l'animation :

```
<EMBED src="anim1.swf" width=100 % height=100 %>
```

Différence entre les navigateurs

Méfiez-vous, tous les navigateurs ne gèrent pas forcément le tag EMBED. Aussi, reportez-vous à l'aide fournie avec chacun des browsers, afin de connaître leur encodage exact.

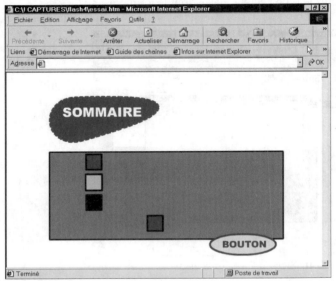

▲ Fig. **12.42** : *Visualisation de l'animation Flash 4 sous Internet Explorer 5*

12.4 Les nouveautés de la version 4.0

En comparaison avec la précédente version, Flash 4 intègre une multitude de nouvelles fonctionnalités, dont nous vous présentons quelquesunes dans ce chapitre.

Insertion d'un champ texte

Jusqu'à présent, il n'était possible d'intégrer dans des animations Flash que des zones de textes statiques. Avec la version 4.0, il est dorénavant tout à fait envisageable d'insérer un champ texte. Cette option s'avère très pratique pour saisir un nom d'utilisateur, un mot de passe, ou tout simplement pour remplir un formulaire ou un bon de commande.

Pour insérer un champ texte, rien de plus simple :

1. Reprenons notre fichier de travail *Exemple6.fla*.

2. Créez un nouveau calque que vous nommerez Coordonnée.

3. Cliquez sur l'outil **Texte**, puis définissez une zone sur la scène dans laquelle vous saisirez le texte suivant : Tapez ici votre nom .

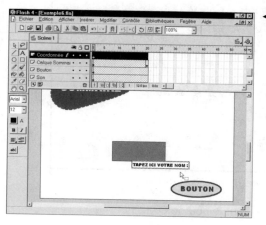

◀ Fig. 12.43 :
Insertion d'une zone de texte statique

4. Cliquez à présent sur le bouton **Champ de texte**, présent dans les paramètres de l'outil **Texte**.

5. Sélectionnez une nouvelle zone de texte, destinée cette fois à permettre aux utilisateurs de saisir leur nom.

6. D'un clic avec le bouton droit, sélectionnez la commande **Propriétés**, dans le menu contextuel.

7. Par défaut, l'option *Dessiner bordure et arrière-plan* est cochée.

8. Si le texte à saisir ne doit pas s'afficher à l'écran, cochez également l'option *Mot de passe*.

9. Dans la zone *Variable*, attribuez un nouveau nom à votre champ de texte. Par exemple : ChampNom.

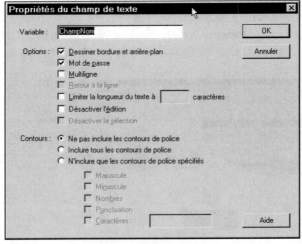

▲ Fig. 12.44 : *Paramètres du champ de texte*

10. Validez en cliquant sur le bouton OK.

11. L'internaute peut ainsi saisir son nom dans votre animation Flash 4 en toute discrétion...

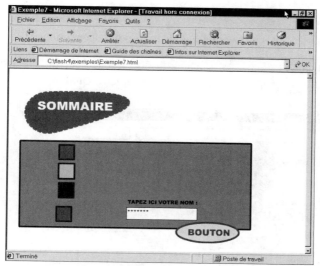

▲ Fig. 12.45 : *Saisie d'un texte dans une animation Flash 4*

Recourir au format MP3

Le format MP3 amorce une véritable révolution dans le domaine de l'audio. Sa capacité de compression de données sans réelle perte de qualité sonore en fait un format très apprécié des programmeurs.

Flash 4 permet ainsi d'exporter des fichiers son, WAV par exemple, au format de compression MP3. Ainsi la taille de vos animations Flash sera de nature à accélérer leur téléchargement.

1. Sélectionnez *Fenêtre/Bibliothèque*.

2. Sélectionnez un son parmi ceux que vous avez déjà créés.

3. Cliquez à l'aide du bouton droit de la souris, et sélectionnez la commande **Propriétés**, dans le menu contextuel.

4. Dans le champ *Exporter les paramètres*, repérez la zone nommée *Compression*.

5. Sélectionnez l'option *MP3* dans le menu déroulant.

6. Apparaissent alors trois paramètres de compression MP3.

7. Choisissez le taux maximal que devra produire l'encodeur MP3.

8. Si l'animation Flash est destinée à être publiée sur un site Web, sélectionnez l'option *Rapide* pour le paramètre **Qualité**.

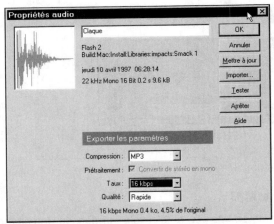

▲ Fig. **12.46** : *Sélection et paramétrage du type de compression audio*

9. Cliquez sur le bouton OK pour que les modifications soient prises en compte.

Des bibliothèques mieux adaptées

Jusqu'à présent, la bibliothèque réservée à chacun de vos projets disposait d'un nombre trop réduit d'options. À tel point que la gestion des symboles en devenait parfois déconcertante. Flash 4 intègre dorénavant de nouvelles fonctionnalités très utiles.

1. Sélectionnez *Fenêtre/Bibliothèque*.

2. La liste des noms de symboles apparaît alors, affichant une représentation du symbole sélectionné par défaut.

◄ Fig. 12.47 :
La Bibliothèque personnelle

3. En cliquant sur l'icône placée au-dessus de l'ascenseur, ornée d'un rectangle large, vous accédez aux informations relatives à chaque symbole.

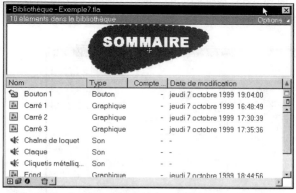

▲ Fig. 12.48 : *Accès aux informations relatives aux symboles*

4. Il suffit de cliquer sur le nom de la colonne pour que celle-ci soit triée automatiquement, dans l'ordre croissant ou décroissant.

5. Mieux : il vous est à présent possible de créer des dossiers en cliquant sur l'icône *Nouveau dossier*, arborant un porte-documents.

6. Pour supprimer un symbole, sélectionnez-le puis cliquez sur l'icône *Supprimer*, arborant une poubelle. Une boîte de dialogue vous invite alors à confirmer votre choix.

Une publication plus sophistiquée

La version 3 de Flash limitait la publication d'une animation à la simple exportation du fichier aux formats *swf*, *avi*, *mov* ou encore *gif*. Flash 4 ouvre de nouveaux horizons, en ajoutant de nouvelles fonctions de publication, rassemblées sous le nom de paramétrage de publication.

1. Ouvrez un projet Flash 4.

2. Sélectionnez **Fichier/Paramètres de publication**.

3. Dans l'onglet nommé **Formats**, sélectionnez les différents formats dans lesquels vous aimeriez publier votre animation. Il est donc dorénavant possible de générer automatiquement des fichiers HTML, ainsi que des projecteurs, c'est-à-dire des animations Flash enregistrées sous forme de programmes *exe*.

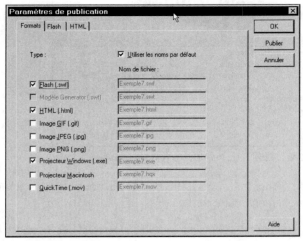

▲ **Fig. 12.49** : *Sélection des formats des fichiers d'exportation*

4. L'onglet **Flash** permet de régler certains paramètres, à l'instar du taux de compression des images JPG, du type de flux audio en continu ou encore de la version Flash avec laquelle vous désirez publier votre travail.

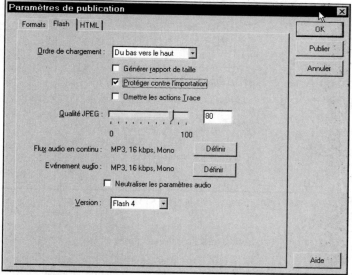

▲ Fig. 12.50 : *Paramétrage des fichiers Flash SWF*

5. Si vous ne souhaitez pas que l'internaute puisse récupérer votre animation Flash, cochez la case *Protéger contre l'importation*.

6. L'onglet **HTML** permet par ailleurs de régler certains paramètres, tels que l'alignement Flash et HTML, la qualité d'affichage ou encore les dimensions de l'animation (voir fig. 12.51).

7. Si vous souhaitez que l'animation soit répétée à l'infini, cochez donc la case *Boucle*, dans le champ *Lecture*.

Une fois l'ensemble de ces paramètres définis, il ne vous reste plus qu'à générer vos différents fichiers, en cliquant sur le bouton **Publier**.

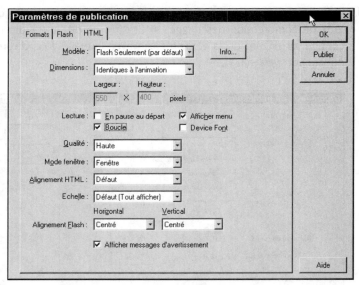

▲ Fig. 12.51 : *Paramétrage des fichiers HTML*

Remarque

N'oubliez pas de prévisualiser !

Si vous souhaitez prévisualiser votre animation avant toute publication, sélectionnez **Fichier/Aperçu avant publication**, puis optez pour l'un des formats préalablement définis.

Chapitre 13

Le format audio MP3

Vous avez tous entendu parler du format MP3, qui a largement fait la une de la presse informatique et généraliste ces derniers mois ? Mais savez vous exactement quelles sont les qualités de ce type de format ? Et comment vous pouvez vous même créer vos fichiers sons au format MP3 ?

Prenons tout d'abord l'exemple d'un fichier audio non compressé qualité CD (WAV stéréo, 44.1 kHz, 16 bits d'une durée de 4 minutes. Il occupe environ 42 Mo d'espace disque. Après compression au format MP3, sa taille sera 3,8 Mo soit une réduction de taille d'un facteur 11 à 12 sans perte de qualité sonore !

Par quel procédé sommes-nous parvenus à ce résultat ? En fait, le MP3, ou MPEG Layer 3, est un format de compression audio numérique, obtenue par suppression de données. Il constitue la partie audio de la norme de compression audio/vidéo MPEG. MPEG *(Moving Pictures Experts Group)* est un groupe de travail dans un sous-comité de l'ISO (*International Standards Organisation*) et de l'IEC (*International Electrotechnical Commission*) qui génère des standards pour les compressions audio et vidéo.

La technologie MPEG-Audio repose sur un modèle de compression psychoacoustique adapté à l'oreille humaine. La compression est obtenue par la suppression d'informations (dans le signal acoustique) non distinguées par l'oreille humaine.

Le format MP3 fait partie intégrante du format audio/vidéo MPEG-1. Le format MPEG-1 est utilisé par les CDI Philips et VIDEO-CD. MPEG-1 a presque complètement disparu aujourd'hui remplacé par le MPEG-2 (DVD). Le format audio MP3 y est toujours présent mais sous une forme améliorée. D'autres technologies de compression audio (AAC, VQF) seront intégrées dans l'évolution future du standard MPEG : le MPEG-4.

Il y a trois sous couches de codage audio dans les formats MPEG-1 et MPEG-2, c'est ce que l'on appelle Layer-1, Layer-2 et Layer-3. De Layer-1 à Layer-3, les méthodes de codage et les performances (qualité / taille) augmentent. Layer-3 est la dernière évolution du codage audio. Les trois couches Layer-1,2,3 gardent une compatibilité ascendante. Les technologies MPEG-Layer-1 et 2 étaient assez simple, la technologie MPEG-Layer-3 est beaucoup plus complexe et l'encodage de fichiers son, à l'aide de cette technique, nécessite des PC suffisamment puissant.

La norme MP3 s'applique :

- aux radios,
- aux DVD,
- à la télévision par câble et satellite,
- à Internet,
- au multimédia,
- au stockage des données audio.

Attention

Avertissement pour l'utilisation du format MP3

L'utilisation du format MP3 doit se faire dans le respect des droits d'auteur existants. Ainsi, sauf si le titulaire de droits le permet expressément, il est (notamment) interdit de :

- télécharger des fichiers sonores trouvés sur Internet, même pour si c'est pour votre usage personnel ;
- diffuser, gratuitement ou non, des fichiers sonores sur Internet, même si vous possédez le CD audio original ;
- commercialiser des fichiers sonores, quels que soient leur provenance, leur support, et sous quelque forme que ce soit ;
- recopier des fichiers sonores depuis un CD audio qui ne vous appartient pas, même si c'est pour votre usage personnel (par contre, si vous possédez un CD audio, vous avez le droit d'en faire une "copie privée", c'est à dire strictement réservée à votre usage personnel).

Vous trouverez sur Internet des sites comportant des fichiers au format MP3 prévus pour être librement téléchargés. Toutefois, il convient de vérifier systématiquement les limites du droit d'utilisation accordé, qui peuvent varier d'un site à l'autre.

Attention

Tout acte effectué en violation de ces règles est une contrefaçon, délit passible de peines d'amende et d'emprisonnement qui sont appliquées de manière de plus en plus sévère par les tribunaux.

En dehors de cet aspect répressif, il faut savoir que la copie illicite de musique (faite à titre privé ou dans un but de revente) porte évidemment préjudice aux éditeurs et à leurs vedettes, mais surtout au petit marché de la création. Ainsi, la contrefaçon divise le monde musical en deux : les grosses "machines" commerciales, qui peuvent résister par les quantités vendues, et les autres qui sont relégués, au mieux, à l'auto-promotion. Connus ou inconnus, les auteurs vivent de leur art. En ne respectant pas leurs droits, vous engendrez à la fois un manque à gagner immédiat, et l'épuration du marché par le bas.

Remarque

Le format MPEG-4

Le format MPEG-4 Audio est en phase de conception. Ce format audio intégrera la plupart des techniques actuelles de codage audio (VQF et AAC). La qualité CD sera obtenue avec un bit-rates de 64kb/s (le MP3 est à 128 kbps) et ce taux pourra varier de 2kb/s à plus de 64kb/s. Ce taux et cette qualité seront obtenus grâce à un savant mélange des nouvelles techniques de codage suivant différents critères (fréquences, bit-rates, ratio de compression, type de sons, etc.).

13.1 Créer des fichiers MP3

Encodage/Compression au format MP3

Pour créer des fichiers MP3, il faut convertir les fichiers WAV en fichiers sons compressés MP3.

Le paramètre le plus important dans l'encodage de fichiers WAV au format MP3 est le **bit-rates** (ou débit binaire). Le bit-rates de compression définit indirectement le taux de compression (taille des fichiers MP3) et la qualité sonore des fichiers MP3 générés. L'unité de mesure est le kbps (kilo-bits par seconde).

Un bit-rates de 128 kbits/s permet de créer des fichiers MP3 en qualité CD (16 bits, 44100 Hz, stéréo).

A titre d'exemple, un fichier MP3 d'une durée d'une minute occupera une taille de : (60 * 128000) / 8 = 960000 octets = 937 Ko.

Tab. 13.1 : Tableau récapitulatif donnant le rapport bit-rates/ratio de compression/qualité					
Qualité son	Bande	Mode	Bit-rates	Taille	Ratio
Téléphone	2,5 kHz	Mono	8	0.25	128 :1
Ondes courtes	4,5 kHz	Mono	16	0.5	96 :1
AM	7,5 kHz	Mono	32	1	48 :1
Radio FM	11 kHz	Stéréo	56 à 64	2	26 :1
Proche CD	15 kHz	Stéréo	96 à 112	3	16 :1
CD	22 kHz	Stéréo	*128	4	12 :1
CD	22 kHz	Stéréo	196	5,3	9 :1
CD	22 kHz	Stéréo	256	8	6 :1
CD	22 kHz	Stéréo	320	12	4 :1

Plus le bit-rates est élevé, meilleure est la qualité de compression et plus grande est la taille des fichiers MP3. La qualité optimale étant obtenue pour un bit-rates de compression de 320 kbps. Le bit-rates qui offre le meilleur compromis qualité/taille de fichiers est celui de 128 kbps.

La compression d'un fichier WAV de 4 minutes prend entre 1 et 10 minutes suivant le logiciel utilisé pour l'encodage (certains algorithmes de compression sont plus rapides que d'autres) et le PC sur lequel il fonctionne.

Compression à l'aide du logiciel SoundLimit

Le logiciel SoundLimit est un très bon encodeur à base de routines de compression ISO. A noter qu'il y a trois types d'algorithme de compression MP3 : ISO, Fraunhofer et Xing.

On peut trouver le logiciel SoundLimit en version limitée à 30 jours à l'adresse suivante : `http:// members.xoom.com/easternd/`.

Nous allons maintenant compresser au format MP3 les fichiers WAV précédemment créés.

1. SoundLimit permet d'encoder des fichiers WAV en MP3 ou de faire l'opération inverse qui est le décodage de fichiers MP3 en WAV. Dans notre cas, seul l'encodage à partir de fichiers WAV nous intéresse. Pour ce faire, dans la rubrique Select source directory, sélectionnez le répertoire contenant votre fichier wav. Dans la rubrique *Select Source Files*, sélectionner votre fichier WAV, puis cliquez sur le bouton **Add File(s)**. Un simple clic et votre fichier est incorporé dans la rubrique *Selected files*. Cliquez sur le bouton *Set default output dir* pour sélectionner le répertoire de destination par défaut. Cliquez sur le bouton **Encode**.

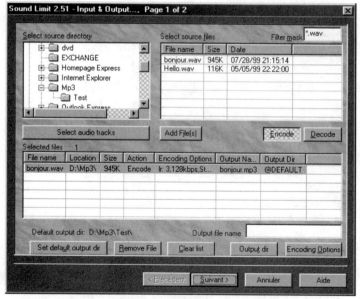

▲ Fig. 13.1 : *Fenêtre principale du logiciel SoundLimit*

Remarque

Encoder plusieurs fichiers à la suite

Notez que SoundLimit permet d'encoder plusieurs fichiers à la suite en sélectionnant plusieurs fichiers grâce au bouton **Add File(s)**. Dans ce cas, tous les fichiers sélectionnés seront compressés.

2. En cliquant sur le bouton **Encoding Options**, la fenêtre qui s'affiche permet de modifier les paramètres de compression . Dans notre cas, il faut fixer le champ *Total BitRate* à *128 kbps* pour obtenir des fichiers MP3 de qualité CD. Si vous voulez une plus grande qualité de compression au détriment de la taille, il suffit d'augmenter ce paramètre (jusqu'à 320 kbps).

Sélectionnez le type de compression désiré (*HQ* : Haute qualité ou Turbo speed). Une compression en mode HQ nécessite 2 à 3 fois plus de temps qu'en mode Turbo speed pour un gain de qualité très faible. Cliquez ensuite sur OK.

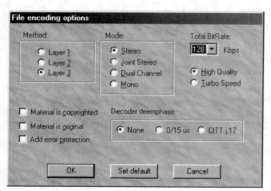

▲ Fig. 13.2 : *Paramètres de compression*

3. Pour lancer la compression, cliquez sur les boutons **Suivant** puis **Terminer**. Le processus de compression démarre et peut prendre de une à plusieurs minutes. Une fois la compression terminée, vous pouvez lire le fichier MP3 à l'aide d'un lecteur MP3.

13.2 La lecture de fichiers MP3

La lecture de fichiers MP3 nécessite bien sûr un logiciel spécifique qui permet le décodage et l'écoute en temps réel. Une configuration suffisamment puissante est requise (type Pentium 100).

Vous pouvez télécharger le logiciel Winamp sur Internet à l'adresse suivante : `http://winamp.1h.net/`.

Winamp est le lecteur le plus utilisé dans le monde (plus d'un million de personnes). Il est simple d'emploi, son interface est intuitive et il dispose de nombreux plug-ins visuels (2D et 3D) et sonores. Il supporte les skins (changement du look de l'interface) que l'on peut trouver par centaines sur le Web.

Winamp permet de lire différents formats audio tels que MP3, MP2, WAV, Audio CD, MODS. Il intègre un analyseur de spectre, un oscilloscope, un Gestionnaire de liste de fichiers, un éditeur d'en-têtes de fichiers MP3. Il dispose d'un équaliseur 12 bandes avec sauvegarde et chargement de paramètres de réglage.

En bref, ce logiciel est la référence pour le play-back (lecture) de fichier MP3.

Winamp est composé de trois parties :

- *Fenêtre principale*

◀ Fig. 13.3 :
*Fenêtre
principale*

Au démarrage de l'application, seule cette fenêtre est active. Lorsque vous maintenez le pointeur de la souris plus d'une seconde au-dessus de chaque bouton de commande, le nom cette commande apparaît.

La fenêtre principale contient toutes les commandes principales de lecture et de réglage :

- Bouton lecture (**Play**),
- Avance et retour rapide (**Previous/Next track**),
- Lecture aléatoire (**Toggle shuffle**),
- Répétition du morceau en cours (**Toggle repeat**),
- Ouverture de fichier(s) (**Eject**),
- Balance (**Panning bar**),
- Volume (**Volume bar**).

Elle contient aussi un analyseur de spectre dont les paramètres peuvent être changés en cliquant avec le bouton droit de la souris sur celui-ci et un afficheur permettant de visualiser les caractéristiques (nom, auteur, bit-rates de compression...) du morceau en cours.

- *L'équaliseur*

◀ Fig. 13.4 :
Equaliseur

Il permet de régler les niveaux sonores dans chaque bande de fréquences. Pour l'activer, cliquez sur le bouton **EQ** de la fenêtre principale.

- *Gestionnaire de fichiers MP3*

◀ Fig. 13.5 :
Liste de fichiers

Ce gestionnaire permet de définir une liste de fichiers à jouer. Pour l'activer, cliquez sur le bouton **PL** de la fenêtre principale.

La particularité de Winamp est d'offrir d'autres fonctions accessibles directement à partir de l'interface en utilisant le bouton droit de la souris sur telle ou telle partie de l'interface. Par exemple, si vous cliquer sur l'afficheur temps, vous pouvez choisir entre l'affichage de la durée restante ou de la durée écoulée.

Lecture des fichiers MP3

1. Activez le Gestionnaire de fichiers à l'aide du bouton **PL** de la fenêtre principale.

2. Pour ajouter des fichiers dans la liste, cliquez sur le bouton **+ Files** puis sélectionnez vos fichiers à l'aide de la boîte de sélection de fichiers et validez à l'aide du bouton **Ouvrir**.

3. Sélectionnez les fichiers à jouer dans la liste à l'aide de la souris puis lancez la lecture à l'aide du bouton **Play**. Pour jouer un fichier directement, double-cliquez sur celui-ci.

Accès au menu principal

Un menu offrant toutes les commandes et options de configurations est accessible en cliquant avec le bouton droit de la souris sur la barre horizontale en haut de la fenêtre principale.

Lecture de fichiers via Internet

Winamp permet de jouer un fichier directement via Internet. Pour ce faire, activez le menu principal puis sélectionnez la commande **Play location** et entrez l'adresse Internet du fichier.

Edition des informations de fichier

La fonction d'édition d'en-têtes de fichiers MP3 ou ID3 tag editor permet de stocker dans les fichiers MP3 des informations telles que le nom de l'album, le nom de l'artiste et le titre du morceau. Lors de la lecture, ces informations sont alors reproduites dans le panneau d'affichage de n'importe quel lecteur. Winamp permet de modifier ces informations.

1. Vérifiez en premier lieu que le fichier n'est pas en lecture seule (à l'aide de l'Explorateur Windows).

2. Ouvrez le fichier à l'aide de la commande **Open** de la fenêtre principale de Winamp ou sélectionnez-le à partir du Gestionnaire de fichiers Winamp.

3. Ouvrez la boîte de dialogue d'édition des informations fichier en cliquant sur le bouton **Winamp Menu** (symbolisé par une sinusoïde) tout en haut à gauche de la fenêtre principale puis sélectionnez la commande **View file info** et saisissez les nouvelles informations. Elles seront stockées dans le fichier MP3.

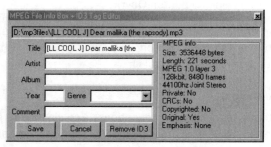

▲ Fig. 13.6 : *Edition des informations fichier*

4. Après avoir inscrit les nouvelles informations dans les champs, sauvegardez-les et quittez l'éditeur d'en-têtes à l'aide du bouton **Save**.

Plug-ins/Skins

Une autre particularité très précieuse de Winamp est de supporter la gestion de skins et plug-ins. Les skins permettent de changer l'apparence de l'interface. De nombreux skins sont disponibles sur Internet (plus de mille) : à l'adresse suivante : `http://www.winamp.com/skins/index.html`.

13.3 Sites Internet consacrés au format MP3

Sites généralistes

Il existe un très grand nombre de sites consacrés au format MP3 à travers le monde sur lesquels on peut trouver informations, tests, logiciels, forums de discussion...

Adresses de sites généralistes

http://www.mp3france.com/

http://www.francemp3.com/

Les sites les plus connus en France

Tab 3.2 : Les sites les plus connus à l'étranger
Adresses de sites étrangers
http://www.mp3.com/
http://www.mp3place.com/
http://www.mp3now.com/
http://www.mp3-2000.com/
http://www.audioforge.net/
http://www.audiodreams.com/

Plugins et skins pour lecteurs de MP3 :

http://www.customize.org/

Toutes les dernières versions des logiciels consacrés au format MP3 :

http://www.mp3software.simplenet.com/mp3.html

Sites dédiés à la recherche de fichiers

Tab 3.3 : Sites dédiés à la recherche de fichiers	
Nom du site	Adresse
2Look4	http://www.2look4.com/
Mediafind	http://search.mp3.de/

Tab. 13.3 : Sites dédiés à la recherche de fichiers	
Nom du site	Adresse
MP3Box	http://mp3box.sk/
Audiogalaxy	http://www.audiogalaxy.com/
ScourNet	http://www.scour.net/
Palavista	http://www.palavista.com/
AudioFind	http://www.allmp3.com/
Musicseek	http://www.musicseek.com/

Chapitre 14

Intégrer
la technologie
RealAudio à vos sites

La technologie RealAudio et RealVideo, une technologie déjà présente sur Internet depuis plusieurs années et qui, malgré son format propriétaire, a su s'imposer comme standard de fait sur le net. Facilement accessible, l'éditeur propose même des outils gratuits pour débuter. Rien ne vous interdit de diffuser une information sonore ou une séquence animée en toute simplicité sur votre site. Les avantages des technologies RealAudio et RealVideo méritent incontestablement le détour. Vous n'êtes pas convaincu ? Connectez-vous sur le site de l'éditeur : `www.real.com`.

14.1 Outils pour streaming

Diffuser du son ou de la vidéo en temps réel avec la technologie Real n'est pas toujours synonyme de direct, comme se l'imaginent à tort encore trop d'utilisateurs. En fait, il existe deux possibilités : son et vidéo à la demande ou en direct. À la demande signifie que les fichiers Real Audio/Video sont stockés sur des serveurs et disponibles en ligne 24 h/24. A contrario, la diffusion en direct est réservée à la retransmission d'événements live sur le Web.

Que ce soit à la demande ou en direct, la technologie de RealNetworks offre toujours une diffusion en temps réel. Petite explication : le streaming est le fondement même de la retransmission vidéo ou son sur le Web. Cela signifie qu'il n'existe ni délai d'attente ni temps de transfert avant de visualiser une séquence au format RealMedia. De plus, la diffusion est adaptée à votre équipement. Si vous disposez d'une connexion haut débit par Numéris, la cadence du streaming ne sera pas la même que celle s'appliquant aux modems 28 800 Kbps. Autrement dit, le serveur Real Audio/Video s'adapte. Les fichiers RealMedia sont généralement optimisés pour chaque débit.

Concrètement, il suffit de cliquer sur un lien hypertexte qui renvoie à un fichier RealMedia pour lancer automatiquement le lecteur Real Audio/Video. Dès que celui-ci s'affiche, le téléchargement du fichier et l'exécution de la séquence commencent simultanément. À l'inverse des fichiers au format *.mpeg*, il n'est pas nécessaire d'attendre la fin du téléchargement pour afficher une vidéo ou écouter un morceau de musique. Dans ces conditions, vous vous en doutez, la qualité de la liaison prend une importance primordiale.

Nouveautés de la technologie G2

La principale amélioration apportée par la nouvelle gamme G2 des produits Real Audio/Video concerne la gestion du son. En effet, un nouvel algorithme de codage (on parle de codec) permet de traiter les fichiers son beaucoup plus rapidement qu'avec les anciens outils Real-Audio (RealProducer Plus 5.0). La fréquence des images a été améliorée et de nouveaux filtres sont apparus. RealNetworks a également intégré la technologie SureStream pour une meilleure adaptation du débit en fonction de la qualité de la liaison sur le réseau et une meilleure tolérance des pertes de paquets dans la transmission des données.

Enfin, RealAudio a longuement travaillé avec l'organisme de validation des normes techniques sur le Web, le World Wide Web Consortium (www.w3.org/). En collaboration avec d'autres acteurs du marché (Netscape, Microsoft, etc.), ils ont pu mettre en œuvre un nouveau standard pour la diffusion du multimédia sur le Web : le SMIL (Synchronized Multimedia Integration Language).

Comme son nom le laisse deviner, le standard SMIL synchronise et intègre les données multimédias. En fait, les développeurs HTML pourront désormais insérer, dans une vidéo au format RealMedia, des liens hypertextes, des graphismes (logo d'une entreprise, par exemple), ou plus simplement du texte, animé ou non. De plus, cette nouvelle norme permettra de lancer différentes actions à des moments précis (à la fin d'un film, par exemple). Malheureusement, certaines innovations, tel le standard SMIL, ne sont pas accessibles dans les outils de production gratuits de Real. Ils ne sont disponibles qu'en version commerciale ou professionnelle.

Écouter

Commençons d'abord par la navigation, et plus précisément par le lecteur Real Audio/Video, un programme gratuit conçu pour lire les séquences multimédias au format RealMedia (.rm, .ram...).

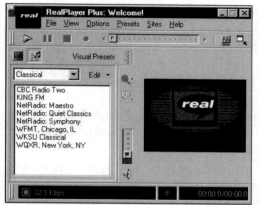

◀ Fig. 14.1 :
*Le lecteur de
Real fonctionne
sur une dizaine
de plates-formes
différentes*

Pour s'assurer un nombre non négligeable d'utilisateurs, Real n'hésite pas à diffuser gratuitement son lecteur. Fonctionnant sur une dizaine de plates-formes, il constitue une véritable norme. Toutefois, il existe deux versions du logiciel, l'une gratuite, l'autre non. Ces deux programmes se téléchargent à l'adresse suivante : `www.real.com/products/player/index.html?lang=fr`.

La version gratuite s'appelle RealPlayer G2. Elle est capable de lire, en temps réel ou non, toutes les séquences multimédias au format Real-Media. Son fonctionnement ne pose aucune difficulté : vous disposez d'un bouton **Play** pour lancer le film ou l'extrait sonore, d'un bouton **Pause** et d'un bouton **Volume**. La prise en main est intuitive et le produit totalement intégré au navigateur, que ce soit Netscape Communicator ou Microsoft Internet Explorer.

Notez que la dernière mise à jour du programme (Update 2) offre de nouvelles fonctions et de nombreuses améliorations : qualité vidéo supérieure avec la norme RealVideo G2, intégration et support du format MP3 (MPEG Layer 3), meilleures performances en affichage plein écran, intégration d'AOL Instant Messenger, etc.

Produire avec RealProducer G2

RealProducer G2 se décline en trois versions : gratuite, commerciale et professionnelle. Les différences résident dans le prix et le nombre de fonctions disponibles.

Nous aborderons ici la moins chère : la version de base intitulée Real-Producer G2. Totalement gratuite, elle est disponible sur le site de son éditeur : `http://proforma.real.com/mario/tools/producer.html?wp=699tools&src=prod`. Cette version est une bonne façon de débuter avec la technologie Real Audio/Video.

Cette version propose les principales commandes nécessaires à la production de contenu multimédia. En installant cette version basique du RealProducer G2, vous disposez d'un convertisseur de fichiers (*.au*, *.waw*, *.avi*, *.mov*, *.qt* et *.aiff*) au format RealMedia et d'un assistant de création de pages Web pour l'intégration et la diffusion en ligne des éléments multimédias : le minimum vital.

Diffuser

La diffusion, pour certains d'entre vous, ne constitue pas vraiment un problème. Ainsi, vous n'aurez vraisemblablement jamais à vous en occuper si vous faites héberger votre site chez un prestataire extérieur. De fait, trois possibilités s'offrent à vous :

1. Votre hébergeur ne propose pas d'outils Real Audio/Video sur son serveur.

2. Votre hébergeur propose des outils Real Audio/Video sur son serveur.

3. Vous disposez de votre propre serveur connecté en permanence à Internet.

Dans le premier cas, vous n'avez pas trop le choix. Soit vous proposez en ligne des fichiers Real Audio/Video que les internautes devront télécharger en totalité avant de les écouter ou de les afficher (pas de streaming), soit vous changez de crémerie. À l'instar d'Ifrance (`www.ifrance.com/heberg/`), un hébergeur gratuit de sites Web en France, un nombre croissant de prestataires proposent un serveur Real Audio/Video à leurs abonnés ou clients.

Dans le second cas, tout va bien. Vous allez pouvoir rentabiliser votre abonnement. Il vous suffit de vous mettre en rapport avec l'assistance technique du prestataire qui vous donnera toutes les informations nécessaires pour mettre en ligne, sur leur serveur, des fichiers son ou vidéo à diffuser en temps réel (adresse IP du serveur Real Audio/Video, emplacement des fichiers RealMedia, accès FTP, etc.).

Enfin, dernière possibilité, vous disposez de votre propre serveur Web et vous voulez le rendre compatible aux technologies Real Audio/Video.

Toujours fidèle à sa politique de gratuité, Real propose une version de base de son serveur : Basic Server G2 (`www.real.com/solutions/basic/index.html`).

On retrouve sensiblement les mêmes fonctions que celles de la version payante, Basic Server Plus G2, dépouillé tout de même de certaines fonctions d'administration et du module de génération automatique des rapports. De plus, le serveur est ici limité à 25 sessions simultanées, ce qui est suffisant dans la majorité des cas. Ce pack est Basic Server G2, une solution suffisante pour effectuer ses premiers pas dans la production et la diffusion de contenu multimédia sur le Web.

14.2 Diffusion à la demande

Comme nous l'avons indiqué dès le départ, il existe deux méthodes de diffusion de contenu multimédia sur Internet : en direct et à la demande. Commençons par cette dernière.

Sur Internet, ce n'est plus un secret, les fichiers sonores agrémentent considérablement la navigation. Pour les intégrer dans une page HTML, une petite gymnastique technique s'avère nécessaire. Pour illustrer notre manipulation, nous avons adopté RealProducer G2, c'est-à-dire la version gratuite librement téléchargeable à partir du site RealNetworks.

Création d'un fichier son

Vous pouvez obtenir un fichier son numérique de différentes façons :
enregistrement de votre voix à partir du magnétophone Windows,
téléchargement d'extraits sonores sur Internet, conversion à partir d'un
CD audio, etc. Quoi qu'il en soit, le fichier son de départ doit être au
format *.wav* ou *.au* avant d'être converti à la norme RealAudio.

Installation et configuration de RealProducer G2

Après avoir téléchargé la version gratuite, commerciale ou professionnelle de RealProducer G2, cliquez à deux reprises sur le fichier d'installation pour lancer la procédure. Celle-ci ne réserve aucune surprise, tout
se déroule à travers une interface graphique conviviale où il suffit
d'indiquer au programme le répertoire qui accueillera RealProducer.

Les choses sérieuses commencent avec la phase de configuration du
logiciel. Voyons cela de plus près.

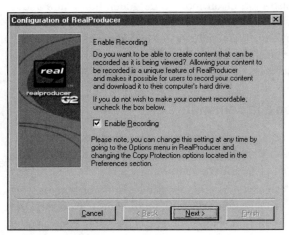

▲ Fig. 14.2 : *Protéger vos créations ou autoriser leur copie...*

1. La première boîte de dialogue concerne la protection des droits
d'auteur. Vous avez la possibilité, sur toutes les versions RealProducer, de protéger le contenu diffusé sur le Web. Comment ? En

interdisant leur copie. Il suffit de désactiver l'option *Enable recording* pour intégrer ainsi une protection assez efficace contre le détournement des œuvres musicales ou vidéo.

2. La seconde boîte de dialogue vous propose un répertoire, sur votre disque dur, où RealProducer placera ses fichiers temporaires pendant son travail. Si le dossier proposé ne vous convient pas, libre à vous d'en indiquer un autre. Le cas échéant, cliquez sur le bouton **Browse** et sélectionnez le répertoire adéquat.

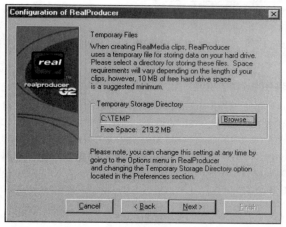

▲ Fig. **14.3** : *Indiquez un répertoire temporaire*

3. L'étape suivante permet de vous enregistrer sur le site Web de Real Audio/Video. Il suffit d'indiquer votre adresse électronique et votre pays, RealProducer transmettra automatiquement toutes ces informations dès que vous vous connecterez à Internet. Si vous voulez recevoir régulièrement les dernières informations concernant les produits de la société, cochez l'option *Inform me of updates and events*.

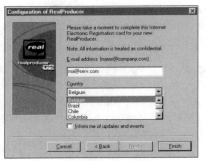

◄ Fig. 14.4 :
Enregistrez votre
logiciel

Le logiciel étant configuré, passez maintenant à la seconde phase, qui consiste à convertir le fichier *.wav* obtenu précédemment au format RealMedia.

Conversion des fichiers audio

Dès que vous démarrez RealProducer G2, un gentil assistant apparaît et vous prend par la main pour la suite des événements. Notez que vous avez la possibilité de vous passer de son aide en désactivant, dans la boîte de dialogue **New Session - choose recording Wizard**, l'option *Don't Use Recording Wizards*. Dans ce cas, vous accédez directement à la fenêtre principale de travail du logiciel. En ce qui nous concerne, nous avons conservé notre assistant.

◄ Fig. 14.5 :
Dans RealProducer, un assistant
vous facilite la tâche

1. Sélectionnez la première option, intitulée *Record From File*, puis cliquez sur OK. Notez que les deux options suivantes permettent respectivement de récupérer les données à partir d'un périphérique extérieur (caméra, magnétophone, Microphone Windows, etc.) et de transmettre un flux audio ou vidéo en direct live vers un serveur Real Audio/Video.

2. Une seconde boîte de dialogue s'affiche instantanément. Cliquez sur le bouton **Browse** et sélectionnez le fichier *.wav* à convertir. Validez ensuite en cliquant sur le bouton **Suivant**.

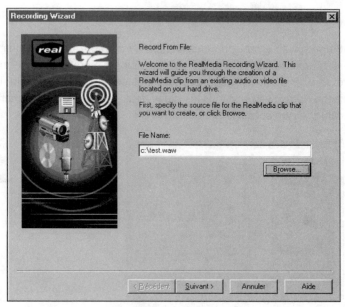

▲ Fig. 14.6 : *Indiquez l'emplacement du fichier .wav*

3. Saisissez dans les champs correspondants toutes les informations légales du fichier : titre de l'auteur, date et copyright. Ces dernières s'afficheront dans le lecteur Real Audio/Video G2 pendant l'exécution de la séquence son.

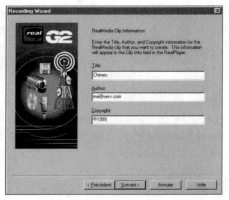

◄ Fig. 14.7 :
Entrez toutes les
informations
demandées

4. Étape suivante : sélectionnez l'option *SureStream* ™ pour définir la méthode d'enregistrement. La technologie SureStream permet d'accéder au fichier dans les meilleures conditions, c'est-à-dire de façon optimisée pour tous les types de connexion (56 K, Numéris, câble, liaison spécialisée, etc.).

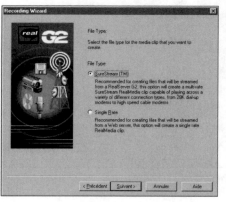

◄ Fig. 14.8 :
Choisissez le
mode
SureStream pour
une meilleure
diffusion

5. Une nouvelle boîte de dialogue apparaît. Cochez les vitesses pour lesquelles votre fichier sera optimisé. Nous vous conseillons de sélectionner impérativement le débit le plus bas (28 800 Kbps), libre à vous ensuite d'en changer.

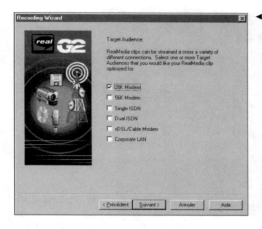

◄ Fig. 14.9 :
Optimiser la diffusion en fonction des types de connexion de votre public

6. Pour une compression efficace, indiquez au programme le type d'enregistrement à convertir : voix uniquement, voix avec un fond musical ou musique (musique classique ou chansons).

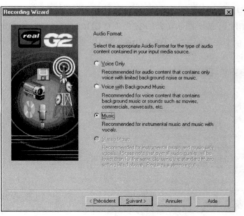

◄ Fig. 14.10 :
Sélectionnez le type de fichier son qui convient le mieux au vôtre

7. Définissez à présent le nom et l'emplacement du fichier au format RealAudio. Attention : conservez impérativement l'extension *.rm* du document.

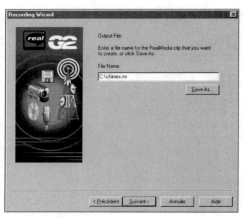

▲ Fig. 14.11 : *Le fichier RealAudio sera enregistré à la racine du disque C*

8. Enfin, RealProducer vous annonce que le paramétrage de la procédure de conversion vient de s'achever. Pas trop tôt, penseront certains... Une boîte de dialogue reprend maintenant toutes les options de configuration que vous venez de sélectionner et vous pouvez accéder immédiatement à la fenêtre principale de RealProducer en cliquant sur le bouton **Terminer**.

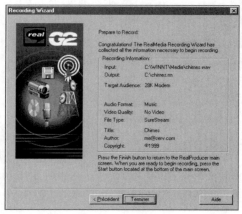

▲ Fig. 14.12 : *Toutes les options sont reprises dans la dernière boîte de dialogue*

9. Comme vous pouvez le constater, la fenêtre principale de RealProducer affiche toutes les options que l'Assistant de configuration vient de nous proposer. De fait, si vous changez d'avis à propos d'un paramètre mal sélectionné, il est encore temps d'y remédier. Dans le cas contraire, si tous les réglages vous conviennent, cliquez sur le bouton **Start** de la rubrique *Recording Controls* pour lancer la procédure de conversion du fichier *.wav*.

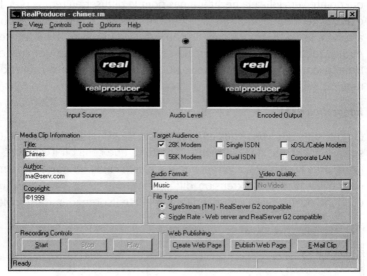

▲ Fig. 14.13 : *La fenêtre principale de travail de RealProducer*

10. Selon la puissance de votre équipement informatique (taille de la mémoire RAM, modèle du processeur, etc.), le temps de traitement peut être horriblement long. Avec un Pentium 233 MMX, nous avons constaté une charge du processeur d'un peu plus de 50 %, ce qui reste suffisant pour effectuer simultanément une autre tâche (traitement de texte, navigation sur le Web, etc.).

11. Au terme de la conversion, une nouvelle boîte de dialogue s'affiche et vous informe de la réussite des opérations. Votre fichier *.wav* vient d'être compressé et il porte désormais l'extension *.rm*.

Vous disposez maintenant d'un nouveau document au format *.rm* (pour RealMedia) que vous pouvez lire dans le lecteur de Real Audio/Video. Ce n'est pas terminé pour autant. À ce stade, si vous vous contentez de transférer ce fichier sur le Web et de créer une page HTML avec un lien qui pointe vers lui, cela ne suffira pas pour le diffuser en temps réel. En d'autres termes, les utilisateurs pourront le télécharger, mais il faudra attendre la fin du transfert pour pouvoir l'écouter avec le player Real Audio/Video G2. Avouez que cela serait tout de même dommage... Heureusement, nous avons une solution pour éviter un tel dysfonctionnement.

Intégration HTML

En fait, sans que vous vous en aperceviez, RealProducer G2 a créé un second document dans le même répertoire que celui où il a stocké le fichier RealMedia. Pour le reconnaître, c'est simple : il porte le même nom avec juste une extension différente (*.rpm*). Pour savoir ce qu'il contient, ouvrez-le avec votre éditeur de texte (Notepad, par exemple).

◀ Fig. 14.14 :
*Les fichiers .rpm
ne contiennent
que du texte*

RealNetworks, la société à l'origine du Real Audio/Video, désigne les fichiers *.rpm*.

Les fichiers *.rpm* répondent au doux nom de metafiles. Un metafile est en fait un simple fichier texte contenant l'adresse du fichier Real Audio/Video. Dans notre exemple, le programme renvoie à notre disque dur (`file:C:\chimes.rm`). Toutefois, pensez à modifier le metafile avant le transfert des deux fichiers (*.rm* et *.rpm*) sur le serveur. Il faudra effectivement indiquer l'adresse du serveur sous la forme d'une URL traditionnelle. Cela n'explique toujours pas le rôle, pourtant essentiel, d'un metafile. Grâce à lui, le phénomène du streaming devient enfin possible sur le Web.

Lors du développement d'une page HTML, il est nécessaire de créer un lien vers le fichier *.rpm*, celui-ci servant de médiateur entre le véritable fichier RealAudio et le client. Cette manipulation oblige les navigateurs à lancer automatiquement le lecteur Real Audio/Video et à exécuter le streaming audio. Voici un exemple de code qu'il suffit d'adapter à votre page :

```
<HTML>
<HEAD>
<TITLE>Exemple</TITLE>
</HEAD>
<BODY BGCOLOR="FFFFFF">
<CENTER>
<P>
<H1>Chanson</H1><P><A HREF="chimes.rpm">
Ecouter la chanson avec RealAudio !
</A></CENTER>
</BODY>
</HTML>
```

Mais il existe une seconde façon d'intégrer un fichier Real Audio/Video dans une page HTML :

1. Retournez dans la fenêtre principale du programme RealProducer G2 et arrêtez-vous, cette fois-ci, à la section Web Publishing. Cliquez sur le premier bouton intitulé **Create Web Page**.

2. Un nouvel assistant, intitulé Web Page Wizard, apparaît immédiatement et vous propose de vous aider à créer une page Web.
Indiquez l'emplacement du fichier RealAudio avant de passer à
l'étape suivante.

▲ **Fig. 14.15** : *L'Assistant de création de pages Web vous prend en main*

3. Deux options sont proposées dans la nouvelle boîte de dialogue :
Embedded Player et *Pop-up Player*. La première permet d'intégrer
directement le lecteur Real Audio/Video à la page HTML tandis que
la seconde insère uniquement un lien, comme nous l'avons fait
précédemment. Ainsi, lorsque l'utilisateur cliquera dessus, il lancera
instantanément le lecteur Real Audio/Video. Nous avons sélectionné
la première option (lecteur intégré à la page).

◄ Fig. 14.16 :
Comment le lecteur Real Audio/Video doit s'afficher dans la page Web ?

4. Si vous avez fait de même, vous disposez maintenant d'une liste d'options qui détermine l'apparence du lecteur dans la page. N'hésitez pas à toutes les tester avant de prendre une décision définitive. Dans notre exemple, nous avons conservé l'option lecteur standard proposée par défaut. Notez que, si vous voulez que la séquence son soit automatiquement lue dès le chargement de la page, il suffit alors de cocher l'option *Auto Start*.

◄ Fig. 14.17 :
Choisissez le look du lecteur Real Audio/Video

5. L'étape suivante permet d'inscrire le titre principal de la page. Vous pouvez le placer au-dessus du lecteur ou en dessous.

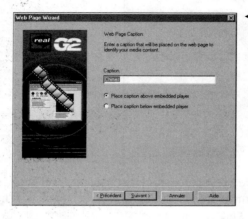

◄ Fig. 14.18 :
*Saisissez le titre
de la page*

6. Saisissez ensuite l'intitulé du fichier *.html*. C'est lors de cette étape que vous définissez son emplacement.

◄ Fig. 14.19 :
*Donnez un nom
au nouveau
document .html*

7. Une nouvelle boîte de dialogue apparaît et vous informe que le fichier vient d'être créé à l'emplacement défini ci-dessus. Cliquez sur le bouton **Preview** pour lancer le navigateur et afficher la page immédiatement.

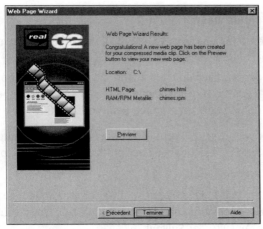

▲ Fig. 14.20 : *Le fichier vient d'être créé*

Comme vous pouvez le voir, le lecteur est directement intégré dans la page HTML. Il suffit de cliquer sur le bouton **Play** pour exécuter le fichier RealMedia en mode streaming.

▲ Fig. 14.21 : *Le lecteur est directement intégré dans la page HTML*

Mais il existe plusieurs types de lecteur à insérer directement au sein d'une page Web. N'hésitez pas à essayer les autres, il y en a pour tous les goûts !

Conversion des fichiers vidéo

Le procédé est sensiblement le même que pour la conversion des fichiers son. Il n'est toutefois pas inutile d'y jeter un coup d'œil.

Tout d'abord, récupérez un fichier vidéo au format *.mov*, Quick Time ou *.avi*, les seuls formats que le convertisseur intégré de RealProducer peut exploiter. Ensuite, démarrez le programme RealProducer G2.

1. L'assistant apparaît aussitôt. Il vous accompagnera pendant toute la durée de l'opération. Sélectionnez l'option *Record From File*, puis cliquez sur OK.

2. Dans la seconde boîte de dialogue qui apparaît, cliquez sur le bouton **Browse** et sélectionnez le fichier vidéo que vous voulez convertir. Validez ensuite par **Suivant**.

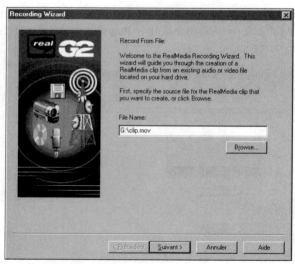

▲ Fig. **14.22** : *Sélectionnez un fichier vidéo*

3. Saisissez dans les champs correspondants toutes les informations légales relatives au fichier : titre, nom de l'auteur, date et copyright. Ces derniers s'afficheront dans le lecteur Real Audio/Video G2 pendant la lecture de la séquence vidéo.

4. Étape suivante : sélectionnez l'option *SureStream* ™ pour optimiser la lecture du fichier pour tous les types de connexion.

5. Dans la nouvelle boîte de dialogue qui apparaît, cochez les vitesses pour lesquelles votre fichier sera optimisé. Comme précédemment, nous vous conseillons de sélectionner le débit le plus bas (28 800 Kbps).

6. Pour une compression efficace, indiquez au programme le type d'enregistrement son qu'il doit convertir : voix uniquement, voix avec un fond musical ou musique.

7. Une nouvelle boîte de dialogue apparaît pour définir la qualité de l'image. Une règle : plus la taille de la fenêtre de la vidéo est petite, plus l'affichage est fluide, à plus forte raison pour les connexions lentes. Mais revenons à notre boîte de dialogue. La première option, *Normal Motion Video*, correspond à un réglage standard et optimal qui convient à presque tous les types d'événement à retransmettre (mélange d'images fixes et animées). L'option *Smoothest Motion Video* convient aux séquences qui ne contiennent pas beaucoup d'actions (interview, par exemple) tandis que *Sharpest Image Video* est destinée aux vidéos riches en mouvements. Enfin, la dernière, *Slide show*, permet de retransmettre les images sous forme discontinue (dans le style d'une présentation PowerPoint, par exemple), ce qui garantit une très bonne qualité d'affichage mais aucune fluidité. Dans notre exemple, nous avons sélectionné la première option : *Normal Motion Video* (voir fig. 14.23).

8. Indiquez à présent le nom et l'emplacement du fichier au format RealMedia. Vous noterez que l'extension est la même que celle d'un document son. Là encore, conservez obligatoirement l'extension *.rm* du fichier.

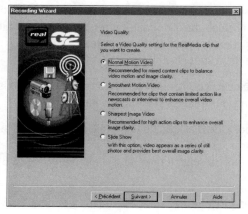

◀ Fig. 14.23 :
Définissez la qualité de l'image

9. RealProducer vous informe maintenant que le paramétrage de la procédure de conversion vient de s'achever en affichant une boîte de dialogue qui reprend toutes vos options de configuration. Validez en cliquant sur le bouton **Terminer**.

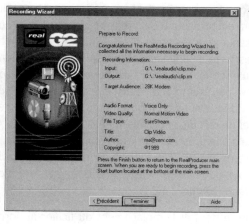

◀ Fig. 14.24 :
Les paramètres de configuration ont été enregistrés

10. En cas d'erreur ou d'oubli, vous pouvez encore modifier certaines options dans la fenêtre principale de RealProducer. Si ce n'est pas le cas, lancez alors directement la conversion de la séquence vidéo en cliquant sur le bouton **Start** de la section *Recording Controls*.

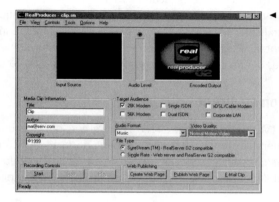

◄ Fig. 14.25 :
Lancez la procédure de conversion en cliquant sur Start

11. Le temps de traitement dépend en grande partie de la puissance de votre équipement informatique. Prenez votre mal en patience, le résultat en vaut la peine. Une fois la conversion terminée, une nouvelle boîte de dialogue s'affiche et vous informe de la réussite des opérations. Votre fichier vidéo, une séquence MOV dans notre exemple, vient d'être compressé et porte désormais l'extension *.rm*.

◄ Fig. 14.26 :
La conversion s'est bien effectuée

Vous disposez maintenant d'un nouveau document au format *.rm* lisible par le lecteur Real Audio/Video. Pour ce qui est de l'intégration HTML, reportez-vous à notre précédente explication. De fait, il n'existe aucune différence entre la mise en œuvre, dans une page HTML, d'un fichier RealAudio ou d'un fichier RealVideo. Dans les deux cas, ils sont identifiés comme un contenu RealMedia et répondent, de ce fait, aux mêmes critères techniques de diffusion et d'intégration dans une page Web.

14.3   Diffusion en direct

Les événements live, retransmis en direct sur Internet, ont pris une dimension considérable depuis le développement de la technologie Real Audio/Video sur le Web. Les moyens mis en œuvre ne sont toutefois plus les mêmes et il faut avoir les reins solides pour proposer une telle prestation.

À la différence de la diffusion de contenu multimédia à la demande, la retransmission en direct implique nécessairement une montée en charge importante (connexions simultanées). Il faut donc, sur le plan du serveur, une machine puissante et une bande passante importante pour satisfaire dans les meilleures conditions tous les utilisateurs, quel que soit leur type de connexion...

Cela dit, si vous n'avez pas les mêmes ambitions que les grands diffuseurs de contenu multimédia sur le Web, rien ne vous interdit de retransmettre en direct vos propres informations à un cercle plus restreint d'utilisateurs. Mais, dans tous les cas, vous devrez installer un serveur Real Audio/Video qui assurera le contrôle du flux des données pour le streaming.

Concrètement, l'encodage et la diffusion des images et du son se font simultanément (à quelques millièmes de seconde près). Mais ne brûlons pas les étapes. Voyons plutôt d'abord la mise en place d'un serveur Real Audio/Video, qu'il soit ou non connecté en permanence à Internet.

Installation et configuration du Basic Server G2

Pour illustrer notre manipulation, nous avons opté pour le serveur Basic G2 disponible en téléchargement et totalement gratuit. Cela dit, rien ne vous empêche d'adopter dès maintenant une des nombreuses solutions commerciales proposées par Real. Nos explications sont valables pour toutes les versions du serveur G2.

Attention

Clé d'enregistrement associée à un numéro de série

Évitez de transmettre des informations farfelues, surtout pour l'adresse de courrier électronique... Car, après avoir validé le formulaire, vous recevrez par e-mail une clé d'enregistrement associée au numéro de série du logiciel indispensable pour installer et faire fonctionner votre serveur. Vous êtes prévenu.

Avant d'installer le serveur, assurez-vous que vous disposez bien du lecteur Real Audio/Video G2. Celui-ci est effectivement indispensable au bon déroulement de l'installation.

Après avoir téléchargé le Basic Server G2 et reçu par e-mail la précieuse clé, lancez la procédure d'installation du programme en cliquant à deux reprises sur le fichier que vous venez de transférer.

1. Immédiatement après la fenêtre d'accueil du programme d'installation, une boîte de dialogue s'affiche et vous demande votre clé d'enregistrement. Si tout s'est bien passé, vous l'avez déjà reçue par e-mail et sauvegardée dans un coin de votre disque dur. Indiquez alors son emplacement dans le champ correspondant et passez à l'étape suivante (voir fig. 14.27).

2. La licence d'utilisation apparaît dans une nouvelle fenêtre. Prenez le temps de la lire avant de continuer la procédure d'installation.

3. À présent, indiquez votre adresse e-mail et le répertoire d'installation du serveur (voir fig. 14.28).

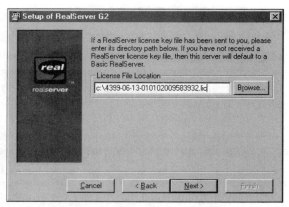

▲ Fig. 14.27 : *Indiquez l'emplacement de la clé d'enregistrement*

▲ Fig. 14.28 : *Indiquez l'emplacement du serveur sur votre machine*

4. Pour utiliser le serveur, vous avez besoin d'un identifiant et d'un mot de passe. Inscrivez le premier dans la zone de texte *Username* et le second dans *Password*. Répétez ce dernier dans le champ *Confirm Password*.

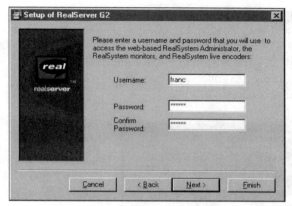

▲ Fig. 14.29 : *Définissez un nom d'utilisateur et un mot de passe*

5. Votre serveur sera installé par défaut sur le port 7070 de votre machine. Libre à vous de modifier ce numéro si vous le souhaitez.

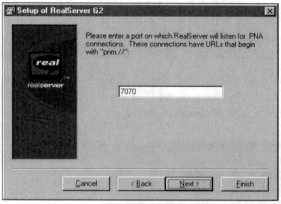

▲ Fig. 14.30 : *Conservez de préférence le numéro de port proposé par défaut*

6. Le programme d'installation propose ensuite le port 554 pour des connexions spécifiques (type RTSP) et 8080 pour le serveur HTTP. Nous vous conseillons de conserver toutes ces valeurs par défaut. Ne les modifiez que si cela s'avère nécessaire.

7. Le serveur Real Audio/Video peut s'administrer à distance et le programme d'installation vous propose un numéro de port particulier pour le faire. Pour des raisons de sécurité, ce numéro est attribué aléatoirement. Dans ces conditions, si votre machine fait déjà office de serveur, pensez à vérifier que ce paramètre n'entre pas en conflit avec un autre service.

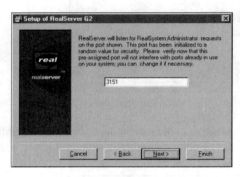

◀ Fig. 14.31 :
Le numéro de port a été proposé aléatoirement

8. Si vous utilisez une plate-forme Windows NT, la procédure d'installation permet de configurer le serveur comme un service NT. Ainsi, il démarrera automatiquement à chaque lancement de la machine.

9. La saisie des paramètres du serveur s'achève : le programme affiche une dernière fenêtre qui reprend tous vos choix de configuration. Cliquez sur le bouton **Finish** pour les valider.

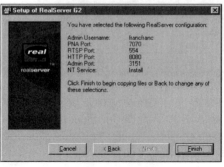

◀ Fig. 14.32 :
Vous avez la possibilité de revenir en arrière pour modifier un ou plusieurs paramètres

10. Au terme de l'installation, une nouvelle boîte de dialogue s'affiche. Elle vous propose de démarrer le module d'administration du serveur. Celui-ci s'avère utile si vous voulez revenir sur certains paramètres de configuration que nous venons de voir. Il permet également de configurer plus finement votre serveur. Il est préférable de s'y intéresser car il offre une documentation complète pour maîtriser au mieux toutes les subtilités d'un service de diffusion multimédia sur le Web.

Pour lancer Basic Server G2, il suffit de cliquer sur le nouveau raccourci de votre Bureau (RealServer G2) et d'entrer, dans la boîte de dialogue de contrôle, l'identifiant et le mot de passe défini auparavant.

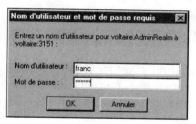

◀ Fig. 14.33 :
Indiquez votre nom d'utilisateur et votre mot de passe

Remarque

Un serveur à la maison

Il n'est pas toujours nécessaire de disposer d'une connexion permanente à Internet et d'une adresse IP fixe pour diffuser en live des informations. Un simple ordinateur et une connexion modem (*Dial-up*) chez un fournisseur d'accès peut faire l'affaire... à condition de ne pas trop être exigeant. Pour découvrir l'adresse IP qu'on vous attribue à chaque connexion, il suffit de taper, dans une fenêtre DOS, la commande Winipcfg.exe. Ensuite, il faudra transmettre aux utilisateurs du serveur l'adresse que le petit utilitaire Winipcfg vous aura révélée pour qu'ils puissent ainsi accéder directement à votre ordinateur et suivre la diffusion en direct.

Remarque

Sachez également qu'il existe désormais plusieurs programmes (freeware et shareware) capables de transmettre automatiquement votre nouvelle adresse à chaque
connexion en l'inscrivant, par exemple, sur une home
page ou en envoyant un e-mail. Citons, par exemple,
DynamIP : http://members.xoom.com/DynamIP/.

Configuration de la diffusion

Cette étape consiste à déterminer le type de source à exploiter avec le
serveur (son, vidéo ou les deux), la qualité du service, l'optimisation de
la diffusion en fonction des débits, etc. Cela ne vous rappelle rien ? Mais
si... Nous allons retrouver ici le programme RealProducer qui a entièrement été conçu pour fonctionner de concert avec le serveur Real
Audio/Video.

Démarrez alors RealProducer G2 pour retrouver immédiatement une
vieille connaissance. En l'occurrence, l'assistant de configuration dont
nous allons suivre, une fois encore, les bons conseils.

1. Sélectionnez la troisième option, intitulée *Live Broadcast*, puis cliquez sur OK.

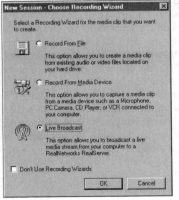

◄ Fig. 14.34 :
*Sélectionnez la
troisième option*

2. Une seconde boîte de dialogue s'affiche instantanément. Si vous voulez diffuser du son, cochez la case *Capture Audio*. Si vous souhaitez diffuser de la vidéo, cochez la case *Capture vidéo*. Pour transmettre les deux, nous vous conseillons de disposer d'une connexion haut débit (Numéris 128 K minimum). Si votre caméra est connectée à une carte d'acquisition graphique, cochez l'option *Using Media Device Connected to Video Capture Card*. À l'inverse, si elle est connectée sur le port parallèle, utilisez l'option *Using Video Camera Connected to External Port*. Validez ensuite par **Suivant**.

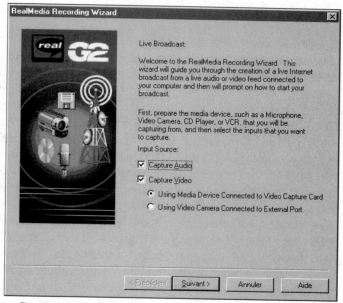

▲ Fig. 14.35 : *Indiquez le type de données à diffuser*

3. Saisissez dans les champs correspondants toutes les informations légales du fichier audio ou vidéo : titre de l'auteur, date et copyright. Ces derniers s'afficheront dans le lecteur Real Audio/Video G2 pendant la retransmission de l'événement.

4. Étape suivante : sélectionnez l'option *SureStream* ® pour optimiser la diffusion des données en fonction des types de connexion (56 000 Kbps, Numéris, câble, liaison spécialisée, etc.).

5. Dans la nouvelle boîte de dialogue qui apparaît, cochez les vitesses pour lesquelles votre fichier sera optimisé. Nous vous conseillons, comme pour les précédentes méthodes de diffusion, de sélectionner le débit le plus bas (28 800 Kbps).

6. Pour une compression efficace, indiquez au programme le type d'enregistrement qu'il doit convertir : voix uniquement, voix avec un fond musical, musique ou stéréo (si votre équipement le permet).

7. Il s'agit maintenant de configurer l'encodeur pour envoyer automatiquement les données traitées au serveur. Ce dernier devra ensuite les ventiler à tous les utilisateurs connectés. Dans la zone de texte *RealServer*, inscrivez l'adresse IP de votre machine. Si vous faites des tests en local, notez que vous pouvez toujours utiliser l'adresse 127.0.0.1. Champ suivant, indiquez le port du serveur (7070 si vous n'avez pas modifié celui qui était proposé par défaut). Dans le troisième champ, notez l'intitulé du fichier RealMedia avec l'extension *.rm*. Ce fichier sera créé par l'encodeur de RealProducer G2 et les spectateurs viendront s'y connecter pour suivre en direct l'événement. Ensuite, indiquez, dans les deux zones de texte suivantes, votre nom d'utilisateur et votre mot de passe tels que vous les avez définis la dernière fois sur le serveur. Enfin, si vous souhaitez archiver les données, c'est-à-dire sauvegarder la totalité de l'événement diffusé, il suffit de cocher l'option intitulée *Archive Broadcast to File* et d'indiquer l'emplacement d'un nouveau fichier portant l'extension *.rm*. Toutefois, pour profiter de cette dernière fonctionnalité, il vous faudra nécessairement posséder une configuration musclée, l'opération étant très exigeante en ressource machine (voir fig. 14.36).

8. RealProducer vous annonce maintenant que le paramétrage de la procédure de conversion vient de s'achever. Cliquez immédiatement sur le bouton **Terminer** (voir fig. 14.37).

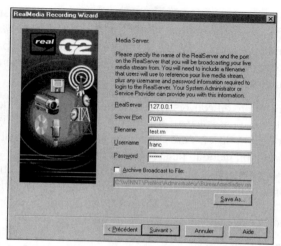

▲ Fig. 14.36 : *Reprenez une partie des informations données pour la configuration du serveur*

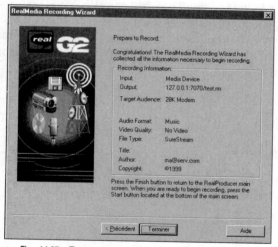

▲ Fig. 14.37 : *Toutes les options sont reprises dans la dernière boîte de dialogue*

9. De retour dans la fenêtre principale de RealProducer, il ne vous reste plus qu'à cliquer sur le bouton **Start** de la section *Recording Controls* pour démarrer la diffusion de l'événement. Cela dit, aupa-ravant, n'oubliez pas de placer votre microphone, ou votre caméra, devant la source à capturer...

À ce stade, la procédure de conversion des données peut générer des erreurs. Si c'est le cas, pensez à vérifier que votre mot de passe, utilisé par le serveur et RealProducer, a été correctement saisi. Autre possibi-lité : votre configuration manque peut-être de puissance. Dans ce cas, reportez-vous aux paramètres de configuration de RealProducer utili-sés précédemment pour définir certains critères d'encodage du fichier RealMedia. Dans la section intitulée *Video Quality*, optez pour une configuration moins exigeante (*Slide show*, par exemple).

Intégration HTML

En diffusion live, RealProducer G2 n'a pas besoin de créer un second document comme pour la diffusion à la demande. Dans ces conditions, comment rendre accessible la diffusion de l'événement en direct sur le Web ? Facile. Commencez par créer un nouveau document *.html* dans lequel vous insérerez un lien vers le fichier RealMedia que nous avons intitulé, dans notre exemple, *test.rm*.

```
<HTML>
<HEAD>
<TITLE>En direct !</TITLE>
</HEAD>
<BODY BGCOLOR="FFFFFF">
<CENTER>
<P>
<H1>Chanson</H1><P><A HREF="pnm://127.0.0.1:7070/test.rm">
En direct !</A>
</CENTER>
</BODY>
</HTML>
```

Comme vous pouvez le constater, notre URL commence par "pnm://", une adresse qui ne se rencontre pas tous les jours... Elle est suivie de votre adresse IP et du port 7070 si vous avez conservé les numéros proposés par défaut. On obtient donc cette adresse finale : `pnm://127.0.0.1:7070/test.rm`, qui fonctionnera parfaitement en local. C'est-à-dire en vous connectant à partir de la machine qui héberge le serveur Real Audio/Video.

Car la moindre des choses, avant de diffuser n'importe quel événement sur le Web, c'est de procéder à quelques tests. Cela vous évitera probablement bien des mauvaises surprises...

Chapitre 15

XML, l'avenir du Web

La diversité des langages de l'Internet ressemble bien à la problématique de la tour de babel. Parallèlement au standard HTML établi, il existe tous les développements UNIX, VRML, HTML, Java, Javascript, VBScript, ActiveX... et le nouveau langage de description issu du SGML (Structured Generalized Markup Language), le XML.

15.1 Balises sémantiques

Pour parler simplement, XML introduit un nouveau type de balise. Mais ces balises ne sont nouvelles que pour les gens qui ne connaissent que HTML. Quiconque a étudié tant soit peu SGML se retrouve en territoire connu quand il aborde XML.

HTML distingue deux sortes de balises. Les unes indiquent la place d'un élément dans la structure du document. Par exemple si on écrit **<H>Titre</H>**, l'élément encadré devient un titre de premier niveau. D'autres balises sont des marques de formatage. Ainsi **<B>**Important**</B>** provoque l'affichage en gras du mot "Important".

Que penser alors d'une balise du type suivant:

```
<AUTEUR>Alexandre Dumas</AUTEUR>?
```

Elle ne donne pas d'indication de structure et ne sert pas au formatage. On parle alors de balises sémantiques, car elles expriment la signification de la chaîne de caractères qu'elles délimitent. Dans notre exemple, "Alexandre Dumas" est un auteur. Pour le lecteur, c'est évident.

Les balises peuvent être imbriquées pour exprimer des relations plus complexes :

```
<LIVRE>
</TITRE>Les trois mousquetaires</TITRE>
<AUTEUR>Alexandre Dumas</AUTEUR>
</LIVRE>
```

On apprend ainsi qu'il est question d'un livre, dont le titre est "Les trois mousquetaires" et dont l'auteur s'appelle Alexandre Dumas. Le mécanisme et le fonctionnement de ces balises sont très simples, tellement simples que même les machines peuvent les comprendre. Et tel est bien l'enjeu.

Lorsqu'un navigateur rencontre une balise <B>, il déclenche un formatage en caractère gras. S'il rencontre une balise de structure, il prend également, la plupart du temps, une décision de formatage. Mais que va faire le navigateur en présence d'une balise sémantique?

Jusqu'ici rien du tout. Les promoteurs de XML ajoutent cependant qu'il y aura bientôt des programmes qui sauront traiter ce type de balise.

Quelques principes de base de XML

Chaque type de document est associé à une définition de type de document, qui regroupe les règles en vigueur pour le type. Ces règles sont enregistrées dans un fichier d'extension DTD. Que contient alors CDF.DTD ? La syntaxe des documents du type considéré y est précisée en détail, notamment du point de vue hiérarchique.

15.2 Après SGML et HTML, voici XML

Les définitions de types de documents ne sont pas une invention d'XML. Elles jouent déjà un rôle dans HTML, pour lequel existe un métalangage. On appelle ainsi un langage qui fixe les règles valables pour d'autres langages dérivés du métalangage. Le métalangage associé à HTML est SGML (Structured Generalized Markup Language. Les définitions de types de documents pour HTML (différentes pour chaque version de HTML) sont écrites en SGML. Dans les années soixante les scientifiques d'IBM travaillaient déjà à la mise au point d'un métalangage de description de documents. Il s'agissait de fixer la manière dont seraient décrits à l'avenir la structure et le contenu des documents. En 1986, l'ISO (International Standards Organization) reprit une version de ce standard et le baptisa Standard Generalized Markup Language (SGML). SGML est un langage de description fort complexe. Volumineux, puissant et bourré d'options, il convient bien aux grandes organisations qui ont des exigences élevées en matière de documentation.

Au début des années quatre-vingt-dix, lorsque le World Wide Web fut développé, le besoin d'un système de description plus simple, accessible rapidement à tout un chacun, se fit ressentir. C'est ainsi que naquit HTML, HyperText Markup Language. HTML est un type de document spécial de SGML, correspondant à une définition de type de document particulière. Ce langage devint le fondement du WWW.

A la fin des années quatre-vingt-dix, il existe deux tendances réclamant l'abolition des limites de HTML. C'est d'une part la communauté des adeptes de SGML qui déplore que la magnifique puissance de SGML ait été bridée sur le Web. D'autre part, de nombreux développeurs de programmes Web souffrent des contraintes qui leur sont imposées par HTML. Fort de cela, les experts en sont venus à conclure que ce sont les possibilités de SGML qui manquent au Web.

Lorsqu'on analyse les raisons pour lesquelles les idées de SGML n'ont pas percé sur le Web, on s'aperçoit que c'est surtout la trop grande complexité du langage qui a freiné son développement. Concrètement, les programmes capables de traiter des documents SGML sont difficiles à mettre au point.

Le W3C (Word Wide Web Consortium) forma donc un groupe de travail qui avait pour mission de créer une variante simplifiée de SGML. Le résultat de ses travaux fut précisément XML.

XML conserve les éléments les plus utiles de SGML. Tout ce qui est secondaire ou trop compliqué a été abandonné. On peut donc considérer XML comme une sorte de SGML-light. Tout comme SGML, XML est un métalangage de définition de types de documents. XML définit les règles de niveau supérieur (c'est-à-dire la syntaxe) de tout nouveau type de document.

Des données structurées

Le texte d'un document HTML repose sur des données non structurées. Il n'est pas possible de traiter raisonnablement, par un programme, les données d'un tel document. Le programme ne pourrait lire qu'une suite de caractères sans signification pour lui.

Il n'en est pas de même si le document en question est abondamment pourvu de balises sémantiques. Dans ce cas, il existe des repères permettant au programme d'agir à bon escient.

La structure d'un document XML est un peu intermédiaire entre celle, extrêmement rigoureuse, d'une base de données, et celle, pratiquement inexistante, d'un simple texte.

Dans une base de données, chaque élément se range à une place bien déterminée. Lorsqu'on fait par exemple une recherche sur le mot "Paris", la réponse sera du genre: le mot "Paris" apparaît dans le champ Ville de l'enregistrement n° 1023 de la table des clients.

Les documents XML contiennent des éléments équivalents aux champs d'une base de données. Ainsi le contenu du champ "Ville" sera introduit par la balise `<VILLE>`. Concrètement, le format XML sera entre autres capable de transporter vers le client Web des informations directement issues d'une base de données.

Champ d'action de XML

Le prédécesseur de XML, SGML, est exploité avec succès depuis 1986. Des milliers de langages de description ont été créés sur la base de SGML. Le moment semble venu de préparer ces masses de données codées en SGML à migrer sur le Web.

Le domaine de prédilection de SGML est la transmission de données à l'intérieur des sociétés d'un même secteur ou entre instituts de recherche. L'expérience a montré que SGML permet toujours de coder les informations de manière à simplifier au maximum leur échange tout en préservant les possibilités de retraitement.

On peut donc s'attendre à ce que XML connaisse une carrière similaire sur le Web. Car il est plus facile d'écrire des applications qui traitent des données XML que des applications qui traitent des données SGML.

Fondamentalement, les types de documents XML peuvent être mis en service partout où existe un besoin d'échange de données. Les domaines d'application sont illimités. Il peut s'agir de transactions financières, d'informations météorologiques, de données médicales, juridiques, etc.

Avec XML les entreprises et les administrations ont la possibilité de créer des descriptions adaptées à leurs besoins.

Dans un certain sens, cette tendance va à l'encontre de l'universalité si prisée du Web. Mais les spécialistes de HTML apprécieront de pouvoir communiquer plus facilement et plus efficacement avec leurs collègues.

Les scientifiques ont souvent besoin d'utiliser des formules, des hiérarchies, des annotations logiques ou mathématiques, toutes sortes d'éléments dont les paramètres sont parfaitement définis. Le système de description DTD de SGML leur en donne la possibilité. Et XML recourt aux descriptions DTD sans souffrir de sa complexité.

XML et HTML

Quiconque aborde XML se pose très vite la question de savoir si HTML va être relayé par quelque chose de nouveau.

La réponse est clairement: non. Le langage HTML repose sur SGML, et les versions futures de HTML reposeront sur XML. Les amateurs qui s'amusent à concevoir des pages Web pendant leurs loisirs ne s'apercevront probablement de rien.

HTML sera encore longtemps indispensable pour présenter des données.

15.3 Des alternatives à XML ?

On peut aussi se demander si l'évolution progressive de HTML ne conduirait pas au même objectif que XML.

Mais le format HTML, de par son orientation d'origine, diffère des définitions des types de documents. Lorsqu'on crée des documents HTML, on ne s'occupe d'abord que de leur aspect sur l'écran de l'utilisateur. XML, par contre, est avant tout destiné à fournir des données aptes à être retraitées. Ce point de vue ne joue aucun rôle dans la conception des pages Web.

Il faut aussi évoquer l'extensibilité des définitions de types de documents XML. Alors que HTML fonctionne avec une collection fixe de balises, les documents XML peuvent utiliser des balises qui leur sont propres.

DTD et format de données

On appelle format de données l'ensemble des règles d'organisation auxquelles sont soumises les données d'un fichier. La notion de format de données est pratiquement identique à celle de format de fichier. Si on examine maintenant une définition de type de document, on constate qu'il s'agit de quelque chose de très semblable. La DTD spécifie l'organisation des types de données dans un fichier. On peut donc s'attendre à ce que les définitions de types de documents créées dans le cadre de XML sous soumises à une certaine concurrence, comme c'est le cas des formats de fichiers.

On peut d'ailleurs se demander pourquoi le travail sur les documents Web nécessite absolument des formats de données XML. Les balises de marquage ne sont pas réservés à SGML et XML. Tout traitement de texte utilise ces procédés. Lorsqu'en travaillant sur un document, on indique que tel passage doit apparaître en gras, le traitement de texte met en œuvre un marquage.

Pourquoi n'utiliserait-on pas sur l'Internet des formats de données éprouvés, comme par exemple le format RTF ou celui de Word pour Windows?

En fait tout format de données qui aurait la prétention de devenir un standard sur l'Internet doit satisfaire deux conditions. Il doit être disponible sur toutes les plates-formes et ne doit pas être la propriété d'une seule société. RTF et le format de Word ne conviennent donc en aucun cas.

Une autre question paraît très brûlante. Pourquoi les logiciels standard (par exemple les programmes des suites bureautiques courantes) ne fonctionneraient-ils pas avec les formats de données XML? En réalité, des annonces dans ce sens ont déjà été faites.

15.4   Syntaxe

Jusqu'ici les concepteurs de pages HTML ont eu rarement affaire aux définitions de types de documents (DTD). Ce n'est qu'à l'arrivée de XML que les DTD ont attiré l'attention.

Les DTD pour HTML contiennent les règles de syntaxe de HTML. C'est à cet endroit qu'est spécifié, par exemple, que des éléments <LI> peuvent être imbriqués dans des éléments <UL>, ou que les éléments peuvent être complétés par des attributs ALT, etc... Comme il existe plusieurs versions de HTML, il existe autant de DTD pour HTML.

Jusqu'ici les DTD suivaient les instructions du standard SGML. Mais comme sur le Web XML a succédé à SGML, les futures DTD associées à HTML seront aux normes XML. La notation imposée par SGML ou XML est très formelle, de manière à faciliter l'exploitation des DTD par les logiciels. En lisant une DTD, l'analyseur de syntaxe XML prend connaissance des éléments définis pour le type de document, et des imbrications autorisées. La DTD indique aussi les attributs que peut posséder un élément.

Au moment de la déclaration d'une entité dans le document ou la DTD, on spécifie l'endroit où elle se trouve physiquement, par exemple sous forme d'URL. C'est là une caractéristique importante de XML car lorsque les entités peuvent être délocalisées, on peut créer des documents qui contiennent des composants appartenant à d'autres documents.

Pour qu'un analyseur de syntaxe XML puisse traiter une DTD, celle-ci doit se trouver sur l'ordinateur local ou être accessible par le réseau. Les navigateurs HTML actuels renferment eux-mêmes les DTD dont ils ont besoin. Les éditeurs pourront choisir à l'avenir quelles sont les DTD XML qu'ils livreront avec leurs navigateurs.

Validité et conformité

SGML prescrit que chaque document doit respecter une DTD. XML offre un peu plus de liberté à ce sujet en autorisant des documents qui ne se réfèrent à aucune DTD.

Les indications que l'analyseur de syntaxe tirerait normalement de la DTD peuvent être disposées dans le document, et il est possible d'utiliser des noms d'éléments qui ne soient définis ni dans une DTD ni dans le document lui-même.

Lorsqu'en traitant un document un analyseur de syntaxe ne peut pas utiliser les informations d'une DTD et ne trouve pas de définitions internes au document, il détermine la structure du document pendant sa lecture.

Bien entendu, ce système ne fonctionne que si le document respecte un certain nombre de règles de base. Ces règles, déjà en vigueur dans le cadre de HTML, ont cependant souvent été traitées à la légère par les navigateurs. Sur certains points les analyseurs XML doivent se montrer plus rigoureux que les analyseurs HTML. En d'autres termes: les documents XML doivent se tenir au plus près aux prescriptions de SGML que les documents HTML existants.

Les documents XML sont classés selon leur degré de conformité avec les anciens standards SGML. Un document est dit "valide" lorsqu'il s'appuie sur une DTD et se comporte essentiellement comme un document SGML ordinaire.

Un document non valide peut malgré tout rester exploitable, même s'il ne respecte pas une DTD et si son en-tête ne référence pas une DTD. Il est alors qualifié de document XML "conforme", et un analyseur de syntaxe XML sera capable de le traiter.

Structure d'un document XML valide

Tout document valide (associé à une DTD) commence par une déclaration de type de document, effectuée à l'aide de l'élément <!doctype..>. On peut aussi mentionner, préalablement à cette déclaration, la version de XML employée. Mais cette mention est facultative. Si elle est présente, elle doit avoir la forme:

```
<?XML Version="1.0"?>
```

(le numéro 1.0 étant à remplacer par celui qui convient). La DTD doit être disponible au niveau local ou accessible par le réseau. Dans ce dernier cas, la mention de la version XML doit inclure celle de l'URL de la DTD.

Structure d'un document XML conforme

Un document conforme doit respecter les règles suivantes.

1. Il doit commencer par une déclaration RMD (Required Markup Declaration).

> `<?XML VERSION="1.0" RMD="NONE"?>`

Cette déclaration explique que le document ne fournit pas de DTD (NONE).

2. Toute balise doit être suivie d'une balise symétrique de fermeture. Dans les documents HTML actuels, il est parfaitement possible d'utiliser des balises `<P>` ou `<LI>` sans les refermer par une contre-partie.

Cette rigueur intransigeante des nouveaux navigateurs XML s'explique facilement. Jusqu'ici les navigateurs n'avaient affaire qu'à un ensemble fini de balises. Il était donc possible de les programmer de manière à ce qu'ils sachent qu'un élément `<LI>` se termine à l'apparition d'une autre balise `<LI>` ou avec la balise `</UL>`.
Mais ces règles s'appliquent explicitement à des situations prévues à l'avance. Or les navigateurs XML doivent savoir manier des balises non' prédéfinies. Ils ne peuvent y parvenir que si les balises sont présentes par paires.

3. Les éléments vides constituent un cas particulier. On appelle ainsi les balises qui ne sont pas clôturées parce qu'elles ne portent pas sur une chaîne de caractères du texte, par exemple `<BR>`, `<HR>` ou `<IMG>`. Tout élément vide doit se terminer par "/>", par exemple :

> `<IMG SRC="image.gif" alt="image""/>`

Certains navigateurs sont actuellement incapables de comprendre la barre oblique terminale. Il est donc préférable de faire suivre la balise de la balise symétrique de fermeture, par exemple `</IMG>`.

4. Les valeurs des attributs doivent être placées entre guillemets

5. Les éléments doivent être correctement imbriqués

6. Les caractères tels que < ou & , écrits sous la forme &lt et &amp, doivent être supprimés.

7. La première apparition d'un élément définit son format. Aussi, il devient impensable d'ouvrir par `<BODY>` et de fermer avec un `</body>`. Ces deux éléments seraient alors considérés n'ont plus comme paire mais comme éléments distincts.

Les tâches d'un analyseur de syntaxe XML

Il est probable que dans un proche avenir tout navigateur Web contiendra un analyseur de syntaxe XML. Cet analyseur distingue deux types de chaînes de caractères dans les documents XML : les données et les marquages. Une telle distinction est une condition préalable à tout traitement des données.

L'analyseur XML est aussi responsable de la création d'un modèle d'objets. Grâce à ce modèle, les scripts et les programmes peuvent accéder aux différents éléments, les modifier ou les faire réapparaître à d'autres endroits du document.

Conséquences pour le concepteur de pages Web

Lorsqu'il crée un document HTML, le concepteur de page Web peut se servir d'un éditeur simple ou d'un éditeur spécialisé. Avec les documents XML, le choix sera le même. Pour avoir une idée de l'assistance apportée par un éditeur XML, on peut faire fonctionner un éditeur SGML. Ce dernier propose généralement des listes déroulantes contextuelles, qui affichent tous les éléments adaptés à une situation donnée. Pour y parvenir, l'éditeur SGML lit la DTD associée.

Mais qu'en est-il des anciens documents HTML ? Confrontées aux normes XML, sont-ils non valides, non conformes ou peut-être les deux à la fois ? Il faut se rappeler que HTML est simplement une DTD SGML. Tant qu'un document respecte le standard HTML 3.2, il sera conforme ou presque.

Pour jouer la sécurité, il suffit de suivre les règles de conformité mentionnées plus haut. Il n'est d'ailleurs pas difficile de programmer un outil qui adapte les documents existants pour les rendre parfaitement conformes.

Extensibilité

XML est extensible, et cette caractéristique est en elle-même une innovation. Avec HTML, il fallait obligatoirement s'en tenir à une collection fixe de balises. Avec XML, il est possible d'introduire ses propres balises.

Remarquons à ce propos que le choix du nom de l'eXtensible Markup Language n'est pas particulièrement heureux. XML n'est pas vraiment un langage de marquage : c'est un métalangage. L'extensibilité se rapporte non pas à XML mais aux types de documents que la syntaxe de XML permet de définir.

L'extensibilité des DTD XML intervient à trois niveaux:

D'abord chacun est libre de définir ses propres types de documents. Mais un nouveau type ne se justifie que s'il se trouve en face des gens prêts à le traiter. La création de nouvelles DTD sera donc avant tout l'affaire de grandes organisations, notamment des éditeurs de logiciels, des entreprises importantes ou des instituts de recherche.

Chaque auteur peut ajouter dans son document des définitions qui seront considérées comme un sous-ensemble des indications de la DTD.

Dans le cadre de XML il est également possible de poser des balises qui n'ont été définies nulle part auparavant. L'analyseur de syntaxe doit alors être en mesure de déterminer la structure du document au moment de sa lecture.

Les balises personnalisées peuvent également être affectées à des fonctions de formatages par le moyen des feuilles de style. L'association de balises et de feuilles de style personnalisées offre une grande liberté de création aux concepteurs de pages Web.

Les outils SGML et les documents XML

Les outils SGML peuvent traiter des documents XML, à deux conditions cependant:

1. Le document doit être associé à une DTD valide (la simple conformité n'est pas suffisante)

2. Les outils SGML doivent connaître certaines particularités importantes de XML, notamment la forme des éléments vides et certains aspects de la déclaration SGML.

15.5 Technologies entrant dans le champ de XML

Certaines technologies, développées à l'origine pour HTML, seront certainement applicables à XML. Citons par exemple les feuilles de style en cascade (CSS), HTML dynamique et les modèles d'objets qui permettent aux scripts d'accéder aux éléments des documents.

XML et HTML dynamique

On considère en général qu'il s'agit d'une extension combinant de nouvelles balises HTML, des feuilles de styles et des possibilités de script et de programmation avancées.

Le but incontesté de HTML dynamique (DHTML) est d'ouvrir la voie à des pages Web plus flexibles. Ce seront par définition des pages plus interactives. La tendance actuelle des pages Web est de ressembler de plus en plus à des applications ou des productions multimédia.

Les premières versions de Javascript étaient très restrictives lorsqu'il s'agissait de modifier des documents HTML. Elle ne permettaient en fait que d'intervenir sur les contrôles des formulaires. Dans les nouvelles versions à venir, les scripts pourront accéder à tous les éléments d'un document Web, et les modifier. De plus en plus de scripts fonctionneront en tâche de fond et réagiront aux actions de l'utilisateur.

Dans la vision à laquelle se rallie DHTML, chaque élément d'une page (section, titre, paragraphe, image, liste, et d'une manière générale tout élément au sens de XML) est perçu comme un objet.

La manière d'accéder à ces objets est encore en pleine discussion. Microsoft et Netscape ont fait à ce sujet des propositions différentes.

Les solutions auxquelles travaille le W3C (sur le thème "Document Objet Model") seront applicables tant au langage HTML traditionnel fondé sur SGML qu'à la nouvelle version de HTML fondée sur XML et aux autres définitions de types de documents XML.

Les possibilités ouvertes par un accès complet aux objets d'un document Web sont multiples.

On peut par exemple afficher et masquer des données. L'utilisateur qui voit apparaître des explications sur les systèmes d'exploitation Windows peut restreindre l'affichage à la variante qu'il utilise, à condition évidemment que les balises nécessaires soient présentes et qu'il existe un script qui les traite correctement.

Avec des données associées à des balises sémantiques, il sera possible de choisir un critère de tri, en affichant par exemple des adresses tantôt triées par ville, tantôt par code postal.

Bien sûr il existe déjà des moyens de réaliser ces perfectionnements. Mais chaque fois que l'utilisateur souhaite un affichage différent, il est nécessaire de demander une nouvelle page au serveur. Les pages réalisées avec HTML dynamique sont fournies avec des possibilités de modification intrinsèques. Le client peut définir lui-même un affichage qui sera effectué avec les seules informations déjà présentes dans le PC.

Feuilles de style pour documents XML

A l'origine les développeurs de SGML étaient persuadés que leur langage devait se borner à mettre en évidence la structure du document. La conversion en instructions de formatage était du ressort de traitements ultérieurs. Le nom même de SGML (Structured Generalized Markup Language) trahit cette intention. "Generalized" signifie qu'il est fait abstraction des simples formatages au profit de caractères plus généraux, comme la signification des différents passages d'un document par rapport à sa structure globale.

Si HTML est un descendant de SGML, l'idée du marquage structurel n'a pas été rigoureusement mise en pratique dans ce langage. Les utilisateurs de HTML réclamaient des balises de formatage, et les éditeurs de navigateurs se sont empressés de répondre à leurs désirs. Les puristes de SGML évoquent à ce propos l'introduction par Netscape de la balise `<BLINK>`, ressentie comme une déviation particulièrement choquante.

L'arrivée de XML redonne un nouvel élan à l'idée d'écarter les balises de formatage. Comme dès le départ XML peut être associé à des feuilles de style, on peut penser que les concepteurs de pages Web y effectueront leurs formatages.

Dans les feuilles de style les spécifications des balises sémantiques ne diffèrent en rien de celles des balises de structuration. On peut y indiquer que tous les titres de niveau trois doivent apparaître en gras. Et de la même manière, que le contenu des éléments `<AUTEUR>` doit également s'afficher en gras.

Nouvelles possibilités pour les liens

XML n'est pas la seule nouveauté apportée à l'Internet par le monde de SGML. Le World Wide Web Consortium (W3C) travaille à la mise au point d'un standard qui offrira aux concepteurs des possibilités nouvelles en matière de liens. Ces perfectionnements sont bien assurés de fonctionner car dans le cadre de SGML ils se sont déjà avérés opérationnels.

Voici deux exemples d'innovations.

Liens multidirectionnels. Lorsque l'utilisateur clique dessus, il provoque l'affichage d'une liste déroulante de liens.

Par ailleurs le concepteur de pages Web devrait pouvoir à l'avenir installer des liens qui donnent des informations sur les autres liens qui référencent la même page.

XSL

Les feuilles de style ne se sont pas encore réellement imposées, ce qui n'empêche pas le W3C de réfléchir à la technologie qui leur succédera.

Jon Bosak, qui préside le groupe de travail XML, a récemment indiqué, au cours d'une conférence, la liste des restrictions applicables aux feuilles de style en cascade (CSS):

1. Une feuille de style en cascade n'est pas capable de prendre un élément (tel qu'un titre de chapitre) pour l'afficher à un autre endroit du document (par exemple dans la ligne d'en-tête).

2. Une feuille de style en cascade ne peut pas créer de relations jumelles. Ainsi il n'est pas possible de créer une feuille de style qui fasse apparaître en gras un paragraphe sur deux.

3. La feuille de style en cascade n'est pas un langage de programmation. Elle ne contient pas de test IF, et toute extension par le créateur de styles est impossible.

4. Une feuille de style en cascade n'a pas la capacité de compter des éléments et de stocker des valeurs dans des variables. Autrement dit, il est impossible de rassembler à un même endroit des paramètres courants pour pouvoir les modifier facilement.

5. Une feuille de style en cascade ne peut pas créer de texte par elle-même (comme des numéros de page).

6. Une feuille de style en cascade fournit un simple modèle de formatage emboîté, parfaitement adapté aux navigateurs actuels, mais qui n'est pas extensible pour des descriptions plus avancées.

7. Les feuilles de style en cascade sont conçues pour les langues occidentales et supposent que les caractères se succèdent horizontalement.

La solution à ces restrictions est clairement annoncée. Le W3C développe actuellement un mécanisme de feuilles de style qui s'appellera XSL (eXtensible Style Sheet Language). XSL est dérivé de DSSL (Document Style Semantics ans Specification Language), un langage qui gère des feuilles de style et qui est originaire de la communauté SGML.

Gestion des caractères non-Latins

La syntaxe XML obéit à la norme ISO 10646, qui définit un standard international quant aux tables de caractères. Autrement dit, la plupart des langues écrites humaines ainsi que certaines dites non-humaines, sont enfin gérées par la syntaxe XML. Les soucis quant aux accents et autres spécifications propres à chaque pays ne sont plus d'actualité. Ce standard reste globalement conforme avec l'Unicode.

15.6 Récapitulation : les atouts de XML

Avec XML un nouveau type de balise arrive dans le monde du Web. Ce sont les balises sémantiques. Les possibilités de HTML dynamique s'accroissent notablement lorsqu'on emploie des balises sémantiques. Avec des feuilles de style on peut par exemple indiquer que les noms des auteurs doivent apparaître en caractères italiques ou qu'en cas de besoin ils doivent être remplacés par des indications plus complètes.

Il existe de par le monde un stock énorme de données codées en SGML. Dans certains cas, la conversion en XML sera aisée, ce qui rendra ces données disponibles sur l'Internet , sur les intranets ou les extranets.

Alors que HTML ne propose qu'un nombre fini de balises, XML permet à chacun de créer des balises personnalisées dans ses documents Web. Comme les analyseurs de syntaxe XML acceptent des balises non prédéfinies, celles-ci seront accessibles aux scripts et aux programmes et permettront de faire des formatages avec les feuilles de style.

Au moment de la déclaration des entités dans un document ou dans la DTD, on spécifie leur emplacement physique. Il peut s'agir d'un URL, ce qui permet de construire un document à partir d'éléments en provenance d'autres documents.

Il est également question de créer des programmes spéciaux (agents) capables de rassembler toutes les données d'un document en consultant des bases de données hétérogènes.

Un langage qui ne cesse d'évoluer

Si vous désirez suivre de plus près l'évolution constante de ce "nouveau" langage XML, plusieurs possibilités s'offrent à vous:

1. La mailing-list `xml-dev` est disponible pour les programmeurs qui souhaiteraient obtenir des informations très précises sur les composantes de XML. Pour cela, il suffit d'envoyer un message par courrier électronique, à l'adresse `majordomo@ic.ac.uk` en spécifiant bien dans l'intitulé du mail: `subscribe xml-dev votrenom@votresite`

2. Les propriétaires de navigateurs internet travaillent activement pour pouvoir fournir dès que possible une totale compatibilité avec le XML. Pour suivre l'avancée des travaux de Microsoft, visitez donc régulièrement cette page : `http://msdn.microsoft.com/xml/c-frame.htm#/xml/default.asp`

3. Il existe depuis quelques semaines un newsgroup dédié entièrement au XML. Vous trouverez donc sans aucun doute une réponse à vos interrogations en allant sur `microsoft.public.xml`

15.7 Création d'une DTD avec XML

Pour illustrer concrètement toutes les belles théories qui entourent le langage XML, nous allons vous présenter les étapes successives qui permettent de créer un véritable modèle DTD. Comme vous l'avez compris, l'utilité de XML consiste à permettre l'échange, au sein d'une même organisation, d'un ensemble de documents internes, selon un modèle standardisé. C'est pourquoi notre exemple se construit à partir d'un cas bien défini : celui d'une entreprise mère qui, chaque semaine ou chaque jour, fait parvenir à toutes ses filiales étrangères les informations internes qui intéressent l'ensemble du groupe. Concrètement, ces données doivent être mises en ligne le plus rapidement possible, c'est-à-dire dans la journée même, sur le serveur intranet où elles pourront être consultées par toutes les filiales.

Pour automatiser ce processus, le Webmaster de l'entreprise mère crée une DTD, en s'appuyant sur des déclarations du langage XML. En définissant un jeu de balises spécifiques à l'entreprise, et en installant le fichier DTD sur chacun des serveurs des filiales, la mise en page des informations de la société peut s'effectuer ensuite de façon automatique, sans qu'il soit nécessaire d'éditer de fichier HTML. Une simple mise en ligne par FTP des nouvelles informations, sous la forme d'un fichier XML à transférer, suffit pour mettre en jour automatiquement le site.

Tout cela s'effectue évidement sans que les utilisateurs aient à consentir le moindre effort.

Les outils

Malheureusement, XML n'est pas pris en charge actuellement dans tous les navigateurs du marché. En fait, seul Microsoft Internet Explorer, dans sa version 5 (ou ultérieure), propose un véritable analyseur XML, intitulé MSXML. Il s'agit d'un module indispensable pour pouvoir interpréter correctement un script XML, que l'on nomme couramment processeur XML. Quoi qu'il en soit, la prochaine version de Netscape Communicator (la 5.0) devrait également proposer une telle extension. Dès lors, pour assurer le bon succès de notre exemple, vous devez nécessairement installer Internet Explorer 5. Toutefois, si vous souhaitez conserver votre ancien navigateur, et si votre configuration ne permet pas d'intégrer Internet Explorer (espace disque insuffisant, système d'exploitation non compatible, etc.), tout n'est pas perdu. Sachez en effet qu'il existe des analyseurs XML au format Java, qui sont donc compatibles pour toutes les plates-formes, indépendamment du navigateur installé. Citons, par exemple, DataChannel qui propose un processeur XML Java à télécharger à cette adresse : `http://www.data-channel.com/`.

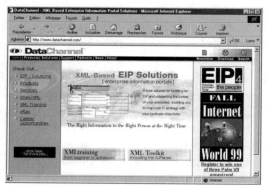

▲ Fig. 15.1 : *Il existe encore bien d'autres analyseurs XML comme celui de DataChannel*

Mais c'est loin d'être le seul dans ce domaine. En fait, rien ne vous interdit d'adopter un véritable éditeur XML, doté des mêmes fonctionnalités que les analyseurs. Parmi les plus connus, Adept de la société ArborText (`http://www.arbortext.com/`) représente probablement l'application la plus courante actuellement. Capable d'analyser sans difficulté une DTD, Adept permet également de l'éditer et de la transformer, à partir d'outils conviviaux, par le biais de menus déroulants, par exemple. Vous obtiendrez par ailleurs, dans la fenêtre de travail principale du logiciel, une représentation WYSIWYG (What You See Is What You Get) de votre DTD, c'est-à-dire une arborescence des différents éléments de votre documents et un mode Aperçu pour connaître en permanence le résultat à l'écran de votre mise en forme XML, et de la répartition des données sur la page.

Citons également, pour les environnements compatibles Java, VisualXML (`http://www.pierlou.com/visxml/`), un produit québécois qui propose, bien entendu, une interface entièrement en français. Xpose, d'Intravenous Communication, représente également un éditeur XML graphique sous Java, doté d'une interface confortable. Cela dit, il est plus orienté vers le développement Java pur et conviendra mieux à des programmeurs aguerris : (`http://www.intravenous.com/`). Notez que sa version bêta, à télécharger sur le site de l'éditeur, permet d'évaluer gratuitement l'application, avant de l'acheter (voir fig. 15.2).

Cela dit, il existe encore une large variété d'autres outils XML, que nous ne pouvons hélas pas tous présenter en détail. Pour en avoir un bon aperçu, n'hésitez pas à vous connecter sur le site du World Wilde Web Consortium (ou W3 pour les intimes) : `http://www.w3.org/`.

Faites également un petit détour par Oasis (`http://www.oasis-open.org/cover/sgml-xml.html`) et Whirlwind (`http://tosca.info-tek.no/sgmltool/products.htm`). Les deux proposent des listes entières d'outils SGML et XML pour tous les goûts et pour toutes les bourses (gratuits ou payants). Il ne reste plus qu'à vous servir d'un simple clic de souris et à les tester avant de choisir, en toute connaissance de cause, un outil sur mesures, réellement adapté à vos besoins (voir fig. 15.3).

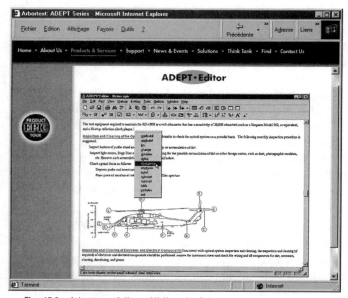

▲ Fig. 15.2 : *Adept, un éditeur XML qui a fait ses preuves*

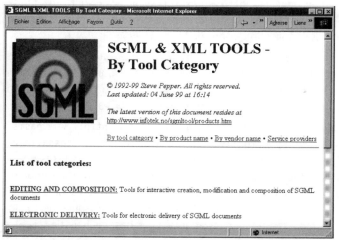

▲ Fig. 15.3 : *Il existe une multitude d'outils pour exploiter le langage XML*

Sachez enfin que vous n'avez nul besoin d'un éditeur spécialisé pour créer une DTD. Certes, un environnement de développement graphique s'avère toujours plus convivial, mais vous pouvez parfaitement vous en passer. De fait, un simple éditeur de texte, tel Notepad sous Windows 95/98 ou NT, suffit pour élaborer tous types de DTD, simples ou complexes. Elles seront ensuite visualisées avec Internet Explorer 5 ou par le biais d'un processeur XML Java, par exemple. Toutefois, si vous utilisez un traitement de texte, tel Microsoft Word sous Windows, et plus particulièrement au moment de la sauvegarde du document, une précaution s'impose. Pensez à adopter obligatoirement un format texte (extension de fichier .txt) et non un format binaire (.doc ou .rtf, par exemple). À défaut, l'analyseur XML serait incapable d'exploiter le contenu de la DTD. Soyez donc prévenu et prenez les mesures qui s'imposent dans de tels cas.

Une DTD simple

L'objectif de l'entreprise mère est de transmettre quotidiennement des informations à ses différentes filiales, qui devront les mettre en ligne instantanément. Pour les besoins de notre exemple, examinons un cas de figure simple, que vous pourrez facilement approfondir et adapter à vos besoins particuliers. Nous avons défini quatre types d'informations : les informations générales (les plus importantes), les nouvelles embauches dans la société, les promotions au sein des diverses entreprises et le résultat des ventes, exprimé en pourcentages, pour tous les pays où la société est représentée.

Dans ces conditions, le responsable du développement de l'entreprise mère a mis en place une DTD XML contenant tous les jours les nouvelles informations. Il la transmet régulièrement, par e-mail, au service informatique de toutes les filiales. Passons sans plus tarder à la réalisation de ce document qui, en format de texte pur, n'occupe pas plus de 5 ko.

Comme vous l'avez compris, un simple éditeur de texte, tel Notepad sous Windows, permet de créer une DTD XML.

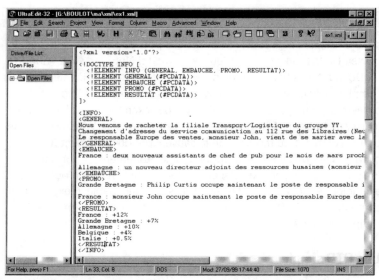

▲ **Fig. 15.4** : *Un simple éditeur de texte permet de créer une DTD XML*

Dès lors, démarrez votre éditeur préféré, et saisissez les lignes du script suivant :

```
<?xml version="1.0"?>
<!DOCTYPE INFO
[
<!ELEMENT INFO (GENERAL, EMBAUCHE, PROMO, RESULTAT)>
<!ELEMENT GENERAL (#PCDATA)>
<!ELEMENT EMBAUCHE (#PCDATA)>
<!ELEMENT PROMO (#PCDATA)>
<!ELEMENT RESULTAT (#PCDATA)>
]>
<INFO>
<GENERAL>
Nous venons de racheter la filiale Transport/Logistique du
groupe YY.
Changement d'adresse du service communication au 112 rue des
Libraires
(Neuilly sur seine - 92).
```

```
Le responsable Europe des ventes, monsieur John, vient de se
marier avec la
directrice du marketing, mademoiselle Tracing.
</GENERAL>
<EMBAUCHE>
France : deux nouveaux assistants de chef de pub pour le mois de
mars prochain.
Allemagne : un nouveau directeur adjoint des ressources humaines
(monsieur Krudler).
</EMBAUCHE>
<PROMO>
Grande Bretagne : Philip Curtis occupe maintenant le poste de
responsable
informatique.
France : monsieur John occupe maintenant le poste de responsable
Europe des ventes.
</PROMO>
<RESULTAT>
France : +12 %
Grande Bretagne : +7 %
Allemagne : +10 %
Belgique : +4 %
Italie : +0,5 %
</RESULTAT>
</INFO>
```

Sauvegardez le contenu de votre document au format texte, sous l'intitulé *Ex1.xml*. Avant d'aborder l'explication de ce script, examinons plutôt à quoi ressemble ce code, dans l'analyseur XML de Microsoft Internet Explorer 5 (MSXML) (voir fig. 15.5).

Comme vous pouvez le constater, le code est paré de différentes couleurs, et il s'est indenté automatiquement. Cela facilite considérablement la lecture, notamment pour des scripts complexes. Mais ce n'est pas tout. L'élément principal de notre DTD, la balise INFO en l'occurrence, est précédé d'un signe moins (-). En fait, cela indique tout simplement que l'arborescence est développée. Pour mieux comprendre ce phénomène, cliquez sur le signe moins pour refermer le contenu de la balise (voir fig. 15.6).

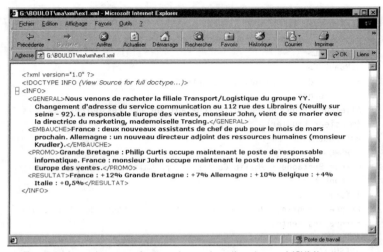

▲ **Fig. 15.5** : *Le code apparaît en couleurs, dans l'analyseur MSXML*

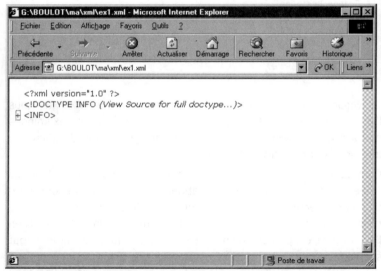

▲ **Fig. 15.6** : *Vous pouvez modifier l'affichage de l'arborescence de la balise*

À titre d'information, si vous affichez le fichier *Ex1.xml* dans Netscape Communicator 4.6, celui-ci le reproduira à l'écran comme un simple fichier texte. De fait, dépourvu de tout processeur XML, il s'avère totalement incapable de l'analyser. Cela dit, Netscape devrait très prochainement intégrer une telle extension dans son navigateur.

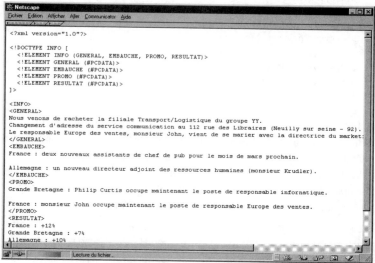

▲ **Fig. 15.7** : *Sous Netscape Communicator 4.6, le résultat est décevant*

Passons à présent à l'analyse du script, et plus particulièrement à celle de la première ligne :

```
<?xml version="1.0"?>
```

Celle-ci représente la déclaration de la version du langage XML à laquelle se conforme la DTD. Notez toutefois que cette ligne reste facultative. Mais cela ne vous coûte rien de toujours l'inscrire dans l'en-tête de vos documents, pour éviter tout problème d'incompatibilité avec certains navigateurs ou analyseurs.

Le modèle de document

Le code suivant s'avère plus intéressant. Vous avez sûrement remarqué qu'il correspond à la partie du document qui ne s'est pas affichée dans Internet Explorer :

```
<!DOCTYPE INFO
[
<!ELEMENT INFO (GENERAL, EMBAUCHE, PROMO, RESULTAT)>
<!ELEMENT GENERAL (#PCDATA)>
<!ELEMENT EMBAUCHE (#PCDATA)>
<!ELEMENT PROMO (#PCDATA)>
<!ELEMENT RESULTAT (#PCDATA)>
]>
```

De fait, il s'agit ici du modèle de document, c'est-à-dire la DTD proprement dite. Comme vous le savez déjà, elle détermine les éléments qui peuvent ou non apparaître dans les documents qui seront créés à partir d'elle. Dans notre cas, nous avons un élément principal, ou parent pour conserver la terminologie XML, intitulé INFO et auquel sont rattachés quatre éléments enfants (GENERAL, EMBAUCHE, PROMO et RESULTAT).

À ce stade, il faut déjà bien comprendre la signification de cette structure rigoureuse. En effet, si votre page HTML, qui se réfère à cette DTD, emploie une balise absente de la déclaration (<VENTE> . . .</VENTE>, par exemple), le processeur XML retournera systématiquement une erreur, et vous ne pourrez pas afficher le document.

◄ Fig. 15.8 :
*Une erreur a été
détectée*

Mais cela va encore plus loin car l'ordre de déclaration des éléments doit également être toujours respecté. En d'autres termes, si vous faites apparaître, dans la seconde partie du script, les balises PROMO avant celles intitulées **GENERALE**, l'analyseur signalera une fois de plus une erreur d'interprétation.

Pour compléter cette présentation de la déclaration d'un modèle de document, sachez que vous pouvez exploiter des instructions XML intégrées pour créer des balises sans contenu, identiques au **BR** du langage HTML qui permet de passer à la ligne :

```
<!ELEMENT SAUT EMPTY>
```

Ici, nous venons de créer une balise **SAUT** qui ne contiendra aucune donnée. Ce qui signifie qu'elle s'emploiera seule, sans aucune balise de fermeture de type `</SAUT>`.

De la même façon, vous pouvez employer l'instruction **ANY** pour autoriser une balise à contenir tout type de données spécifié par la DTD, sans aucune contrainte d'ordre. Mais avant de passer en revue les différents types de contenus disponibles pour les DTD, examinons plutôt la façon dont nous déterminons leurs propriétés dans les documents.

En fait, le langage XML vous offre sept caractères spéciaux pour définir le comportement d'une balise. Vous en connaissez d'ailleurs déjà deux, puisque nous les avons précédemment utilisés dans nos déclarations (les parenthèses et la virgule). Les voici donc tous regroupés en un seul et même endroit :

1. Astérisque (*) : l'élément peut apparaître un nombre indéfini de fois, ou jamais.

2. Parenthèses (()) : introduit un groupe d'éléments obligatoires pour un élément parent.

3. Pipe (|) : introduit une alternative entre deux éléments, ou un groupe d'éléments.

4. Point d'interrogation (?) : un élément peut apparaître une fois, ou jamais.

5. Plus (+) : un élément doit apparaître au moins une fois.

6. Virgule (**,**) : détermine l'ordre d'apparition des éléments.

Notez également que le fait de n'indiquer aucun caractère spécial dans la déclaration du document revêt une signification bien précise. De fait, l'élément devra obligatoirement apparaître dans le document, mais une seule fois. À titre indicatif, examinons la ligne suivante d'une DTD :

```
<!ELEMENT INFO (GENERAL, EMBAUCHE+, PROMO*, RESULTAT?)>
```

Elle signifie que l'élément GENERAL doit obligatoirement apparaître une fois dans le document, tandis que la balise EMBAUCHE peut apparaître autant de fois que vous le souhaitez (mais au moins une fois). La balise PROMO, quant à elle, peut être absente du document ou être présente plusieurs fois. Enfin, la balise RESULTAT apparaîtra une seule fois, ou pas du tout.

Le type des données

Le langage XML, comparé à d'autres langages plus orientés vers la programmation pure, a particulièrement simplifié la déclaration du type des données. De fait, elle se réduit à deux catégories : PCDATA et CDATA. La première désigne une chaîne de texte analysable ; cela signifie qu'elle pourra contenir d'autres balises, (XML ou HTML, entre autres), et que celles-ci seront interprétées comme il le convient, selon les spécifications du langage correspondant. À l'inverse, la catégorie CDATA renvoie à une chaîne de texte non analysable. En d'autres termes, les caractères impliqués sont reproduits à l'écran tels quels.

Dans ces conditions, l'instruction :

```
<!ELEMENT GENERAL (#PCDATA)>
```

peut accepter, par exemple, la chaîne suivante :

```
<GENERAL>
Le forum du 22/08/1999 : <BR><UL><LI>Analyse XML<LI>Application
XSL</UL>
</GENERAL>
```

Elle s'affichera de cette façon dans la fenêtre principale des navigateurs :

Le forum du 22/08/1999 :

- Analyse XML
- Application XSL

À l'inverse, si nous avions introduit la déclaration suivante dans la DTD :

```
<!ELEMENT GENERAL (#CDATA)>
```

nous aurions obtenu, toujours avec la même chaîne de texte, le résultat suivant :

```
Le forum du 22/08/1999 : <BR><UL><LI>Analyse XML<LI>Application
XSL</UL>
```

Notez enfin que vous pouvez modifier la déclaration du type de données à la volée dans vos documents, en utilisant une syntaxe particulière. Admettons, par exemple, que vous ayez attribué à la balise GENERAL un type de données analysables (PCDATA) et que vous souhaitez maintenant afficher littéralement un bloc de texte, c'est-à-dire sans en interpréter les balises éventuelles qu'il contiendrait. Il suffit alors d'inscrire les lignes de code suivantes :

```
<INFO>
<GENERAL>
<![CDATA[Le forum du 22/08/1999 : <BR><UL><LI>Analyse
XML<LI>Application XSL</UL>]]>
</GENERAL>
</INFO>
```

Vous obtenez ainsi exactement le même résultat que celui produit par la déclaration précédente.

Dernière remarque : lorsque vous insérez une ligne blanche, en appuyant sur la touche [Entrée] du clavier, dans un bloc de texte compris dans une balise qui accepte des données du type PCDATA, cet espace est reproduit à l'écran tel quel. Cela vous évite donc d'employer les balises HTML de retour à la ligne (BR) ou de nouveau paragraphe (P).

L'affichage des données

Maintenant que votre DTD est créée, il ne vous reste plus qu'à afficher vos données, en définissant ses propriétés. Pour arriver à vos fins, vous disposez de deux méthodes : la DTD externe et la DTD interne. Commençons par cette dernière, qui représente indéniablement la technique la plus simple. C'est d'ailleurs celle que nous avons exploitée dans la dernière partie de notre script :

```
<INFO>
<GENERAL>
Nous venons de racheter la filiale Transport/Logistique du
groupe YY.
(...)
Italie : +0,5 %
</RESULTAT>
</INFO>
```

De fait, le contenu de notre fichier exemple XML incluait, dès le départ, une DTD interne, impossible à visualiser directement dans le navigateur. À l'inverse, la seconde partie du document rassemblait tout le code nécessaire pour en tirer parti, et afficher les données spécifiées.

Sachez cependant que même si c'est possible, il n'est pas très pratique de regrouper ainsi la DTD et la mise en page des données. Cela aboutit d'abord à des fichiers volumineux, et difficiles à mettre à jour, surtout dans des environnements de travail partagés, où toute une équipe de collaborateurs peut travailler sur un seul et même projet. Examinons donc la façon de procéder pour dissocier notre DTD de son document.

Création d'une DTD externe

Pour mettre en place notre DTD externe, commençons par reprendre notre premier script : *Ex1.xml*. Il est effectivement nécessaire de le scinder en deux fichiers, tout en y apportant les modifications qui s'imposent. Dès lors, toujours dans votre éditeur de texte, ouvrez un nouveau document et recopiez-y la première partie de notre programme :

```
<?xml version="1.0"?>
```

```
<!ELEMENT INFO (GENERAL, EMBAUCHE, PROMO, RESULTAT)>
<!ELEMENT GENERAL (#PCDATA)>
<!ELEMENT EMBAUCHE (#PCDATA)>
<!ELEMENT PROMO (#PCDATA)>
<!ELEMENT RESULTAT (#PCDATA)>
```

Sauvegardez ce nouveau script sous le nom *ma.dtd*. Sachez dès à présent que ce fichier devra être installé sur toutes les machines qui exploiteront cette DTD. Comme vous pouvez le constater, par rapport à la première partie de notre script précédent, nous avons supprimé dans la DTD l'instruction de déclaration du type de document : <!DOCTYPE INFO [. De fait, celle-ci se fera dans le second fichier. Enfin, sachez que vous ne pouvez pas afficher *ma.dtd* directement dans votre navigateur. Seul un éditeur de texte (ou XML, HTML...) permettra de le visualiser correctement.

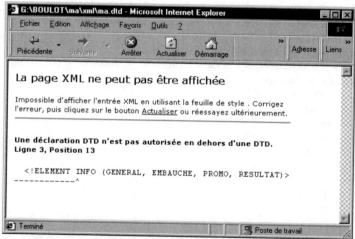

▲ Fig. 15.9 : *L'affichage d'une DTD dans Internet Explorer est impossible*

Ouvrez une seconde fois un nouveau document, dans votre éditeur, et recopiez cette fois-ci la dernière partie de notre programme :

```
<?xml version="1.0"?>
<!DOCTYPE INFO SYSTEM "ma.dtd">
```

```
<INFO>
<GENERAL>
Nous venons de racheter la filiale Transport/Logistique du
groupe YY.
Changement d'adresse du service communication au 112 rue des
Libraires
(Neuilly sur seine - 92).
Le responsable Europe des ventes, monsieur John, vient de se
marier avec la
directrice du marketing, mademoiselle Tracing.
</GENERAL>
<EMBAUCHE>
France : deux nouveaux assistants de chef de pub pour le mois de
mars prochain.
Allemagne : un nouveau directeur adjoint des ressources humaines
(monsieur Krudler).
</EMBAUCHE>
<PROMO>
Grande Bretagne : Philip Curtis occupe maintenant le poste de
responsable
informatique.
France : monsieur John occupe maintenant le poste de responsable
Europe des ventes.
</PROMO>
<RESULTAT>
France : +12 %
Grande Bretagne : +7 %
Allemagne : +10 %
Belgique : +4 %
Italie : +0,5 %
</RESULTAT>
</INFO>
```

Comme vous l'avez remarqué, la déclaration du type de document
s'effectue dès la seconde ligne du programme : `<!DOCTYPE INFO SYS-TEM "ma.dtd">`. À la différence du script précédent, il est indispensable
de spécifier l'intitulé de la DTD, en l'occurrence *ma.dtd*. Celle-ci doit par
ailleurs être présente dans le même répertoire que le document courant, pour obtenir un affichage correct des données dans le navigateur.

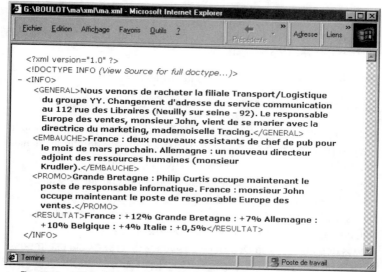

▲ Fig. 15.10 : *Affichage avec la DTD externe*

Nous abordons ici les classes de DTD et la notion d'héritage. En effet, le langage XML permet de concevoir, à partir d'une DTD de référence, des documents dotés de propriétés équivalentes à celle-ci. Les concepts de classe et de sous-classe interviennent précisément lorsque le Webmaster exploite simultanément une DTD externe et une DTD interne. De fait, cette dernière peut modifier les propriétés initiales des balises, si cela s'avère nécessaire.

Concrètement, lorsque l'analyseur XML, en l'occurrence celui de Microsoft, est confronté à plusieurs DTD, il utilisera toujours en priorité la DTD interne. Cela dit, rien ne vous interdit d'influencer le comportement du processeur XML avec une nouvelle déclaration : c'est l'attribut RMD qui le permet, précisément.

Dans ces conditions, vous disposez de trois possibilités qui se paramètreront à partir de trois valeurs à associer à RMD :

1. A11 : l'analyseur XML doit traiter toutes les DTD déclarées (interne et externe).

2. `Internal` : l'analyseur XML doit traiter uniquement la DTD interne.

3. `None` : l'analyseur XML peut exploiter le document sans charger de DTD (interne et externe).

Dans le code, la déclaration prend la forme suivante :

```
<?xml version="1.0" RMD="INTERNAL"?>
```

Notez toutefois que cette écriture, avec l'attribut ALL, s'avère totalement superflue, car les analyseurs XML traitent, par défaut, les fichiers avec toutes les DTD disponibles, interne et externe.

À ce stade, notre fichier XML commence à devenir intéressant, car il permet d'être partagé par de multiples documents, et donc par plusieurs utilisateurs. De plus, vous pouvez ainsi récupérer des informations de page en page, en faisant uniquement référence, dans l'en-tête de vos documents, à la DTD que vous venez de créer. Cela est impossible à réaliser avec le seul langage HTML. Mais les avantages du langage XML ne s'arrêtent pas là, comme vous allez le découvrir...

L'insertion dynamique des données

Pour vous montrer toutes la puissance du langage XML, comparé au HTML, nous allons modifier encore une fois nos scripts. Imaginez que chaque catégorie doive être signée par une adresse de courrier électronique, pour permettre aux lecteurs d'obtenir plus de précision sur tel ou tel sujet. Dès lors, l'entreprise mère va indiquer, pour chacune des quatre catégories, l'adresse e-mail de la personne qui pourra les renseigner. Toutefois, cette personne ne maîtrise couramment que l'anglais (si on suppose que l'entreprise mère se trouve dans un pays anglophone) ; cela ne s'avère pas toujours très pratique pour certains de ses interlocuteurs issus des filiales européennes. C'est pourquoi, comme indiqué précédemment, il existe une possibilité de modifier les propriétés initiales de la DTD de base. C'est effectivement ce à quoi nous allons procéder, mais d'une tout autre façon.

Reprenez le fichier *ma.dtd* et remplacez son contenu par cette nouvelle structure :

```
<?xml version="1.0"?>
<!ELEMENT INFO (GENERAL, EMBAUCHE, PROMO, RESULTAT)>
<!ELEMENT GENERAL (#PCDATA)>
<!ELEMENT EMBAUCHE (#PCDATA)>
<!ELEMENT PROMO (#PCDATA)>
<!ELEMENT RESULTAT (#PCDATA)>
<!ENTITY EMAIL_1 "peter@ma.com">
<!ENTITY EMAIL_2 "ben@ma.com">
<!ENTITY EMAIL_3 "will@ma.com">
<!ENTITY EMAIL_4 "john@ma.com">
```

Comme vous pouvez le constater, nous avons créé quatre nouvelles entités (et non quatre nouveaux éléments). De fait, les entités sont bien plus souples à manier dans les documents, et peuvent apparaître n'importe où, sans aucune contrainte d'ordre ou d'obligation d'apparition. Ainsi, nous pouvons insérer nos adresses e-mail dans le fichier *ma.xml* de cette façon :

```
<?xml version="1.0"?>
<!DOCTYPE INFO SYSTEM "ma.dtd">
<INFO>
<GENERAL>
Nous venons de racheter la filiale Transport/Logistique du
groupe YY.
Changement d'adresse du service communication au 112 rue des
Libraires
(Neuilly sur seine - 92).
Le responsable Europe des ventes, monsieur John, vient de se
marier avec la
directrice du marketing, mademoiselle Tracing.
Pour tout commentaire : &EMAIL_1;
</GENERAL>
<EMBAUCHE>
France : deux nouveaux assistants de chef de pub pour le mois de
mars prochain.
Allemagne : un nouveau directeur adjoint des ressources humaines
(monsieur Krudler).
Pour tout commentaire : &EMAIL_2;
</EMBAUCHE>
<PROMO>
```

```
Grande Bretagne : Philip Curtis occupe maintenant le poste de
responsable
informatique.
France : monsieur John occupe maintenant le poste de responsable
Europe des ventes.
Pour tout commentaire : &EMAIL_3;
</PROMO>
<RESULTAT>
France : +12 %
Grande Bretagne : +7 %
Allemagne : +10 %
Belgique : +4 %
Italie : +0,5 %
Pour tout commentaire : &EMAIL_4;
</RESULTAT>
</INFO>
```

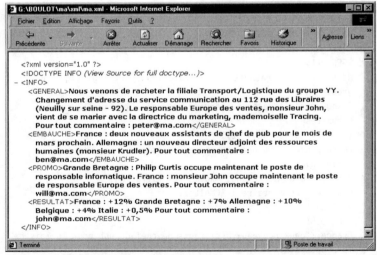

▲ Fig. 15.11 : *Les quatre adresses e-mail apparaissent dans chacune des catégories d'informations*

Lorsque vous affichez la page *ma.xml* dans Internet Explorer 5, vous découvrez exactement les mêmes balises que la fois précédente, avec, en complément pour chacune d'elles, une adresse électronique pour contacter directement une personne issue de l'entreprise mère. Bien entendu, rien ne vous empêche de créer un lien hypertexte de type `MAILTO`, pour activer automatiquement le module de messagerie du client :

```
Pour tout commentaire : <A HREF="MAILTO:&EMAIL_2;">Auteur</A>
```

Il suffit de reproduire cette syntaxe pour les quatre adresses, et vous obtenez immédiatement quatre liens hypertexte de type `MAILTO` pour communiquer directement avec les auteurs.

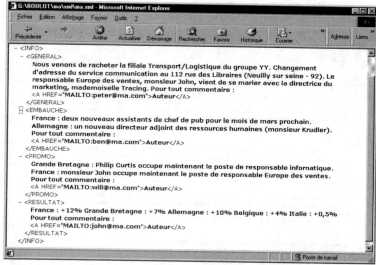

▲ Fig. 15.12 : *Les liens e-mail apparaissent sous forme littérale*

À ce niveau d'élaboration du document, comme nous l'avons indiqué précédemment, nous pouvons, à partir du document XML, modifier les propriétés de base, en l'occurrence celles des quatre adresses de courrier électronique. Dans notre exemple, le Webmaster de la filiale française souhaite modifier la seconde et la troisième adresse électronique. L'objectif est d'indiquer, en remplacement, celles de collaborateurs français capables de répondre aux questions des utilisateurs du service. Dès lors, il suffit de modifier le contenu des entités, en inscrivant ces lignes dans l'en-tête du fichier *ma.xml*, que nous avons reproduit ici :

```
<?xml version="1.0"?>
<!DOCTYPE INFO SYSTEM "ma.dtd" [
<!ENTITY EMAIL_2 "franck@ma.fr">
<!ENTITY EMAIL_3 "pierre@ma.fr">
]>
```

De cette façon, les adresses `ben@ma.com` et `will@ma.com` sont respectivement remplacées par `franck@ma.fr` et `pierre@ma.fr`, comme vous pouvez le constater sur notre figure.

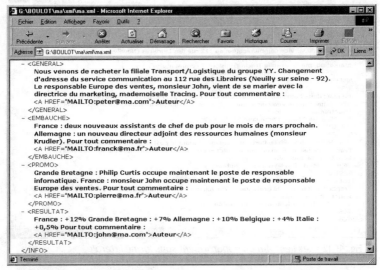

▲ Fig. 15.13 : *Les nouveaux liens e-mail de la filiale sont remplacé par ceux de l'entreprise mère*

À ce stade, la présentation du document laisse fortement à désirer. Certes, les informations apparaissent bien, mais l'utilité des nouvelles balises XML que nous avons définies dans notre DTD n'est pas encore évidente. Dès lors, nous allons maintenant mettre en place un système d'affichage dynamique, à partir d'une simple page HTML qui exploitera notre DTD.

Mise en page automatique

Pour commencer, nous allons reprendre la première DTD que nous avions utilisée : *ex1.xml*. Pour la mettre en forme, créons un nouveau fichier HTML qui contiendra, au départ, les lignes suivantes :

```
<!DOCTYPE HTML PUBLIC "-//W3C//DTD HTML 4.0 Final//EN">
<HTML>
<HEAD>
<TITLE>MA France</TITLE>
</HEAD>
<BODY>
<div align="center">
<H1>Entreprise MA France</H1>
</div>
</BODY>
</HTML>
```

Pour le moment, rien de bien compliqué. Vous disposez d'une structure standard de document HTML et il ne vous reste plus qu'à la sauvegarder, sous l'intitulé *ex1.html* par exemple.

Création des scripts

Deuxième étape : le chargement des données issues de la DTD XML. Pour arriver à vos fins, il est nécessaire de développer un script, que vous placerez entre les balises HEAD et TITLE du document HTML précédent :

```
<SCRIPT FOR=window EVENT=onload>
MA();
</SCRIPT>
```

Ces instructions sont inscrites en JavaScript, un langage activé par défaut dans les navigateurs. Elles permettent d'exécuter, dès le chargement de la page, la fonction intitulée MA. Celle-ci a également été développée en JavaScript, et doit se placer immédiatement après le premier script :

```
<SCRIPT>
var Elem1;
var DocMA = new ActiveXObject("microsoft.xmldom");
DocMA.load("ex1.xml");
function MA()
if (DocMA.readyState == "4")
go();
else
window.setTimeout("MA()", 4000)
}
</SCRIPT>
```

Son rôle consiste à activer l'analyseur XML du navigateur, et à charger la DTD. Examinons-la plus en détail, à partir des premières lignes. Elles permettent de créer deux variables : Elem1 (qui désignera la balise parent, c'est-à-dire INFO) et docMA qui renvoie à une instance du processeur XML. Il s'agit en l'occurrence d'un objet ActiveX, intitulé *microsoft.xmldom*. Sur la ligne suivante, le nom de la DTD (*ex1.xml*, plus particulièrement) est passé à la variable DocMA , pour être exploité par le processeur XML.

Passons à présent à la seconde partie du script, qui consiste à déclarer la fonction MA. Nous apercevons 0tout d'abord une boucle condition-nelle de type if... else, qui gère le chargement de la DTD. Si celle-ci s'effectue correctement, alors une seconde fonction (go) est appelée. Notez que la propriété readyState == 4 renvoie à un état précis, dont voici les différentes valeurs :

Tab. 15.1 : Les différentes valeurs de readyState	
Valeurs	Signification
0	Aucune DTD de chargée
1	Chargement en cours sans analyse

Tab. 15.1 : Les différentes valeurs de readyState	
Valeurs	Signification
2	Chargement et analyse en cours
3	La DTD est disponible pour certaines parties du document uniquement
4	La DTD est totalement chargée

Si nous rencontrons un dysfonctionnement pendant le chargement de la DTD (ralentissement réseau dû à des engorgements ou à une surcharge du serveur, par exemple), c'est la seconde partie du bloc conditionnel, introduit par **else**, qui entre en scène :

```
window.setTimeout("MA()", 4000)
```

L'instruction **setTimeout**, paramétrée sur 40 secondes, permet de temporiser le chargement, et de le lancer une nouvelle fois.

En cas de succès de la boucle conditionnelle, la fonction **go** est exécutée. Concrètement, c'est elle qui récupère, élément par élément, tout le contenu de la DTD :

```
function go()
Elem1 = DocMA.documentElement;
info_general.innerText= Elem1.childNodes.item(0).text;
info_embauche.innerText=Elem1.childNodes.item(1).text;
info_promo.innerText=Elem1.childNodes.item(2).text;
info_resultat.innerText=Elem1.childNodes.item(3).text;
}
```

Pour le bon fonctionnement du script, il est nécessaire d'inscrire cette fonction immédiatement après la première (intitulée **MA**), à l'intérieur des balises **SCRIPT** déjà présentes dans l'en-tête du document.

Pour comprendre cette nouvelle fonction, il faut se replonger dans la première partie théorique de notre chapitre. Comme vous le savez, la structure d'une DTD repose essentiellement sur une relation parent enfant entre tous ses éléments. Dès lors, la première ligne (**Elem1 =**

`DocMA.documentElement`) attribue à la variable `Elem1` les deux premiers éléments du document XML :

```
<?xml version="1.0"?>
<INFO>
```

Ils constituent, en fait, la racine du document, à partir de laquelle se réfèrent tous les autres éléments de la DTD. Dans ces conditions, nous pouvons maintenant récupérer les données contenues dans chacune de nos balises. Notez que cette opération s'effectue en deux étapes. La première permet effectivement de les récupérer tandis que la seconde les affiche à l'écran.

La récupération des données de la balise `GENERAL` passe par cette instruction : `Elem1.childNodes.item(0).text`. Le terme `childNodes` correspond à l'intersection, dans l'arborescence des éléments de la DTD, de la relation parent (`INFO`) et enfant. Pour déterminer l'enfant, on utilise le terme `item`, suivi de sa position entre parenthèses. Ainsi, le zéro (0) désigne le premier élément enfant de la DTD, c'est-à-dire la balise `GENERAL`. Enfin, le terme `text` désigne, comme vous vous en doutez, le contenu de la balise `GENERAL`.

L'affichage à l'écran des données de la balise `GENERAL`, c'est-à-dire dans la fenêtre principale du navigateur, passe par l'instruction suivante : `info_general.innerText`. Nous venons de définir une nouvelle variable, `info_general`, que nous exploiterons plus tard, dans ce même fichier HTML, avec des balises HTML. Elle permettra d'insérer dynamiquement les données de la balise `GENERAL` dans un tableau, à un endroit précis, en faisant référence à son intitulé uniquement. Notez également que le terme JavaScript `innerText` permet de rendre cette écriture possible sur la page.

Bien entendu, la récupération et l'écriture des données des trois prochaines balises dans le script se fait exactement de la même façon, en déclarant toutefois des noms de variables différents (`info_embauche`, `info_promo` et `info_resultat`), et en spécifiant un numéro de position distinct pour l'item (1, 2 et 3).

À ce stade, notre script est incapable d'afficher les données à l'écran. De fait, il a besoin des instructions HTML traditionnelles pour pouvoir les placer correctement sur le document.

Affichage du résultat

Comme vous l'avez deviné, l'affichage des données s'effectue à l'intérieur des balises **BODY** de la page. Nous avons réalisé cela en élaborant un tableau de deux rangées et de deux colonnes. Pour mettre en évidence la première catégorie d'informations, nous avons déclaré une police de caractères plus grande et une couleur différente (rouge) par rapport à celles des autres catégories. Ce qui nous donne :

```
<BODY>
<DIV ALIGN="center">
<H1>Entreprise MA France</H1>
</DIV><BR><BR>
<TABLE CELLSPACING="2" CELLPADDING="2" BORDER="0">
<TR>
<TD VALIGN="top">
<DIV ID="general" STYLE="color:red">
<H3>Informations générales</H3>
<SPAN ID="info_general" STYLE="font-size:17"></SPAN>
</DIV>
</TD>
<TD VALIGN="top">
<DIV ID="embauche">
<H3>Les nouvelles embauches</H3>
<SPAN ID="info_embauche" STYLE="font-size:15"></SPAN>
</DIV>
</TD></TR><TR>
<TD VALIGN="top">
<DIV ID="promo">
<H3>Les promotions</H3>
<SPAN ID="info_promo" STYLE="font-size:15"></SPAN>
</DIV>
</TD>
<TD VALIGN="top">
<DIV ID="resultat">
<H3>Les ventes par pays</H3>
```

```
<SPAN ID="info_resultat" STYLE="font-size:15"></SPAN>
</DIV>
</TD></TR>
</TABLE>
</BODY>
```

Pour commenter ce script HTML, attardons-nous d'abord sur l'insertion des données de la balise **GENERAL**. Tout débute par une balise **DIV**, qui détermine la mise en forme du bloc texte. Nous lui avons attribué le même nom que celui de notre balise (**ID="general"**) et nous avons défini une couleur rouge pour les caractères (**STYLE="color:red"**). Comme vous pouvez le noter, l'insertion du bloc de texte, c'est-à-dire le contenu de la balise **GENERAL**, est effective avec une nouvelle instruction HTML :

```
<SPAN ID="info_general" STYLE="font-size:17"></SPAN>
```

Cette fois-ci, l'attribut **ID** fait directement référence au bloc de texte de la balise **GENERAL** en spécifiant la variable **info_general**. Tout en conservant une couleur rouge, nous déterminons une taille fixe pour la police (**STYLE="font-size:17"**). Notez que la balise **SPAN** est immédiatement suivie de son homologue de fermeture (**</SPAN>**) sans qu'il soit nécessaire de lui indiquer un contenu.

Comme nous l'avons signalé précédemment, les informations de première catégorie sont mises en relief, comparées aux trois autres. Dès lors, la construction de la balise **ID**, qui permettra la mise en forme du contenu de la balise **EMBAUCHE**, par exemple, s'avère sensiblement différente. De fait, elle n'indique aucune couleur particulière, et se contente de celle attribuée par défaut. En ce qui concerne la balise **SPAN** correspondante, elle est identique à la précédente avec, toutefois, une valeur inférieure pour la taille de la police (**STYLE="font-size:15"**).

Bien entendu, la déclaration des deux dernières catégories d'informations suit ces mêmes principes (voir fig. 15.14).

Désormais, il est parfaitement inutile, pour les Webmasters des filiales, d'intervenir directement dans le code source des fichiers HTML de leur site pour intégrer l'information de la maison mère. La mises en page se fait de façon automatique, et les échanges entre les différentes entreprises du même groupe sont strictement standardisés. Ce qui n'empê-che pas, comme vous venez de le constater, d'adopter librement la mise en page de leur choix, en fonction de la charte graphique de leur propre site, par exemple.

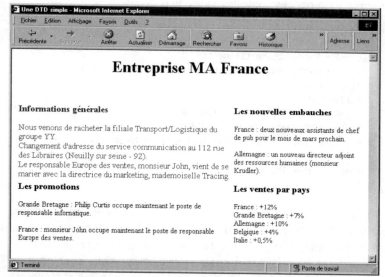

▲ Fig. 15.14 : *Le résultat s'affiche sans difficulté dans Internet Explorer*

Mais il y a encore moyen de faire mieux...

Une pointe d'intelligence

Vous avez sans doute déjà décelé le défaut principal de notre script. Pour intégrer des données sur la page, il est nécessaire de connaître au préalable tous les noms des balises de la DTD, ainsi que leur nombre. Ce qui restreint particulièrement les domaines applicatifs de notre exem-ple. Voyons alors comment l'améliorer pour le rendre un peu plus performant.

Sans toucher à notre DTD, c'est-à-dire le fichier XML qui accompagnait notre précédent exemple, reprenez la page HTML correspondante (*ex1.html*) et ouvrez-la dans votre éditeur de texte favori.

Sauvegardez-la ensuite sous un nom quelconque : *ex2.html*, par exemple. Vous disposez maintenant de deux documents HTML totalement identiques, mais pas pour longtemps.

Sélectionnez la totalité de la fonction **go** dans le document *ex2.html*, et remplacez-la par ces nouvelles lignes de code :

```
function go()
var Bloc = "";
Elem1 = DocMA.documentElement;
for (index=0; index<Elem1.childNodes.length; index++)
Bloc = Bloc +
"<LI><H3>" +
Elem1.childNodes.item(index).nodeName +
"</H3><SPAN STYLE='font-size:15'>" +
Elem1.childNodes.item(index).text + "</SPAN><BR><BR>";
}
contenu.innerHTML = Bloc;
}
```

À la différence de l'ancienne fonction, nous déclarons une nouvelle variable (**Bloc**) dès le début de la fonction. Elle va effectivement nous servir plus loin, dans la boucle **for**, pour stocker et écrire successivement toutes les données des différentes balises XML, dont nous ne connaissons ni le nom ni le nombre. La ligne suivante, quant à elle, est identique à celle du précédent script. Elle permet effectivement d'attribuer à la variable **Elem1** le premier élément parent du document, tout en spécifiant sa racine.

À présent, examinons de plus près notre boucle **for**. Nous initialisons d'abord un index sur **0**. Il permettra de comptabiliser chaque passage de la boucle, et de récupérer ainsi successivement toutes les balises de la DTD, par ordre de déclaration. Ensuite, l'instruction **Elem1.childNodes.length** permet de récupérer le nombre d'éléments de la DTD. Enfin, nous incrémentons d'une unité l'index, à chaque itération de la boucle, avec la formule **index++**.

À chaque passage de la boucle, les instructions suivantes sont exécutées :

```
Bloc = Bloc +
"<LI><H3>" +
Elem1.childNodes.item(index).nodeName +
"</H3><SPAN STYLE='font-size:15'>" +
Elem1.childNodes.item(index).text + "</SPAN><BR><BR>";
}
```

Nous effectuons ici une concaténation des données de chaque balise dans la variable `Bloc`. L'opération s'effectue en deux étapes. Dans un premier temps, nous récupérons l'intitulé de la balise que nous mettons en forme dans un titre, avec le couple de balises H3 (+ `Elem1.childNodes.item(index).nodeName` +). Ensuite, nous intégrons le contenu de la balise XML en lui appliquant un style particulier (`STYLE='font-size:15'`) avec les balises SPAN : + `Elem1.childNodes.item(index).text` +.

Lorsque la boucle a terminé tous ses passages, c'est-à-dire quand la valeur dynamique de l'index est supérieure au nombre d'éléments de la DTD (`index<Elem1.childNodes.length`), il ne nous reste plus qu'à inscrire le résultat dans la page HTML : `contenu.innerHTML = Bloc`. Nous créons ici une nouvelle variable, intitulée contenu, que nous appelons ensuite dans le corps de notre document HTML. L'instruction `inne-rHTML`, quant à elle, joue le même rôle que la précédente (`innerText`), et permet donc l'écriture des données.

À présent, il suffit de construire le corps de la page HTML, en appelant la variable `contenu`, de cette manière :

```
<BODY>
<UL>
<DIV ID="contenu">
</DIV>
</UL>
</BODY>
```

Comme vous l'avez remarqué, nous avions inséré une balise LI dans notre boucle, pour créer dynamiquement une liste non ordonnée. Dès lors, il est nécessaire d'intégrer le couple <UL> . . .</UL> dans le corps du document. Ensuite, il suffit d'indiquer le nom de notre variable dans l'attribut **ID** de la balise **DIV**, pour afficher instantanément notre liste d'informations. Ce qui nous donne la page suivante (*ex2.html*) :

```
<!DOCTYPE HTML PUBLIC "-//W3C//DTD HTML 4.0 Final//EN">
<HTML>
<HEAD>
<SCRIPT FOR=window EVENT=onload>
MA();
</SCRIPT>
<SCRIPT>
var Elem1;
var DocMA = new ActiveXObject("microsoft.xmldom");
DocMA.load("ex1.xml");
function MA()
if (DocMA.readyState == "4")
go();
else
window.setTimeout("MA()", 4000)
}
function go()
var Bloc = "";
Elem1 = DocMA.documentElement;
for (index=0; index<Elem1.childNodes.length; index++)
Bloc = Bloc +
"<LI><H3>" +
Elem1.childNodes.item(index).nodeName +
"</H3><SPAN STYLE='font-size:15'>" +
Elem1.childNodes.item(index).text + "</SPAN><BR><BR>";
}
contenu.innerHTML = Bloc;
}
</SCRIPT>
<TITLE>Une seconde mise en page</TITLE>
</HEAD>
<BODY>
<UL>
<DIV ID="contenu">
</DIV>
</UL>
</BODY>
</HTML>
```

Il ne vous reste plus qu'à recopier la totalité de ce programme dans le fichier *ex2.html*, de le sauvegarder et de l'afficher dans Internet Explorer 5.

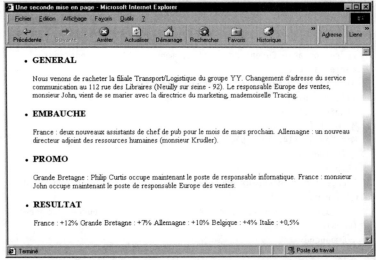

▲ Fig. **15.15** : *Cette fois-ci, le résultat s'affiche sous la forme d'une liste non ordonnée*

Même si vous ne l'avez pas remarqué, ce script est conceptuellement différent du précédent, puisqu'il n'est plus nécessaire de connaître le nom et le nombre des balises de la DTD. Pour vous en assurer, ouvrez une nouvelle fois le document *ex1.xml*, et modifiez-le de cette façon :

```
<?xml version="1.0"?>
<!DOCTYPE INFO [
<!ELEMENT INFO (Essentiel, Anniversaire, Embauche, Promotion,
Ventes)>
<!ELEMENT Essentiel (#PCDATA)>
<!ELEMENT Anniversaire (#PCDATA)>
<!ELEMENT Embauche (#PCDATA)>
<!ELEMENT Promotion (#PCDATA)>
<!ELEMENT Ventes (#PCDATA)>
```

```
]>
<INFO>
<Essentiel>
Nous venons de racheter la filiale Transport/Logistique du
groupe YY.
Changement d'adresse du service communication au 112 rue des
Libraires
(Neuilly sur seine - 92).
Le responsable Europe des ventes, monsieur John, vient de se
marier avec la
directrice du marketing, mademoiselle Tracing.
</Essentiel>
<Anniversaire>
M. Bill (15/07/1972).
Mme Change (14/07/1959).
</Anniversaire>
<Embauche>
France : deux nouveaux assistants de chef de pub pour le mois de
mars prochain.
Allemagne : un nouveau directeur adjoint des ressources humaines
(monsieur Krudler).
</Embauche>
<Promotion>
Grande Bretagne : Philip Curtis occupe maintenant le poste de
responsable
informatique.
France : monsieur John occupe maintenant le poste de responsable
Europe des ventes.
</Promotion>
<Ventes>
France : +12 %
Grande Bretagne : +7 %
Allemagne : +10 %
Belgique : +4 %
Italie : +0,5 %
</Ventes>
</INFO>
```

Nous avons renommé ici toutes les balises, pour obtenir des titres plus évocateurs et plus présentables pour notre exemple. De plus, nous avons ajouté une nouvelle balise, intitulée **Anniversaire**, qui permet d'indiquer les noms et les dates des anniversaires qui surviennent dans la semaine courante.

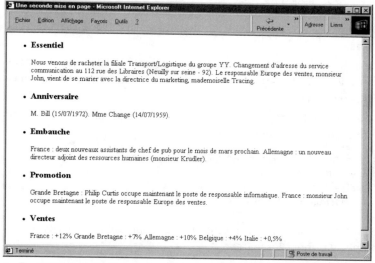

▲ Fig. **15.16** : *Les intitulés ont changé, et une nouvelle balise a été intégrée dans la liste*

Comme vous pouvez le constater, cela ne pose aucune difficulté au script *ex2.html*, qui a affiché instantanément toutes ces nouvelles informations, malgré la modification de la structure de notre DTD.

Déboguer les DTD

Le langage XML est riche en fonctionnalités, et parfaitement adapté au Web, ce qui ne surprendra personne. Nous n'avons d'ailleurs abordé qu'un petit aperçu de la puissance des DTD, lorsqu'elles sont exploitées avec des scripts. N'hésitez donc pas à personnaliser notre exemple, et à le mettre en ligne sur votre site.

Cela dit, au cours du développement de vos DTD, vous serez immanquablement confronté à des erreurs, en nombre directement proportionnel à leur complexité. Heureusement, le langage XML a été bien conçu ; il vous propose ainsi des objets qui permettent d'obtenir des explications accessibles au commun des humains. Signalons notamment l'objet parseError : s'il ne renvoie aucun code d'erreur, cela signifie que l'analyse du processeur XML s'est bien déroulée. Dans le contexte de notre exemple, cela peut se retranscrire ainsi : `DocMA.parseError.reason == ""`.

De la même façon, vous pouvez récupérer les différents messages d'erreurs des programmes, avec la formule suivante : `DocMA.parseError.errorCode`.

Dans ces conditions, il suffit d'entourer la totalité de notre script par une procédure `if`, identique à celle-ci :

```
if (DocMA.parseError.reason == "")
exécution du script
else
affichage de l'erreur
```

Bien entendu, cet exemple reste valable et applicable à tous les autres scripts, y compris les vôtres.

Chapitre 16

Mettre en ligne
ses pages Web

Un véritable site Web qui se respecte ne reste pas longtemps sur le disque dur de son concepteur. Ce dernier trouve très vite un espace sur l'Internet pour héberger ses pages. Ainsi, elles deviennent accessibles de n'importe quel point de la planète.

16.1   Solutions pour héberger ses pages Web

Dans ce domaine, plusieurs solutions sont envisageables. La première, la plus logique, consiste à se tourner vers son fournisseur d'accès Internet. Propose-t-il, dans l'abonnement, un espace sur son serveur pour mettre en ligne la homepage de ses abonnés ? En général, ce service est prévu. L'offre varie entre 1 Mo et 15 Mo (pour les providers les plus généreux). Propose-t-il des outils pour améliorer les pages Web (compteur, formulaire, etc.) ? Ce service est plus rare, mais il existe (AOL, Wanadoo, Club Internet...). Quoi qu'il en soit, si vous ne trouvez pas votre bonheur, il est inutile de changer de crèmerie pour autant, surtout si vous êtes satisfait de votre prestataire (qualité de la bande passante, des accès, hot line...). Il existe d'autres solutions d'hébergement plutôt sympathiques. Profitez-en !

En effet, plusieurs espaces Web installés dans le monde entier sont prêts à accueillir gratuitement vos pages. Vous disposez, en général, d'une dizaine de mégaoctets de libre pour mettre en ligne la totalité de votre site et de plusieurs outils pour l'optimiser (compteur, CGI, etc.). De plus, vous intégrez souvent une véritable communauté de développeurs toujours prête à combler vos lacunes techniques. Vous effectuez, par la même occasion, vos premiers pas de Webmaster dans les meilleures conditions. Citons, par exemple, le service francophone Multimania (ex-Mygale) dont il sera question ultérieurement. Les conditions d'accès ? Vous devez accepter d'insérer un bandeau publicitaire dans vos pages. Cette contrainte représente bien peu de choses en échange du service offert. Qu'en pensez-vous ?

Dans le cadre d'une activité professionnelle, vous pensez probablement qu'un prestataire commercial est l'interlocuteur idéal. Or, là encore, des organismes sont prêts à accueillir gratuitement les sites professionnels. Citons, par exemple, le serveur Chez.com (`http://www.chez.com`).

En fait, il existe des services d'hébergement gratuits adaptés à toutes les situations (écoles, associations, particuliers, entreprises...). Pour connaître leurs adresses, visitez deux sites en priorité : LeGratuit.com (`http://www.legratuit.com/`) et le moteur de recherche FreeWebSpace (`http://www.freewebspace.net/`).

Le serveur du NIC France (`http://www.nic.fr`) réunit une liste de prestataires professionnels installés en France, avec toutes les informations nécessaires pour les contacter. Vous n'avez pas de bandeau publicitaire à insérer dans vos pages mais, en revanche, l'hébergement est payant.

Dans tous les cas, avant de mettre en ligne vos pages, vous devez assimiler certaines techniques, fort simples, et adopter un logiciel adéquat. Suivez le guide.

16.2 Avant le transfert

Le site web développé, votre disque dur contient alors un dossier réunissant tous les répertoires et fichiers de votre site : page d'accueil, images, etc. Transférez ce dossier sur le serveur HTTP en copiant tous les éléments qu'il regroupe et en respectant l'arborescence (les sous-répertoires et l'emplacement des fichiers) et la casse (majuscules ou minuscules) des intitulés de fichiers.

Sous Windows 98, activez l'Explorateur Windows. Sélectionnez la commande **Options des dossiers** du menu **Affichage** pour ouvrir la boîte de dialogue de même nom. Cliquez sur l'onglet **Affichage** et cochez l'option *Permettre l'utilisation des noms en majuscules* dans la section *Paramètres avancés* (voir fig. 16.1).

L'Explorateur Windows affiche tous les intitulés de vos documents et répertoires dans leur véritable casse. Si vous n'avez prêté aucune attention à ce détail pendant le développement de vos pages, il est temps de vous en occuper.

Une fois sur le serveur, *document.html* et *Document.html* (ou document.HTML) ne sont plus les mêmes fichiers. Si, dans votre code HTML, vous saisissez les intitulés en minuscules pour référencer vos documents alors que les noms de ces fichiers sont libellés en majuscules, vos liens hypertextes ne fonctionneront pas sur le serveur et les images ne pourront pas s'afficher.

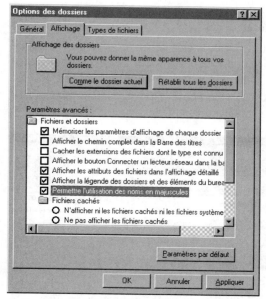

▲ Fig. 16.1 : *Sélectionnez l'option Permettre l'utilisation des noms en majuscules*

Avant de passer au transfert de vos pages, vérifiez bien la correspondance de vos liens avec les intitulés réels des fichiers.

16.3 Le logiciel FTP, un outil indispensable

L'activité qui consiste à mettre en ligne sur un serveur les pages d'un site ou tout autre fichier porte un nom : *upload*. Ce terme s'oppose à l'action inverse (*download*) qui désigne le téléchargement d'un fichier à partir d'un site vers un ordinateur personnel.

Or, si un simple navigateur effectue toutes sortes de transfert, il n'est pas pour autant l'outil le mieux adapté pour la réalisation d'un *upload* dans les meilleures conditions. Il est préférable d'adopter un programme adéquat, à savoir un client FTP. Conçu pour effectuer des téléchargements de fichiers sur des serveurs spécialisés (FTP), il constitue la solution idéale et incontournable pour la mise en ligne d'un site.

Télécharger FTP Explorer

Nous vous proposons un produit à télécharger sur le Web : FTP Explorer. Sur la page d'accueil de FTP Explorer dont l'adresse est : **http://www.ftpx.com**, cliquez sur le bouton **Download It !**, que vous trouverez dans le menu de gauche. Sur la nouvelle page, dans le tableau FTP Explorer Home, cliquez sur l'hyperlien FTP Explorer (662 kb).

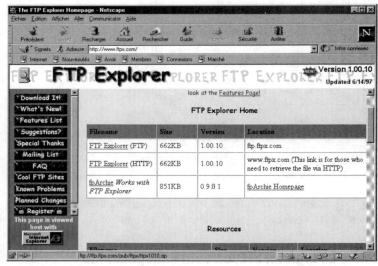

▲ Fig. 16.2 : *Sélectionnez FTP Explorer*

Votre navigateur vous propose alors d'ouvrir ou bien d'enregistrer le fichier portant le nom *Ftpx1010.zip*. Choisissez l'option d'enregistrement sur le disque.

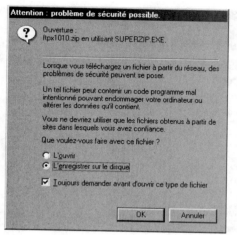

◀ Fig. 16.3 :
*Enregistrez votre
fichier sur le
disque*

Créez ensuite un répertoire dans la boîte de dialogue **Enregistrer
sous...**, puis enregistrez le fichier téléchargé.

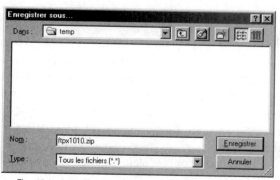

▲ Fig. 16.4 : *La boîte de dialogue Enregistrer sous...*

Retournez sur votre page Web et dans le 2ème tableau intitulé Resour-
ces, sélectionnez l'hyperlien French Language Module.

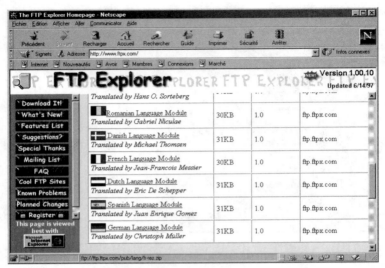

▲ Fig. 16.5 : *Vous avez besoin du module en langue française*

Enregistrez alors votre fichier dans votre répertoire destination.

Installer FTP Explorer

Ce logiciel est facile à aborder puisque son interface s'avère identique à celle de l'Explorateur Windows. Dès lors, les manipulations de fichiers ou de dossiers sur le serveur reposent sur les principes en vigueur sur votre propre disque dur. Toute opération se fait à la souris ; la prise en main du programme est immédiate. De plus, si vous êtes un particulier (activité non commerciale) ou un organisme d'éducation, FTP Explorer est gratuit. Par ailleurs, son interface est également traduite en français. Que peut-on demander de plus ?

À partir du CD-ROM, décompressez l'archive *Ftpx.zip* dans un répertoire temporaire et lancez la procédure d'installation en cliquant à deux reprises sur le fichier intitulé Setup.exe. Il n'y a rien de particulier à signaler à propos de cette opération. Il suffit de suivre les directives qui s'affichent à l'écran (copie des fichiers dans un répertoire et création d'une nouvelle icône pour lancer le programme).

Pour utiliser l'interface traduite en français de FTP Explorer, recherchez dans notre CD-ROM l'archive *Fr-res.zip* et copiez-la dans un répertoire temporaire. Décompressez-la dans le répertoire principal de FTP Explorer, créé pendant la procédure d'installation. Copiez le nouveau fichier, *Ftpxress.dll*, qui correspond au module en langue française.

La configuration du logiciel s'effectue en fonction des informations que vous a communiquées votre fournisseur d'accès ou le serveur qui héberge vos pages. Sachez que les principes de paramétrage du logiciel et la procédure de transfert des fichiers sur le serveur sont, dans les grandes lignes, les mêmes pour tous les services d'hébergement. En guise d'exemple, nous avons choisi Multimania.

16.4   La communauté Multimania

Né de la fusion de deux célèbres services francophones sur le Web, Mygale (hébergement de sites) et Virtual Baguette (discussion en temps réel et fanzine interactif), le serveur Multimania (`http://www.multimania.fr`) accueille des sites en mettant à la disposition des abonnés un espace de 12 Mo. Pourquoi s'en priver ?

▲ Fig. 16.6 : *La page d'accueil du site Multimania*

Outre les 12 Mo d'espace disque réservés à l'hébergement de vos pages, Multimania vous propose un e-mail gratuit sur le serveur (`votre_nom@multimania.com`). Ainsi, vous pouvez recevoir du courrier à la même adresse que celle de votre site web.

Multimania met à disposition de nombreux outils (`http://www.multi-mania.fr/construire/`) qui permettent d'habiller les pages (boutons, fonds d'écran, fichiers *Gif* animés...) et de les optimiser (compteurs, personnalisation des pages d'erreur de type "Error 404 not found"). Vous trouverez également une sélection soignée de plusieurs logiciels spécialisés dans le développement de sites web (graphisme, FTP...). Bien entendu, les débutants ne sont pas oubliés. Vous découvrirez, à la rubrique *WebStarter*, toutes les explications et les conseils nécessaires pour développer rapidement votre première page. Si ces informations ne suffisent pas, n'oubliez pas la partie *Aide* de Multimania (`http://www.multimania.fr/general/aide/`).

Multimania dispose d'un annuaire thématique (`http://www.multimania.fr/explorer/`) consacré aux sites des membres du service. Une procédure simplifiée référence vos pages en fonction des centres d'intérêt. Le cahier n° 6 propose différentes rubriques vous aidant à publier et à référencer votre site (`http://www.multimania.fr/construire/webstarter/creer/cahiers/6/`).

Enfin, Multimania est une communauté composée de plus de 200 000 membres. Vous ne resterez jamais isolé. La communication passe par deux espaces distincts : le chat (`http://www.multimania.fr/communiquer/chat/`) et les newsgroups (`http://www.multimania.fr/communiquer/forums/`) accessibles sur le serveur `news.multimania.com`. Soyez sûr qu'il y aura toujours quelqu'un avec qui dialoguer. C'est toute la force du service Multimania !

Devenir membre

Avant de mettre en ligne vos pages, vous devez créer votre propre répertoire de stockage sur le serveur de Multimania. La procédure de création est simple ; elle s'effectue à partir du site web de Multimania. Il suffit de remplir les formulaires pour devenir un membre de la communauté. Dès lors, votre répertoire est automatiquement créé sur le serveur FTP du service.

1. À partir de la page d'accueil de Multimania, cliquez sur le lien *Rejoignez-nous* ou rendez-vous directement à l'adresse `http://www.multimania.fr/abon/`.

2. Remplissez le premier formulaire proposé en indiquant en premier lieu votre identifiant plus communément appelé pseudonyme. Pour devenir membre de Multimania, vous devez choisir un pseudonyme qui facilite votre identification au sein du service. Choisissez-le avec soin car il figure dans l'intitulé de votre répertoire (`http://www.multimania.com/identifiant/`) et de votre nouvelle adresse électronique sur le serveur (`identifiant@multimania.com`).

3. Indiquez ensuite le mot de passe qui accompagne votre identifiant. Choisissez-le avec soin lui aussi. Variez les lettres et les chiffres pour compliquer la tâche d'un éventuel hacker ; vous ne le regretterez pas.

4. Indiquez votre adresse e-mail. Celle-ci est très importante. Le service Multimania va effectivement vous demander par voie de message de confirmer l'ouverture de votre compte (utilisez la fonction **Retirer Msg** ou **Répondre** de votre logiciel de courrier électronique). Cette mesure permet de détecter les mauvaises plaisanteries : une ouverture de compte bidon, entre autres. Votre serveur est du type : `pf@serveur.fr`.

5. Remplissez ensuite les rubriques *Informations personnelles*, *Informations facultatives*, *Vos Centres d'intérêts*. Ces informations permettent de mieux vous connaître et de cibler vos centres d'intérêt.

6. Enfin, en fin de page, la rubrique *Désirez-vous recevoir les lettres d'informations suivantes* permet de d'inscrire à trois listes de diffusion. À vous de choisir si vous souhaitez recevoir ou non, par e-mail, des informations sur les sujets indiqués.

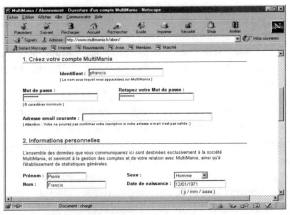

▲ Fig. 16.7 : *Remplissez le formulaire*

Cliquez sur le bouton **Suite** pour passer à l'étape suivante.

7. Si vous avez omis ou effectuez une erreur sur l'une des informations obligatoires, la page d'inscription s'affiche à nouveau et vous indique la rubrique où vous avez commis une erreur.

▲ Fig. 16.8 : *Vous avez omis l'adresse e-mail*

Pour passer à l'étape suivante, cliquez sur le bouton **Suite**.

8. La charte Multimania vous récapitule les conditions générales d'utilisation des services hébergement, chat et e-mail.

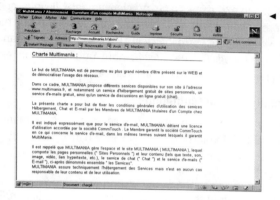

◀ Fig. 16.9 :
La charte
Multimania... à lire
impérativement !

Si vous êtes d'accord avec ces conditions, cliquez sur le bouton **J'accepte la charte et je m'abonne >>**.

9. Une page vous récapitule les informations essentielles : identifiant, e-mail, adresse de la page perso et pseudo.

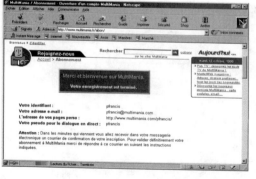

◀ Fig. 16.10 :
Votre
enregistrement
est terminé

Suit un questionnaire facultatif qui a pour but d'établir une étude statistique. Une fois le questionnaire rempli, cliquez sur le bouton **Valider**.

Un message e-mail vous parvient. Il récapitule votre identifiant et votre mot de passe. Conservez ce message précieusement ; il vous sera toujours utile. Après avoir confirmé l'ouverture de votre compte par e-mail, vous devez paramétrer votre logiciel FTP. Le serveur Multimania vous propose différents logiciels et conseils pour publier vos pages : `http://www.multimania.fr/construire/webstarter/publier/`.

Configurer FTP Explorer pour Multimania

Pour transférer les pages de votre site sur le serveur de Multimania, lancez le programme FTP Explorer que vous venez d'installer. Dans la première fenêtre qui s'affiche, il faut créer une nouvelle entrée correspondant au serveur FTP de Multimania.

1. Cliquez sur le bouton **Ajouter** et, dans la zone de texte intitulé *Profil*, indiquez un titre pour la nouvelle entrée : `Multimania`, par exemple.

2. Dans le champ suivant, *Adresse*, inscrivez l'adresse du serveur FTP de Multimania : `ftp.multimania.com`. Conservez tous les autres réglages proposés par défaut et cliquez sur le bouton **Sauvegarder**.

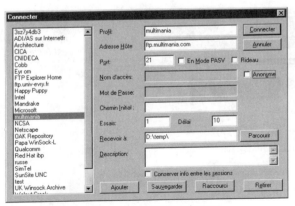

▲ Fig. 16.11 : *Remplissez les premiers champs*

3. Si votre connexion est active, cliquez sur le bouton **Connecter**. Une nouvelle boîte de dialogue s'affiche. En guise de *Nom d'accès*, inscrivez votre login d'accès à Multimania (pfrancis, par exemple).

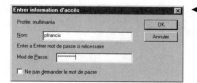

◄ Fig. 16.12 :
Les renseignements qui permettent de vous identifier sur le serveur

4. Dans la zone de texte intitulée *Mot de passe*, inscrivez le mot de passe qui accompagne votre identifiant sur le serveur de Multimania. Validez ensuite en cliquant sur OK pour vous connecter immédiatement sur le serveur FTP. Le répertoire que Multimania a créé sur son serveur doit s'afficher instantanément dans la fenêtre principale de FTP Explorer.

Vous vous retrouvez directement placé à la racine de votre répertoire, précisément là où vous devez transférer tous vos fichiers.

5. Lancez l'Explorateur Windows et sélectionnez tous les documents que vous souhaitez mettre en ligne (fichiers, répertoires, sous-répertoires, applets...). Déposez-les ensuite dans la fenêtre de droite de FTP Explorer.

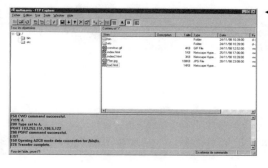

◄ Fig. 16.13 :
Vos fichiers s'affichent à droite !

Si vous installez votre site sur le serveur de Multimania, appelez votre page d'accueil (la première page du site) index.html car, lorsque les utilisateurs saisissent l'URL de votre site (par exemple, `http://www.mul-timania.com/pfrancis/`), ils obtiennent automatiquement l'affichage du document index.html.

Chapitre 17

Référence HTML

17.1 Insertions de caractères spéciaux

Tab. 17.1 : Insertions de caractères spéciaux

Caractère	Code	Entity
non attribué	`&#128;`	
non attribué	`&#129;`	
,	`&#130;`	
f	`&#131;`	`&fnof;`
„	`&#132;`	
...	`&#133;`	`&hellip;`
†	`&#134;`	`&dagger;`
‡	`&#135;`	`&Dagger;`
^	`&#136;`	`&circ;`
‰	`&#137;`	`&permil;`
Š	`&#138;`	`&Scaron;`
‹	`&#139;`	`&lt;`
Œ	`&#140;`	`&OElig;`
non attribué	`&#141;`	
non attribué	`&#142;`	
non attribué	`&#143;`	
non attribué	`&#144;`	
'	`&#145;`	
'	`&#146;`	
"	`&#147;`	
"	`&#148;`	
•	`&#149;`	`&bull;`
-	`&#150;`	`&ndash;`
-	`&#151;`	
~	`&#152;`	`&tilde;`

Tab. 17.1 : Insertions de caractères spéciaux

Caractère	Code	Entity
(tm)	&#153;	&trade;
š	&#154;	&scaron;
›	&#155;	&gt;
œ	&#156;	&oelig;
non attribué	&#157;	
non attribué	&#158;	
Ÿ	&#159;	&Yuml;
espace insécable		
¡	&#161;	&iexcl;
¢	&#162;	&cent;
£	&#163;	&pound;
¤	&#164;	&curren;
¥	&#165;	&yen;
¦	&#166;	&brvbar;
§	&#167;	&sect;
¨	&#168;	&uml;
(c)	&#169;	&copy;
ª	&#170;	&ordf;
«	&#171;	&quot;
¬	&#172;	&not;
-	&#173;	&shy;
(r)	&#174;	&reg;
―	&#175;	&macr;
°	&#176;	&deg;
±	&#177;	&plusmn;
2	&#178;	&sup2;
3	&#179;	&sup3;

Tab. 17.1 : Insertions de caractères spéciaux

Caractère	Code	Entity
´	&#180;	&acute;
µ	&#181;	&micro;
¶	&#182;	&para;
•	&#183;	&middot;
¸	&#184;	&cedil;
¹	&#185;	&sup1;
º	&#186;	&ordm;
»	&#187;	&raquo;
1/4	&#188;	&frac14;
1/2	&#189;	&frac12;
3/4	&#190;	&frac34;
¿	&#191;	&iquest;
À	&#192;	&Agrave;
Á	&#193;	&Aacute;
Â	&#194;	&Acirc;
Ã	&#195;	&Atilde;
Ä	&#196;	&Auml;
Å	&#197;	&Aring;
Æ	&#198;	&AElig;
Ç	&#199;	&Ccedil;
È	&#200;	&Egrave;
É	&#201;	&Eacute;
Ê	&#202;	&Ecirc;
Ë	&#203;	&Euml;
Ì	&#204;	&Igrave;
Í	&#205;	&Iacute;
Î	&#206;	&Icirc;

Tab. 17.1 : Insertions de caractères spéciaux

Caractère	Code	Entity
Ï	&#207;	&Iuml;
Ð	&#208;	&ETH;
Ñ	&#209;	&Ntilde;
Ò	&#210;	&Ograve;
Ó	&#211;	&Oacute;
Ô	&#212;	&Ocirc;
Õ	&#213;	&Otilde;
Ö	&#214;	&Ouml;
×	&#215;	&times;
Ø	&#216;	&Oslash;
Ù	&#217;	&Ugrave;
Ú	&#218;	&Uacute;
Û	&#219;	&Ucirc;
Ü	&#220;	&Uuml
Ý	&#221;	&Yacute;
þ	&#222;	&thorn;
ß	&#223;	&szlig;
à	&#224;	&agrave;
á	&#225;	&aacute;
â	&#226;	&acirc;
ã	&#227;	&atilde;
ä	&#228;	&auml;
å	&#229;	&aring;
æ	&#230;	&aelig;
ç	&#231;	&ccedil;
è	&#232;	&egrave;
é	&#233;	&eacute;

Tab. 17.1 : Insertions de caractères spéciaux

Caractère	Code	Entity
ê	ê	ê
ë	ë	ë
ì	ì	ì
í	í	í
î	î	î
ï	ï	&iuml
∂	ð	ð
ñ	ñ	ñ
ò	ò	ò
ó	ó	ó
ô	ô	ô
õ	õ	õ
ö	ö	ö
÷	÷	÷
ø	ø	ø
ù	ù	ù
ú	ú	ú
û	û	û
ü	ü	ü
ý	ý	ý
þ	þ	þ
ÿ	ÿ	ÿ

17.2   Tags HTML

Mise en forme du document

Tab. 17.2 : Commandes contenant des instructions générales pour le document HTML

Commande	Attribut	Description
<ADDRESS>		Définition d'une signature ou d'informations sur l'auteur
<BASEFONT>		Définit par défaut la taille des caractères
	SIZE="..."	Définit la taille de la police par défaut (de 1 à 7)
<BASE>		Définition d'un renvoi éventuel
	HREF="..."	URL complète de la page
	TARGET="..."	Définition de la cible de tous les liens de la page
<BODY>		Corps d'un document HTML
	ALINK	Couleur d'un lien actif
	BACKGROUND	Image d'arrière-plan du fichier HTML
	BGCOLOR	Couleur d'arrière-plan du fichier HTML
	LINK	Couleur d'un lien non activé
	ONLOAD	Appel d'une commande d'un script Java au moment du chargement du fichier HTML
	TEXT	Couleur du texte
	VLINK	Couleur d'un lien visité
<H1> </H6>		Six tailles standard pour les titres
	ALIGN	Alignement du titre (CENTER, LEFT, RIGHT)
<HEAD>		En-tête d'un document HTML
<HTML>		Clé pour un document HTML
<ISINDEX>		Définition de la page pour d'éventuels scripts de recherche

Tab. 17.2 : Commandes contenant des instructions générales pour le document HTML

Commande	Attribut	Description
	PROMPT	Sortie dans un script de recherche
	ACTION	Définition des programmes de recherche à bloquer
<LINK>		Indique un lien général vers un autre document ; souvent utilisé par les éditeurs HTML pour la gestion interne
	HREF="..."	URL du document relié
	NAME="..."	Nom d'une ancre éventuelle sur la page reliée
	REL="..."	Relation entre les deux pages
	REV="..."	Relation inversée entre les deux pages
	URN="..."	Définition d'un numéro d'attribution unique différent de l'URL
	TITLE="..."	Titre du document relié
	METHODS="..."	Méthode de transmission du document relié
<META>		Indication d'éventuelles informations supplémentaires sur le document ; très important pour les services de recherche
	HTTP-EQUIV="..."	Crée une nouvelle zone d'en-tête HTTP avec les informations indiquées
	NAME="..."	Nom de l'information méta
	CONTENT="..."	Définition de l'information méta
<TITLE>		Intitulé qui apparaît dans la barre de titre
<!-- ... ->		Commentaire

Mise en forme du paragraphe

Tab. 17.3 : Commandes agissant sur les paragraphes	
Commande	Description
<BLOCKQUOTE>	Longue citation : en principe en retrait, précédée et suivie d'une ligne vierge
 	Commence une nouvelle ligne.
CLEAR="..."	Empêche le texte d'entourer une image (CENTER, LEFT, RIGHT)
<CENTER>	Commande de centrage générale
<DIV>	Définit un passage de texte
ALIGN="..."	Alignement de tout le passage de texte (CENTER, LEFT, RIGHT)
<HR>	Insère une ligne horizontale
ALIGN	Alignement de la ligne
COLOR="..."	Couleur de la ligne
NOSHADE	Pas d'affichage «ombré»
SIZE	Hauteur de la ligne
WIDTH	Largeur de la ligne
<P>	Commence un nouveau paragraphe.
ALIGN="..."	Alignement du paragraphe (CENTER, LEFT, RIGHT)
<PRE>	Utiliser police non-proportionnelle (avec affichage de tous les espaces et tous les sauts de ligne !)
<NOBR>	Empêche les sauts de ligne automatiques des navigateurs.
<WBR>	Rupture de ligne volontaire dans une zone sans rupture de ligne automatique

Désolé, je ne peux pas faire ça.

Mise en forme des caractères

Tab. 17.4 : Commandes de mise en forme des caractères

Commande	Attribut	Description
<B>		Met le texte en gras.
<BIG>		Texte plus grand
<BLINK>		Texte clignotant
<CITE>		Citation : en principe en italique
<CODE>		Code d'un langage de programmation, non-proportionnel
<DFN>		Affiche le texte en tant que définition.
<EM>		Mise en valeur (Italique)
<FONT	COLOR>	Définit la couleur par défaut des caractères
	FACE="..."	Définit la police
	SIZE	Taille des caractères
<I>		Met le texte en italique.
<ITALIC>		Met le texte en italique.
<KBD>		Affiche le texte en tant que saisie clavier.
<KEY>		Affiche le texte en tant que mot-clé.
<PRE>		Texte préformaté
<Q>		Citation plus longue
<S>		Texte barré
<SAMP>		Formate le texte en tant qu'exemple.
<SMALL>		Texte plus petit
<STRIKE>		Barre le texte.
<STRONG>		Met le texte en gras.
<SUB>		Texte en index
<SUP>		Texte en exposant
<TT>		Police non-proportionnelle (format *Teletype*)

Tab. 17.4 : Commandes de mise en forme des caractères

Commande	Attribut	Description
<U>		Texte souligné
<VAR>		Affiche le texte en tant que variable.

Listes

Tab. 17.5 : Commandes pour l'affichage de listes dans un document HTML

Commande	Attribut	Description
<DT>		Description de données
<DD>		Entrée de texte avec retrait
<DIR>		Liste de répertoires
<DL>		Liste descriptive
	COMPACT	Formatage compact des caractères
<DT>		Terme de données (Entrée de texte sans retrait)
<LI>		Élément de la liste (Entrée de liste)
	TYPE="..."	Type de numérotation ou de puce (DISC, CIRCLE, SQUARE, A, a , I, i, 1)
	VALUE="..."	Valeur de l'élément de liste d'une liste numérotée
<MENU>		Liste de menus
<OL>		Liste numérotée
	TYPE="..."	Type de numérotation (A , a, I, i, 1)
	START="..."	Valeur de début
<UL>		Liste non numérotée
	TYPE="..."	Type de puce (DISC, CIRCLE, SQUARE)
<STYLE>		Feuille de style
<SPAN	ID	Attribution d'un nom à une ligne
	CLASS	Attribution d'un style à une ligne

Tab. 17.5 : Commandes pour l'affichage de listes dans un document HTML		
Commande	Attribut	Description
<DIV	ID	Attribution d'un nom à chaque élément html du bloc
	CLASS	Attribution d'un style au bloc

Liens hypertextes

Tab. 17.6 : Commandes pour la définition d'un lien hypertexte dans un document HTML		
Commande/ Attribut	Valeur	Description
<A>	HREF	Adresse du document référencé
	METHODS="..."	Méthode de transmission du fichier relié
	NAME	Définit un point à atteindre à l'intérieur d'un document.
	REL="..."	Relation entre les fichiers
	REV="..."	Relation inverse entre les fichiers
	TARGET="..."	Nom de la frame ciblée
	TITLE="..."	Titre du fichier relié
	URN="..."	Définition d'un numéro d'attribution unique différent de l'URL

Images

Tab. 17.7 : Commandes pour insérer des images dans un document HTML		
Commande	Attribut	Description
<IMG	SRC	Source de l'image.
	ALIGN	Aligne le texte par rapport à image
	ALT	Affichage d'un texte à la place d'une image non affichable
	BORDER	Définition de la bordure d'une image avec hyperlien

Tab. 17.7 : Commandes pour insérer des images dans un document HTML		
Commande	Attribut	Description
	HEIGHT	Mise à l'échelle de l'image, en taille y pixels
	HSPACE	Espacements horizontal image et texte
	ISMAP	Rend l'image interactive
	LOWSRC	Charge l'image de basse qualité
	USEMAP	Définition de l'image interactive à utiliser
	VSPACE	Espacements vertical entre image et texte
	WIDTH	Mise à l'échelle de l'image, en taille x pixels

Images interactives côté client

Tab. 17.8 : Commandes pour créer des images interactives		
Commande	attribut	Description
<AREA>		Début de la déclaration de la zone cliquable
	SHAPE="..."	Forme de la zone cliquable (CIRCLE, RECT, POLYGONE)
	COORDS="..."	Coordonnées de la zone cliquable
	HREF="..."	URL du fichier relié
	NOHREF	Zone cliquable désactivée
<MAP>...</MAP>		Partie de déclaration pour USEMAP
NAME="..."		Nom de l'image interactive

Son, Vidéo et éléments multimédias

Tab. 17.9 : Les balises HTML pour insérer divers objets multimédias		
Commande	attribut	Description
<APPLET>	CODE	Définit l'applet
	WIDTH	Longueur de l'applet

Tab. 17.9 : Les balises HTML pour insérer divers objets multimédias

Commande	attribut	Description
	HEIGHT	Hauteur de l'applet
<IMG>		Insère dans ce cas une vidéo
DYNSRC="..."		URL d'un clip vidéo ou d'un monde VRML
CONTROLS		Affichage des éléments de contrôle de la vidéo
LOOP="..."		Définition des répétitions de la vidéo
START="..."		Définit la méthode de démarrage d'une vidéo (FILEOPEN, MOUSEOVER)
<BGSOUND>		Joue un fichier son après le chargement de la page
	SRC	URL du fichier son
	LOOP	Nombre de répétitions
<EMBED>		Insère un élément multimédia
	SRC="..."	URL de l'objet
	ALIGN="..."	Aligne l'élément par rapport à la page entière ou par rapport au texte
	VSPACE="..."	Distance verticale par rapport aux autres éléments
	HSPACE="..."	Distance horizontale par rapport aux autres éléments
	WIDTH="..."	Largeur de l'élément en pixels
	HEIGHT="..."	Hauteur de l'élément en pixels
	BORDER="..."	Épaisseur du cadre en pixels
<NOEMBED>		Texte ou image alternatif à la place de l'objet multimédia
<OBJECT>		Insère un contrôle ActiveX
	CLASSID="..."	Informations d'identification du contrôle ActiveX
	ID="..."	Nom d'objet du contrôle

Tab. 17.9 : Les balises HTML pour insérer divers objets multimédias

Commande	attribut	Description
	CODETYPE="..."	Définition du type de média
	ALIGN="..."	Alignement de l'élément
	HEIGHT="..."	Hauteur de l'élément en pixels
	WIDTH="..."	Largeur de l'élément
	HSPACE="..."	Distance horizontale
	VSPACE="..."	Distance verticale
	BORDER="..."	Cadre de l'élément
	SHAPES="..."	Forme de la zone cliquable d'une image interactive côté client
	USEMAP="..."	Indication de l'image interactive utilisée
	CODEBASE="..."	Source Internet de l'élément
	DATA="..."	Indication de sources de données
	NAME="..."	Nom de formulaire de l'élément
	DECLARE	Désactive l'affichage dans le navigateur
	STANDBY="..."	Définition d'un texte "d'attente"
<PARAM>		Paramètres d'un élément de contrôle
	VALUE="..."	Valeur du paramètre
	NAME="..."	Nom du paramètre

Tableaux

Tab. 17.10 : Nouvelles commandes HTML concernant les tableaux

Commande	Attribut	Description
<CAPTION>		Nom du tableau
	ALIGN	Alignement horizontal du tableau (CENTER, LEFT, RIGHT)
	VALIGN	Alignement vertical du titre (TOP) ou de la légende (BOTTOM)

Tab. 17.10 : Nouvelles commandes HTML concernant les tableaux

Commande	Attribut	Description
<COLGROUP>		Regroupe des cellules de tableau
	WIDTH	Largeur des cellules
	SPAN	Nombre de cellules
	STYLE	Style et forme de la bordure de tableau
	CHAR	Caractères sur lesquels les textes doivent s'aligner
<COL>		voir COLGROUP
	WIDTH	Largeur des cellules
	SPAN	Nombre de cellules
	STYLE	Style et forme de la bordure de tableau
	CHAR	Caractères sur lesquels les textes doivent s'aligner
<TABLE>		Définit un tableau.
	ALIGN="..."	Alignement du tableau (LEFT, RIGHT)
	BGCOLOR="..."	Couleur de l'arrière-plan du tableau
	BORDER	Définit les bordures du tableau.
	BORDERCOLORDARK="..."	Couleur du cadre foncé
	BORDERCOLORLIGHT="..."	Couleur du cadre clair
	CELLPADDING	Espacement entre bordure et texte
	CELLSPACING	Espacement entre les bordures de cellule
	COLS	Tableau composé de x colonnes
	FRAME	Emplacement du cadre
	HEIGHT="..."	Hauteur du tableau
	NOFLOW	Désactive le flux du texte
	WIDTH	Largeur du tableau
<TD>		Définit une cellule.
	ALIGN	Aligner le texte dans la cellule

Tab. 17.10 : Nouvelles commandes HTML concernant les tableaux

Commande	Attribut	Description
	BGCOLOR	Couleur de la cellule de tableau
	COLSPAN	Nombre de cellules à fusionner horizontalement
	HEIGHT	Hauteur de la cellule
	WIDTH	Largeur de la colonne en pourcentages ou en pixels
	ROWSPAN	Nombre de cellules à fusionner verticalement
	NOWRAP	Désactive les sauts de ligne.
	VALIGN	Alignement vertical du contenu de la cellule (TOP, MIDDLE, BOTTOM, BASELINE)
<TBODY>		Corps du tableau
<TFOOT>		Pied (légende) du tableau
	RULES	Type de bordure dans le tableau ROWS, COLS, ALL, BASIC, NONE
<TH>		Définit une cellule pour l'intitulé du tableau.
	ALIGN	Aligne le texte dans la cellule
	BGOLOR	Couleur de fond des cellules d'en-tête
	COLSPAN	Nombre de colonnes incluses
	HEIGHT	Hauteur d'une cellule d'en-tête par rapport à la hauteur de la fenêtre d'affichage
	NOWRAP	Désactive les sauts de ligne.
	ROWSPAN	Nombre de lignes incluses
	VALIGN	Alignement d'une cellule d'en-tête
	WIDTH	Largeur d'une cellule d'en-tête par rapport à la largeur de la fenêtre d'affichage
<THEAD>		En-tête de tableau
<TR>		Définit une ligne de tableau.

Tab. 17.10 : Nouvelles commandes HTML concernant les tableaux

Commande	Attribut	Description
	ALIGN	Alignement horizontal du contenu de la ligne (LEFT, RIGHT, CENTER)
	NOWRAP	Interdit un retour à la ligne
	VALIGN	Alignement vertical du contenu de la ligne (TOP, MIDDLE, BOTTOM, BASELINE)

Formulaires

Tab. 17.11 : Commandes de création d'un formulaire dans un document

Commande	Attribut	Description
<FIELDSET>		Regroupement d'éléments de formulaire
<FORM>	ACTION	Définit le programme exécutable
	METHOD	Méthode de sauvegarde pour les données entrantes
	NAME	Nom du formulaire
<INPUT>	NAME	.
	ACCESSKEY="..."	Indication d'un raccourci
	ALIGN="..."	Alignement de l'image (LEFT, RIGHT, TOP, MIDDLE, BOTTOM, TEXTTOP, ABSMIDDLE, BASELINE, ABSBOTTOM)
	CHECKED="..."	Active des boutons d'options et des cases à cocher
	DISABLE	Désactive un élément
	MAXLENGTH="..."	Longueur maximale de la zone de saisie
	NAME="..."	Nom de l'élément de saisie
	READONLY	Protège un élément en écriture
	SIZE="..."	Taille de la zone de saisie
	SRC="..."	URL de l'image utilisée
	VALUE="..."	Valeur de l'élément de saisie

Tab. 17.11 : Commandes de création d'un formulaire dans un document

Commande	Attribut	Description
	TABINDEX="..."	Ordre des déplacements par tabulation
	TYPE	Définit la nature des données entrantes.
<LEGEND>		Intitulé d'une rubrique regroupant plusieurs éléments
	ALIGN="..."	Alignement de l'intitulé (TOP, BOTTOM, LEFT, RIGHT)
<OPTION>		Énumération d'une commande de menu à l'intérieur de la balise SELECT
	SELECTED	Commande de menu sélectionnée par défaut
	VALUE	Valeur de la sélection
<SELECT>	MULTIPLE	Plusieurs objets peuvent être sélectionnés.
	NAME	Nom de la variable
	SIZE	Nombre d'objets affichés
<TEXTAREA>	COLS	Largeur de la partie texte
	NAME	Noms des variables
	ROWS	Hauteur de la partie texte
	WRAP="..."	Contrôle le retour à la ligne à l'intérieur d'une zone de saisie (OFF, VIRTUEL, PHYSICAL)

Formulaires de saisie

Tab. 17.12 : Commandes de mise en forme d'un formulaire de saisie

Commande	Attribut	Description
Checkbox		Case à cocher
	CHECKED	Activée par défaut
	NAME	Nom de la variable
	VALUE	Valeur de la variable
Hidden		Élément caché

Tab. 17.12 : Commandes de mise en forme d'un formulaire de saisie		
Commande	**Attribut**	**Description**
	NAME	Nom de la variable
	VALUE	Valeur de la variable
Image		Élément graphique
	NAME	Nom de la variable
	SRC	URL de l'image
Radio		Bouton d'option
	CHECKED	Sélectionné par défaut
	NAME	Nom de la variable
	VALUE	Valeur de la variable
Reset		Bouton RESET
	VALUE	Intitulé du bouton
Submit		Bouton SUBMIT
	VALUE	Intitulé du bouton
Text		Élément texte
	NAME	Nom de la variable
	MAXLENGTH	Taille de la zone de texte
	SIZE	Nombre de caractères
	VALUE	Valeur de la variable

Les cadres

Tab. 17.13 : Commandes de création de cadres		
Commande	**attribut**	**Description**
<FRAMESET>		Divise la page en plusieurs cadres
	ROWS="..."	Nombre de segments horizontaux
	COLS="..."	Nombre de segments verticaux
<FRAME>		Défini un cadre particulier

Tab. 17.13 : Commandes de création de cadres

Commande	attribut	Description
	SRC="..."	URL de la page à afficher
	NAME="..."	Nom du cadre
	MARGINWIDTH="..."	Marge horizontale entre la page et le bord du cadre
	MARGINHEIGHT="..."	Marge verticale entre la page et le bord du cadre
	SCROLLING="..."	Contrôle l'apparition des barres de défilement (YES, NO, AUTO)
	NORESIZE	Empêche la modification des dimensions par l'utilisateur
	FRAMEBORDER="..."	Contrôle l'affichage d'une bordure autour du cadre (YES, NO)
	FRAMESPACING="..."	Espace libre entre les cadres
<NOFRAMES>		Document alternatif pour des navigateurs n'affichant pas les cadres
<IFRAME>		Affichage d'un cadre imbriqué

17.3 Les nouveaux attributs HTML pour les scripts

Voici un résumé des nouveaux attributs pour les scripts (langage JavaScript, VBScript, etc.) accompagnés des balises dans lesquelles ils peuvent s'intégrer.

Tab. 17.14 : Nouveaux attributs HTML pour les scripts

Attributs	Balises HTML
onload	BODY, FRAMESET
onunload	BODY, FRAMESET
onclick	Dans presque toutes les balises
ondblclick	Dans presque toutes les balises

Tab. 17.14 : Nouveaux attributs HTML pour les scripts

Attributs	Balises HTML
onmousedown	Dans presque toutes les balises
onmouseup	Dans presque toutes les balises
onmouseover	Dans presque toutes les balises
onmousemove	Dans presque toutes les balises
onmouseout	Dans presque toutes les balises
onfocus	LABEL, INPUT, SELECT, TEXTAREA, BUTTON
onblur	LABEL, INPUT, SELECT, TEXTAREA, BUTTON
onkeypress	Dans presque toutes les balises
onkeydown	Dans presque toutes les balises
onkeyup	Dans presque toutes les balises
onsubmit	FORM
onreset	FORM
onselect	INPUT, TEXTAREA
onchange	INPUT, SELECT, TEXTAREA

Chapitre 18

Index

!

A

B

C

D

E

F

G

H

J

L

N

O

P

Q

R

S

T

W

X

Z

Composé en France par Jouve
18, rue Saint-Denis 75001 Paris

Aubin Imprimeur

LIGUGÉ, POITIERS

Achevé d'imprimer en novembre 1999
N° d'impression L 59247
Dépôt légal novembre 1999 / Imprimé en France